WALTER
BENJAMIN

Baudelaire e a modernidade

OUTROS LIVROS DA **FILÔ**

FILÔ

A alma e as formas
Ensaios
Georg Lukács

A aventura da filosofia francesa no século XX
Alain Badiou

Ciência, um Monstro
Lições trentinas
Paul K. Feyerabend

Do espírito geométrico e Da arte de persuadir
E outros escritos de ciência, política e fé
Blaise Pascal

Em busca do real perdido
Alain Badiou

A ideologia e a utopia
Paul Ricœur

Jacques, o sofista
Lacan, logos e psicanálise
Barbara Cassin

O primado da percepção e suas consequências filosóficas
Maurice Merleau-Ponty

Relatar a si mesmo
Crítica da violência ética
Judith Butler

A sabedoria trágica
Sobre o bom uso de Nietzsche
Michel Onfray

Se Parmênides
O tratado anônimo De Melisso Xenophane Gorgia
Barbara Cassin

A teoria dos incorporais no estoicismo antigo
Émile Bréhier

A união da alma e do corpo
em Malebranche, Biran e Bergson
Maurice Merleau-Ponty

A vida psíquica do poder
Teorias da sujeição
Judith Butler

Sobre a arte poética
Aristóteles

A filosofia crítica de Kant
Gilles Deleuze

FILÔAGAMBEN

Bartleby, ou da contingência
Giorgio Agamben
seguido de *Bartleby, o escrevente*
Herman Melville

A comunidade que vem
Giorgio Agamben

Gosto
Giorgio Agamben

O homem sem conteúdo
Giorgio Agamben

Ideia da prosa
Giorgio Agamben

Introdução a Giorgio Agamben
Uma arqueologia da potência
Edgardo Castro

Meios sem fim
Notas sobre a política
Giorgio Agamben

Nudez
Giorgio Agamben

A potência do pensamento
Ensaios e conferências
Giorgio Agamben

O tempo que resta
Um comentário à *Carta aos Romanos*
Giorgio Agamben

A aventura
Giorgio Agamben

FILÔBATAILLE

O culpado
Seguido de *A aleluia*
Georges Bataille

O erotismo
Georges Bataille

A experiência interior
Seguida de *Método de meditação e Postscriptum 1953*
Georges Bataille

A literatura e o mal
Georges Bataille

A parte maldita
Precedida de *A noção de dispêndio*
Georges Bataille

Sobre Nietzsche: vontade de chance
Seguido de *Memorandum [...]*
Georges Bataille

Teoria da religião
Seguida de *Esquema de uma história das religiões*
Georges Bataille

FILÔBENJAMIN

O anjo da história
Walter Benjamin

Baudelaire e a modernidade
Walter Benjamin

Estética e sociologia da arte
Walter Benjamin

Imagens de pensamento
Sobre o haxixe e outras drogas
Walter Benjamin

Origem do drama trágico alemão
Walter Benjamin

Rua de mão única
Infância berlinense: 1900
Walter Benjamin

Walter Benjamin
Uma biografia
Bernd Witte

FILÔESPINOSA

Breve tratado de Deus, do homem e do seu bem-estar
Espinosa

Espinosa subversivo e outros escritos
Antonio Negri

Princípios da filosofia cartesiana e Pensamentos metafísicos
Espinosa

A unidade do corpo e da mente
Afetos, ações e paixões em Espinosa
Chantal Jaquet

FILÔESTÉTICA

O belo autônomo
Textos clássicos de estética
Rodrigo Duarte (Org.)

O descredenciamento filosófico da arte
Arthur C. Danto

Do sublime ao trágico
Friedrich Schiller

Íon
Platão

Objetos trágicos, objetos estéticos
Friedrich Schiller

Pensar a imagem
Emmanuel Alloa (Org.)

FILÔMARGENS

O amor impiedoso
(ou: Sobre a crença)
Slavoj Žižek

Estilo e verdade em Jacques Lacan
Gilson Iannini

Interrogando o real
Slavoj Žižek

Introdução a Foucault
Edgardo Castro

Kafka
Por uma literatura menor
Gilles Deleuze
Félix Guattari

Lacan, o escrito, a imagem
Jacques Aubert, François Cheng, Jean-Claude Milner, François Regnault, Gérard Wajcman

O sofrimento de Deus
Inversões do Apocalipse
Boris Gunjevic
Slavoj Žižek

Psicanálise sem Édipo?
Uma antropologia clínica da histeria em Freud e Lacan
Philippe Van Haute
Tomas Geyskens

ANTIFILÔ

A Razão
Pascal Quignard

FILŌBENJAMIN   **autêntica**

WALTER
BENJAMIN
Baudelaire e a modernidade

1ª edição
3ª reimpressão

EDIÇÃO E TRADUÇÃO João Barrento

Edição original: *Gesammelte Schriften* [Obras completas]. Unter Mitwirkung von Theodor W. Adorno und Gershom Scholem hg. von Rolf Tiedemann und Hermann Schweppenhäuser. Volumes I e III.
Copyright © Suhrkamp Verlag, Frankfurt am Main 1972, 1974
Copyright da tradução © 2015 João Barrento

Títulos originais: *Charles Baudelaire. Ein Lyriker im Zeitalter des Hochkapitalismus*
Notes sur les Tableaux parisiens de Baudelaire
Die Wiederkehr des Flaneurs

Todos os direitos reservados pela Autêntica Editora Ltda. Nenhuma parte desta publicação poderá ser reproduzida, seja por meios mecânicos, eletrônicos ou em cópia reprográfica, sem a autorização prévia da Editora.

COORDENADOR DA COLEÇÃO FILÔ
Gilson Iannini

CONSELHO EDITORIAL
Gilson Iannini (UFOP); Barbara Cassin (Paris); Carla Rodrigues (UFRJ); Cláudio Oliveira (UFF); Danilo Marcondes (PUC-Rio); Ernani Chaves (UFPA); Guilherme Castelo Branco (UFRJ); João Carlos Salles (UFBA); Monique David-Ménard (Paris); Olímpio Pimenta (UFOP); Pedro Süssekind (UFF); Rogério Lopes (UFMG); Rodrigo Duarte (UFMG); Romero Alves Freitas (UFOP); Slavoj Žižek (Liubliana); Vladimir Safatle (USP)

EDITORAS RESPONSÁVEIS
Rejane Dias
Cecília Martins

FIXAÇÃO DO TEXTO PARA O PORTUGUÊS BRASILEIRO
Beatriz de Almeida Magalhães

REVISÃO
Aline Sobreira

PROJETO GRÁFICO
Diogo Droschi

CAPA
Alberto Bittencourt

DIAGRAMAÇÃO
Christiane Morais

Dados Internacionais de Catalogação na Publicação (CIP)
(Câmara Brasileira do Livro, SP, Brasil)

Benjamin, Walter, 1892-1940.
  Baudelaire e a modernidade / Walter Benjamin ; edição e tradução de João Barrento. -- 1. ed. 3. reimp. -- Belo Horizonte : Autêntica, 2021. -- (Filô/Benjamin)

  Títulos originais: Charles Baudelaire. Ein Lyriker im Zeitalter des Hochkapitalismus; Notes sur les Tableaux parisiens de Baudelaire; Die Wiederkehr des Flaneurs

  ISBN 978-85-8217-575-0

  1. Baudelaire, Charles, 1821-1867 - Crítica e interpretação 2. Filosofia francesa I. Título.

15-00885   CDD-194

Índices para catálogo sistemático:
1. Filosofia francesa 194

 GRUPO **AUTÊNTICA**

Belo Horizonte
Rua Carlos Turner, 420
Silveira . 31140-520
Belo Horizonte . MG
Tel.: (55 31) 3465 4500

São Paulo
Av. Paulista, 2.073 . Conjunto Nacional
Horsa I . Sala 309 . Cerqueira César
01311-940 . São Paulo . SP
Tel.: (55 11) 3034 4468

www.grupoautentica.com.br
SAC: atendimentoleitor@grupoautentica.com.br

7. **Charles Baudelaire: um poeta na época do capitalismo avançado**

9. 1. A Paris do Segundo Império na obra de Baudelaire

13. I. A *bohème*

37. II. O *flâneur*

69. III. A modernidade

103. 2. Sobre alguns motivos na obra de Baudelaire

151. 3. Parque Central

191. **Notas sobre os "Quadros parisienses", de Baudelaire**

203. **O regresso do *flâneur***

211. **Comentário**

Charles Baudelaire
Um poeta na época do capitalismo avançado

1
A Paris do Segundo Império
na obra de Baudelaire

Une capitale n'est pas absolument nécessaire à l'homme.

Senancour[1]

---

[1]   A fonte da epígrafe é a novela de Étienne Pivert de Senancour *Obermann: nouvelle*, ed. revista e corrigida, prefácio de George Sand, Paris, 1901, p. 248. A frase completa e correta de onde foi extraída a epígrafe é a seguinte: "Não é natural que um homem novo, de emoções intensas, ame uma capital, tendo em vista que *uma capital não é absolutamente natural para o homem*". [Sobre o sistema de notação neste volume: as notas sem qualquer indicação são do autor; as assinaladas com (N.T.) são do tradutor.]

I. A *bohème*

A *bohème* aparece na obra de Marx num contexto muito elucidativo. Ele inclui nela os conspiradores profissionais, dos quais se ocupa no pormenorizado comentário das *Memórias do agente policial de la Hodde,* publicadas em 1850 no jornal *Neue Rheinische Zeitung.* Se quisermos trazer ao presente a fisionomia de Baudelaire, teremos de falar das semelhanças que ele evidencia com esse tipo político. Marx descreve-o nas seguintes palavras: "Com o incremento das conspirações proletárias surgiu a necessidade de divisão do trabalho; os seus membros dividiram-se em conspiradores de ocasião (*conspirateurs d'occasion*), isto é, operários que se dedicavam à conspiração apenas como atividade paralela às suas outras ocupações, que só frequentavam os encontros para poderem ficar disponíveis para comparecer nos lugares de reunião a um apelo dos chefes, e conspiradores profissionais, que se dedicavam exclusivamente à conspiração e dela viviam... As condições de vida desta classe determinam desde logo todo o seu caráter... A sua existência periclitante, a cada momento mais dependente do acaso do que da sua atividade, a sua vida desregrada, cujos únicos pontos de referência estáveis eram as tabernas – pontos de encontro dos conspiradores –, as suas inevitáveis relações com toda a espécie de gente duvidosa situam-nos naquela esfera de vida a que em Paris dá-se o nome de *bohème*".[1]

---

[1] Proudhon, querendo se distanciar dos conspiradores profissionais, chama por vezes a si próprio um "homem novo – um homem cuja causa não está nas

A propósito, deve-se observar que o próprio Napoleão III iniciara a sua ascensão num meio social que tinha ligações com o que foi descrito. Sabe-se que um dos instrumentos da sua fase presidencial foi a Sociedade do 10 de Dezembro, cujos quadros, segundo Marx, se constituíram a partir "daquela massa indefinida, dissoluta e dispersa a que os franceses chamam a *bohème*".[2] Durante o seu período imperial, Napoleão continuou com essas práticas conspirativas. Proclamações surpreendentes e secretismos, rompantes bruscos e ironia impenetrável fazem parte da razão de Estado do Segundo Império. E os mesmos traços se encontram nos escritos teóricos de Baudelaire. Aí, os seus pontos de vista são quase sempre expostos de forma apodítica. A discussão não é o seu forte, e ele foge dela até naqueles momentos em que as mais gritantes contradições, nas teses de que sucessivamente se apropria, exigiriam um debate. O *Salão de 1846* é dedicado "à burguesia"; nele o autor arvora-se em defensor dessa classe, e o seu gesto não é de advogado do diabo. Mais tarde, por exemplo, na invectiva contra a escola do *bon sens*, encontra para a *honnête bourgeoise* e para o notário, a figura de respeito daquela escola, os traços do mais furioso boêmio.[3] Por volta de 1850, proclama que a arte não se separa do que é útil; poucos anos mais tarde já defende a arte pela arte. Em tudo isso, Baudelaire preocupa-se tão pouco em se justificar e argumentar perante o seu público quanto Napoleão III ao passar, do dia para a noite e ignorando o Parlamento Francês, do protecionismo para o livre-comércio. Traços como esses tornam, no entanto, compreensível

---

barricadas, mas na discussão; um homem que poderia sentar-se todas as noites à mesa com o diretor da polícia e atrair à sua confiança todos os '*de la Hodde*' do mundo" (cit. de Gustave Geffroy, *L'enfermé*, Paris, 1897, p. 180-181). A citação é de: Karl Marx e Friedrich Engels, Recensão de Adolphe Chenu, *Les conspirateurs*, Paris, 1850; e Lucien de la Hodde, *La naissance de la République en février 1848*, Paris, 1850. Citado de: *Die Neue Zeit*, nº 4 (1886), p. 555.

[2] Marx, *Der achtzehnte Brumaire des Louis Bonaparte*. Nova edição, aumentada e com um prefácio de F. Engels. Ed. e introdução de D[avid] Rjazanov, Viena/Berlim, 1927, p. 73.

[3] Charles Baudelaire, *Œuvres*. Texte établi et annoté par Yves-Gérard Le Dantec. 2 vols. Paris, 1931-1932 (Bibliothèque de la Pléiade, 1 e 7). v. II, p. 415 (a partir de agora, cita-se apenas o volume e o número de página). [Todos os excertos de prosa citados por Benjamin foram confrontados com o original francês, na edição da Pléiade de 1954, que reúne num só volume a poesia e a prosa de Baudelaire. (N.T.)]

que a crítica oficial – com Jules Lemaître na dianteira – tenha se apercebido tão mal das energias teóricas contidas na prosa de Baudelaire.

Na sua descrição dos *conspirateurs de profession*, Marx continua
nos seguintes termos: "A única condição da revolução é, para eles,
poder organizar de forma satisfatória a sua conspiração... Lançam
mão de invenções que pretendem levar a cabo milagres revolucionários; bombas incendiárias, máquinas de destruição de efeito
mágico, motins que terão repercussões tanto mais miraculosas e
surpreendentes quanto menos tiverem uma fundamentação racional.
Ocupados com uma tal panóplia de projetos, não têm outro objetivo
que não seja a imediata derrubada do governo vigente e desdenham
profundamente o esclarecimento mais teórico dos operários sobre os
seus interesses de classe. Daí a sua ira, não proletária, mas plebeia,
em relação aos *habits noirs* (casacas pretas), as pessoas mais ou menos
cultas que representam essa faceta do movimento, das quais, no
entanto, nunca conseguem se tornar independentes por completo,
tal como se não libertam dos representantes oficiais do partido".[4] Os
pontos de vista políticos de Baudelaire não vão nunca além dos desses
conspiradores profissionais. Quer manifeste as suas simpatias pelo
reacionarismo clerical, quer pela Revolução de 1848, a sua expressão
carece de lógica, e os seus fundamentos são frágeis. A imagem que
de si deu nos dias de fevereiro – agitando uma espingarda numa
esquina qualquer de Paris e gritando "Morte ao general Aupick!"[5]
– é convincente. Quando muito, poderia ter feito suas as palavras
de Flaubert, quando este diz: "De toda a política só compreendo
uma coisa: a revolta". E isso teria então de ser compreendido no
sentido da passagem final de um apontamento que deixou entre os
seus esboços sobre a Bélgica: "Digo 'Viva a revolução!' como poderia dizer 'Viva a destruição! Viva a expiação! Viva o castigo! Viva
a morte!'. Seria feliz, não apenas como vítima; também o papel de
carrasco não me desagradaria – para sentir a revolução de ambos os
lados! Todos temos no sangue espírito republicano, tal como temos
a sífilis nos ossos; estamos infectados de democracia e de sífilis".[6]

---

[4] Marx e Engels, Recensão de Chenu e de la Hodde, *op. cit.,* p. 556.

[5] O general Aupick era padrasto de Baudelaire.

[6] II, p. 728.

O que Baudelaire assim expõe poderia chamar-se a metafísica do provocador. Na Bélgica, onde esse apontamento foi escrito, ele foi durante algum tempo visto como denunciante da polícia francesa. Entendimentos desse tipo suscitavam tão pouca estranheza que Baudelaire pôde escrever à mãe, em 20 de dezembro de 1854, a propósito dos literatos de aluguel da polícia: "Nunca o meu nome aparecerá nos seus infames registros".[7] Aquilo que deu essa fama a Baudelaire na Bélgica dificilmente poderá ter sido apenas a inimizade que manifestou contra o então proscrito Victor Hugo, muito celebrado nesse país. O aparecimento de tal boato deveu-se também à sua devastadora ironia; pode muito bem ter sido ele mesmo a espalhá-lo. O *culte de la blague*, que encontramos também em Georges Sorel e que se tornou componente inalienável da propaganda fascista, dá em Baudelaire os seus primeiros frutos. O título e o espírito do livro de Céline *Bagatelles pour un massacre* remete diretamente para uma entrada no diário de Baudelaire: "Podia organizar-se uma bela conspiração para acabar de vez com a raça dos judeus".[8] O adepto de Blanqui, Rigault, que terminou a sua carreira de conspirador como chefe da polícia da Comuna, parece ter tido o mesmo humor macabro de que falam tantos testemunhos sobre Baudelaire. Em *Hommes de la révolution de 1871*, Charles Prolès escreve: "Rigault punha em tudo o que fazia, a par de um grande sangue-frio, um espírito faceto arrasador. Era qualquer coisa de que não abdicava, mesmo no seu fanatismo".[9] Até o ideal terrorista que Marx encontra nos conspiradores tem a sua correspondência em Baudelaire. Em 23 de dezembro de 1865 escreve à mãe: "Se algum dia recuperar o vigor e a energia que algumas vezes possuí, darei largas à minha cólera escrevendo livros que vão horrorizar toda a gente. Quero pôr contra mim toda a raça humana. Seria para mim uma volúpia que me compensaria de todo o resto".[10] Essa cólera encarniçada – *la rogne* – era o estado de espírito que alimentou os conspiradores profissionais de Paris durante meio século de barricadas.

---

[7] Baudelaire, *Lettres à sa mère*, Paris, 1932, p. 83.

[8] II, p. 666.

[9] Charles Proès, "Raoul Rigault. La préfecture de police sous la Commune. Les otages" (*Les hommes de la révolution de 1848),* Paris, 1898, p. 9.

[10] Baudelaire, *Lettres à sa mère, op. cit.*, p. 278.

"São eles", diz Marx desses conspiradores, "que erguem as primeiras barricadas e as comandam".[11] De fato, o nó do movimento conspirativo foi a barricada. Pôde contar com a tradição revolucionária, de tal modo que na Revolução de Julho havia mais de quatro mil barricadas por toda a cidade.[12] Quando Fourier busca um exemplo do *travail non salarié mais passioné*, o mais próximo que encontra é a construção de barricadas. Em *Os miseráveis* Hugo fixou de forma impressionante a rede dessas barricadas, ao deixar na sombra a sua guarnição: "Por toda a parte estava alerta a invisível polícia dos revoltosos. Mantinha a ordem, o mesmo que dizer que guardava a noite... Um olhar lançado de cima sobre essas sombras amontoadas talvez encontrasse, em pontos dispersos, um brilho indistinto que deixava ver contornos irregulares, arbitrariamente distribuídos, perfis de estranhas construções. Nessas ruínas, algo se movia, semelhante a luzes. Era nesses lugares que se encontravam as barricadas".[13] Na alocução a Paris, que permaneceu fragmentária e devia fechar *As flores do mal*, Baudelaire não se despede da cidade sem invocar as suas barricadas. Lembra as suas "mágicas pedras da calçada, que se erguem para as alturas como fortalezas".[14] "Mágicas" essas pedras são, é claro, porque o poema de Baudelaire não conhece as mãos que as moveram. O mesmo *páthos* se pode atribuir ao blanquismo, quando um correligionário como Tridon exclama: "Ó força, rainha das barricadas..., tu que brilhas no clarão e na revolta, ... é para ti que os prisioneiros estendem as mãos acorrentadas".[15] No fim da Comuna, o proletariado, vacilante, procura abrigo por trás das barricadas como um animal ferido de morte na sua toca. O fato de os operários, treinados na luta de barricadas, não terem arriscado a batalha em campo aberto, que teria obrigado Thiers a inverter a marcha, teve uma cota-parte significativa de responsabilidade na sua

---

[11] Marx e Engels, Recensão de Chenu e de la Hodde, *op. cit.,* p. 556.

[12] Cf. Ajasson de Grandsagne e Maurice Plaut, *Révolution de 1830. Plan des combats de Paris aux 27, 28 et 29 juillet,* Paris, s.d.

[13] Victor Hugo, *Œuvres complètes,* Édition définitive d'aprés les manuscrits originaux, Roman, vol. 8: *Les misérables,* IV. Paris, 1881, p. 522-523.

[14] I, p. 229.

[15] Citado por Charles Benoist, "La crise de l'état moderne. Le 'mythe' de la 'classe ouvrière'", in: *Revue des Deux Mondes,* 84ᵉ année, 6ᵉ période, tome 20 (1º de março de 1914), p. 105.

derrota. Como escreve um dos mais recentes historiadores da Comuna, esses trabalhadores preferiram "a luta no seu próprio terreno ao combate em campo aberto... e, se necessário fosse, a morte atrás das pedras da calçada de uma rua de Paris transformada em barricada".[16]

O mais importante chefe das barricadas de Paris, Blanqui, estava àquela altura encarcerado na sua última prisão, o Fort du Taureau. Nele e nos seus correligionários viu Marx, na retrospectiva que fez da Revolução de Junho, "os verdadeiros chefes do partido proletário".[17] É difícil chegar a uma imagem tão elevada a partir do prestígio revolucionário de que Blanqui desfrutava então e que manteve até a morte. Antes de Lênin, ninguém assumiu aos olhos do proletariado traços tão marcantes como ele. Também Baudelaire não lhes foi indiferente. Há uma página proveniente da sua pena onde, ao lado de outros desenhos improvisados, se vê uma cabeça de Blanqui. Mas são os conceitos a que Marx recorre na sua exposição sobre os meios conspirativos de Paris que melhor evidenciam a posição ambígua que Blanqui neles ocupava. Há boas razões para o fato de a tradição ter legado uma imagem de Blanqui como "putschista". Para ela, ele representa o tipo de político que, como Marx escreve, vê como sua missão "antecipar-se ao processo de desenvolvimento da revolução, levá-lo à crise com recurso a artifícios, fazer uma revolução improvisada, sem que se verifiquem as condições para ela".[18] Se, por outro lado, compararmos essa descrição de Blanqui a outras de que dispomos, ele parece assemelhar-se muito a um daqueles *habits noirs* nos quais os conspiradores profissionais viam os seus detestáveis concorrentes. Uma testemunha ocular descreve nos seguintes termos o clube blanquista de Les Halles: "Se quisermos ter uma ideia mais exata da impressão que causava, à primeira vista, o clube revolucionário de Blanqui, quando comparado aos dois clubes do partido da ordem a essa altura..., poderemos fazê-lo imaginando o público da Comédie Française num dia em que sobem à cena Racine e Corneille, e, do outro lado, a multidão que enche um circo em que acrobatas fazem números arriscados. Era como entrar numa capela consagrada ao rito

---

[16] Georges Laronze, *Histoire de la Commune de 1871 d'après des documents et des souvenirs inédits. La justice,* Paris, 1928, p. 532.

[17] Marx, *Der achtzehnte Brumaire des Louis Bonaparte, op. cit.,* p. 28.

[18] Marx e Engels, Recensão de Chenu e de la Hodde, *op. cit.,* p. 556.

ortodoxo da conspiração. As portas estavam abertas a todos, mas só os que se tornavam adeptos lá voltavam. Depois do entediante desfile dos oprimidos... erguia-se o sacerdote. O seu pretexto era resumir as queixas dos clientes, o povo, ali representado por meia dúzia de imbecis arrogantes e excitados que tinham acabado de ser ouvidos. De fato, o que ele fazia era explicar a situação. Tinha um aspecto distinto, a roupa que vestia era impecável, a cabeça tinha uma forma elegante, a expressão era tranquila; só um lampejo desvairado e ominoso lhe atravessava de vez em quando os olhos pequenos, estreitos e fulminantes; em geral, a sua expressão era mais de benevolência do que de dureza. O discurso era comedido, paternal e claro, a forma de falar a menos declamatória que já ouvi, comparável à de Thiers".[19] Blanqui aparece aqui como doutrinador. Os sinais dos *habits noirs* confirmam-se até nos mais ínfimos pormenores. Era sabido que "o velho" costumava perorar de luvas pretas.[20] Mas a seriedade contida e o caráter impenetrável próprios de Blanqui são diferentes à luz de uma observação de Marx: "Eles são", escreve sobre os conspiradores profissionais, "os alquimistas da revolução e partilham com os antigos alquimistas a desordem mental e a estreiteza das ideias fixas".[21] Emerge daqui espontaneamente a imagem de Baudelaire: num, a babel de enigmas da alegoria, no outro, o secretismo exagerado do conspirador.

Marx fala, como não podia deixar de ser, de forma pejorativa quando se refere aos grupos das tabernas, onde o conspirador subalterno se sentia em casa. Os vapores que aí se concentravam eram também familiares a Baudelaire. No meio deles nasceu o grande poema que traz o título "Le vin des chifonniers" [O vinho dos trapeiros[22]]. A sua gênese deve poder situar-se em meados do século. A essa altura

---

[19] Relato de J.-J. Weiss, cit. em Gustave Geffroy, *L'enfermé*, *op. cit.*, p. 346-348.

[20] Baudelaire apreciava tais pormenores. "Por que razão", escreve, "não põem os pobres luvas quando pedem esmola? Fariam facilmente fortuna" (II, p. 424). Atribui a frase a um desconhecido, mas ela traz a marca inconfundível de Baudelaire.

[21] Marx e Engels, Recensão de Chenu e de la Hodde, *op. cit.*, p. 556.

[22] Cito os poemas de *As flores do mal* na tradução portuguesa de Fernando Pinto do Amaral (Lisboa: Assírio & Alvim, 1992; o poema aqui citado encontra-se na p. 269). Salvo indicação em contrário, todos os poemas de *As flores do mal* serão citados dessa tradução, indicando-se apenas a sigla FM e o número de página. Optou-se por manter nesses casos a grafia lusitana. No caso de variantes e de poemas que não figuram nessa edição, a tradução é minha. (N.T.)

circulavam no espaço público motivos que ecoam nesse poema. Em dado momento discutia-se o imposto sobre o vinho. A Assembleia Constituinte da República havia dado parecer favorável à sua abolição, como já acontecera em 1830. Em *As lutas de classes na França*, Marx mostrou como a abolição desse imposto fazia convergir a reivindicação do proletariado urbano e a dos camponeses. O imposto, que onerava o vinho de consumo corrente com taxa igual à dos vinhos finos, reduziu o consumo "ao instalar às portas de cada cidade com mais de quatro mil habitantes alfândegas municipais, transformando cada cidade num território estrangeiro com taxas protecionistas contra o vinho francês".[23] "No imposto sobre o vinho", diz Marx, "o camponês saboreia o *bouquet* do governo". Mas prejudicou também o habitante das cidades, forçando-o a procurar vinho mais barato nas tabernas fora da cidade. Aí se servia o vinho livre de impostos, a que se chamava *vin de la barrière*. A acreditar no que diz o chefe de seção do quartel-general da polícia, H.-A. Frégier, os operários exibiam com orgulho e arrogância os efeitos desse prazer, o único que lhes era concedido. "Há mulheres que não se envergonham de seguir os maridos até a *barrière*, levando consigo filhos já em idade de trabalhar... No regresso a casa, fazem-se meio embriagados, dando-se ares de mais bêbados do que realmente estão, para que todos vejam que beberam, e que não foi pouco. Por vezes, os filhos imitam os pais nessas cenas".[24] "Uma coisa é certa", escreve um observador da época, "o vinho das 'barreiras' poupou a estrutura governamental de muitos abalos".[25] O vinho desencadeia os deserdados sonhos de vingança e de glória futuras, como se pode ler em "O vinho dos trapeiros":

> Vê-se vir um trapeiro, abanando a cabeça
> Tropeçando e esbarrando em tudo, qual poeta,
> E, sem ligar nenhuma aos polícias, seus súbditos,
> Abre o seu coração em gloriosos projectos.

---

[23] Marx, *Die Klassenkämpfe in Frankreich 1848 bis 1850.* Reproduzido da *Neue Rheinische Zeitung* (revista político-econômica), Hamburgo, 1850, com introdução de Friedrich Engels. Berlim, 1895, p. 87.

[24] H.-A. Frégier, *Des classes dangereuses de la population dans les grandes villes, et des moyens de les rendre meilleures,* Paris, 1840, vol. I, p. 86.

[25] Edouard Foucaud, *Paris inventeur. Physiologie de l'industrie française,* Paris, 1844, p. 10.

Ele presta juramento, dita leis sublimes,
Derruba os malfeitores e reanima as vítimas,
E sob o firmamento, num pálio suspenso,
Delira com o esplendor da sua própria virtude.[26]

Os trapeiros começaram a aparecer em grande número nas cidades quando o lixo passou a ter certo valor, devido aos novos processos industriais. Trabalhavam para intermediários e representavam uma espécie de indústria doméstica situada na rua. O trapeiro fascinou a sua época. Os olhares dos primeiros investigadores do pauperismo recaíam sobre ele com a pergunta muda: Até onde irão os limites da miséria humana? Frégier dedica-lhe seis páginas no seu livro *Des classes dangereuses de la population*. Le Play fornece, para o período de 1849 e 1850 (provavelmente aquele em que foi escrito o poema de Baudelaire), o orçamento de um trapeiro e seus familiares.[27]

---

[26] I, p. 120 (FM, p. 269).

[27] O orçamento é um documento social, não tanto pelo levantamento que faz com base em dada família, mas mais pela tentativa de fazer parecer menos escandalosa a mais profunda miséria, ao classificá-la de forma limpa. A sua ambição de não deixar nenhuma das suas facetas desumanas sem remissão para o parágrafo que pede para ser observado permitiu aos Estados totalitários fazer germinar uma semente que, como se pode deduzir deste caso, já estava latente num estágio inicial do capitalismo. A quarta seção do orçamento de um trapeiro – necessidades culturais, diversões e higiene – apresenta-se da seguinte maneira: "Instrução dos filhos (a mensalidade escolar é paga pelo empregador da família): 48 Fr.; compra de livros: 1,45 Fr.; ajudas e esmolas (os operários dessa camada em geral não dão esmolas); festas e ocasiões solenes: refeições de toda a família numa das *barrières* de Paris (8 saídas por ano): vinho, pão e batatas salteadas: 8 Fr.; refeições de macarrão, preparadas com manteiga e queijo, e vinho a acompanhar, nos dias de Natal, terça-feira de Carnaval, na Páscoa e em Pentecostes: essas despesas vão assinaladas na primeira seção; tabaco de mascar para o homem ('beatas' apanhadas pelo próprio operário), correspondendo a um valor de 5 a 34 Fr.; rapé para a mulher (comprado): 18,66 Fr.; brinquedos e outros presentes para os filhos: 1 Fr.; correspondência com parentes: cartas para os irmãos do operário, residentes na Itália, em média uma por ano. Adicional: o recurso mais importante da família, em caso de acidente ou doença, consiste na caridade privada... Poupança anual (o operário não tem possibilidade de fazer qualquer tipo de previsão; o que lhe importa acima de tudo é poder proporcionar à mulher e à filha pequena todo o bem-estar possível, de acordo com a sua situação; não faz economias, porque gasta diariamente tudo o que ganha)" (Frédéric Le Play, *Les ouvriers européens*, Paris, 1855, p. 274-275.)
Uma observação sarcástica de Buret dá bem a medida do espírito de tais levantamentos: "Uma vez que o humanitarismo e a decência não permitem que se

O trapeiro não pode, naturalmente, ser integrado na *bohème*. Mas cada uma das suas figuras, do literato ao conspirador profissional, poderia encontrar no trapeiro um pouco de si. Cada uma delas se encontrava, na sua revolta mais ou menos surda contra a sociedade, perante um amanhã mais ou menos precário. Na hora certa, podiam contar e sentir com aqueles que abalavam os alicerces dessa sociedade. O trapeiro não está sozinho no seu sonho. Tem companheiros que o acompanham, envoltos como ele no cheiro dos barris e como ele encanecidos nas batalhas. O bigode está caído como uma velha bandeira. Na sua ronda encontra os *mouchards* (espias) e os bufos da polícia sobre os quais, em sonhos, ganha supremacia.[28] Encontramos já em Sainte-Beuve motivos sociais extraídos do cotidiano de Paris.

---

deixem morrer pessoas como bichos, não se lhes pode negar a esmola de um caixão" (Eugène Buret, *De la misère des classes laborieuses en Angleterre et en France; de la nature de la misère, de son existence, de ses effets, de ses causes, et de l'insuffisance des remèdes qu'on lui a opposés jusqu'ici; avec l'indication des moyens propres à en affranchir les sociétés*, Paris, 1840, vol. I, p. 266.)

[28] É fascinante seguir o modo como a rebelião lentamente vai abrindo caminho nas diferentes versões dos versos finais do poema. Na primeira versão eram os seguintes:

E é assim que o vinho, pelos seus benefícios,
Reina e canta seus feitos pela goela do homem.
Grandeza da bondade d'Aquele que põe nome
A tudo, e já nos dera também o doce sono;
E a ele quis juntar o Vinho, filho do Sol
Que aquece o coração e acalma o sofrimento
Do rol dos desgraçados que morrem em silêncio. (I, p. 605. Tradução de João Barrento)

Em 1852 mudam para:

Pr' aplacar o coração, acalmar o sofrimento
Do rol dos inocentes que morrem em silêncio,
Deus já lhes concedera a todos o doce sono;
E acrescentou o vinho, santo filho do Sol. (I, p. 606. Tradução de João Barrento)

E finalmente, em 1857, ganham a seguinte forma, com uma evidente mudança de sentido:

Pra afogar o rancor e embalar a indolência
Desses velhos malditos morrendo em silêncio,
Tocado p'lo remorso, Deus fizera o sono;
O Homem juntou o Vinho, sacro filho do Sol! (I, p. 121. FM, p. 271)

É fácil constatar como a estrofe só encontra a sua forma segura quando chega a um conteúdo blasfemo.

Nele, foram uma conquista da poesia lírica, mas não representam ainda um ponto de vista sobre a realidade. A miséria e o álcool entram no espírito do capitalista ilustrado em relações totalmente diferentes das de um Baudelaire:

> Nesta tipoia de praça vou observando
> O homem que me conduz, pura máquina, hediondo,
> A barba hirsuta e grossa, os cabelos colados:
> O vício, o vinho, o sono nos olhos carregados.
> Como pode um homem cair assim?, pensava,
> Enquanto no assento mais me aconchegava.[29]

Esse é o início do poema; o que se segue é o desenvolvimento edificante. Sainte-Beuve interroga-se sobre se a sua alma não estará tão desamparada como a do cocheiro.

A litania intitulada "Abel e Caim" mostra o fundamento sobre o qual repousa a noção mais livre e mais compreensiva que Baudelaire tem dos deserdados. Nele, a discórdia entre os irmãos bíblicos transforma-se no conflito de duas raças eternamente irreconciliáveis:

> Raça de Abel, come, bebe e dorme;
> Condescendente, Deus sorri-te.

> Raça de Caim, na imundície
> Rasteja e morre miserável.[30]

O poema consiste em dezesseis dísticos cujo começo, em alternância, é igual ao dos anteriores. Caim, o antepassado dos deserdados, aparece aí como o fundador de uma raça que não pode ser outra senão a proletária. No ano de 1838, Granier de Cassagnac publica a sua *Histoire des classes ouvrières et des classes bourgeoises*. Essa obra proclamava uma tese sobre a origem dos proletários: estes constituem uma classe de homens inferiores, nascida do cruzamento de bandidos e prostitutas. Terá Baudelaire conhecido essas especulações? É bem possível. Certo é que Marx, que saudou em Granier de Cassagnac "o pensador" da reação bonapartista, as conheceu. *O capital* responde à sua teoria das raças contrapondo-lhe o conceito de uma "raça muito particular de

---

[29] C[harles] A[ugustin] Sainte-Beuve, *Les consolations. Pensées d'août. Notes et sonnets – un dernier rêve* (Poésies de Sainte-Beuve, 2e partie). Paris, 1863, p. 193.

[30] I, p. 136 (FM, p. 303).

proprietários de mercadorias"[31] que corresponde ao proletariado. É precisamente nessa acepção que surge em Baudelaire a raça que descende de Caim. Mas ele não seria capaz de defini-la. Trata-se, de fato, da raça daqueles que não dispõem de outra mercadoria que não seja a sua força de trabalho.

O poema de Baudelaire está inserido no ciclo intitulado "Revolta".[32] As três peças que o integram mantêm um tom blasfematório. O satanismo de Baudelaire não deve ser tomado demasiado a sério. Se tem algum significado, é no sentido de ser a única atitude que, a longo prazo, poderia sustentar a sua posição inconformista. O último poema do ciclo, "As litanias de Satã", constitui, no seu conteúdo teológico, o *miserere* de uma liturgia ofídica.[33] Satanás aparece na sua coroa de raios luciferinos como detentor do conhecimento profundo, como mestre das artes prometeicas, como patrono dos impenitentes e inflexíveis. Nas entrelinhas refulge a sinistra cabeça de Blanqui:

> Tu que dás ao proscrito o olhar altivo e calmo
> Que amaldiçoa um povo junto ao cadafalso.[34]

---

[31] Marx, *Das Kapital. Kritik der politischen Ökonomie* [O capital. Crítica da economia política]. Edição integral, baseada na segunda edição, de 1872 (com uma nota introdutória de Karl Korsch). Vol. 1, Berlim, 1932, p. 173.

[32] Ao título segue-se uma nota prévia que foi eliminada nas edições posteriores. Apresenta os poemas desse grupo como uma cópia, de alto nível literário, "dos sofismas da ignorância e da ira». Na verdade, não se trata de cópias. O Ministério Público do Segundo Império assim o entendeu, e também alguns dos que vieram depois. O barão Seillière demonstra isso com grande desenvoltura na interpretação que dá do poema que abre o ciclo "Revolta", com o título "A negação de S. Pedro", que contém os seguintes versos:
Sonhavas com os dias [...]
Em que, com o peito a arder de valentia e esperança,
A torto e a direito, os vendilhões zurzias,
Quando foste, enfim, mestre? O remorso não quis
Penetrar no teu flanco bem antes da lança? (I, p. 136. FM, p. 303)
Nesse "remorso" o irônico intérprete descobre a autocensura por "ter perdido uma tão boa oportunidade de implantar a ditadura do proletariado" (Ernest Seillière, *Baudelaire,* Paris, 1931, p. 193).

[33] Seita gnóstica do século II que transformou o culto da serpente num culto do Messias. (N.T.)

[34] I, p. 138 (FM, p. 309).

Esse Satanás, que a série de invocações do poema refere também como "Confessor [...] dos conspiradores", é bem diferente dos intriguistas do inferno que os poemas nomeiam como "Satanás trismegisto", "Demônio", e as peças de prosa como "Vossa Alteza", com a sua morada nas proximidades do *boulevard*. Lemaître chamou a atenção para a dicotomia que aqui faz do diabo, "ou a origem de todos os males, ou então o grande vencido, a grande vítima".[35] Perguntar o que terá levado Baudelaire a dar à sua radical rejeição dos dominadores uma forma radicalmente teológica é apenas ver o problema por outro prisma.

Depois da derrota do proletariado nas lutas de junho, o protesto contra as ideias burguesas de ordem e honestidade ficou mais bem guardado nas mãos dos dominadores do que nas dos oprimidos. Aqueles que se declaravam partidários da liberdade e da justiça viram em Napoleão III não o imperador-soldado que ele, emulando o tio, queria ser, mas o impostor que a sorte tinha favorecido. Foi essa a imagem que dele ficou nos *Châtiments* [Os castigos], de Hugo. A *bohème dorée*, por seu lado, via nas estonteantes festas de corte, no aparato de que ele se rodeou, a concretização dos seus sonhos de uma vida "livre". As memórias em que o conde de Viel-Castel descreve a corte do imperador fazem de uma Mimi e de um Schaunard[36] figuras honestas e pequeno-burguesas. Nas classes altas, o cinismo era de bom tom, tal como a argumentação rebelde nas baixas. No seu *Eloa*, Vigny tinha prestado, na esteira de Byron, a sua homenagem, de sentido gnóstico, ao anjo caído, a Lúcifer. Por outro lado, Barthélemy tinha, no seu *Némésis*, atribuído o satanismo aos dominadores; aí se manda dizer uma missa de *agios* e se canta um salmo dos rendimentos.[37] Esse duplo rosto de Satanás é perfeitamente familiar a Baudelaire. Para ele, Satanás não fala apenas para os de baixo, mas também para os de cima. Marx não poderia ter desejado melhor leitor para as seguintes linhas: "Quando os puritanos", lê-se em *O Dezoito Brumário*, "se queixaram

---

[35] Jules LEMAÎTRE, *Les contemporains. Études et portraits littéraires,* 4ª série, 14ª ed. Paris, 1897, p. 30.

[36] Personagens de *Scènes de la vie bohème*, de Henri Murger (1848), que forneceu o *libretto* para a ópera *La Bohème*, de Puccini. (N.T.)

[37] Cf. [Auguste-Marseille] Barthélemy, *Némésis. Satire hebdomadaire,* Paris, 1834, Vol. I, p. 225 ("O arcebispado e a bolsa").

no Concílio de Constança da vida depravada dos Papas..., o cardeal Pierre d'Ailly gritou-lhes: 'Só o diabo em pessoa poderá salvar a Igreja católica, e vós exigis anjos!' Também a burguesia francesa exclamou depois do golpe de Estado: Só o cabecilha da Sociedade do 10 de Dezembro ainda pode salvar a sociedade burguesa! Só o roubo pode salvar a propriedade, o perjúrio a religião, a bastardia a família, a desordem a ordem".[38] Baudelaire, admirador dos jesuítas, nem nas suas horas rebeldes quis prescindir totalmente e para sempre desse salvador. Os seus versos resguardaram-se daquilo que a prosa não se tinha coibido de dizer. Por isso Satanás se instala neles. A ele devem a força sutil que, mesmo nos momentos de exaltação desesperada, lhes permite não renegar totalmente *aquele* que é objeto da indignação do bom senso e da humanidade. Em Baudelaire, quase sempre a afirmação da devoção se faz ouvir como um grito de combate. Não quer que lhe tirem o seu Satanás. Esse é o verdadeiro móbil no conflito que Baudelaire teve de travar com a sua descrença. Não se trata aí de sacramentos e de orações; trata-se do direito luciferino a ofender aquele Satanás que nos domina.

Com a sua amizade por Pierre Dupont, Baudelaire quis mostrar que era um poeta social. Os textos críticos de d'Aurevilly dão-nos um perfil desse autor: "Neste talento e nesta cabeça, Caim leva a melhor sobre o manso Abel – é o Caim bárbaro, esfomeado, roído de inveja, selvagem, que desceu às cidades para sorver o fermento do rancor que aí se acumula e para participar da difusão das falsas ideias que aí celebram o seu triunfo".[39] Esse retrato mostra bem aquilo que solidariza Baudelaire com Dupont. Tal como Caim, também Dupont "desceu às cidades", voltando as costas ao idílio. A canção, tal como foi entendida pelos nossos pais..., e mesmo o singelo romance não lhe dizem nada".[40] Dupont apercebeu-se do advento da crise da poesia lírica à medida que se acentuava a desintegração entre cidade e campo. Um dos seus versos confessa isso mesmo, de modo desajeitado; diz-se que o poeta "empresta o seu ouvido ora às florestas, ora às massas".

---

[38] Marx, *Der achtzehnte Brumaire des Louis Bonaparte, op. cit.,* p. 124.

[39] J[ules-Amédée] Barbey D'Aurevilly, *Les Œuvres et les hommes* (XIXe siècle). 3e partie: *Les Poètes,* Paris, 1862, p. 242.

[40] Pierre Larousse, *Grand dictionaire universel du XIXe siècle,* vol. 6, Paris, 1870, p. 1413 (artigo "Dupont").

As massas recompensaram-no por essa atenção: em 1848 Dupont andava em todas as bocas. Quando as conquistas da revolução foram indo por água abaixo umas atrás das outras, Dupont compôs o seu "Chant du vote" [Canto do voto]. Na poesia política dessa época há poucos exemplos que estejam à altura do seu refrão. É uma das folhas de louro que Karl Marx reclamava então para a "sombria e ameaçadora fronte"[41] dos combatentes de junho:

> Desilude, ó República, essa gente
> Cheia de manha e perversão!
> Mostra a face de Medusa, imponente,
> No meio de vermelho clarão![42]

A introdução que Baudelaire escreveu, em 1851, para um fascículo de poemas de Dupont foi um ato de estratégia literária. Nela se podem ler curiosos juízos como os que se seguem: "A ridícula teoria da arte pela arte excluiu a moral, e muitas vezes até a paixão, e tornou-se, assim, necessariamente estéril". E ainda, numa clara referência a Auguste Barbier: "Quando um poeta que, apesar de algumas fraquezas ocasionais, quase sempre afirmou a sua grandeza surgiu para proclamar o caráter sagrado da Revolução de Julho e a seguir, em versos igualmente inflamados, escreveu poemas sobre a miséria na Inglaterra e na Irlanda,... a questão estava de uma vez por todas resolvida: a partir de agora, a arte era inseparável da moral e da utilidade".[43] Isso nada tem da profunda ambivalência que dá asas à poesia do próprio Baudelaire, que se pôs ao lado dos oprimidos, mas tanto das suas ilusões como da sua causa. Dava ouvidos aos cantos revolucionários, mas também à "voz superior" que fala do rufar dos tambores das execuções. Quando Bonaparte chega ao poder através de um golpe de Estado, Baudelaire indigna-se por um momento. "Mas depois olha para os acontecimentos de um 'ponto de vista

---

[41] Marx, Em memória dos combatentes de junho *apud Karl Marx als Denker, Mensch und Revolutionär. Ein Sammelbuch* [Karl Marx como pensador, homem e revolucionário. Uma coletânea de textos], ed. por D. Rjazanov, Viena/Berlim, 1928, p. 40.

[42] Pierre Dupont, *Le chant du vote,* Paris, 1850 [não paginado].

[43] II, p. 403-405.

providencial' e submete-se como um monge".[44] "A teocracia e o comunismo"[45] não eram para ele convicções, mas sussurros que lhe chegavam ao ouvido e o disputavam: um deles não tão seráfico, o outro não tão luciferino como ele imaginava. Passado pouco tempo, já Baudelaire tinha abandonado o seu manifesto revolucionário, e ao fim de alguns anos escreve: "Dupont deve as suas primeiras canções à graciosidade e à delicadeza feminina da sua natureza. Felizmente, a atividade revolucionária que a essa altura tomou conta de quase todos não o desviou do seu caminho natural".[46] O corte abrupto com a arte pela arte fora para Baudelaire apenas uma pose. Permitiu-lhe dar a conhecer o espaço que, enquanto literato, tinha ao seu dispor. Era a sua vantagem sobre os escritores do seu tempo, sem excluir os maiores. E torna evidente o modo como ele se situava acima do meio literário em que se inseria.

A atividade literária cotidiana centrara-se durante um século e meio nas revistas. Nos finais do primeiro terço do século XIX a situação começou a mudar. O suplemento literário ofereceu às belas-letras um mercado nos jornais diários. As transformações que a Revolução de Julho trouxe à imprensa podem resumir-se à introdução do suplemento literário. Durante a Restauração não podiam ser vendidos números avulsos dos jornais; eles eram todos lidos por assinatura. Aqueles que não podiam despender a soma elevada de 80 francos pela assinatura anual ficavam dependentes dos cafés, onde se viam muitas vezes várias pessoas à volta de um exemplar. Em 1824 havia em Paris quarenta e sete mil assinantes de jornais, em 1836 eram setenta mil e em 1846 duzentos mil. O jornal de Girardin, *La Presse*, teve um papel decisivo nesse aumento de assinaturas. Introduziu três importantes inovações: a redução do preço da assinatura para 40 francos, os anúncios e o romance em folhetim. Ao mesmo tempo, a informação breve e incisiva começou a fazer concorrência ao relato convencional das gazetas, recomendando-se pela sua utilidade mercantil. O chamado *réclame*

---

[44] Paul Desjardins, "Poètes contemporains. Charles Baudelaire", *Revue bleue. Revue politique et littéraire* (Paris), 3ª série, tomo 14, Ano XXIV, 2º semestre, nº 1-2, jul. 1887, p. 19.

[45] II, p. 659.

[46] II, p. 555.

abriu-lhe caminho: por isso entendia-se uma notícia aparentemente independente, mas na realidade paga pelo editor, com a qual, na seção redacional, se chamava a atenção para um livro que tinha um anúncio na edição do dia anterior ou nesse mesmo número. Sainte-Beuve queixava-se já em 1839 dos efeitos nada moralizantes dessa prática: "Como era possível que [na seção da crítica] um produto fosse arrasado, enquanto dois dedos mais abaixo se lia que ele era a maravilha da época? A força de atração dos caracteres cada vez maiores do anúncio impunha-se: era como uma montanha magnética que desviava a bússola".[47] O *réclame* situa-se no início de uma evolução cuja ponta final é a notícia da bolsa publicada nos jornais e paga pelos interessados.

A informação não precisava de muito espaço; era ela, e não o artigo de fundo político ou o romance em folhetim, que dava ao jornal o aspecto diariamente novo, inteligentemente variado pela paginação, no qual residia uma parte do seu encanto. A informação tinha de ser constantemente renovada: os mexericos da cidade, as intrigas do meio teatral, também as "curiosidades" eram as fontes prediletas dessa parte do jornal. A elegância barata que o caracteriza, tão evidente no suplemento, destaca-se desde o princípio. Madame de Girardin saúda nas suas *Cartas de Paris* a fotografia nos seguintes termos: "Hoje em dia toda a gente se ocupa da invenção do senhor Daguerre, e nada dá mais vontade de rir do que as sisudas explicações que os nossos sábios de salão sabem dar sobre ela. O senhor Daguerre pode ficar descansado, que ninguém lhe irá roubar o seu segredo... A sua descoberta é, de fato, maravilhosa; mas ninguém entende nada dela, porque foi por demais explicada".[48] Já o estilo do suplemento literário não encontrou aceitação imediata nem generalizada. Em 1860 e 1868 foram publicados em Paris e Marselha os dois volumes das *Revues Parisiennes*, do barão Gaston de Flotte, empenhadas em combater a leviandade dos dados históricos, sobretudo nos suplementos da imprensa parisiense. No café, à hora do aperitivo, era o momento de absorver a informação. "O hábito do aperitivo... surgiu com o

---

[47] Sainte-Beuve, "De la littérature industrielle", *Revue des deux mondes*, 4ª série, 1839, p. 682-683.

[48] Madame Émile de Girardin, nascida Delphine Gay, *Œuvres complètes,* vol. 4. *Lettres parisiennes 1836-1840.* Paris, 1860, p. 289-290.

advento da imprensa sensacionalista de *boulevard*. Antigamente, quando apenas existiam os grandes jornais sérios..., ninguém sabia o que era a hora do aperitivo. Essa é a consequência lógica da 'Crônica parisiense' e dos mexericos da cidade".[49] A atividade dos cafés treinou os jornalistas para acompanharem o ritmo das agências noticiosas, ainda antes de a sua estrutura se desenvolver. Quando o telégrafo elétrico foi introduzido, no fim do Segundo Império, o *boulevard* perdera o seu monopólio. Doravante, as desgraças e os crimes podiam ser recebidos de todo o mundo.

A assimilação do literato à sociedade em que se inseria consumou-se, assim, no *boulevard*. Era no *boulevard* que ele tinha o seu reservatório de incidentes, de anedotas ou de boatos. No *boulevard* dava largas à exibição das suas relações com colegas e gente de boa vida; e estava tão dependente dos seus efeitos como as *cocottes* da sua arte de se fantasiar.[50] É no *boulevard* que passa as suas horas de ócio, que apresenta às pessoas como parte do seu horário de trabalho. Comporta-se como se tivesse aprendido com Marx que o valor de cada mercadoria é determinado pelo tempo de trabalho socialmente necessário para a sua produção. Desse modo, o valor da sua própria força de trabalho adquire qualquer coisa de quase fantástico em face do dilatado ócio que, aos olhos do público, é necessário para a sua realização plena. E o público não estava sozinho nesse tipo de avaliação. A alta recompensa por parte dos suplementos literários de então mostra que ela tinha o seu fundamento nas relações sociais. Na verdade, existia uma relação entre a redução do custo da assinatura, o incremento dos anúncios e a crescente importância do suplemento.

"Devido a essa nova situação" – a redução do custo das assinaturas –, "o jornal tem de viver dos anúncios...; para conseguir muitos anúncios, o quarto de página dedicado à publicidade precisava ser visto pelo maior número possível de assinantes. Era preciso uma isca que se dirigisse a todos, sem se preocupar com

---

[49] Gabrièl Guillemot, *Le bohème. Physionomies parisiennes*. Com desenhos de Hadol, Paris, 1868, p. 72.

[50] "Com alguma perspicácia, é fácil perceber como uma moça que, às oito, se apresenta ricamente vestida, num *tailleur* elegante, é a mesma que às nove surge como costureirinha e às dez como camponesa." (F.-F.-A. Béraud, *Les filles publiques de Paris, et la police qui les régit*. Paris/Leipzig, 1839, vol. 1, p. 51).

opiniões pessoais, e cujo valor era o de colocar a curiosidade no lugar da política... Uma vez garantido o ponto de partida, a assinatura por 40 francos, através do anúncio chegava-se quase necessariamente ao romance em folhetim".[51] É isso que explica os altos honorários pagos por tal colaboração. Em 1845 Dumas firmou um contrato com *Le Constitutionnel* e com *La Presse* que previa honorários anuais mínimos de sessenta e três mil francos, por cinco anos, para uma produção anual de pelo menos dezoito volumes.[52] Eugène Sue recebeu por *Os mistérios de Paris* um adiantamento de cem mil francos. Calculam-se em cinco milhões de francos os honorários de Lamartine para o período de 1838 a 1851. Por *História dos girondinos*, que saiu primeiramente em folhetim, ele recebeu seiscentos mil francos. A remuneração choruda desses produtos literários cotidianos levou naturalmente a situações menos recomendáveis. Acontecia que certos editores, ao adquirirem o manuscrito, se reservavam o direito de fazê-los assinar por um autor da sua escolha, o que queria dizer que alguns romancistas de sucesso eram muito pródigos com a sua assinatura. A situação é descrita com mais pormenores em um panfleto com o título *Fábrica de romances, Casa Alexandre Dumas & Cia.*[53] A *Revue des Deux Mondes* escrevia então: "Quem é que conhece os títulos de todos os livros que o senhor Dumas assinou? Será que ele próprio os conhece? Se não mantiver um diário com 'Deve' e 'Haver', certamente já esqueceu mais do que um dos filhos de que é pai legítimo, natural ou adotivo".[54] Corria o boato de que Dumas empregava nos seus porões toda uma companhia de literatos pobres. Dez anos após as constatações dessa grande revista – em 1855 –, ainda se encontra num pequeno órgão da *bohème* a seguinte descrição pitoresca da

---

[51] Alfred Nettement, *Histoire de la littérature française sous le Gouvernement de Juillet,* 2ª ed., Paris, 1859, vol. 1, p. 301-302.

[52] Cf. Ernest Lavisse, *Histoire de la France contemporaine. Depuis la révolution jusqu'à la paix de 1919.* Vol. 5: S. Charléty, *La monarchie de juillet (1830-1848),* Paris, 1921, p. 352.

[53] Cf. Eugène de [Jacquot] Mirecourt, *Fabrique de romans. Maison Alexandre Dumas et Compagnie,* Paris, 1845.

[54] Paulin Limayrac, "Du roman actuel et de nos romanciers", *Revue des deux mondes,* tomo 11, ano XIV, nova série, 1845, p. 953-954.

vida de um romancista de sucesso a que o autor chama de Santis: "Chegado a casa, o senhor de Santis fecha cuidadosamente a porta à chave... e abre uma pequena porta, escondida atrás da sua biblioteca. E encontramo-lo num gabinete bastante sujo e mal iluminado. Aí está sentado um homem de cabelos emaranhados, de ar sombrio e olhar subserviente, com uma longa pena de ganso na mão. Reconhece-se nele à distância de uma milha o autêntico romancista puro-sangue, apesar de se tratar apenas de um antigo funcionário de ministério que aprendeu a arte de Balzac lendo o *Constitutionnel*. O verdadeiro autor da *Câmara dos crânios* é ele; é ele o romancista".[55] Na Segunda República, o parlamento tentou combater a predominância do folhetim. Cada episódio de um romance pagava um imposto de um centésimo. Com as leis de imprensa reacionárias, que, restringindo a liberdade de opinião, aumentaram o valor do folhetim, essa deliberação deixou de vigorar passado pouco tempo.

Os altos honorários do folhetim, associados às grandes tiragens, contribuíram para que os escritores que o alimentavam ganhassem grande fama entre o público. Em termos individuais, muitos investiam de forma concertada na celebridade e nos lucros: a carreira política abria-se a eles quase naturalmente. A situação trouxe consigo novas formas de corrupção, com consequências piores que as do uso indevido de nomes de autores conhecidos. Uma vez despertada a ambição política dos literatos, era natural que o regime pensasse em lhes mostrar o caminho certo. Em 1846 Salvandy, o ministro das Colônias, ofereceu a Alexandre Dumas a possibilidade de fazer uma viagem a Túnis, a expensas do governo – a operação tinha uma dotação de dez mil francos –, para fazer propaganda das colônias. A expedição fracassou, custou muito dinheiro e terminou com uma pequena interpelação na Câmara. Mais sorte teve Eugène Sue, que, devido ao êxito de seu *Os mistérios de Paris*, fez subir as assinaturas do *Constitutionnel* de 3.600 para 20 mil e foi eleito deputado em 1850 com 130 mil votos dos operários de Paris. Os eleitores proletários não ganharam muito

---

[55] Paul Saulnier, "Du roman en général et du romancier moderne en particulier", *Le bohème. Journal non politique*, Ano I, n° 5, 29 de abril de 1855, p. 2. O recurso aos "negros" não se limitava ao folhetim. Scribe ocupava, para lhe escreverem os diálogos das peças, uma série de colaboradores anônimos.

com isso; Marx diz que a eleição foi "um comentário sentimental e enfraquecedor"[56] aos ganhos dos mandatos anteriores. Se a literatura servia, desse modo, para abrir uma carreira política aos mais favorecidos, por outro lado essa carreira tornava-se importante na avaliação crítica das suas obras. Lamartine é disso um exemplo.

Os êxitos literários decisivos desse autor, as *Méditations* e as *Harmonies*, remetem a um tempo em que o campesinato francês ainda usufruía dos campos de cultura conquistados. Em versos ingênuos, dirigidos a Alphonse Karr, o poeta compara a sua obra à de um viticultor:

> Todo homem vende com orgulho o seu suor!
> Eu vendo o cacho em fruto como tu tua flor,
> Feliz se o néctar corre, sob os meus pés que o pisam,
> Como riachos de âmbar para os tonéis que se alinham
> Rendendo ao dono, ufano do alto preço, é verdade,
> Muito ouro que há de pagar muita liberdade![57]

Essas linhas, em que o autor rende louvor à sua prosperidade como se ela fosse rural e se vangloria dos proventos que os seus produtos lhe trarão no mercado, são elucidativas se as considerarmos não tanto pelo seu lado moral, mas mais como expressão do sentimento de classe de Lamartine, que era o mesmo do minifundiário. É um aspecto significativo da história da poesia de Lamartine. Nos anos quarenta tornou-se mais crítica a situação do minifundiário, que estava endividado. A sua parcela "já não se encontrava no chamado território pátrio, mas na caderneta da hipoteca".[58] Com isso, o otimismo rural, fundamento de uma visão transfigurada da natureza própria da poesia de Lamartine, começou a desmoronar-se. "Se o recém-constituído minifúndio se integrava naturalmente numa

---

[56] Marx, *Der achtzehnte Brumaire des Louis Bonaparte, op. cit.,* p. 68.

[57] Alphonse de Lamartine, *Œuvres poétiques complètes,* Ed. de Guyard. Paris, 1963, p. 1506 ("Lettre à Alphonse Karr"). Numa carta aberta a Lamartine, o ultramontano Louis Veuillot escreve: "O senhor devia saber que 'ser livre' significa realmente desprezar o ouro! E, para alcançar aquela liberdade que se compra com ouro, produz os seus livros do mesmo modo comercial que as suas hortaliças ou o seu vinho!" (Louis Veuillot, *Pages choisies* Avec une introduction critique par Antoine Albalat, Lyon/Paris, 1906, p. 31.)

[58] Marx, *Der achtzehnte Brumaire des Louis Bonaparte,* p. 122-123.

ordem religiosa, pela sua harmonia com a sociedade, pela sua dependência das forças naturais e pela sua sujeição à autoridade que lá do alto o protegia, o minifúndio arruinado pelas dívidas, em conflito com a sociedade e a autoridade, lançado para fora dos seus próprios limites, torna-se naturalmente irreligioso. O céu era um belo bônus concedido ao pequeno pedaço de terra acabado de conseguir, tanto mais que o bom ou o mau tempo dependem dele; mas se torna um insulto quando passa a ser imposto como compensação para a parcela de terra."[59] Ora, os poemas de Lamartine eram formações de nuvens precisamente nesse céu, como Sainte-Beuve já escrevia em 1830. "A poesia de André Chénier... é, de certo modo, a paisagem sobre a qual Lamartine desdobrou o céu".[60] Esse céu desabou definitivamente quando os camponeses franceses votaram, em 1849, a favor da presidência de Bonaparte. Lamartine tinha ajudado a preparar esse voto.[61] "Ele nunca pensou", escreve Sainte-Beuve sobre o papel que aquele desempenhou na revolução, "que estava destinado a ser o Orfeu que, com o seu arco de ouro, havia de conduzir e moderar esse ataque dos bárbaros".[62] Baudelaire diz dele, secamente, que era "um pouco devasso, um pouco prostituído".[63]

Baudelaire teve, mais do que qualquer outro, um olhar penetrante sobre os lados problemáticos desse fenômeno brilhante, o que talvez se possa explicar pelo fato de ele próprio desde sempre ter sentido pouco brilho sobre si mesmo. Segundo Porché, tudo

---

[59] Marx, *Der achtzehnte Brumaire des Louis Bonaparte*, p. 122.

[60] Sainte-Beuve, *Vie, poésies et pensées de Joseph Delorme*. Nouvelle édition (*Poésies de Sainte-Beuve,* 1ᵉ partie), Paris, 1863, p. 159-160.

[61] Pokrowski mostrou, a partir de relatórios do então embaixador russo em Paris, Kisseljov, que os acontecimentos decorreram tal como Marx já previra em *As lutas de classes na França*. No dia 6 de abril de 1849, Lamartine prometia ao embaixador que concentraria tropas na capital – uma medida que a burguesia procurou legitimar mais tarde, com as manifestações operárias de 16 de abril. A observação de Lamartine de que precisaria de dez dias para organizar a concentração de tropas lança de fato uma luz ambígua sobre aquelas manifestações (cf. M[ichail] N. Pokrowski, *Historische Aufsätze. Ein Sammelband* [Ensaios históricos. Uma coletânea], Viena/Berlim, 1928, p. 108-109).

[62] Sainte-Beuve, *Les Consolations*, p. 118.

[63] *Apud* François Porché, *La vie douloureuse de Charles Baudelaire,* Paris, 1926, p. 248.

indica que Baudelaire teve poucas alternativas para negociar os seus manuscritos.[64] Ernest Raynaud escreve: "Baudelaire tinha de contar com as práticas de vigaristas; negociava com editores que especulavam com a vaidade de gente mundana, amadores e principiantes, e que só aceitavam manuscritos se se conseguissem assinaturas".[65] O comportamento do próprio Baudelaire explica-se por essa situação. Oferece o mesmo manuscrito a várias redações para publicação, autoriza reimpressões sem identificá-las como tal. Desde muito cedo não teve quaisquer ilusões quanto ao mercado literário. Em 1846 escreve: "Por mais bela que seja uma casa, o que ela tem em primeiro lugar – e antes de nos determos a observar a sua beleza – são tantos metros de altura e tantos de comprimento. O mesmo se passa com a literatura, que dá forma à substância mais difícil de avaliar, e sobretudo enche linhas; e o arquiteto literário, a quem o simples nome já não promete lucros, tem de vender a qualquer preço".[66] Baudelaire teria até o fim da vida uma má cotação no mercado literário. Calcula-se que não ganhou mais de quinze mil francos com a totalidade da sua obra.

"Balzac arruína a saúde com café, Musset perde sensibilidade com o vício do absinto..., Murger morre... num asilo, como ainda há pouco Baudelaire. E nenhum desses escritores foi socialista!",[67] escreve o secretário particular de Sainte-Beuve, Jules Troubat. Baudelaire certamente mereceu a observação que sobre ele faz a última frase. Mas nem por isso deixou de se aperceber da situação dos homens de letras. Era comum nele confrontá-los com a prostituta – e em primeiro lugar consigo próprio. Disso fala o soneto "À musa venal". O grande poema de abertura, "Ao leitor", coloca o poeta na situação nada lisonjeira daquele que se faz pagar pelas suas confissões. Um dos de seus primeiros poemas, não incluídos em *As flores do mal*, dirige-se a uma mulher da vida, e a segunda estrofe diz:

---

[64] Cf. Porché, *La Vie douloureuse de Charles Baudelaire*, p. 156.

[65] Ernest Raynaud, *Charles Baudelaire. Étude biographique et critique suivi d'un essai de bibliographie et d'iconographie baudelairiennes,* Paris, 1922, p. 319.

[66] II, p. 385.

[67] *Apud* Eugène Crépet, *Charles Baudelaire. Étude biographique*. Revue et mise à jour par Jacques Crépet, Paris, 1906, p. 196-197.

Vendeu a alma para poder andar calçada,
Mas Deus rir-se-ia se, junto a tal desgraçada,
Eu desse ares de tartufo, querendo-me superior,
Eu, que vendo as ideias, eu, que quero ser autor.[68]

A última estrofe, "Essa boêmia é tudo para mim", encerra essa criatura naturalmente na irmandade da *bohème*. Baudelaire sabia qual era a real situação do homem de letras: é o *flâneur* que se dirige ao mercado dizendo a si mesmo que vai ver o que se passa; mas na verdade já anda à procura de comprador.

---

[68] I, p. 209 (tradução de João Barrento).

II. O *flâneur*

O escritor que alguma vez desceu ao mercado começa por olhar em volta, como num "panorama".[1] Um gênero literário específico faz as suas primeiras tentativas de orientação. É a literatura panorâmica. *O livro dos cento e um, Os franceses pintados por si próprios, O diabo em Paris, A grande cidade* merecem na capital, e na mesma época, a atenção concedida aos "panoramas". Nesses livros encontramos esboços que, por assim dizer, imitam com o seu estilo episódico o primeiro plano, mais plástico, e com o seu fundo informativo o segundo plano, mais amplo, dos "panoramas". Numerosos autores contribuíram para esses repertórios. Tais coletâneas são uma manifestação daquele mesmo tipo de trabalho literário a que Girardin abriu as portas no suplemento cultural dos jornais. Eram o traje de salão de um tipo de escrita por natureza destinada a ser consumida nas ruas. Nesse gênero tinham um lugar de destaque os fascículos, em formato de bolso, a que se chamava "fisiologias". Ocupavam-se da descrição de tipos humanos como aqueles que se encontravam quando se observava o mercado. Do vendedor ambulante dos *boulevards* até os elegantes no *foyer* da

---

[1] "Panorama": aqui, no sentido de *Kaiserpanorama*, o método de projeção de imagens antecessor do cinema, que Benjamin descreve nas suas recordações de infância. Cf. a nota da p. 17 do volume *Rua de mão única; Infância berlinense: 1900* (Belo Horizonte: Autêntica, 2013). (N.T.)

Ópera, não havia figura da vida parisiense que escapasse à pena do fisiologista. A grande época do gênero é a do começo da década de quarenta. É a alta escola do suplemento literário, pela qual passou a geração de Baudelaire. A este ela pouco tinha a dizer, como mostra o fato de bem cedo ele ter seguido o seu próprio caminho.

Em 1841 contavam-se setenta e seis novas fisiologias.[2] A partir desse ano, o gênero começou a decair e desapareceu com a monarquia burguesa. Era um gênero totalmente pequeno-burguês. Monnier, o mestre do gênero, era um espírito filisteu dotado de uma invulgar capacidade de auto-observação. As fisiologias nunca ultrapassavam um horizonte muito limitado. Depois de terem se ocupado dos tipos humanos, foi a vez das fisiologias da cidade. Começaram a aparecer publicações com títulos como *Paris à noite*, *Paris à mesa*, *Paris na água*, *Paris a cavalo*, *Paris pitoresca*, *Paris casada*. Esgotado esse filão, alguns ousaram voltar-se para a fisiologia dos povos. E não se esqueceu da fisiologia dos animais, que desde sempre se recomendava como matéria inofensiva – e era importante que ela fosse inofensiva. Nos seus estudos sobre a história da caricatura, Eduard Fuchs chama a atenção para o fato de que as fisiologias nascem na época das chamadas Leis de Setembro, as medidas apertadas de censura que datam de 1836. Com elas, um grande número de artistas capazes e adestrados na caricatura satírica viram-se subitamente afastados da política. Se isso resultou no domínio das artes gráficas, muito mais facilmente as manobras do governo seriam bem-sucedidas no âmbito da literatura. De fato, neste não havia nenhuma energia política comparável à de Daumier. A reação é, pois, a condição "a partir da qual se explica a colossal passagem em revista da vida burguesa que então se iniciou na França... Tudo desfilava e era visto..., os dias de festa e os de luto, o trabalho e o lazer, os costumes matrimoniais e os hábitos celibatários, a família, a casa, os filhos, a escola, a sociedade, o teatro, os tipos sociais, as profissões".[3]

---

[2] Cf. Charles Louandre, Statistique littéraire: de la production intellectuelle en France depuis quinze ans. Dernière partie. *Revue des Deux Mondes*, tomo 20, ano XVII, nova série (15 de novembro de 1847), p. 686-687.

[3] Eduard Fuchs, *Die Karikatur der europäischen Völker. Erster Teil: Vom Altertum bis zum Jahre 1848* [A caricatura dos povos europeus. Primeira parte: da Antiguidade a 1848]. 4ª ed. Munique, 1921, p. 362.

O registro tranquilo dessas descrições ajusta-se aos hábitos do *flâneur*, que é uma espécie de botânico do asfalto. Mas já a essa altura não se podia passear calmamente por todos os pontos da cidade. Antes de Haussmann não existiam praticamente passeios largos, e os estreitos ofereciam fraca proteção contra os veículos que circulavam. Sem as passagens cobertas (*passages*), a deambulação pela cidade dificilmente poderia ter alcançado a importância que veio a ter. "As passagens, uma nova invenção do luxo industrial", diz um guia ilustrado de Paris, de 1852, "são galerias com cobertura de vidro e revestimentos de mármore que atravessam blocos de casas, e cujos proprietários se juntaram para poder entregar-se a tais especulações. De ambos os lados dessas galerias, que recebem luz de cima, estendem-se os mais elegantes estabelecimentos comerciais, de modo que uma tal passagem é uma cidade, um mundo em miniatura". O *flâneur* sente-se em casa nesse mundo; é ele que oferece "a esse lugar predileto dos transeuntes e dos fumantes, a essa arena de todas as pequenas profissões"[4] o seu cronista e o seu filósofo. Mas para ele próprio esse lugar é o remédio infalível contra o tédio, uma doença que grassa facilmente sob o olhar mortífero de um regime reacionário saturado. "Quem consegue entediar-se no meio de uma multidão" – diz uma frase de Guys transmitida por Baudelaire – "é um idiota. Um idiota, repito, e desprezível".[5] As passagens são qualquer coisa de intermédio entre a rua e o interior. Se quisermos destacar um recurso artístico das fisiologias, constataremos que ele coincide com o de maior sucesso entre os do suplemento literário: o de transformar o *boulevard* em interior. A rua transforma-se na casa do *flâneur*, que se sente em casa entre as fachadas dos prédios, como o burguês entre as suas quatro paredes. Para ele, as tabuletas esmaltadas e brilhantes das firmas são adornos murais tão bons ou melhores que os quadros a óleo no salão burguês; as paredes são a secretária sobre a qual apoia o bloco de notas; os quiosques de jornais são as suas bibliotecas, e as esplanadas as varandas de onde, acabado o trabalho, ele observa a azáfama da casa. A vida em toda a sua diversidade, na sua inesgotável riqueza de variações, só

---

[4] Ferdinand von Gall, *Paris und seine Salons* [Paris e os seus salões]. vol. 2, Oldenburg, 1845, p. 22.

[5] II, p. 333.

se desenvolve entre as pedras cinzentas da calçada e contra o pano de fundo cinzento do despotismo: esse é o pensamento político secreto da forma de escrita a que pertenciam as fisiologias.

Também socialmente essa forma de escrita não estava livre de suspeição. Todas as figuras dessa caracterologia, extravagantes ou simplórias, cativantes ou austeras, que o fisiologista apresentava aos seus leitores têm algo em comum: são inofensivas, de uma bonomia imensa. Uma tal visão do próximo estava demasiado distante da experiência para não ter causas invulgarmente sólidas. Provinha de uma inquietude muito particular. As pessoas tinham de se habituar a uma nova circunstância, bastante estranha, própria das grandes cidades. Simmel encontrou uma expressão feliz para essa problemática: "Quem vê sem ouvir fica muito mais inquieto do que aquele que ouve sem ver. Esse fato contém algo de muito característico da sociologia das grandes cidades. As relações recíprocas dos seres humanos nas grandes cidades... caracterizam-se por um evidente predomínio da atividade do olhar sobre a do ouvido. As causas principais desse estado de coisas são os meios de transporte coletivos. Antes do aparecimento do ônibus, do trem, do bonde no século XIX, as pessoas não conheciam a situação de se encontrar durante muitos minutos, ou mesmo horas, a olhar umas para as outras sem dizer uma palavra".[6] A nova situação não era, como reconhece Simmel, nada tranquilizadora. Já Bulwer-Lytton, no seu *Eugene Aram*, apoiou a sua descrição das pessoas nas grandes cidades socorrendo-se da observação de Goethe segundo a qual cada pessoa, a melhor como a pior, traz consigo um segredo que, se conhecido, a transformaria num ser odioso aos olhos de todos os outros.[7] As fisiologias prestavam-se muito a afastar tais ideias inquietantes como coisa sem importância. Aplicavam, se assim se pode dizer, antolhos ao "animal urbano de vistas estreitas"[8] de que

---

[6] G[eorg] Simmel, *Mélanges de philosophie rélativiste. Contribution à la culture philosophique*. Trad. de A. Guillain, Paris, 1912, p. 26-27. [A passagem, retraduzida por Benjamin do francês, diverge em alguns pontos do original alemão, que se pode encontrar em G. Simmel, *Soziologie*, 4ª ed., Berlim, 1958, p. 486. (N.T.)]

[7] Cf. Edward George Bulwer Lytton, *Eugene Aram, a Tale*, Paris, 1832, p. 314.

[8] Marx und Engels über Feuerbach. Der erste Teil der *Deutschen Ideologie* [Marx e Engels sobre Feuerbach. A primeira parte de *A ideologia alemã*]. *Marx-Engels-Archiv* (Revista do Instituto Marx-Engels de Moscou, editada por D. Rjazanov), Frankfurt-Main, v. 1, 1926, p. 272.

fala Marx. Há uma descrição do proletário na *Physiologie de l'industrie française*, de Foucaud, que mostra como elas limitavam radicalmente a visão quando era preciso: "O lazer tranquilo é absolutamente esgotante para o operário. Por mais que a casa em que vive conviva com o verde sob um céu sem nuvens, animada pelo perfume das flores e o chilrear dos pássaros – se ele estiver desocupado, é insensível aos encantos do isolamento. Mas se por acaso um som agudo ou o silvo de uma fábrica distante chegam aos seus ouvidos, mal ouve o ruído monótono das engrenagens de uma manufatura, logo a sua fronte se ilumina... Deixa de sentir o perfume raro das flores. O fumo das altas chaminés da fábrica, o eco das batidas da bigorna fazem-no estremecer de alegria. Lembra-se dos dias felizes em que trabalha, guiado pelo gênio do inventor".[9] Patrão que lesse essa descrição iria provavelmente descansar mais tranquilo que habitualmente.

O que mais importava era de fato dar às pessoas uma imagem agradável umas das outras. Assim, as fisiologias teciam, à sua maneira, a sua parte da grande tapeçaria fantasmagórica da vida parisiense. Mas o método não podia levar muito longe. As pessoas conheciam-se umas às outras como devedores e credores, como vendedores e fregueses, como patrão e empregado – e sobretudo conheciam-se como concorrentes. A longo prazo, não parecia muito promissor querer despertar nelas uma imagem dos respectivos parceiros como sujeitos inofensivos. Por isso, cedo surgiu nesse tipo de escrita outro ponto de vista que iria ter um efeito muito mais tonificante. Remonta aos fisionomistas do século XVIII, mas tem poucas semelhanças com a sua arte bem mais sólida. Em Lavater ou Gall, para além da especulação e do devaneio, está presente um autêntico empirismo. As fisiologias aproveitaram-se dessa reputação, sem nada acrescentarem de seu. Afirmavam que qualquer pessoa, independentemente de ter ou não conhecimentos especializados, era capaz de adivinhar a profissão, o caráter, as origens e o estilo de vida de um transeunte. Para eles, essa capacidade era como um dom que as fadas colocavam no berço de todo habitante da grande cidade. Com tais certezas, Balzac, mais do que qualquer outro, encontrava-se no seu elemento. O seu gosto de fazer afirmações incondicionais ia bem com elas. "O gênio", escreve,

---

[9] Foucaud, *Paris inventeur: physiologie de l'industrie française, op. cit.*, p. 222-223.

por exemplo, "é tão evidente no homem que a pessoa mais inculta, andando por Paris, ao se cruzar com um grande artista identificá-lo-á imediatamente".[10] Delvau, amigo de Baudelaire e o mais interessante dos pequenos mestres do estilo folhetinesco, pretende ser capaz de distinguir as várias camadas do público parisiense tão facilmente como o geólogo identifica as estratificações rochosas. Se assim fosse, a vida na grande cidade não seria nem de longe tão inquietante como provavelmente parecia ser a cada um. Então, seria apenas uma brincadeira retórica a pergunta de Baudelaire: "Que são os perigos da floresta e da pradaria, comparados aos choques e conflitos diários da vida civilizada? Quer o homem dê o braço à sua vítima no *boulevard*, quer trespasse a sua presa em florestas desconhecidas, não é ele, num caso como no outro, o mais perfeito de todos os predadores?".[11]

Baudelaire usa, ao se referir a essa vítima, a palavra *dupe*, que designa o que se deixa enganar, o simplório, o oposto do conhecedor da natureza humana. Quanto menos segura se torna a grande cidade, tanto mais necessário se torna esse conhecimento para viver e agir nela – era o que se pensava. Na verdade, a concorrência exacerbada leva o indivíduo a querer afirmar imperiosamente os seus interesses. Muitas vezes é mais útil conhecer com exatidão esses interesses, e não tanto a sua essência, quando se trata de avaliar o comportamento de um homem. O dom de que o *flâneur* tanto se ufana é, por isso, muito mais o de um dos "ídolos" a que já Bacon[12] se refere como sendo do mercado. Baudelaire praticamente não adorou esse ídolo. A crença no pecado original tornou-o imune à crença no conhecimento da natureza humana. Nisso, ia de par com De Maistre, que tinha associado o estudo do dogma ao de Bacon.

As panaceias tranquilizantes que os fisiólogos punham à venda em breve foram ultrapassadas. Já a literatura que se tinha fixado nos aspectos mais inquietantes e ameaçadores da vida urbana estaria destinada a ter um grande futuro. Também ela tem a ver com as massas,

---

[10] Honoré de Balzac, *Le cousin Pons,* Ed. Conard, Paris, 1914, p. 130.

[11] II, p. 637.

[12] Francis Bacon (1561-1626), autor do *Novum organum,* obra em que distingue quatro tipos de *eidola* ou ilusões, a que Marx mais tarde chamará "ideológicas": os ídolos da tribo, da caverna, do mercado e do teatro. Os ídolos do mercado derivam da própria linguagem e das suas inexatidões ou limitações. (N.T.)

mas o seu método é diferente do dos fisiologistas. Pouco lhe interessa a identificação de tipos, preocupa-se sobretudo com as funções próprias das massas nas grandes cidades. Entre elas, uma se afirmaria, já referida por um relatório da polícia na virada para o século XIX: "É quase impossível", escreve um agente secreto parisiense em 1798, "manter uma boa conduta de vida numa população densamente massificada em que cada um, por assim dizer, é um desconhecido para todos os outros, e por isso não precisa corar diante de ninguém".[13] Aqui, a massa surge como o asilo que protege os associais dos seus persegui-dores. Entre todos os seus aspectos ameaçadores, esse foi aquele que mais cedo se anunciou: é ele que está na origem do romance policial.

Em tempos de terror, quando cada um tem algo de conspi-rador, todos podem também desempenhar o papel de detetive. A *flânerie* oferece para isso as melhores perspectivas. "O observador", diz Baudelaire, "é um príncipe que em toda parte faz uso pleno do seu estatuto de incógnito".[14] Quando o *flâneur* se torna, assim, um detetive *malgré lui*, a transformação convém-lhe socialmente, porque legitima o seu ócio. A sua indolência é apenas aparente. Por detrás dela esconde-se o olhar desperto de um observador que não perde de vista o malfeitor. Assim, o detetive vê abrirem-se à sua autoestima vastos domínios. Desenvolve formas de reação adequadas ao ritmo da grande cidade. Capta as coisas fugidias, e com isso sonha estar próximo do artista. Todos elogiam o lápis célere do desenhista. Para Balzac, o gênio artístico associa-se à apreensão rápida.[15] O esboço de *Os moicanos de Paris*, de Dumas, oferece uma conjunção de faro detetivesco com a indolência tranquila do *flâneur*. O herói decide ir em busca de aven-turas, seguindo o rastro de um pedaço de papel que deitou ao vento. Seja qual for a pista que o *flâneur* siga, todas o levarão a um crime. Isso torna claro como também o romance policial, não obstante o seu calculismo sóbrio, contribui para a fantasmagoria da vida parisiense. Por enquanto, ainda não transfigura o criminoso; mas transfigura os

---

[13] *Apud* Adolphe Schmidt, *Tableaux de la révolution française: publiés sur les papiers inédits du département et de la police secrète de Paris,* vol. 3, Leipzig, 1870, p. 337.

[14] II, p. 333.

[15] Em *Seraphita*, Balzac fala de uma "visão rápida, cujas percepções trazem à imaginação, em veloz alternância, as mais díspares paisagens da Terra". [A citação foi extraída por Benjamin de: Ernst Robert Curtius, *Balzac,* Bona, 1923, p. 445. (N.T.)]

seus adversários e os terrenos de caça em que o perseguem. Messac mostrou como há aqui a preocupação em jogar com reminiscências de Cooper.[16] O interessante nessa influência de Cooper é que não se procura escondê-la, mas, pelo contrário, torná-la visível. No referido *Os moicanos de Paris*, essa visibilidade está patente logo no título: o autor abre ao leitor a perspectiva de ir encontrar em Paris uma floresta e uma pradaria. A xilogravura do frontispício do terceiro volume mostra uma rua cheia de arbustos, com a inscrição: "A grande floresta na rue d'Enfer". O prospecto editorial dessa obra pinta a relação entre as duas realidades com um grandioso floreado retórico, em que não é difícil imaginar a mão do autor, muito convencido de si mesmo: "Paris – os moicanos... Esses dois nomes chocam-se como o 'Quem vem lá?' de dois desconhecidos gigantescos. Um abismo os separa, atravessado pelas chispas daquela luz elétrica que tem o seu foco em Alexandre Dumas". Féval transplantara já antes um pele-vermelha para uma aventura citadina. Chama-se Tovah e consegue, num passeio de fiacre, o escalpo dos seus quatro acompanhantes brancos sem que o cocheiro se aperceba disso. Em *Os mistérios de Paris* refere-se Cooper logo no início, para prometer que os seus heróis do submundo de Paris "não estão menos afastados da civilização que os selvagens que Cooper tão admiravelmente representa". Mas é sobretudo Balzac que não se cansa de remeter a Cooper como modelo. "A poesia do terror, de que estão cheias as florestas americanas onde se defrontam tribos inimigas, essa poesia que tão bem serviu a Cooper, ajusta-se igualmente bem aos mais ínfimos pormenores da vida parisiense. Os transeuntes, as lojas, os carros de aluguel ou um homem encostado a uma janela, tudo isso interessava às pessoas da escolta do velho Peyrade de forma tão viva como um tronco de árvore, uma toca de castor, um rochedo, uma pele de búfalo, uma canoa imóvel ou uma folha à deriva interessam ao leitor de um romance de Cooper". A intriga balzaquiana é rica em variações que se situam entre as histórias de índios e o romance policial. Cedo se questionaram os seus "moicanos de *spencer*" e "huronianos de sobrecasaca".[17] Por outro lado, Hippolyte

---

[16] Cf. Régis Messac, *Le "Detective Novel" et l'influence de la pensée scientifique,* Paris, 1929.

[17] Cf. André Le Breton, *Balzac. L'homme et l'œuvre,* Paris, 1905, p. 83.

Babou, que se movia em círculos próximos de Baudelaire, escrevia retrospectivamente em 1857: "Quando Balzac atravessa paredes para dar livre curso à observação..., ficamos à escuta atrás das portas..., numa palavra, comportamo-nos, segundo dizem os nossos vizinhos ingleses com o seu típico pudor, como um *police detective*".[18]

O romance policial, cujo interesse está numa construção lógica que, enquanto tal, não tem de estar presente na novela detetivesca, aparece pela primeira vez na França com as traduções dos contos de Poe: "O mistério de Marie Roget", "Os crimes da Rua Morgue", "A carta roubada". Ao traduzir esses modelos, Baudelaire adotou o gênero. A obra de Poe penetrou totalmente a sua própria, e Baudelaire acentua o fato ao se solidarizar com o método que representa o ponto de convergência dos vários gêneros a que Poe se dedicou. Poe foi um dos mais acabados técnicos da literatura moderna. Como nota Valéry,[19] ele foi o primeiro a fazer experiências com a narrativa científica, com a moderna cosmogonia, com a representação de fenômenos patológicos. Esses gêneros eram para ele produtos rigorosos de um método para o qual reclamava validade universal. É precisamente nesse aspecto que Baudelaire se coloca sem reservas a seu lado, quando, em perfeita concordância com Poe, escreve: "Não está longe o tempo em que se reconhecerá que uma literatura que se negue a abrir caminho em fraterna ligação com a ciência e a filosofia é uma literatura criminosa e suicida".[20] O romance policial, a mais influente entre todas as aquisições técnicas de Poe, pertence a um tipo de escrita que ia ao encontro daquele postulado de Baudelaire. A análise desse gênero é parte da análise da própria obra de Baudelaire, apesar de ele não ter escrito nenhuma história desse tipo. *As flores do mal* conhece, sob a forma de *disiecta membra*, três dos seus elementos fundamentais: a vítima e o lugar do crime ("Uma mártir"), o assassino ("O vinho do assassino"), as massas ("O crepúsculo da tarde"). Falta o quarto, que permite ao entendimento penetrar essa atmosfera carregada de afecções. Baudelaire não escreveu histórias policiais porque a sua estrutura pulsional não lhe permitia a identificação com o detetive. O

---

[18] Hippolyte Babou, *La vérité sur le cas de M. Champfleury,* Paris, 1857, p. 30.

[19] Cf. Baudelaire, *Les fleurs du mal,* Éd. Crès, Paris, 1928. Introdução de Paul Valéry.

[20] II, p. 424.

cálculo, o momento construtivo, situava-se para ele na vertente do antissocial, foi totalmente absorvido pela crueldade. Baudelaire leu bem demais Sade para poder concorrer com Poe.[21]

O conteúdo social original do romance policial é o desaparecimento do rastro do indivíduo no meio da multidão da grande cidade. Em "O mistério de Marie Roget", a mais extensa das suas novelas policiais, Poe dedica-se à exploração pormenorizada desse motivo. Esse conto é, ao mesmo tempo, o protótipo do aproveitamento da informação jornalística no desvendamento de um crime. O detetive de Poe, o Chevalier Dupont, não trabalha aí com base na observação pessoal, mas nas reportagens da imprensa diária. É a análise crítica dessas reportagens que fornece ao conto a sua estrutura. Entre outras coisas, há que determinar a hora do crime. Um jornal, o *Commerciel*, defende a opinião de que Marie Roget, a assassinada, terá sido eliminada logo depois de ter saído de casa da mãe. "'É impossível – escreve ele – que uma mulher jovem conhecida de vários milhares de pessoas pudesse ter percorrido três quarteirões que fosse sem dar com algum transeunte que a conhecesse...' Eis o modo de ver as coisas de um homem que está inserido na vida pública e há muito tempo radicado em Paris, e que de resto se move quase sempre na zona dos edifícios administrativos da cidade. As suas movimentações acontecem, a intervalos regulares, num setor limitado onde é possível encontrar pessoas com afazeres semelhantes aos seus, que se interessam, naturalmente, por ele e dão pela sua presença. Pelo contrário, os caminhos habitualmente referidos por Marie nesta cidade podem ser vistos como irregulares. No caso particular que nos ocupa, teremos de considerar verossímil que o seu caminho se terá desviado daqueles que ela normalmente segue. O paralelismo em que, ao que tudo indica, o *Commerciel* se baseou só seria aceitável se as duas pessoas em questão tivessem percorrido toda a cidade. Nesse caso, e partindo do princípio de que os dois tinham o mesmo número de conhecidos, as probabilidades de ambos terem encontrado o mesmo número de pessoas conhecidas seriam iguais. Por mim, acho não apenas possível, mas altamente provável que Marie pudesse, a qualquer hora, fazer qualquer caminho de sua casa para a da tia sem

---

[21] "Precisamos sempre recorrer a Sade para explicar o mal" (II, p. 694).

encontrar um único transeunte conhecido ou que a conhecesse. Para chegar a um juízo correto sobre essa questão, e para poder dar uma resposta adequada, será preciso ter em vista a enorme desproporção que existe entre o número de conhecidos, mesmo do indivíduo mais popular, e o da população total de Paris."[22] Pondo de lado o contexto que gerou essa reflexão em Poe, constatamos que o detetive perdeu a sua competência, mas o problema manteve a sua validade. Sob outra forma, ele subjaz a um dos mais célebres poemas de *As flores do mal,* o soneto "A uma transeunte":

> A rua ia gritando e eu ensurdecia.
> Alta, magra, de luto, dor tão majestosa,
> Passou uma mulher que, com mãos sumptuosas,
> Erguia e agitava a orla do vestido;
>
> Nobre e ágil, com pernas iguais a uma estátua.
> Crispado como um excêntrico, eu bebia, então,
> Nos seus olhos, céu plúmbeo onde nasce o tufão,
> A doçura que encanta e o prazer que mata.
>
> Um raio... e depois noite! – Efémera beldade
> Cujo olhar me fez renascer tão de súbito,
> Só te verei de novo na eternidade?
>
> Noutro lugar, bem longe! é tarde! talvez *nunca!*
> Porque não sabes onde vou, nem eu onde ias,
> Tu que eu teria amado, tu que bem o sabias![23]

O soneto "A uma transeunte" não apresenta a multidão como refúgio do criminoso, mas como o do amor que foge ao poeta. Pode-se dizer que trata da função da multidão não na existência do cidadão, mas na do homem erótico. À primeira vista, essa função parece ser negativa, mas de fato não é. A aparição que fascina o poeta erótico, longe de se limitar a se furtar ao seu olhar no meio da multidão, é-lhe trazida por esta. O encantamento do citadino é o de um amor, não

---

[22] Edgar Poe, *Histoires extraordinaires,* traduction de Charles Baudelaire (Ch. Baudelaire, *Œuvres complètes,* vol. 5, *Traductions,* Ed. Calmann Lévy), Paris, 1885, p. 484-486.

[23] I, p. 106 (FM, p. 239). [Mantenho, sem alterações, a tradução portuguesa do poeta Fernando Pinto do Amaral. (N.T.)]

tanto à primeira como à última vista. Aquele "nunca" é o clímax do encontro: a paixão, aparentemente frustrada, só nesse momento irrompe do poeta como uma chama. Ele arde nela, mas das cinzas não emerge nenhuma fênix. O "renascer" do primeiro terceto abre uma perspectiva sobre o acontecimento que, à luz da estrofe precedente, parece muito problemática. O que faz o corpo ficar "crispado" não é a perplexidade de alguém possuído por uma imagem em todas as fibras do seu ser; tem mais a ver com o choque que faz com que um desejo imperioso se apodere subitamente do solitário. O complemento "como um excêntrico" quase basta para o dizer; a ênfase colocada pelo poeta no fato de a aparição da mulher estar de luto não ajuda a ocultar esse choque. Existe, de fato, um profundo corte entre as quadras, que apresentam o encontro, e os tercetos, que o transfiguram. Ao dizer que esses versos "só podiam ter nascido numa grande cidade",[24] Thibaudet está apenas aflorando a superfície. A sua figuração íntima traz uma marca que nos faz reconhecer neles um amor estigmatizado pela grande cidade.[25]

Desde Louis Philippe, a burguesia empenha-se em encontrar uma compensação para o desaparecimento dos vestígios da vida privada. E ela o faz entre as suas quatro paredes. É como se fosse para ela uma questão de honra não deixar desaparecer no turbilhão do tempo, se não "o rasto dos trabalhos e dos dias" neste mundo,[26] pelo menos o dos seus artigos de consumo e dos seus acessórios. Sem descanso, tira o molde de uma série de objetos; procura capas e estojos para pantufas e relógios de algibeira, para termômetros e suportes para ovos cozidos, para talheres e guarda-chuvas. Tem preferência por móveis forrados de veludo e pelúcia, que guardam a impressão de todos os contatos.

---

[24] Albert Thibaudet, *Intérieurs: Baudelaire, Fromentin, Amiel,* Paris, 1924, p. 22.

[25] O motivo do amor por uma transeunte foi assimilado por um poema da primeira fase de [Stefan] George. O momento decisivo escapou-lhe – a corrente que faz passar diante dos olhos do poeta a mulher, trazida pela multidão. Por isso, o resultado em George é uma tímida elegia. Os olhares do poeta, como ele confessa à sua dama, "afastaram-se, úmidos de nostalgia,/antes de ousarem mergulhar nos teus" (Stefan George, *Hymnen, Pilgerfahrten, Algabal* [Hinos, Peregrinações, Algabal], 7ª ed., Berlim, 1922, p. 23). Em Baudelaire não restam dúvidas de que foi *ele* quem olhou nos olhos a transeunte.

[26] Alusão à fala do Fausto de Goethe antes da morte (*Fausto II,* V Ato, v. 11583. Trad. de João Barrento, Lisboa, Relógio d'Água, 1999, p. 544). (N.T.)

Para o estilo Makart[27] – o estilo do final do Segundo Império –, a casa transforma-se numa espécie de concha. Entende-a como invólucro do ser humano e deposita-o nele com todos os seus pertences, preservando assim os seus vestígios tal como a natureza conserva no granito uma fauna extinta. Não podemos, no entanto, esquecer que o processo tem dois lados. O que se acentua é o valor real ou sentimental dos objetos assim preservados, subtraindo-os ao olhar profano do não proprietário; e, sobretudo, apagam-se os seus contornos de forma significativa. Não há nada de estranho no fato de a resistência ao controle, que se torna uma segunda natureza no elemento antissocial, se manifestar também na burguesia abastada. Nesses hábitos podemos descortinar a ilustração dialética de um texto publicado em vários episódios no *Journal Officiel*. Já em 1836 Balzac escrevera em *Modeste Mignon*: "Pobres mulheres da França! Bem queríeis ficar incógnitas, para tecer o vosso pequeno romance de amor. Mas como haveis vós de conseguir tal coisa numa civilização que manda registrar nas praças públicas a partida e a chegada dos fiacres, que conta as cartas e as faz carimbar quando se enviam e quando são entregues, que atribui números às casas e em breve terá o país inteiro, até a mais ínfima parcela, registrado nos seus cadastros?".[28] Desde a Revolução Francesa que uma extensa rede de controles vinha apertando cada vez mais a vida burguesa nas suas malhas. O censo dos imóveis na grande cidade fornece uma referência útil para essa progressiva imposição de normas. A administração de Napoleão tornara-o obrigatório em Paris em 1805, apesar de essa simples medida policial ter deparado com resistência nos bairros proletários. Ainda em 1864 se pode ler sobre o bairro dos marceneiros, Saint-Antoine: "Quando se pergunta a um habitante desse subúrbio pela sua morada, ele dirá sempre o nome da casa onde mora, e nunca o frio número oficial".[29] Com o tempo, tal resistência de nada serviu contra a determinação de compensar, através de uma complexa rede de registros, a perda de vestígios provocada pelo desaparecimento das pessoas na massa das grandes cidades. Baudelaire

---

[27] Hans Makart (1840-1884) foi um conhecido pintor austríaco de grandes cenas históricas e alegóricas, célebre pelo seu gosto pela pompa e pelo *bric-à-brac*. (N.T.)

[28] Balzac, *Modeste Mignon,* Ed. du Siècle, Paris, 1850, p. 99.

[29] Sigmund Engländer, *Geschichte der französischen Arbeiter-Association* [História da Associação Proletária Francesa], Terceira parte, Hamburgo, 1864, p. 126.

sentiu-se tão atingido por isso como qualquer criminoso. Para fugir aos credores, encontrava refúgio em cafés ou em círculos de leitura. A dada altura, tinha dois domicílios ao mesmo tempo – mas nos dias de pagar a renda pernoitava muitas vezes num terceiro, em casa de amigos. Assim ia vadiando pela cidade que há muito deixara de ser a casa do *flâneur*. Cada uma das camas onde se deitava transformava-se para ele num *lit hasardeux* [leito de risco].[30] Crépet conta, entre 1842 e 1858, quatorze moradas de Baudelaire em Paris.

Esse processo de controle administrativo era apoiado por medidas de ordem técnica. No começo do processo de identificação, cujo padrão, na época, era o método de Bertillon, encontra-se a classificação da pessoa através da assinatura. A invenção da fotografia representou um corte decisivo na história desse processo. Para a ciência criminal, foi um passo tão importante como a invenção da imprensa para a literatura. A fotografia permite, pela primeira vez, fixar os vestígios de uma pessoa de forma inequívoca e definitiva. O romance policial nasce no momento em que essa conquista – a de maiores repercussões – acaba com o estatuto incógnito do ser humano. Desde então, não se sabe até onde poderão ir os esforços de prendê-lo às suas ações e palavras.

O célebre conto de Poe "O homem da multidão" pode ser visto como uma espécie de radiografia do romance policial. Nele, a matéria narrativa que envolve o crime não está presente. Ficou apenas a armadura: o perseguidor, a multidão, um desconhecido que organiza a sua deriva através de Londres de tal modo que permanece sempre no seu centro. Esse desconhecido é o *flâneur*. Foi também assim que Baudelaire o entendeu, quando, no ensaio sobre Constantin de Guys, chamou ao *flâneur* "*l'homme des foules*". Mas a descrição da figura em Poe não conta com a conivência que Baudelaire lhe dispensou. Em Poe, o *flâneur* é sobretudo alguém que não se sente integrado na sua própria sociedade. Por isso ele procura a multidão; e não andará muito longe disso a razão pela qual ele se esconde no meio dela. Poe esbate deliberadamente a diferença entre o marginal e o *flâneur*. Um homem torna-se tanto mais suspeito quanto mais difícil de encontrar. Renunciando a uma perseguição mais demorada, o narrador resume assim,

---

[30] I, p. 115.

em silêncio, o seu ponto de vista: "– Este velho é a materialização, é o espírito do crime – disse, por fim, a mim mesmo. – Não pode estar só, é o homem da multidão".[31]

O autor não apela apenas ao interesse do leitor por esse homem, tenta atraí-lo também em igual medida para a descrição da multidão. E ele o faz por razões que são ao mesmo tempo documentais e artísticas, e a multidão destaca-se desses dois pontos de vista. O que desde logo impressiona é o modo entusiasmado como o narrador segue o seu espetáculo. O mesmo espetáculo que é seguido, num conhecido conto de E. T. A. Hoffmann, pelo primo do narrador na sua janela de esquina.[32] Mas como é limitado o olhar sobre a multidão daquele que está instalado em casa, quando comparado ao daquele outro que olha através dos vidros do café! Na diferença entre esses dois postos de observação esconde-se a diferença entre Berlim e Londres. Num deles, vemos o cidadão privado, sentado na sua sacada como num camarote; para ver melhor o que se passa embaixo, no mercado, tem à mão uns binóculos de teatro. No outro, o consumidor, anônimo, que entra no café para daí a pouco deixá-lo, atraído pelo ímã das massas que incessantemente o magnetiza. De um dos lados, um grande número de pequenas cenas típicas que, no conjunto, formam um álbum de gravuras coloridas; do outro, um esboço capaz de inspirar um grande gravador, uma multidão a perder de vista, no meio da qual ninguém é para o outro nem um livro aberto nem um enigma. O quadro do pequeno-burguês alemão tem limites muito estreitos, apesar de Hoffmann pertencer à estirpe de um Poe e de um Baudelaire. Na nota biográfica da edição original das suas últimas obras lê-se: "Hoffmann nunca foi grande amigo da natureza. O que lhe interessava acima de tudo era o ser humano, vê-lo, comunicar, observar. No verão, quando saía para passear, o que acontecia sempre à tarde quando fazia bom tempo, não havia

---

[31] Poe, *Nouvelles histoires extraordinaires,* Traduction de Charles Baudelaire (Ch. Baudelaire, *Œuvres complètes,* vol. 6, *Traductions,* Ed. Calmann Lévy), Paris, 1887, p. 102.

[32] O conto em questão (escrito em 1822) intitula-se "Des Vetters Eckfenster" [A janela de esquina do meu primo] e é um dos mais acabados de Hoffmann, uma história em que o autor retrata a si mesmo como bom observador. (N.T.)

uma casa de vinhos, uma confeitaria onde ele não entrasse para ver se havia gente e de que espécie".[33] Mais tarde, Dickens queixava-se, em viagem, da falta de barulho nas ruas, indispensável para a sua produção. "Nem se imagina como me fazem falta as ruas", escrevia em 1846 de Lausanne, quando trabalhava no romance *Dombey e Filho*. "É como se dessem ao meu cérebro alguma coisa de que ele não prescinde quando tem de trabalhar. Sou capaz de escrever uma semana, duas, num lugar isolado; para voltar a ganhar ritmo, basta-me um dia em Londres... Mas o cansaço e o esforço de escrever dia a dia sem essa lanterna mágica são enormes... As minhas personagens parecem querer ficar paralisadas se não tiverem uma multidão à sua volta".[34] Entre as muitas coisas que Baudelaire tem a censurar à cidade de Bruxelas, que detestava, há uma que provoca nele uma aversão especial: "Nem uma vitrine. A *flânerie*, passatempo predileto dos povos com imaginação, não é possível em Bruxelas. Não há nada para ver, não se pode fazer nada nas ruas".[35] Baudelaire gostava da solidão, mas se possível no meio da multidão.

No decorrer do seu conto, Poe passa o tempo até o anoitecer, continuando na cidade à luz do gás. A imagem da rua como interior no qual se concentram as fantasmagorias do *flâneur* é dificilmente separável da iluminação a gás. Os candeeiros a gás começaram por iluminar as passagens. Os primeiros ensaios de iluminação a gás ao ar livre coincidem com a infância de Baudelaire: foram colocados candelabros na Place Vendôme. Sob Napoleão III, o número dos candeeiros a gás aumenta rapidamente em Paris.[36] O fato trouxe mais segurança à cidade, fez a multidão sentir-se nas ruas como em casa, também à noite, e baniu o céu estrelado do cenário da grande metrópole de

---

[33] Ernst Theodor Amadeus Hoffmann, *Ausgewählte Schriften 15: Leben und Nachlaß* [Obras escolhidas, 15: vida e espólio]. Por Julius Eduard Hitzig, 3ª ed. Stuttgart, 1839, p. 32-34.

[34] Cit. anón. [Franz Mehring], Charles Dickens *in Die Neue Zeit* 30 (1911-1912), vol. I, p. 622.

[35] II, p. 710.

[36] Cf. Marcel Poëte *et al., La Transformation de Paris sous le Second Empire,* Exposition de la Bibliothèque et des travaux historiques de la ville de Paris. Organisée avec le concours des collections de P. Blondel [et *al.*], Paris, 1910, p. 65.

forma mais radical do que o tinham feito os prédios altos. "Corro as cortinas depois do Sol posto, que foi dormir, como deve ser; a partir de agora não vejo outra luz senão a da chama do gás".[37] A Lua e as estrelas deixaram de ser dignas de menção.

Na época áurea do Segundo Império as lojas das ruas principais não fechavam antes das dez da noite. Era a grande época do noctambulismo. "As pessoas", escreveu a essa altura Delvau no capítulo dedicado à segunda hora depois da meia-noite no seu livro *As horas de Paris*, "podem descansar de vez em quando; são-lhes permitidos pontos de paragem e estações na sua deambulação, mas não têm o direito de dormir".[38] No Lago de Genebra, Dickens lembra-se com nostalgia de Gênova, onde tinha duas milhas de ruas iluminadas por onde podia vaguear à noite. Mais tarde, quando, com o declínio das passagens, a *flânerie* havia saído de moda e também a luz do gás já não era chique, o derradeiro *flâneur*, que vagueava triste pela Passagem Colbert vazia, teve a impressão de que o tremular da chama dos candelabros era apenas o sinal do seu receio de não poder ser paga no fim do mês.[39] Foi a essa altura que Stevenson escreveu a sua elegia ao desaparecimento dos candeeiros a gás, cujo lamento se deixa levar sobretudo pelo ritmo do homem que, de vara em punho, ia acendendo os candeeiros ao longo da rua. A princípio, esse ritmo destaca-se da uniformidade do crepúsculo; agora, porém, é o choque brutal que, num instante, nos põe aos pés cidades inteiras sob o brilho da luz elétrica. "Essa luz só devia cair sobre assassinos ou criminosos políticos e iluminar os corredores dos manicômios – um horror, feito para aumentar o horror".[40] Há alguns indícios de que a luz do gás só tardiamente foi tratada de modo tão idílico como em Stevenson, que lhe escreveu o epitáfio. Isso se torna particularmente evidente no texto de Poe que nos ocupa. É difícil descrever de forma mais inquietante o efeito dessa luz: "Os reflexos dos candeeiros

---

[37] Julien Lemer, *Paris au gaz,* Paris, 1861, p. 10. A mesma imagem aparece no poema "Crepúsculo da tarde", de *As flores do mal:* "o céu/Fecha-se lentamente como uma grande alcova" (Cf. I, p. 108; FM, p. 243).

[38] Alfred Delvau, *Les heures parisiennes,* Paris, 1866, p. 206.

[39] Cf. Louis Veuillot, *Les Odeurs de Paris,* Paris, 1914. p. 182.

[40] Robert Louis Stevenson, *Virginibus Puerisque and Other Papers.* Londres, s.d [1924]. p. 192 ("A Plea for Gas Lamps").

a gás eram ainda fracos enquanto lutavam com o crepúsculo. Agora tinham vencido e lançavam à sua volta uma luz trêmula e intensa. Tudo parecia negro, mas refulgia como o ébano com o qual alguém comparou o estilo de Tertuliano".[41] "No interior da casa", escreve Poe noutra passagem, "o gás está absolutamente proibido. A sua luz trêmula e dura fere a vista".[42]

Sombria e dispersa como a própria luz sob a qual se move é a multidão londrina. E isso não se aplica apenas à escumalha que, com a noite, começa a rastejar "para fora dos seus antros".[43] Também a classe dos altos funcionários é descrita por Poe nos seguintes termos: "O cabelo era quase sempre bastante ralo, a orelha direita estava, em geral, mais afastada da cabeça, devido à sua utilização como suporte da caneta. Todos, por força do hábito, levavam ambas as mãos aos chapéus e todos usavam correntes de relógio curtas, de ouro e estilo antiquado".[44] A descrição de Poe não se preocupa com a aparência imediata. Exagera as semelhanças a que está sujeita a pequena burguesia, devido à sua existência como parte da massa; o modo como se apresentam não anda longe da uniformidade. Mais surpreendente é ainda a descrição da multidão se se atenta no modo como ela se movimenta: "A maior parte dos que passavam pareciam pessoas satisfeitas consigo próprias e com os dois pés bem assentes na terra. Pareciam estar apenas preocupadas em abrir caminho por entre a multidão. Franziam as sobrancelhas e olhavam para todos os lados. Se levavam um empurrão de outro transeunte, não pareciam muito irritadas; ajeitavam a roupa e seguiam caminho rapidamente. Outras, e também esse grupo era grande, tinham movimentos desordenados, o rosto afogueado, falavam sozinhas e gesticulavam, como que se sentindo sós precisamente devido à enorme multidão que as rodeava. Quando tinham de parar, essas pessoas deixavam de murmurar; mas os gestos acentuavam-se mais, e elas esperavam, com um sorriso distante e forçado, até que os transeuntes que lhes barravam o caminho passassem. Se alguém lhes dava um encontrão, cumprimentavam as

---

[41] Poe, *Nouvelles histoires extraordinaires, op. cit.,* p. 94.

[42] Poe, *Histoires grotesques et sérieuses.* (Ch. Baudelaire, *Œuvres complètes.* Ed. Crépet-Pichois, v. 10). Paris, 1937, p. 207).

[43] Poe, *Nouvelles histoires extraordinaires, op. cit.,* p. 94.

[44] Poe, *Nouvelles histoires extraordinaires, Id., ibid.,* p. 90-91.

pessoas que as tinham empurrado e pareciam muito atarantadas."[45]
Poder-se-ia pensar que estamos falando de pessoas meio ébrias, de uns
pobres diabos. Na verdade, trata-se de "gente de boa posição social,
comerciantes, advogados e especuladores da Bolsa".[46] O que está aqui
em jogo é algo diferente de uma psicologia das classes.

Há uma litografia de Senefelder que representa um clube de jogo.
Nenhum dos retratados acompanha o jogo da maneira habitual. Cada
um está possuído por um afeto próprio: um por uma alegria incontida,
outro por desconfiança em relação ao parceiro, um terceiro por um
desespero surdo, um quarto pela obsessão da briga, um outro ainda
se prepara para deixar este mundo. Pela sua extravagância, essa gravura lembra Poe. A censura de Poe, porém, é maior, e os meios a que
recorre são disso a prova. O traço magistral da sua descrição consiste
em que ele expressa o isolamento desesperado das pessoas nos seus
interesses privados, não como fez Senefelder, através da diversidade
dos seus comportamentos, mas sim em pormenores que têm a ver com
uma desajeitada uniformização, quer das roupas, quer da sua conduta. O servilismo daqueles que recebem empurrões e ainda por cima
se desculpam deixa perceber a origem dos meios que Poe mobiliza

---

[45] Poe, *Nouvelles histoires extraordinaires*, p. 89. Encontramos um paralelo com essa
passagem em "Um dia de chuva". Embora com outra assinatura, o poema deve ser
atribuído a Baudelaire (cf. Charles Baudelaire, *Vers retrouvés,* Ed. Jules Mouquet,
Paris, 1929). A analogia do último verso com a menção de Tertuliano por Poe
é ainda mais surpreendente pelo fato de o poema datar, o mais tardar, de 1843,
a uma altura, portanto, em que Baudelaire não conhecia Poe:

Levamos empurrões no passeio escorregadio,
Gente bruta, egoísta, salpica-nos de lama,
Ou, para ir mais depressa, empurra-nos, reclama.
A rua é uma pocilga, dilúvio, um céu pesado:
Quadro negro pelo negro Ezequiel sonhado! (I, p. 211)

[46] Poe, *Nouvelles histoires extraordinaires*, p. 89-90. A imagem da América que Marx
interiorizou parece feita da mesma matéria dessa descrição de Poe. Ressalta
o "dinamismo febril e jovem da produção material" nos Estados Unidos e
responsabiliza-o pelo fato de "não ter havido tempo nem oportunidade para
acabar com o velho mundo e os seus fantasmas" (Marx, *Der achtzehnte Brumaire
des Louis Bonaparte, op. cit.* p. 30). A própria fisionomia dos homens de negócios
tem, em Poe, algo de demoníaco. E Baudelaire descreve como, ao anoitecer, "na
atmosfera, insalubres demônios/Despertam devagar, como homens de negócios"
(I, p. 108; FM, p. 243). Essa passagem de "O crepúsculo da tarde" poderia ter
sido inspirada no texto de Poe.

nessa passagem. Eles vêm do repertório dos palhaços. E ele utiliza-os de modo semelhante ao dos artistas cômicos que vieram depois. Nos números dos cômicos há uma relação evidente com a economia. Nos seus movimentos abruptos, eles imitam tanto a maquinaria, que dá os seus encontrões à matéria, como a conjuntura, que os dá à mercadoria. Uma mimese semelhante ao "dinamismo febril da produção material", a que se juntam as formas mercantis que lhe correspondem, é aquela que encontramos nas partículas da multidão descrita por Poe. A descrição de Poe prefigura aquilo a que mais tarde o parque de diversões, que transforma o homem do povo num cômico, deu forma, com os seus pratos vibratórios e outras diversões. As personagens de Poe comportam-se como se só pudessem manifestar-se por atos reflexos. Essa movimentação tem nele um efeito ainda mais desumanizado, uma vez que aí só se trata de pessoas. Quando a multidão fica congestionada, isso não acontece porque o trânsito de veículos a impede de andar – em parte alguma ele é mencionado –, mas sim porque ela é bloqueada por outros aglomerados de gente. Numa massa dessa natureza, a *flânerie* não teria quaisquer hipóteses de florescer.

A Paris de Baudelaire não tinha ainda chegado a esse ponto. Havia ainda barcas que cruzavam o Sena, nos lugares onde depois se construíram pontes. No ano da morte de Baudelaire, um empresário teve ainda a ideia de pôr em circulação quinhentas liteiras para facilitar a vida a habitantes mais abastados. Ainda se apreciavam as passagens, onde o *flâneur* não tinha de se preocupar com os veículos, que não admitem os peões como concorrentes. Havia o transeunte que fura pelo meio da multidão, mas também havia o *flâneur*, que precisa de espaço e não quer perder a sua privacidade. Ocioso, deambula como uma personalidade, protestando contra a divisão do trabalho que transforma as pessoas em especialistas. E protesta também contra o seu dinamismo excessivo. Durante algum tempo, por volta de 1840, era de bom-tom passear tartarugas nas passagens. O *flâneur* deixava de bom grado que elas lhe ditassem o ritmo da passada. Se dependesse dele, o progresso teria de aprender esse passo. No entanto, a última palavra não foi sua, mas de Taylor, cujo lema era "Abaixo a *flânerie!*".[47]

---

[47] Cf. Georges Friedmann, *La crise du progrès. Esquisse d'histoire des idées 1895-1935*, 2ª ed., Paris, 1936, p. 76.

Alguns tentam antecipar a tempo o que estava para vir. "O *flâneur*", escreve Rattier na sua utopia *Paris não existe*, "que encontrávamos nas calçadas e diante das vitrines, esse tipo fútil, insignificante, sempre curioso, sempre em busca de emoções baratas e que não percebia nada a não ser pedras, fiacres e candeeiros a gás..., tornou-se agora lavrador, vinhateiro, fabricante de linho, refinador de açúcar, industrial do ferro".[48]

Na sua errância, o homem da multidão vai dar, já tarde, com um grande armazém onde há ainda bastantes clientes. Movimenta-se como alguém que conhece o terreno. No tempo de Poe já havia armazéns de muitos andares? Seja como for, Poe deixa a sua inquieta personagem deambular "cerca de uma hora e meia" pelo armazém. "Passava de um setor a outro sem comprar nada e sem falar; olhava para as mercadorias com um ar ausente."[49] Se a passagem é a forma clássica do interior, que para o *flâneur* é representado pela rua, a sua forma decadente é o grande armazém. O armazém é o lugar do último passeio do *flâneur*. Se a princípio a rua transformou-se para ele em interior, agora era esse interior que se transformava em rua, e ele vagueava pelo labirinto das mercadorias como antes o fazia na cidade. Há um rasgo de gênio no conto de Poe: ele inscreve numa das primeiras descrições do *flâneur* a imagem do seu fim.

Jules Laforgue disse de Baudelaire que ele foi o primeiro a falar de Paris "como um condenado à existência cotidiana na grande capital".[50] Também poderia ter dito que ele foi o primeiro a falar do ópio dado como conforto a esse condenado – e apenas a ele. A multidão não é apenas o novo asilo do proscrito: é também a última droga do abandonado. O *flâneur* é um homem abandonado no meio da multidão. Isso o coloca na mesma situação da mercadoria. Apesar de não ter consciência dessa particularidade, ela nem por isso deixa de atuar sobre ele. Penetra-o como um narcótico que o compensa de muitas humilhações. O transe a que se entrega o *flâneur* é o da mercadoria exposta e vibrando no meio da torrente dos compradores.

---

[48] Paul-Ernest de Rattier, *Paris n'existe pas,* Paris, 1857, p. 74-75.

[49] Poe, *Nouvelles histoires extraordinaires, op. cit.,* p. 98.

[50] Jules Laforgue, *Mélanges posthumes,* Paris, 1903, p. 111.

Se existisse aquela alma da mercadoria de que Marx[51] por vezes fala, gracejando, ela seria a mais cheia de empatia que alguma vez se encontrou no reino das almas, porque teria de ver em cada um o comprador a cuja mão e casa se quer acolher. Ora, a empatia é também a essência do transe a que se entrega o *flâneur* no meio da multidão. "O poeta desfruta do incomparável privilégio de poder ser, a seu bel-prazer, ele próprio e um outro. Como as almas errantes que procuram um corpo, assim também ele entra quando quer na pessoa de um outro. Tem à sua disposição a de todos os outros; e se certos lugares lhe parecem fechados, é porque, a seus olhos, eles não merecem ser inspecionados".[52] Aqui fala a própria mercadoria. As últimas palavras dão mesmo uma ideia muito clara daquilo que ela murmura ao ouvido do pobre diabo que passa por uma vitrine cheia de coisas belas e caras. Elas não têm o mínimo interesse nele, não entram em empatia com ele. Nas frases do importante poema em prosa "As multidões" fala, por outras palavras, o próprio fetiche, que tão fortemente toca as cordas sensíveis de Baudelaire, a ponto de a empatia com o inorgânico ser uma das fontes da sua inspiração.[53]

Baudelaire era um conhecedor de drogas estupefacientes. Apesar disso, escapou-lhe um dos seus efeitos sociais mais importantes, o da simpatia que os viciados irradiam sob a influência da droga. O mesmo efeito pode encontrar-se na mercadoria, que vai buscá-lo na multidão que a inebria e envolve no seu murmúrio. A massificação

---

[51] Cf. Marx, *Das Kapital, ed. cit*, p. 95.

[52] I, p. 420-421.

[53] Entre os exemplos disso, reunidos na primeira parte deste ensaio, um dos mais importantes é o segundo poema do ciclo "Spleen". Dificilmente se encontrará antes de Baudelaire um verso como "Je suis un vieux boudoir plein de roses fanées" ["Sou um velho toucador cheio de rosas mirradas", FM, p. 195]. Todo o poema se escreve em perfeita empatia com uma matéria duplamente morta: por ser inorgânica e por estar excluída do processo de circulação:
Ó matéria tão viva! és apenas agora
Um granito envolvido por vago pavor,
Dormitando no fundo de um Sara brumoso,
Velha esfinge que o mundo, negligente, ignora
Já esquecida no mapa, e cujo estranho humor
Canta apenas aos raios do sol que se põe. (I, p. 86. FM, p. 195)
A imagem da esfinge que fecha o poema tem a beleza sombria daqueles artigos sem saída que ainda se encontram nas vitrines de algumas passagens.

dos clientes, que só o mercado consegue, ao transformar a mercadoria em mercadoria, aumenta o encanto desta para o comprador médio. Quando Baudelaire fala de um "estado de embriaguez religiosa das grandes cidades",[54] o sujeito desse estado, que permanece anônimo, poderia bem ser a mercadoria. E a "sagrada prostituição da alma", comparada à qual seria "bem pequeno, limitado e débil aquilo a que os homens chamam amor",[55] não pode ser outra coisa – se quisermos manter o sentido do confronto com o amor – senão a prostituição da alma da mercadoria. "Essa prostituição da alma que se dá inteira, poesia e caridade, ao imprevisto que surge, ao desconhecido que passa",[56] diz Baudelaire. É precisamente essa poesia, é precisamente essa caridade que as prostitutas reclamam para si. Elas tinham experimentado os segredos do mercado aberto, e aí a mercadoria não levava nenhuma vantagem sobre elas. Alguns dos seus atrativos assentavam no mercado e tornaram-se outros tantos instrumentos de poder. É assim que Baudelaire os registra no "Crepúsculo da tarde":

> Através dos luares agitados pelo vento
> Acende-se nas ruas a Prostituição;
> É um formigueiro a abrir as portas de roldão;
> Por todo o lado rasga um oculto caminho,
> Como, ao tentar um golpe sujo, o inimigo;
> Remexe-se no seio da urbe de lodo
> Como um verme que rouba ao Homem o que come.[57]

Só a massa dos habitantes permite à prostituição esse alastramento por vastas zonas da cidade. E só essa massa permite ao objeto sexual inebriar-se com os muitos efeitos excitantes que ao mesmo tempo exerce.

Mas o espetáculo oferecido pelo público das ruas de uma grande cidade não tinha esse efeito inebriante sobre todos. Muito antes de Baudelaire escrever o seu poema em prosa "As multidões" já Engels descrevera o movimento das ruas de Londres: "Uma cidade como Londres, onde se pode caminhar horas a fio sem vislumbrar o começo

---

[54] II, p. 627.

[55] I, p. 421.

[56] I, p. 421.

[57] I, p. 108 (FM, p. 243).

do fim, sem encontrar o mínimo sinal que deixe adivinhar a proximidade do campo, é de fato uma coisa muito singular. Essa centralização colossal, essa aglomeração de dois milhões e meio de pessoas num só lugar, centuplicou a força desses dois milhões e meio... Mas as vítimas que isso custou só mais tarde as descobrimos. Só depois de termos andado alguns dias pelo asfalto das ruas principais notamos como esses londrinos tiveram de sacrificar a melhor parte da sua humanidade para levar a cabo todos os prodígios da civilização de que a cidade está cheia, e como centenas de forças neles adormecidas permaneceram inativas e foram reprimidas... A própria agitação das ruas tem qualquer coisa de repugnante, qualquer coisa contrária à natureza humana. Aquelas centenas de milhares, de todas as classes e posições, que aí se acotovelam não serão todas elas pessoas humanas com as mesmas qualidades e capacidades e com o mesmo desejo de ser feliz?... Apesar disso, passam correndo uns pelos outros, como se não tivessem nada em comum, nada a ver uns com os outros; e, no entanto, o único acordo tácito entre eles é o de seguirem pelo passeio do lado direito, para que as duas correntes da multidão não constituam entrave uma para a outra; e, no entanto, ninguém se digna lançar ao outro um olhar que seja. Essa indiferença brutal, o isolamento insensível do indivíduo nos seus interesses privados é tanto mais chocante e gritante quanto mais esses indivíduos se comprimem num espaço exíguo."[58]

O *flâneur* só aparentemente quebra esse "isolamento insensível do indivíduo nos seus interesses privados", preenchendo com os interesses tomados de empréstimo, e inventados, dos outros o espaço vazio que os seus próprios interesses nele criaram. Ao lado da clara descrição de Engels, é um tanto obscura a de Baudelaire, quando escreve: "O prazer de nos encontrarmos no meio de uma multidão é uma expressão misteriosa do gozo que nos proporciona a multiplicação do número";[59] mas a frase esclarece-se se a entendermos como pensada não tanto a partir do ponto de vista da pessoa, mas antes do da mercadoria. Na medida em que o homem, enquanto força de trabalho, é mercadoria, não tem de fato necessidade de se colocar no

---

[58] Engels, *Die Lage der arbeitenden Klasse in England. Nach eigner Anschauung und authentischen Quellen* [A situação da classe trabalhadora na Inglaterra. Observações pessoais e fontes autênticas]. 2ª ed., Leipzig, 1848, p. 36-37.

[59] II, p. 626.

lugar da mercadoria. Quanto mais ele tomar consciência desse modo de existir como sendo aquele que a ordem produtiva lhe impõe – quanto mais ele se proletariza –, tanto mais o atravessa o sopro gelado da economia mercantil, e tanto menos se sentirá inclinado a entrar em empatia com a mercadoria. Mas a classe da pequena burguesia, a que Baudelaire pertencia, ainda não tinha chegado a esse ponto. Na escala de que falamos aqui, ela encontrava-se ainda no começo da descida. Um dia, a natureza mercantil da sua força de trabalho tornar-se-ia evidente para muitos membros dessa classe. Mas esse dia ainda não tinha chegado. Até lá, se assim se pode dizer, eles podiam ir deixando o tempo passar. O que transformou esse prazo que lhes foi dado pela história num passatempo foi o fato de, entretanto, a sua cota-parte no processo poder ser, na melhor das hipóteses, o prazer, mas nunca o poder. Quem se predispõe para o passatempo busca o prazer. Mas era óbvio que os limites impostos ao prazer dessa classe seriam tanto mais estreitos quanto mais ela dele quisesse desfrutar *adentro* dessa sociedade. Esse prazer seria menos limitado se ela estivesse em condições de ter prazer *com* essa sociedade. E se quisesse levar essa forma de ter prazer até o virtuosismo, não poderia desprezar a empatia com a mercadoria. Teria de saborear essa empatia com o gozo e o receio que lhe vinham da intuição do seu próprio destino como classe. Teria, por fim, de lhe corresponder com um dispositivo sensível capaz de descobrir encanto até nas coisas já tocadas e apodrecidas. Baudelaire possuía essa sensibilidade, como mostra o poema a uma cortesã, cujo "coração, tocado como um pêssego", está "maduro, como o corpo, para o sábio amor" [FM, p. 253]. A essa sensibilidade deve o prazer que teve com essa sociedade, como alguém que já quase dela tinha se despedido.

Na atitude de quem assim desfruta desse prazer, deixava que o espetáculo da multidão agisse sobre ele. Mas o fascínio mais fundo era o de, na embriaguez que ele lhe provocava, não desligá-lo da sua terrível realidade social. Estava consciente dela, mas daquela maneira particular com que os drogados "ainda" têm consciência das circunstâncias reais. Por isso, a grande cidade quase nunca surge em Baudelaire através de uma representação direta dos seus habitantes. A expressão direta e a dureza com que um Shelley fixou Londres na imagem das pessoas que a habitavam não podia servir à Paris de Baudelaire:

O inferno é uma cidade parecida com Londres,
Uma cidade populosa e fumacenta,
Com toda espécie de gente arruinada,
Com muito pouca ou nenhuma diversão,
Pouca justiça, e ainda menos compaixão.[60]

Para o *flâneur*, há um véu que cobre essa imagem, e a multidão é esse véu; ela ondeia "no sinuoso caos das velhas capitais".[61] Faz com que o horror atue sobre ele como um feitiço.[62] Só quando esse véu se rasga e oferece ao olhar do *flâneur* "uma daquelas praças populosas que, durante os combates de rua, ficam desertas"[63] ele vê também a grande cidade sem transfigurações.

Se necessitássemos de uma prova da força com que a experiência da multidão se impôs a Baudelaire, ela seria o fato de ele ter pretendido, sob o signo dessa experiência, competir com Hugo. Baudelaire tinha plena consciência de que a força de Hugo, se estivesse em alguma coisa, seria na experiência da multidão. Elogia em Hugo "um caráter poético..., interrogativo"[64] e afirma que ele sabia não só dar o que era claro de forma clara e nítida, como também dar com a indispensável obscuridade aquilo que só de forma obscura e imprecisa se revelara. Dos três poemas dos "Quadros parisienses" dedicados a Victor Hugo, um deles começa com uma apóstrofe à cidade apinhada de gente – "Cidade-formigueiro, de sonhos tão cheia"[65] –, outro persegue, no "formigueiro intenso"[66] da cidade, através da multidão, as velhinhas. A multidão é um objeto novo na poesia. Ainda o inovador Sainte-Beuve era louvado pelo fato, visto como conveniente e apropriado a um poeta, de escrever que

---

[60] Percy Bysshe Shelley, *The Complete Poetical Works,* Londres, 1932, p. 346 ("Peter Bell the Third Part", Tradução alemã de Brecht).

[61] I, p. 102 (FM, p. 229).

[62] Cf. I, p. 102 (FM, p. 229).

[63] II, p. 193.

[64] II, p. 522.

[65] I, p. 100 (FM, p. 225).

[66] I, p. 103 (FM, p. 231). No ciclo "As velhinhas", o terceiro poema sublinha a rivalidade através de empréstimos lexicais retirados do terceiro poema da série de Hugo "Fantasmas". Acontece aqui uma correspondência entre um dos mais perfeitos poemas de Baudelaire e um dos mais fracos escritos por Hugo.

"a multidão lhe era insuportável".[67] Victor Hugo trouxe esse tema para a poesia durante o exílio em Jersey. Nos seus passeios solitários pela costa, ele surge devido a uma daquelas fortes antíteses que a sua inspiração não podia dispensar. A multidão entra na poesia de Hugo como objeto de contemplação. O oceano e a sua rebentação servem-lhe de modelo, e o pensador que medita sobre esse eterno espetáculo é o verdadeiro descobridor da multidão, na qual se perde como no rumor do mar. "Do mesmo modo como olha o longe do alto da falésia solitária, para os grandes países e os seus destinos, o desterrado olha também para baixo, para o passado dos povos... Transporta-se, e ao seu destino, para o turbilhão dos acontecimentos, e estes tornam-se vivos para ele e confundem-se com a existência das forças naturais, com o mar, os rochedos gastos da erosão, as nuvens que passam e outros momentos sublimes que alimentam uma vida solitária e calma em comunhão com a natureza."[68] "Até o oceano se cansou dele", diria Baudelaire sobre Hugo, varrendo com aquele feixe de luz da sua ironia o poeta que medita no alto das falésias. Baudelaire nunca se sentiu inclinado a se entregar ao espetáculo da natureza. A sua experiência da multidão trazia as marcas "dos insultos e dos mil encontrões" que o transeunte sofre na confusão da cidade e mantém desperta a sua consciência de si (no fundo, é essa consciência de si que ele empresta à mercadoria). A multidão nunca foi para Baudelaire um estímulo para lançar a sonda do pensamento nas profundezas do mundo. Já Hugo escreve: "as profundezas são multidões",[69] oferecendo com isso à sua meditação um espaço incomensurável. O lado natural-sobrenatural da multidão, tal como é sentida por Hugo, tanto pode manifestar-se na floresta como no mundo animal ou na rebentação das ondas; em todos eles pode cintilar por momentos a fisionomia de uma grande cidade. A "Inclinação do devaneio" é um magnífico exemplo dessa promiscuidade que domina a pluralidade do vivo:

---

[67] Sainte-Beuve, *Les Consolations*, p. 125. (Devo a [George] Farcy essa opinião de Sainte-Beuve, publicada a partir do manuscrito.)

[68] Hugo von Hofmannsthal, *Versuch über Victor Hugo* [Ensaio sobre Victor Hugo]. Munique, 1925, p. 49.

[69] Cit. Gabriel Bounoure, Abîmes de Victor Hugo, in *Mesures*, 15 de julho de 1936, p. 39.

> Nesse sonho hediondo, a noite e a multidão
> Chegavam, engrossando e dando-se a mão,
> E nessas regiões a que o olhar não chega,
> Quantos mais eram os homens, mais a sombra era negra.[70]

e ainda:

> Massa anônima! caos! vozes, olhos e passos.
> Todos os que não vimos e não chamamos nossos.
> São as cidades vivas, zumbindo nas orelhas
> Mais que floresta virgem ou colmeia de abelhas.[71]

Com a multidão, a natureza exerce o seu direito elementar sobre a cidade. Mas não é apenas a natureza que assim reclama os seus direitos. Há em *Os miseráveis* uma passagem espantosa em que o ondular da floresta surge como arquétipo da existência das massas. "O que acontecera naquela rua não surpreenderia uma floresta; os altos fustes e a vegetação rasteira, as plantas medicinais, os ramos caoticamente enredados uns nos outros e a erva alta levam uma existência obscura; algo de invisível se move entre esse formigar imenso; o que está abaixo do homem distingue através de uma cortina de névoa o que está acima do homem". Essa descrição contém aquilo que melhor caracteriza a experiência de Hugo com a multidão. Nela, aquilo que está abaixo do homem entra em relação com aquilo que está acima dele e o rege. É essa promiscuidade que inclui todas as outras. A multidão é para Hugo um ser híbrido que forças disformes e sobre-humanas geram para aqueles que estão abaixo do homem. O traço visionário subjacente à ideia da multidão em Hugo faz mais justiça ao ser social do que no tratamento "realista" que ele lhe concedeu na política. De fato, a multidão é um jogo da natureza, se é permitido aplicar o termo a uma situação social. Uma rua, um incêndio, um acidente de trânsito juntam pessoas que, enquanto tais, libertam-se de uma determinação de classe.

Apresentam-se como uma aglomeração concreta; mas do ponto de vista social permanecem abstratas, designadamente nos seus interesses

---

[70] V. Hugo, *Œuvres completes. Ed. cit.* Poésie, v. 2: *Les Orientales, Les Feuilles d'automne.* Paris, 1880, p. 365.

[71] Hugo, *op. cit.*, p. 363.

privados isolados. O seu modelo são os clientes que – cada um no seu interesse privado – se juntam no mercado em volta de uma "causa comum". Tais concentrações muitas vezes só têm existência estatística. Nelas permanece escondido aquilo que delas faz algo de monstruoso: a massificação de pessoas, enquanto tais privadas, devido ao caráter acidental dos seus interesses privados. Mas quando essas concentrações se tornam notadas – e os Estados totalitários tratam de fazer com que isso aconteça, tornando permanente e obrigatória a massificação dos seus clientes em todos os projetos –, manifesta-se claramente o seu caráter híbrido, sobretudo para os próprios implicados. Estes racionalizam o acaso da economia de mercado que assim os junta, vendo-o como um "destino" em que a "raça" se reencontra. Com isso, deixam atuar livremente quer o instinto gregário, quer o comportamento condicionado. Os povos que se encontram no primeiro plano da cena europeia travam conhecimento com o sobrenatural que Hugo descobriu na multidão. O que ele, no entanto, não conseguiu fazer foi ler essa grandeza como presságio histórico. Mas este deixou na sua obra as suas marcas, sob a forma de uma singular desfiguração: nas atas das sessões espíritas.

O contato com o mundo dos espíritos, que, como se sabe, influenciou em Jersey tanto a sua existência como a sua produção literária, era, por mais estranho que isso possa parecer, acima de tudo um contato com as massas, de que o exílio privou o poeta. A multidão é, na verdade, a forma de existência própria do mundo dos espíritos. Assim, Hugo via-se a si próprio como gênio na grande assembleia dos gênios seus antepassados. O *William Shakespeare* atravessa, lateralmente, em longas rapsódias, essa galeria de príncipes do espírito que começa com Moisés e acaba com Hugo. É, no entanto, apenas um pequeno grupo no meio da grandiosa legião dos que já desapareceram. O *ad plures ire* ["juntar-se aos que são muitos"] dos romanos não era uma palavra vã para o gênio ctônico de Hugo. Os espíritos dos mortos chegaram tarde, como mensageiros da noite, na última sessão. As anotações de Jersey preservaram as suas mensagens: "Aqueles que são grandes trabalham em duas obras: na obra que criam em vida e na sua obra de criadores de espíritos... Os vivos entregam-se à primeira destas obras. Mas no meio da noite, no silêncio profundo, desperta – ó terror! – o criador de espíritos nesse ser vivo. Como?, grita a criatura.

Isto não é tudo? – Não, responde o espírito. Acorda e levanta-te, a tempestade anda à solta, os cães e as raposas uivam, tudo mergulhou nas trevas, a natureza assusta-se, estremece sob o açoite de Deus... O criador de espíritos vê a palavra-fantasma. As palavras negam-se e a frase arrepia-se, a vidraça torna-se opaca, o temor apodera-se do candeeiro... Toma cuidado, vivo, toma cuidado, homem de um século, vassalo de um pensamento com raízes na terra! Pois o aqui é a loucura, o aqui é o túmulo, o aqui é o infinito, o aqui é uma ideia-fantasma."[72] O terror cósmico na experiência do invisível a que Hugo se agarra nessa passagem não tem qualquer semelhança com o horror nu e cru que se apoderava de Baudelaire no *spleen*. O poeta manifestou também pouca compreensão para com essa experiência de Hugo. "A verdadeira civilização", escreveu, "não se encontra em mesas que se movem". Mas para Hugo não se tratava da civilização. De fato, ele sentia-se em casa no mundo dos espíritos. Este era, poder-se-ia dizer, o complemento cósmico de um ambiente doméstico no qual era também indispensável o elemento de terror. A sua intimidade com os espíritos retira-lhes muito do seu lado aterrador. E também não está livre de agitação, pondo a nu o que neles menos convence. O contraponto dos fantasmas noturnos são abstrações sem sentido, personificações mais ou menos engenhosas, comuns nos monumentos da época. Nas atas das sessões de Jersey é possível encontrá-las, perfeitamente à vontade ao lado das vozes do caos – "o Drama", "a Lírica", "a Poesia", "o Pensamento".

As legiões infindáveis do mundo dos espíritos – talvez isso nos permita chegar mais perto da solução do enigma – representam, acima de tudo, um público para Hugo. É menos estranho a sua obra assimilar motivos da mesa que fala do que o fato de ele escrevê-la diante dela. O aplauso que o Além não lhe regateou deu-lhe no exílio uma visão antecipada da imensa ovação que, na velhice, esperava-o no país natal. No momento em que, por volta do seu septuagésimo aniversário, o povo se aglomerava junto da sua casa na Avenue d'Eylau, ficavam resgatadas tanto a imagem da onda que rebenta na falésia como a mensagem do mundo dos espíritos.

---

[72] Gustave Simon, *Chez Victor Hugo. Les tables tournantes de Jersey. Procès-verbaux des séances,* Paris, 1923, p. 306-308, 314.

Por fim, a obscuridade insondável da existência das massas foi também a fonte das especulações revolucionárias de Victor Hugo. Em *Os castigos*, o dia da libertação é dado por imagens como

> O dia em que os ladrões e os tiranos sem conta
> Verão que alguém se mexe no fundo da sombra.[73]

Poderia um juízo revolucionário fiável corresponder à imagem das massas oprimidas colocada sob o signo da multidão? Não seria essa imagem antes a forma inequívoca para a estreiteza desse juízo, de onde quer que ele viesse? No debate da Câmara, em 25 de novembro de 1848, Hugo tinha vociferado contra a repressão bárbara, por Cavaignac, da Revolução de Junho. Mas na sessão de 20 de junho, durante discussão sobre os *ateliers nationaux*,[74] deixara uma frase que fez escola: "A monarquia tinha os seus ociosos, a república tem os seus vagabundos".[75] Em Hugo coexistem, por um lado, o reflexo no sentido da opinião superficial da atualidade e da mais crédula em relação ao futuro e, por outro, o fundo pressentimento da vida que nasce no seio da natureza e do povo. Hugo nunca conseguiu estabelecer uma mediação entre os dois termos; o fato de nunca ter sentido necessidade de fazê-lo foi o que permitiu a poderosa exigência, o poderoso alcance e também a poderosa influência da sua obra nos seus contemporâneos. No capítulo de *Os miseráveis* que traz o título "O calão" confrontam-se com uma impressionante rudeza essas duas

---

[73] Hugo, *Œuvres complètes, op. cit. Poésie, v. 4: Les châtiments*. Paris, 1882, p. 397 ("Le Caravane IV").

[74] Estaleiros criados em 1848 para resolver o problema do desemprego. (N.T.)

[75] Pélin, um representante típico da baixa *bohème*, escreveu no seu panfleto *Les boulets rouges. Feuille du Club Pacifique des Droits de L'Homme* sobre esse discurso: "O cidadão Hugo estreou-se na Assembleia Nacional. Revelou-se, como já se esperava, declamador, gesticulador e herói da frase feita; no estilo do seu último texto espalhado pelas paredes da cidade, falou dos ociosos, da miséria, dos malandros, dos mendigos, dos pretorianos da revolta, dos *condottieri* – em suma, estafou a metáfora para terminar com um ataque aos estaleiros nacionais" (FAITS divers. In: *Les boulets rouges* [redator: Le Citoyen Pélin], ano I, n. 1, 22-25 de junho de 1848, p. 1). Na sua *Histoire parlementaire de la Seconde République* escreve Eugène Spuller: "Victor Hugo foi eleito com os votos da reação". "Sempre votou com a direita, salvo em duas ou três ocasiões, em que a política não era importante" (Eugène Spuller, *Histoire parlementaire de la Seconde République suivi d'une petite histoire du Second Empire,* Paris, 1891, p. 111 e 226.)

facetas antitéticas da sua natureza. Depois de lançar olhares audazes à oficina linguística do povo mais simples, o poeta conclui: "Desde 1789 todo o povo desabrocha no indivíduo purificado: não há pobres, o pobre teria então os seus direitos e, assim, também a auréola que lhe cabe; o pobre diabo traz dentro de si a honra da França; a dignidade do cidadão é uma arma interior; quem é livre é reto; e quem tem o direito de voto reina".[76] Victor Hugo via as coisas tal como eram apresentadas pela experiência de uma carreira literária coroada de êxito e de uma carreira política brilhante. Foi o primeiro grande escritor a dar títulos coletivos às suas obras: *Os miseráveis*, *Os trabalhadores do mar*. Para ele, multidão era sinônimo – quase na acepção antiga – de multidão dos seus clientes: das massas dos seus leitores e dos seus eleitores. Numa palavra, Hugo nunca foi um *flâneur*.

Não houve nenhum Baudelaire para a multidão que ia atrás de Hugo e que ele seguia. Mas essa multidão existiu certamente para ele. Olhando para ela, Baudelaire era diariamente levado a sondar a profundidade do seu fracasso. E essa não seria a última das razões pelas quais procurava essa multidão. E alimentava com a glória de Victor Hugo o orgulho desesperado que dele se apoderava, por assim dizer, em acessos intermitentes. Provavelmente, o seu credo político ainda o espicaçava de forma mais forte. Era o credo político do *citoyen*. As massas da grande cidade não conseguiam desconcertá-lo, ele reconhecia nelas as massas populares. E queria ser matéria dessa matéria. Laicismo, progresso e democracia eram os estandartes que ele brandia sobre as cabeças. E esses estandartes transfiguravam a existência das massas, deixavam na sombra o limiar que separava o indivíduo da multidão. Baudelaire foi o guardião desse limiar, e essa foi a sua diferença em relação a Victor Hugo. Mas se assemelhava a ele pelo fato de também não se ter apercebido da ilusão social de que a multidão é espelho. Por isso lhe contrapôs um ideal tão acrítico como a concepção que dela tinha Hugo. O herói é a figura desse ideal. No momento em que Victor Hugo celebra as massas como herói numa epopeia moderna, Baudelaire procura na multidão da grande cidade um refúgio para o herói. Como *citoyen*, Hugo identifica-se com a multidão; enquanto herói, Baudelaire demarca-se dela.

---

[76] Hugo, *op. cit.*, Roman, v. 8: *Les misérables*. IV. Paris, 1881, p. 306.

III. A modernidade

Baudelaire ajustou a sua imagem do artista a uma imagem do herói. Ambos intercedem um pelo outro desde o início. "A força de vontade", lê-se no *Salon de 1845*, "tem de ser realmente um dom precioso, e é evidente que nunca a ela se recorrerá em vão, pois é suficiente para dar um toque inconfundível mesmo a obras de segunda categoria... O espectador delicia-se com o esforço e sorve o suor."[1] Em *Conselhos aos jovens literatos*, do ano seguinte, deparamos com a bela fórmula segundo a qual "a contemplação obstinada da obra de amanhã"[2] aparece como a garantia da inspiração. Baudelaire conhece a "indolência natural dos inspirados";[3] um Musset nunca compreendeu o trabalho que é preciso "para de um devaneio fazer nascer uma obra de arte".[4] Ele, pelo contrário, desde o primeiro momento surge diante do público com um código próprio, preceitos próprios e tabus. Barrès pretende "reconhecer em cada um dos mais insignificantes vocábulos de Baudelaire vestígios do esforço que lhe foi necessário para alcançar tal grandeza".[5] E Gourmont escreve: "Mesmo nas suas

---

[1] II, p. 26.

[2] II, p. 388.

[3] II, p. 531.

[4] Cit. por Albert Thibaudet, *Intérieurs*, Paris, 1924, p. 15.

[5] Cit. por André Gide, "Baudelaire et M. Faguet", in: *Nouvelle Revue Française*, t. 4, 1 de novembro de 1910, p. 513.

crises nervosas, Baudelaire conserva algo de sadio".[6] Mais feliz é a formulação do simbolista Gustave Kahn, quando diz que "o trabalho poético em Baudelaire se assemelhava a um esforço físico".[7] A prova, nós a encontramos na obra, numa metáfora que merece que olhemos para ela mais de perto.

Essa metáfora é a do esgrimista. Por meio dela, Baudelaire gostava de apresentar os traços marciais como artísticos. Ao descrever o pintor Constantin Guys, que apreciava muito, visita-o a horas em que os outros dormem: "ali estava ele, curvado sobre a mesa, fixando a folha de papel com a mesma agudeza com que de dia olhava para as coisas à sua volta; esgrimindo com o lápis, a pena, o pincel, fazendo a água do copo salpicar o teto, limpando[8] a pena na camisa; perseguindo o trabalho, lesto e persistente, como se temesse que as imagens lhe escapassem. Assim, ainda que só, entra numa luta, aparando os seus próprios golpes".[9] Baudelaire retratou-se assim, envolvido nessa "absurda esgrima", na primeira estrofe do poema "O Sol", certamente a única passagem de *As flores do mal* que o mostra em pleno trabalho poético. O duelo em que todo artista se envolve e no qual "antes de ser vencido, dá um grito, assustado"[10] é inserido na moldura de um idílio; a violência recua para segundo plano, e o que se mostra é o seu encanto:

> Pelo velho arrabalde, onde em cada tugúrio
> As persianas abrigam secretas luxúrias,
> Quando o sol mais cruel bate com raios vivos
> Em cidades e campos, telhados e trigos,
> Exercito sozinho esta absurda esgrima,
> Farejando em cada canto os acasos da rima,
> Tropeçando em palavras como na calçada,
> Dando às vezes com versos há muito sonhados.[11]

---

[6] Rèmy de Gourmont, *Promenades littéraires,* 2ª série, Paris, 1906, p. 86.

[7] *Baudelaire: Mon coeur mis à nu et fusées. Journaux intimes.* Edição conforme ao manuscrito, prefácio de Gustave Kahn, Paris, 1909, p. 5.

[8] O original francês diz *essuyant*, e não *essayant*, como Benjamin leu. (N.T.)

[9] II, p. 334.

[10] Cit. por Raynaud, *op.cit,* p. 318.

[11] I, p. 96 (FM, p. 215).

Uma das intenções que Baudelaire havia perseguido em *O spleen de Paris* – os seus poemas em prosa – foi fazer justiça a essas experiências prosódicas também na prosa. Na dedicatória ao chefe de redação do jornal *La Presse*, Arsène Houssaye, dá-se expressão, para além dessa intenção, àquilo que realmente era o fundamento dessas experiências: "Quem, dentre nós, não sonhou nestes dias de ambição com o milagre de uma prosa poética, musical, sem ritmo e sem rima, suficientemente maleável e angulosa para se adaptar aos movimentos líricos da alma, às ondulações do sonho, aos sobressaltos da consciência? Esse ideal obcecante nasce sobretudo da frequentação das grandes cidades e do cruzamento das suas inumeráveis relações".[12]

Se quisermos tornar presente esse ritmo e seguir esse método de trabalho, chegaremos à conclusão de que o *flâneur* de Baudelaire não é tanto como se julgaria um autorretrato do poeta. Um traço importante do Baudelaire real – daquele que se entrega totalmente à sua obra – não entrou nesse retrato. Trata-se da distração. Com o *flâneur*, o prazer de olhar celebra o seu triunfo. E ele tanto pode concentrar-se na observação – e então nasce o detetive amador – como pode estagnar no curioso – e então o *flâneur* torna-se basbaque (*badaud*).[13] As descrições mais significativas da grande cidade não se devem nem a um nem a outro. Vêm daqueles que a atravessaram, por assim dizer, distraídos, mergulhados nos seus pensamentos ou nas suas preocupações. É a eles que faz jus a imagem da "absurda esgrima"; Baudelaire tinha em vista a sua disposição de espírito, que é em tudo diferente da do observador. No seu livro sobre Dickens, Chesterton fixou de forma magistral esse homem que percorre a cidade absorto em pensamentos. As constantes errâncias de Charles Dickens tinham começado na infância. "Quando terminava o trabalho, não lhe restava mais nada senão vaguear pela cidade, e assim percorria meia Londres.

---

[12] I, p. 405-406.

[13] "Não se deve confundir o *flâneur* com o basbaque; existe aí um pormenor a considerar... O *flâneur* propriamente dito está sempre em plena posse da sua individualidade, enquanto a do basbaque desaparece. É absorvida pelo mundo exterior..., que o inebria até o esquecimento de si. Sob a influência do espetáculo que se lhe oferece, o basbaque torna-se um ser impessoal: deixa de ser um ser humano, torna-se público, multidão" (Victor Fournel, *Ce qu'on voit dans les rues de Paris,* Paris, 1858, p. 263).

Em criança, era um sonhador; o seu triste destino ocupava-o mais do que qualquer outra coisa... Quando escurecia, ficava debaixo dos candeeiros de Holborne, e em Charing Cross passava pelo seu martírio." "Não dava muita importância à observação, como fazem os pedantes; não olhava para Charing Cross para se instruir, não contava os candeeiros de Holborne para aprender aritmética... Dickens não absorvia no seu espírito a impressão das coisas; seria mais exato dizer que era ele que imprimia o seu espírito nas coisas."[14]

Nos últimos anos de vida, Baudelaire não podia passear tranquilamente pelas ruas de Paris. Os credores perseguiam-no, a doença anunciava-se, e a isso acrescentavam-se as desavenças com a amante. O Baudelaire-poeta reproduz, com as fintas da sua prosódia, os choques que as suas preocupações lhe provocavam e as centenas de ideias com que ele os aparava. Reconhecer na imagem da esgrima o trabalho de Baudelaire nos seus poemas significa aprender a lê-los como uma série ininterrupta de mínimas improvisações. As variantes dos seus poemas mostram como era constante o seu trabalho e como se preocupava com as mais pequenas coisas. Essas incursões, nas quais deparava com os frutos das suas preocupações poéticas nas esquinas de Paris, nem sempre eram voluntárias. Nos primeiros anos da sua vida literária, quando vivia no Hotel Pimodan, os amigos admiravam a discrição com que banira do quarto todos os vestígios do trabalho – a começar pela secretária.[15] A essa altura, o seu objetivo era, simbolicamente, a conquista da rua. Mais tarde, à medida que ia abandonando pouco a pouco o modo de vida burguês, a rua tornou-se cada vez mais um refúgio. Mas desde o princípio a *flânerie* implicava uma consciência da

---

[14] G[ilbert] K[eith] Chesterton, *Charles Dickens,* Trad. de Archille Laurent e L. Martin-Dupont, Paris, s.d. [1927?], p. 31.

[15] Prarond, amigo de juventude de Baudelaire, escreve, recordando os tempos por volta de 1845: "Usávamos pouco mesas de trabalho para refletir ou escrever alguma coisa [...] No que me diz respeito", continua, depois de se referir a Baudelaire, "vejo-o voando à minha frente, rua abaixo, rua acima, a compor versos; nunca o vi sentado à frente de uma resma de papel" (cit. por Alphonse Séché, *La Vie des "Fleurs du mal".* Amiens, 1928, p. 84). Algo de semelhante escreve Banville sobre o Hotel Pimodan: "Quando lá fui pela primeira vez, não encontrei nem dicionários, nem sala de trabalho, nem secretária; e também não havia aparador nem sala de jantar, nada que pudesse fazer lembrar o interior de uma casa burguesa" (Théodore de Banville, *Mes souvenirs,* Paris, 1882, p. 81-82).

fragilidade dessa existência. Ela faz da miséria uma virtude, revelando com isso a estrutura que, em todos os seus aspectos, é característica da concepção do herói em Baudelaire.

A miséria que aí se disfarça não é apenas material, mas tem a ver também com a produção poética. As experiências estereotipadas, a ausência de mediação entre as suas ideias, a inquietação petrificada dos seus traços indicam que aquelas reservas que um vasto saber e uma visão histórica ampla abrem ao indivíduo não estavam à sua disposição. "Para um escritor, Baudelaire tinha uma grande falha, de que nem ele se apercebia: era ignorante. O que sabia sabia-o a fundo; mas sabia pouco. História, fisiologia, arqueologia, filosofia eram matérias que desconhecia... O mundo exterior interessava-lhe pouco; talvez lhe desse alguma atenção, mas não o estudava propriamente."[16] Em face de tais críticas e de outras semelhantes,[17] é natural, e mesmo legítimo, lembrar a necessária e fecunda inacessibilidade daquele que trabalha, as indispensáveis idiossincrasias de qualquer produção; mas a questão tem um outro lado. Privilegia as exigências excessivas feitas àquele que produz em nome de um princípio "criador", exigências tanto mais perigosas quanto, lisonjeando a autoestima do produtor, são a melhor maneira de defender os interesses de uma ordem social que lhe é hostil. O estilo de vida dos boêmios contribuiu para gerar uma superstição sobre a criação, que Marx comenta com uma constatação que se aplica tanto ao trabalho intelectual como ao manual. A anotação crítica parte da primeira frase do projeto de programa de Gotha ("O trabalho é a fonte de toda a riqueza e de toda a cultura"): "Os burgueses têm muito boas razões para atribuir ao trabalho uma força criadora sobrenatural, porque justamente da dependência do trabalho em relação à natureza se segue que o indivíduo que não tem outra riqueza além da sua força de trabalho se vê obrigado, em quaisquer condições sociais e culturais, a ser escravo daqueles que se fizeram proprietários das condições materiais de trabalho".[18] Baudelaire possui pouco daquilo que se podem considerar as condições materiais do

---

[16] Maxime du Camp, *Souvenirs littéraires* (Vol. 2: 1850-1880), Paris, 1906, p. 65.

[17] Cf. também Georges Rency, *Physionomies littéraires,* Bruxelles, 1907, p. 288.

[18] Marx, *Randglossen zum Programm der Deutschen Arbeiterpartei* [Notas à margem do Programa do Partido dos Trabalhadores Alemães]. Edição de Karl Korsch, com uma introdução pormenorizada e seis apêndices, Berlim-Leipzig, 1922, p. 22.

trabalho intelectual: da biblioteca à casa própria, não houve nada a que não tivesse de renunciar no decurso da sua existência instável, dentro e fora de Paris. Em 26 de dezembro de 1853 escreve à mãe: "Estou tão acostumado ao sofrimento físico, sei tão bem o que é ter de viver com umas calças rotas, um casaco que deixa passar o vento e duas camisas, tenho tanta prática em atamancar sapatos furados com palha ou mesmo com papel que já quase só sinto como sofrimentos os que são de ordem moral. De qualquer modo, tenho de confessar que cheguei a um ponto em que, por receio de rasgar ainda mais as minhas coisas, deixei de fazer movimentos bruscos e de andar muito a pé".[19] Dentre as experiências que Baudelaire transpôs, transfiguradas, para a imagem do herói, as desse tipo foram as mais inequívocas.

Por essa altura, o desapossado surge ainda noutro lugar sob a imagem do herói, e de forma irônica. É o caso em Marx, que, ao falar das ideias de Napoleão I, diz: "O ponto culminante das *idées napoléoniennes...* é o peso excessivo do exército. O exército era o *point d'honneur* dos pequenos agricultores, que aí se transformavam em heróis". Mas agora, sob Napoleão III, o exército "já não é a fina flor da juventude camponesa, é a flor do pântano do proletariado rural miserável. É constituído, na sua maior parte, por *remplaçants...,* tal como o segundo Bonaparte é apenas um *remplaçant,* um substituto de Napoleão".[20] O olhar que, a partir daqui, volta-se para a imagem do poeta-esgrimista encontra-a durante alguns segundos ofuscada pela do salteador, o mercenário que, na sua errância, "esgrime" de modo diferente.[21] Mas são sobretudo dois versos de Baudelaire que, com a

---

[19] Baudelaire, *Dernières lettres inédites à sa mère.* Avertissement et notes de Jacques Crépet, Paris, 1926, p. 44-45.

[20] Marx, *Der achtzehnte Brumaire des Louis Bonaparte,* ed. cit., p. 122-123.

[21] Cf.: "Para ti, velho salteador,/não tem já gosto o amor nem a disputa" (I, p. 89). Uma das poucas publicações que repugnam, na já vasta e o mais das vezes insípida literatura sobre Baudelaire, é o livro de um tal Peter Klassen. O livro, escrito na linguagem pervertida do círculo de Stefan George e que apresenta Baudelaire, por assim dizer, com o capacete de aço [a imagem remete à associação de combatentes de extrema-direita, com este mesmo nome – *Stahlhelm* –, que apoiou Hitler (N.T.)], distingue-se pelo fato de colocar no centro da vida do poeta a restauração ultramontana, mais concretamente aquele momento "em que, no espírito da monarquia restaurada pela graça de Deus, o Santíssimo é conduzido pelas ruas de Paris sob a vigilância de armas nuas. Esta terá sido uma experiência decisiva, porque essencial, de toda a sua vida" (Peter Klassen,

sua discreta síncope, ecoam claramente por sobre o vazio social de que fala Marx. São os versos finais da segunda estrofe do terceiro poema do ciclo "As velhinhas". Proust acompanha-os com as palavras: "É praticamente impossível ir mais longe"[22]:

Ah, como eu persegui essas pequenas velhas!
Uma delas, à hora em que o sol vai tombando
E ensanguentando o céu com feridas tão vermelhas,
Sentava-se a pensar, isolada, num banco,

Para escutar um desses tão ricos concertos
Com que às vezes soldados nos inundam os jardins
E que, no oiro das tardes em que revivemos,
Dão algum heroísmo às almas citadinas.[23]

As bandas de música formadas pelos filhos de camponeses empobrecidos, que fazem soar as suas melodias para a população pobre da cidade – são elas que fornecem o heroísmo, que esconde timidamente a sua debilidade na palavra "algum", e que nesse gesto se torna genuíno, e o único que ainda pode nascer dessa sociedade. No peito dos seus heróis não habita nenhum sentimento que não tenha também o seu lugar no coração de gente simples que se junta para ouvir uma banda militar.

Os jardins, que o poema sugere serem "os nossos", são aqueles que são acessíveis ao citadino, cuja nostalgia vagueia em vão ao redor dos grandes parques fechados. O público que neles se junta não é propriamente aquele que envolve o *flâneur*. "Seja qual for o partido a que se pertença", escreve Baudelaire em 1851, "é impossível não ficar emocionado com o espetáculo dessa população doentia que engole o

---

Baudelaire. Welt und Gegenwelt [Baudelaire. Mundo e contramundo]. Weimar, 1931, p. 9). Baudelaire tinha a essa altura seis anos. [Benjamin publicou, no suplemento literário do *Frankfurter Zeitung* de 23 de agosto de 1931, uma crítica a esse livro: cf. *Gesammelte Schriften* 3, p. 303-304. (N.T.)].

[22] Marcel Proust, À propos de Baudelaire, *Nouvelle Revue Française*, t. 16, 1 juin 1921, p. 646.

[23] I, p. 104 (FM, p. 232). [Vi-me obrigado a alterar o último verso da tradução, que não continha a palavra *quelque* a que Benjamin se refere a seguir, a qual é essencial à sua leitura. O mesmo acontece com a segunda linha da mesma estrofe, em que a tradução portuguesa não continha a palavrinha "nos", importante para o argumento de Benjamin. (N.T.)].

pó das fábricas e respira partículas de algodão, cujos tecidos se deixam penetrar pela alvaiade de chumbo, pelo mercúrio e por todos os venenos necessários à produção de obras-primas... Essa população vai se consumindo diante das maravilhas que, afinal, a Terra lhe deve; sente correr em si um sangue púrpura e lança um longo olhar carregado de tristeza à luz do Sol e às sombras nos grandes parques".[24] Essa população é o pano de fundo do qual se destaca o perfil do herói. A imagem que assim se apresenta recebeu de Baudelaire a legenda adequada: por baixo dela escreveu a palavra *la modernité*.

O herói é o verdadeiro sujeito dessa modernidade, e isso significa que viver a modernidade exige uma constituição heroica. Fora essa também a opinião de Balzac. Ele e Baudelaire voltam assim costas ao Romantismo. Transfiguram as paixões e o poder de decisão; o Romantismo transfigurara a renúncia e a entrega. Mas o novo modo de ver é incomparavelmente mais rizomático, muito mais rico em reservas no poeta do que no romancista. De que modo, podemos vê-lo através de duas figuras. Ambas apresentam ao leitor o herói na sua aparência moderna. Em Balzac, o gladiador transforma-se em caixeiro-viajante. O grande Gaudissart prepara-se para explorar o mercado da Touraine. Balzac descreve os preparativos e interrompe-se para exclamar: "Que atleta! Que arena! E que armas! É ele, o mundo e o seu paleio!".[25] Já Baudelaire reconhece no proletário o lutador escravizado; entre as promessas que o vinho tem para fazer ao deserdado, a quinta estrofe do poema "A alma do vinho" enumera:

> Da tua esposa encantada acenderei os olhos;
> Devolverei a força e as cores ao teu filho
> E serei para tão frágil atleta da vida
> O óleo que enrijece aos lutadores os músculos.[26]

Aquilo que o assalariado executa no trabalho diário é nada mais, nada menos do que aquilo que, na Antiguidade, trazia aplausos e glória ao gladiador. Essa imagem é matéria da matéria das melhores intuições de Baudelaire: provém da reflexão sobre a sua própria

---

[24] II, p. 408.

[25] Balzac, *L'ilustre Gaudissart* (OEuvres *complètes*, Ed. Calmann Lévy, v. 13: *Scènes de la vie de province. Les Parisiens en province*), Paris, 1901, p. 5.

[26] I, p. 119 (FM, p. 267).

situação. Uma passagem do *Salon de 1859* dá uma ideia do modo como ele gostaria que ela fosse entendida: "Quando vejo como um Rafael ou um Veronese são glorificados, com a velada intenção de desvalorizar o que veio depois deles..., pergunto-me se uma obra que, no mínimo, pudesse ser equiparada à sua não seria infinitamente mais meritória do que ela, uma vez que se desenvolveu numa atmosfera e num país que lhe eram hostis".[27] Baudelaire gostava de inserir as suas teses num determinado contexto de modo crasso, como que a uma luz barroca. Fazia parte da sua razão de Estado teórica dissimular as suas relações mútuas – sempre que as houvesse. Essas zonas de sombra podem quase sempre se iluminar com o recurso à correspondência. Sem querer fazer desse método uma obrigação, a passagem referida de 1859 evidencia claramente uma relação com outra, mais de 10 anos anterior e particularmente estranha. A cadeia de reflexões que se segue procura reconstituí-la.

As resistências que a modernidade oferece ao ímpeto produtivo natural do homem são desproporcionais às suas forças. Compreende-se que ele vá enfraquecendo e busque refúgio na morte. A modernidade tem de ser colocada sob o signo do suicídio, que apõe o seu selo a uma vontade heroica que nada concede a um modo de pensar que lhe seja hostil. Esse suicídio não é renúncia, mas paixão heroica. É *a* conquista por excelência da modernidade no domínio das paixões.[28] É assim que o suicídio, a *passion particulière de la vie moderne*, surge na clássica passagem dedicada à teoria da modernidade. A morte livre é uma exceção entre os heróis antigos. "Excetuando Hércules no Monte Eta, Catão de Útica e Cleópatra, onde é que se encontra o suicídio nas representações antigas?"[29] Não é que Baudelaire o encontre nos modernos; a referência a Rousseau e Balzac, que se segue a essa frase, é insuficiente. Mas a modernidade tem sempre à

---

[27] II, p. 239.

[28] Mais tarde, o suicídio surge em Nietzsche sob uma perspectiva semelhante: "Nunca será excessiva a condenação do cristianismo, porque desvalorizou um grande movimento niilista regenerador quando este começava a se desenvolver: e sempre impedindo o ato do niilismo, o suicídio" (cit. por Karl Löwith, *Nietzsches Philosophie der ewigen Wiederkunft des Gleichen* [A Filosofia Nietzschiana do Eterno Retorno do Mesmo], Berlim, 1935, p. 108).

[29] II, p. 133-134.

sua disposição a matéria-prima dessas representações, só espera por um mestre. Essa matéria-prima depositou-se precisamente naqueles estratos que revelam ser o autêntico fundamento da modernidade. As primeiras anotações para a sua teoria datam de 1845. Pela mesma altura, a ideia do suicídio instalava-se entre as massas trabalhadoras. "Disputam-se as cópias de uma litografia que representa um operário inglês que, desesperado por não poder ganhar o seu sustento, põe termo à vida. Um operário chega mesmo a ir à casa de Eugène Sue e enforca-se aí; tem na mão um papel que diz: '... Pensei que a morte me seria mais leve se eu morresse sob o teto do homem que defende a nossa causa e nos ama'."[30] Adolphe Boyer, um tipógrafo, publica em 1841 o opúsculo *De l'état des ouvriers et de son amélioration par l'organisation du travail*. Era uma exposição moderada, que procurava ganhar para a Associação de Trabalhadores as velhas corporações de artífices ambulantes, presas ainda ao regime corporativo. Não teve êxito; o autor suicidou-se e incitava numa carta aberta os seus companheiros de infortúnio a segui-lo. Era bem possível que o suicídio surgisse aos olhos de Baudelaire como o único ato heroico que restava às *multitudes maladives* das cidades em tempos de reação. Talvez imaginasse a morte de Rethel,[31] que admirava muito, como um ágil desenhista em frente ao cavalete, lançando sobre a tela os vários modos da morte dos suicidas. Quanto às cores do quadro, foram ditadas pela moda.

Desde a Monarquia de Julho, o preto e o cinzento dominavam o traje masculino. Essa novidade foi tratada por Baudelaire no *Salon de 1845*. Na conclusão dessa sua primeira obra, comenta: "Será pintor acima de todos os outros aquele que conseguir captar o lado épico da vida contemporânea, ensinando-nos com as suas linhas e cores a compreender como somos grandiosos e poéticos nos nossos sapatos de verniz e nas nossas gravatas. Que os autênticos pioneiros nos deem no próximo ano a rara alegria de podermos celebrar o advento do

---

[30] Charles Benoist, "L'homme de 1848. II: Comment il s'est développé le communisme, l'organisation du travail, la reforme, in: *Revue des Deux mondes*, Ano 84, 6º período, tomo 19 (1 de fevereiro de 1914), p. 667.

[31] Alfred Rethel (1789-1869) foi um desenhista e gravador alemão, autor de uma série de gravuras intitulada *A dança dos mortos*, provavelmente inspirada na Revolução de 1848. (N.T.)

verdadeiramente *novo*".[32] E um ano depois: "E quanto ao terno, o invólucro do herói moderno: não deveria ele ter a sua beleza e o seu encanto próprios? Não será esse o terno de que a nossa época precisa, uma época que sofre e carrega sobre os ombros negros e magros o símbolo de uma eterna tristeza? O terno preto e a sobrecasaca não ganham beleza política apenas por serem expressão da igualdade geral; têm também uma beleza poética, enquanto expressão de um estado de alma público representado numa infinita procissão de gatos-pingados – gatos-pingados políticos, eróticos, privados. Todos celebramos um enterro qualquer. A igualdade é dada por essas librés do desencanto, todas iguais... E não têm as dobras do tecido, fazendo caretas e enroscando-se como serpentes na carne já morta, o seu secreto encanto?"[33] Essas ideias participam do profundo fascínio exercido no poeta pela transeunte do soneto, toda vestida de luto. O texto de 1846 conclui: "Porque os heróis da *Ilíada* não vos chegam aos calcanhares, Vautrin, Rastignac, Birotteau – nem aos teus, Fontanarès, tu que não ousaste confessar ao público o que sofrias sob o fraque macabro e crispado que todos nós usamos; nem a ti, Honoré de Balzac, a mais singular, a mais romântica e a mais poética de todas as figuras que a tua fantasia criou".[34]

Quinze anos mais tarde, o democrata da Alemanha do Sul Friedrich Theodor Vischer chega, numa crítica da moda masculina, a conclusões semelhantes. A ênfase é que muda: aquilo que em Baudelaire aparece como tonalidade de uma perspectiva crepuscular da modernidade evidencia-se em Vischer como brilhante argumento na luta política. "Declarar-se adepto de uma causa", escreve Vischer, referindo-se ao reacionarismo dominante desde 1850, "é visto como coisa ridícula, o porte íntegro como infantilidade. Como é que o traje não havia de ficar também desbotado, ao mesmo tempo largo e apertado?"[35] Os extremos tocam-se; a crítica política de Vischer, quando se torna metafórica, sobrepõe-se a uma imagem da fantasia

---

[32] II, p. 54-55.

[33] II, p. 134.

[34] II, p. 136.

[35] Friedrich Theodor Vischer, *Kritische Gänge* [Incursões Críticas], nova série, n° 3, Stuttgart, 1861, p. 117. ("Vernünftige Gedanken über die jetzige Mode" [Ideias sensatas sobre a moda atual].)

do jovem Baudelaire. No soneto "O albatroz" – que remonta a uma viagem ultramarina com que se esperava corrigir o jovem poeta – Baudelaire reconhece-se nestes pássaros que se movem, desajeitados, no convés do navio onde os marinheiros os deixaram, e descreve-os nos seguintes termos:

> Assim que sobre aquelas tábuas são largados
> Os reis do céu azul, envergonhados, trôpegos,
> Deixam cair, humildes, as imensas asas,
> Que arrastam pelo chão, como remos já soltos.
>
> Como está mole e frouxo o alado peregrino![36]

Vischer escreve sobre as mangas largas, caindo sobre os punhos, dos ternos modernos: "Aquilo já não são braços, são rudimentos de asas, cotos de asas de pinguim, barbatanas; e, com o andar, o movimento desses apêndices disformes é disparatado e simplório, parece que se vai sempre a gesticular, a empurrar, a coçar, a remar".[37] A mesma visão do problema – a mesma imagem.

Baudelaire caracteriza do seguinte modo o rosto da modernidade de forma mais clara, não negando o sinal de Caim na sua fronte: "A maior parte dos poetas que se ocuparam de assuntos verdadeiramente modernos contentou-se com os reconhecidos e oficiais – as nossas vitórias e o nosso heroísmo político. Mesmo assim, fazem-no de mau grado, só porque o governo lhes faz a encomenda e lhes paga os honorários. E no entanto há assuntos da vida privada que são muito mais heroicos. O espetáculo da vida mundana e dos milhares de existências sem saída que habitam os subterrâneos de uma grande cidade – as dos criminosos e das mulheres amancebadas –, a *Gazette des Tribunaux* e o *Moniteur* mostram que só precisamos abrir os olhos para descobrir o nosso próprio heroísmo."[38] Aqui surge o *apache*, o delinquente urbano, na imagem do herói. Nele convergem os caracteres que Bounoure assinala na solidão de Baudelaire – "um *noli me tangere*, um enclausuramento do indivíduo na sua diferença".[39] O

---

[36] I, p. 22 (FM, p. 55).

[37] Vischer, *op. cit.*, p. 111.

[38] II, p. 134–135.

[39] Bounoure, *op. cit.*, p. 40.

apache rejeita as virtudes e as leis. Denuncia de uma vez por todas o *contrat social* e acha que todo um mundo o separa do burguês. Não reconhece nele os traços do acólito que em breve Hugo iria desenhar a traço forte em *Les Châtiments*. Mas as ilusões de Baudelaire estavam destinadas a ter um fôlego muito mais longo. Elas fundam a poesia do *apache* e inserem-se num gênero que se manteve de pé por mais de 80 anos. Baudelaire foi o primeiro a explorar esse filão. O herói de Poe não é o criminoso, mas o detetive. Balzac, por seu lado, só conhece o grande marginal da sociedade. Vautrin passa pela ascensão e pela queda, tem uma carreira, como todos os heróis balzaquianos. A carreira de criminoso é uma carreira como qualquer outra. Também Ferragus tem planos de grandeza e de futuro; a massa de que é feito é a dos *carbonari*. Antes de Baudelaire, o *apache*, que durante toda a vida se vê remetido à periferia tanto da sociedade como da grande cidade, não tem lugar na literatura. O mais nítido quadro dessa temática em *As flores do mal*, o poema "O vinho do assassino", tornou-se ponto de partida para um gênero parisiense. O seu "ateliê" foi o cabaré Le Chat Noir, que, nos primeiros tempos heroicos, usava a divisa *Passant sois moderne* ("Transeunte, sê moderno").

Os poetas encontram o lixo da sociedade nas suas ruas, e é também ele que lhes fornece a sua matéria heroica. Assim, no tipo ilustre do poeta transparece um outro, vulgar, de que ele é cópia. O poeta é penetrado pelos traços do trapeiro, que tantas vezes ocupou Baudelaire. Um ano antes de "O vinho dos trapeiros" damos com uma representação em prosa dessa figura: "Eis um homem cuja função é recolher o lixo de mais um dia na vida da capital. Tudo o que a grande cidade rejeitou, perdeu, partiu é catalogado e colecionado por ele. Vai compulsando os anais da devassidão, o cafarnaum da escória. Faz uma triagem, uma escolha inteligente; procede como um avarento com o seu tesouro, juntando o entulho que, entre as maxilas da deusa da indústria, voltaram a ganhar forma de objetos úteis ou agradáveis".[40] Essa descrição é apenas uma metáfora amplificada do trabalho do poeta segundo o sentimento de Baudelaire. Trapeiro ou poeta – a escória interessa a ambos; ambos exercem, solitários, a sua profissão, a horas em que os burgueses se entregam ao sono; até o gesto é o mesmo em

---

[40] I, p. 249-250.

ambos. Nadar fala da "passada brusca"[41] de Baudelaire; é o passo do poeta saqueando a cidade nas suas deambulações em busca de rimas; e deve ser também o passo do trapeiro, que tem de parar constantemente para recolher o lixo em que tropeça. Há muita coisa que indica que Baudelaire terá querido valorizar, dissimulando-o, esse parentesco, que, seja como for, esconde uma profecia. Sessenta anos mais tarde aparecerá em Apollinaire um irmão do poeta que desceu à condição de trapeiro. É Croniamantal, o *poète assassiné* – primeira vítima do *pogrom* que há de acabar em toda a Terra com a raça dos poetas.

Há uma luz crepuscular que cai sobre a poesia do *apache*. Será que a escória representa os heróis da grande cidade? Ou não será antes o poeta o herói que constrói a sua obra com essa matéria?[42] A teoria da modernidade admite as duas hipóteses. Mas, ao entrar na velhice, Baudelaire dá a entender, no poema "As lamentações de um Ícaro", que já não se identifica com esse tipo de homem que, na juventude, parecia-lhe um herói:

> Os amantes das putas jovens
> São felizes, ágeis, sabidos;
> Já eu tenho os braços partidos
> Por querer abraçar as nuvens.[43]

O poeta, que ocupa o lugar do herói antigo, como sugere o título, teve de cedê-lo ao herói moderno cujos feitos vêm relatados na *Gazette des Tribunaux*.[44] Na verdade, essa renúncia já está inscrita no próprio conceito de herói moderno, destinado a desaparecer; por isso, ele dispensa a emergência de um poeta trágico que cante a fatal necessidade dessa queda. Mas logo que ela vê os seus direitos atendidos,

---

[41] Cit. por Firmin Maillard, *La Cité des intellectuels: scènes cruelles et plaisantes de la vie littéraire des gens de lettres au XIXe siècle*. 3ᵉ éd. Paris, s.d. [1905?], p. 362.

[42] Baudelaire alimentou durante muito tempo o propósito de escrever sobre esse meio. No espólio há alguns vestígios dessa intenção em títulos como *Les Enseignements d'un monstre, L'Entreteneur, La Femme malhonnête*.

[43] I, p. 193.

[44] Três quartos de século mais tarde foi reanimado o confronto entre o proxeneta e o literato. Quando os escritores foram expulsos da Alemanha, fez a sua entrada na literatura alemã a lenda de Horst Wessel [Horst Wessel foi um membro do Partido Nacional-Socialista, morto num atentado em 1930, cuja memória de mártir deu origem ao hino do Partido, a "Horst-Wessel-Lied". (N.T.)].

a modernidade chega ao fim. É então que esta será posta à prova. Depois do seu fim se verá se ela algum dia se tornará antiguidade.

Esse problema esteve sempre presente no horizonte de Baudelaire, que sentiu a antiga aspiração à imortalidade como o seu desejo de um dia ser lido como um escritor antigo. A expressão da missão artística por excelência está para ele na frase: "toda modernidade é digna de um dia se tornar antiguidade".[45] Gustave Kahn assinala em Baudelaire, com muita pertinência, uma "recusa do circunstancial, sustentada pela natureza do pretexto poético".[46] O que o tornava refratário a circunstancialismos e pretextos era a consciência daquela missão. Para ele, na época que lhe coube nada se aproxima mais da "missão" do herói antigo, dos "trabalhos" de um Hércules, do que aquela que a ele próprio lhe foi confiada: dar forma à modernidade.

A relação com a Antiguidade é uma das mais significativas entre todas as estabelecidas pela modernidade. Para Baudelaire, ela está presente na obra de Victor Hugo. "O destino levou-o a transmutar a ode e a tragédia antigas até chegar aos poemas e dramas que dele conhecemos".[47] A modernidade designa uma época, e designa ao mesmo tempo a força em ação nessa época, que a aproxima da Antiguidade. A contragosto, e em casos isolados, Baudelaire a atribui a Hugo. Já Wagner lhe parecia ser uma emanação, sem limites e sem falsificações, dessa força. "Se Wagner se aproxima da Antiguidade na escolha dos assuntos e nos seus processos dramáticos, é também o mais importante representante atual da modernidade, devido à paixão da sua força expressiva".[48] A frase contém, *in nuce*, a teoria baudelairiana da arte moderna. Segundo ela, o caráter modelar da Antiguidade limita-se à construção; a substância e a inspiração da obra são o seu lado moderno. "Ai daquele que queira estudar na Antiguidade mais do que a arte pura, a lógica, o método geral. Se mergulhar demasiado na Antiguidade, renuncia aos privilégios que a ocasião lhe oferece."[49] E nas frases finais do ensaio sobre Guys

---

[45] II, p. 336.

[46] Kahn, *op. cit.*, p. 15.

[47] II, p. 580.

[48] II, p. 508.

[49] II, p. 337.

lemos: "Ele procurou sempre a beleza transitória, fugaz, da vida atual, o caráter daquilo que o leitor nos permitiu designar como modernidade".[50] Em síntese, a sua doutrina apresenta-se assim: "No belo atuam conjuntamente um elemento eterno, imutável..., e um outro relativo e contingente. Este último é ditado pela época, pela moda, pela moral, pelas paixões. Sem esse segundo elemento, o primeiro não seria assimilável".[51] Não se pode dizer que seja um pensamento que vá ao fundo da questão.

A teoria da arte moderna é, na opinião de Baudelaire, o ponto mais fraco da modernidade. Esta torna visíveis os motivos modernos; aquela teria como objeto uma reflexão crítica sobre a arte antiga, coisa que Baudelaire nunca tentou fazer. A sua teoria nunca deu conta da renúncia que surge na sua obra sob a forma de perda da natureza e da ingenuidade. A sua dependência de Poe, que vai até o plano da expressão, é sinal das suas limitações. Outro aspecto é a sua tendência polêmica, que a distingue do fundo historicista, da bizantinice acadêmica que entrou em voga com Villemain e Cousin. Nenhuma das suas reflexões estéticas apresenta a modernidade do ponto de vista da sua articulação com a Antiguidade, como acontece em alguns poemas de *As flores do mal*.

Entre eles conta-se, em lugar de destaque, "O cisne". Não é por acaso que se trata de um poema alegórico. Esta cidade, dominada por um constante movimento, ficou paralisada. Torna-se quebradiça como vidro, mas também, como o vidro, transparente – nomeadamente no que ao seu significado se refere ("As cidades/ Ah! mudam mais depressa que a alma dos mortais"[52]). A estatura de Paris é frágil; toda ela está rodeada de símbolos de fragilidade. Fragilidade criatural – a negra e o cisne – e histórica – Andrômaca, "viúva de Heitor e mulher de Heleno". O que as une é o luto por aquilo que foi e a desesperança em relação ao que virá. Essa debilidade é o elemento que, em última instância, mais intimamente liga a modernidade à Antiguidade. Paris, sempre que aparece em *As flores do mal*, traz as marcas disso. "O crepúsculo da manhã" é

---

[50] II, p. 363.

[51] II, p. 326.

[52] I, p. 99 (FM, p. 221).

o soluçar de alguém que desperta, reproduzido na matéria de que se faz uma cidade; "O Sol" mostra a cidade puída como um tecido antigo a contraluz; o velho que dia a dia retoma o seu instrumento de trabalho, resignado, porque as preocupações não o deixam nem na velhice, é a alegoria da cidade, e as anciãs de "As velhinhas" são, entre os seus habitantes, os únicos espiritualizados. O fato de esses poemas terem atravessado décadas deve-se a uma reserva que os defende, a reserva contra a grande cidade. É ela que os distingue de quase toda a poesia urbana que veio depois. Uma estrofe de Verhaeren basta para se compreender o que aqui está em questão:

E que importam os males e as horas dementes
E as cubas de vício onde a cidade fermenta
Se um dia, do fundo das brumas e dos véus,
Surgir nova figura de Cristo, em luz esculpida,
Que eleve a humanidade até si e decida
Batizá-la no fogo de astros novos nos céus?[53]

Baudelaire não conhece tais perspectivas. Na origem da permanência dos poemas que escreveu sobre Paris está a sua ideia da transitoriedade das grandes cidades.

Também o poema "O cisne" é dedicado a Hugo, talvez por ele ser um dos poucos cuja obra, segundo Baudelaire, permitiu descortinar uma nova Antiguidade. Na medida em que é legítimo pôr a questão nestes termos, a fonte da inspiração de Hugo é radicalmente diferente da de Baudelaire. Hugo desconhece a capacidade de petrificação que – se nos é permitido usar um conceito biológico – se manifesta centenas de vezes na poesia de Baudelaire sob a forma de uma espécie de mimese da morte. Em Hugo, pelo contrário, seria mais justo falar de uma predisposição ctônica. Sem mencioná-la expressamente, Charles Péguy alude a ela nas frases que a seguir se citam, as quais evidenciam as diferenças entre Hugo e Baudelaire quanto à respectiva concepção da Antiguidade: "De uma coisa podemos estar certos: quando Hugo via o mendigo na estrada..., via-o como ele é, assim mesmo, como ele é realmente..., na estrada antiga, o mendigo antigo, o suplicante da Antiguidade. Quando via o revestimento de mármore de uma das nossas lareiras,

---

[53] Emile Verhaeren, *Les villes tentaculaires,* Paris, 1904, p. 119 ("L'âme de la ville").

ou as telhas cimentadas numa das nossas chaminés modernas, via-as como aquilo que são: a pedra da lareira, a pedra da lareira antiga. Quando via a porta da casa e a sua soleira, normalmente uma pedra talhada, reconhecia nessa pedra talhada a linha divisória antiga: a linha do umbral sagrado, que é a mesma".[54] Não podia haver melhor comentário à passagem que se segue, de *Os miseráveis*: "As tabernas do Faubourg Saint-Antoine assemelhavam-se às tabernas do Aventino, erguidas sobre a gruta da Sibila e em ligação com as sagradas profecias; as mesas dessas tabernas eram quase como tripeças, e Ênio fala do vinho sibilino que aí se bebia".[55] Desse mesmo ponto de vista nasce a obra na qual surge a primeira imagem de uma "antiguidade parisiense", o ciclo de poemas de Hugo *Ao Arco do Triunfo*. A glorificação desse monumento arquitetônico parte da visão de uma "Campagna" parisiense, uma *"immense campagne"* na qual apenas perduram três monumentos da cidade desaparecida: a Sainte-Chapelle, a coluna da Place Vendôme e o Arco do Triunfo. A grande importância que esse ciclo assume na obra de Victor Hugo corresponde ao lugar que ele ocupa na gênese de uma imagem da Paris do século XIX moldada à luz da Antiguidade. Baudelaire conheceu com certeza essa obra, que data de 1837.

Já sete anos antes o historiador Friedrich von Raumer anota nas suas *Cartas de Paris e de França no ano de 1830*: "Vi ontem essa gigantesca cidade do alto da torre de Notre-Dame; quem terá construído a primeira casa, quando ruirá a última e quando será o chão de Paris semelhante ao de Tebas e Babilônia?".[56] Hugo descreveu como será esse chão quando um dia "essa margem onde a água se quebra contra os arcos sonantes das pontes for restituída aos juncos sussurrantes inclinados ao vento"[57]:

---

[54] Charles Péguy, *Œuvres complètes*. (I – *Œuvres de prose*), vol. 4: *Notre jeunesse. Victor-Marie, comte Hugo*. Introdução de André Suarès, Paris, 1916, p. 388-389.

[55] Hugo, *Œuvres complètes, op. cit.*. Romance. Vol. 8: *Les misérables* IV, Paris, 1881, p. 55-56.

[56] Friedrich von Raumer, *Briefe aus Paris und Frankreich im Jahre 1830*, Segunda Parte, Leipzig, 1831, p. 127.

[57] Hugo, *Œuvres completes, op. cit.*, Poesia, vol. 3: *Les chants du crépuscule. Les voix intérieures. Les rayons et les ombres*, Paris, 1880, p. 234 ("Ao Arco do Triunfo", III).

Não, tudo estará morto. Na planície vazia
Só um povo a apagar-se, de que ainda está cheia.[58]

Cem anos depois de Raumer, Léon Daudet lança também um olhar sobre Paris a partir do Sacré-Cœur, outro lugar elevado da cidade. Nos seus olhos reflete-se, numa contração aterradora, a história da "modernidade" até o momento presente: "Olhando lá de cima para essa concentração de palácios, monumentos, casas e barracas, temos a sensação de que eles estão destinados a sofrer uma catástrofe, ou várias – meteorológicas ou sociais... Passei horas olhando Lyon do alto de Fourvières, Marselha do cimo de Notre-Dame de la Garde, Paris da colina do Sacré-Cœur... O que se torna mais evidente a partir desses lugares elevados é a ameaça. Os aglomerados humanos são ameaçadores; as pessoas precisam de trabalho, mas também têm outras necessidades. Entre elas a do suicídio, que se esconde nelas próprias e na sociedade que as forma e é mais forte que o seu instinto de sobrevivência. E é por isso que, quando as olhamos do alto de Fourvières, de Notre-Dame de la Garde ou do Sacré-Cœur, nos admiramos de Paris, Lyon e Marselha ainda existirem".[59] É esse o rosto que a *passion moderne*, que Baudelaire descobriu no suicídio, assumiu no nosso século.

A cidade de Paris entrou neste século com a forma que lhe foi dada por Haussmann. A sua transformação radical da imagem da cidade foi levada a cabo com os meios mais modestos que se possa imaginar: pás, picaretas, alavancas e coisas do gênero. E que grau de destruição não provocaram já essas ferramentas limitadas! E como cresceram desde então, com as grandes cidades, os meios para arrasá-las! E que imagens do futuro elas evocam! Os trabalhos de Haussmann estavam no auge, bairros inteiros eram demolidos, quando, numa tarde de 1862, Maxime du Camp se encontrava em cima da Pont Neuf. Esperava por uns óculos, não muito longe da loja do oculista. "O autor, no limiar da velhice, teve a experiência de um daqueles momentos em que o homem, meditando sobre a sua vida passada, vê refletida em tudo a sua própria melancolia. A pequena deficiência da

---

[58] Hugo, *op. cit.*, p. 244 ("Ao Arco do Triunfo", VIII).

[59] Léon Daudet, *Paris vécu. Rive droite.* Ilustrado com 46 desenhos e uma água-forte de P.-J. Poitevin, Paris, 1930, p. 243-244.

visão que o levara ao oculista trouxe-lhe à mente a lei da inevitável caducidade de todas as coisas humanas... A ele, que tinha andado pelos confins do Oriente, conhecido os desertos cujas areias são o pó dos mortos, veio-lhe subitamente a ideia de que também a cidade que o envolvia nos seus ruídos teria de morrer um dia, como tantas outras capitais... Ocorreu-lhe como seria interessante para nós hoje ter uma descrição exata de Atenas na época de Péricles, de Cartago no tempo de Barca, de Alexandria na era dos Ptolomeus, de Roma no tempo dos Césares. Graças a uma intuição fulminante, daquelas que por vezes nos fornecem um tema extraordinário, concebeu o plano de escrever sobre Paris o livro que os historiadores da Antiguidade não escreveram sobre as suas cidades... A sua visão interior deu-lhe a ver nesse momento a obra da sua idade madura."[60] No poema de Hugo "Ao Arco do Triunfo", na grande descrição técnico-administrativa da sua cidade por Du Camp, reconhecemos a mesma inspiração que se tornou decisiva para a ideia da modernidade em Baudelaire.

Haussmann começou a sua obra em 1859, na sequência de projetos de lei que reconheciam a sua absoluta necessidade. "Depois de 1848", escreve Du Camp na obra referida, "Paris estava na iminência de se tornar inabitável. A constante expansão da rede ferroviária acelerou o tráfego e o crescimento demográfico da cidade. As pessoas sufocavam nas velhas vielas estreitas, insalubres, imbricadas, nas quais viviam encurraladas, porque não tinham saída".[61] No começo dos anos cinquenta, a população parisiense começou a se habituar à ideia de um inevitável e grande saneamento da imagem da cidade. Podemos imaginar que esse saneamento, no seu período de incubação, deve ter atuado fortemente sobre a imaginação das pessoas, de forma idêntica ou mesmo superior à da experiência dos próprios trabalhos urbanísticos. "Os poetas são mais inspirados pelas imagens do que pela presença dos objetos",[62] escreve Joubert. Pode-se dizer o

---

[60] Paul Bourget, "Discours académique du 13 juin 1895. Succesion à Maxime du Camp", in: *L'Anthologie de l'Académie Française,* Paris, 1921, vol. 2, p. 191-193.

[61] Maxime du Camp, *Paris, ses organes, ses fonctions et sa vie dans la seconde moitié du XIXe siècle,* vol. 6, Paris, 1886, p. 253.

[62] J[oseph] Joubert, *Pensées.* Precedidos da sua correspondência e de uma nota sobre a sua vida, o seu caráter e as suas obras, por Paul de Raynal. 5ᵉ éd., Paris, 1869, vol. 2, p. 267.

mesmo dos artistas. Aquilo que se sabe que irá desaparecer em breve torna-se imagem. Foi certamente o que aconteceu com as ruas de Paris naquela época. De qualquer modo, a obra cuja ligação subliminar com as grandes transformações de Paris menos pode ser posta em causa estava pronta alguns anos antes delas. Eram as gravuras de Paris, da autoria de Meryon. Ninguém mais do que Baudelaire se deixou impressionar por elas. O que mais o estimulava não era a imagem arqueológica da catástrofe, que estava na base dos sonhos de Hugo. A sua Antiguidade, qual Atena irrompendo da cabeça de Zeus incólume, deveria sair de uma modernidade incólume. Meryon obrigou a imagem antiga da cidade a se revelar, sem abrir mão de uma única pedra das suas calçadas. Era esse o ponto de vista que Baudelaire incansavelmente seguira na sua ideia da modernidade. Por isso admirava Meryon apaixonadamente.

Os dois eram almas gêmeas. Nasceram no mesmo ano, e as suas mortes estão separadas apenas por alguns meses. Ambos morreram abandonados e muito perturbados: Meryon demente em Charenton, Baudelaire afásico numa clínica privada. A fama de ambos tardou a chegar. Durante a vida de Meryon, Baudelaire foi dos poucos a defendê-lo.[63] Dentre os seus textos em prosa, poucos se comparam àquele, pequeno, que escreveu sobre Meryon. Ocupa-se de Meryon, mas é uma homenagem à modernidade, melhor, ao seu rosto antigo. De fato, também em Meryon a Antiguidade e a modernidade se interpenetram; também em Meryon a forma dessa sobreposição, a alegoria, está presente de modo inconfundível. Nas suas gravuras, a legenda tem uma importância decisiva. Se a loucura intervém nos seus textos, a sua obscuridade sublinha apenas a "significação". Os versos de Meryon sob a vista da Ponte Nova, não obstante a sua sutileza, são uma interpretação, em íntima vizinhança com o poema de Baudelaire "O esqueleto lavrador":

> Eis da velha Ponte Nova
> O mais perfeito retrato;
> Toda restaurada e nova
> Por um recente decreto.

---

[63] No século XX Meryon encontrou em Gustave Geffroy o seu biógrafo. Não é por acaso que a obra-prima deste autor é uma biografia de Blanqui.

Ó muito sábios doutores,
Cirurgiões dos maiores,
Por que não tratais a gente
Como as pedras desta ponte?[64]

Geffroy acerta no centro da obra de Meryon, e também na sua afinidade com Baudelaire, mas acima de tudo acerta na fidelidade da representação de Paris, que pouco depois se transformaria num campo de ruínas, ao ver a singularidade dessas gravuras no fato de elas, "apesar de terem sido executadas a partir da própria vida, sugerirem uma impressão de vida já passada, já morta ou em vias de se extinguir".[65] O texto de Baudelaire sobre Meryon dá a entender, indiretamente, a importância dessa Antiguidade parisiense: "Raramente se viu a solenidade natural de uma grande cidade ser representada com maior força poética: a majestade das grandes massas de pedra, as torres das igrejas com o dedo ereto a apontar para o céu, os obeliscos da indústria lançando para o firmamento os seus batalhões de fumo,[66] os andaimes, com a sua rede esburacada, teia de aranha paradoxalmente colocada sobre os blocos maciços das construções em obras, o céu enevoado, a acumular raiva e rancor, e as profundas perspectivas cuja poesia habita os dramas com que elas são espiritualmente equipadas – não foi esquecido nenhum dos complexos elementos que compõem o oneroso

---

[64] *Apud* Geffroy, *Charles Meryon, op. cit.,* p. 59.
Meryon começou como oficial da Marinha. A sua última água-forte representa o Ministério da Marinha na Praça da Concórdia. Nas nuvens, um séquito de cavalos, carruagens e golfinhos abate-se sobre o ministério. Não faltam navios e serpentes do mar, e distinguem-se também algumas criaturas com forma humana. Geffroy encontra a "significação" sem dificuldades, sem se deter na forma da alegoria: "Os seus sonhos assaltam esta casa, tão firme como uma fortaleza. Ali eram registrados na sua juventude os dados da sua carreira, quando ele se encontrava ainda a bordo dos navios de longo curso. E agora despede-se desta cidade e desta casa, que tanto o fizeram sofrer" (Gustave Geffroy, *Charles Meryon,* Paris, 1926, p. 161).

[65] Geffroy, *op. cit.,* p. 3. A vontade de preservar "o vestígio" é decisiva nessa arte. A página de título da série de águas-fortes de Meryon mostra uma pedra rachada, com vestígios de plantas fósseis.

[66] Cf. a observação crítica de Pierre Hamps: "O artista admira a coluna do templo de Babilônia e despreza a chaminé da fábrica" (Pierre HAMP, La Littérature, image de la société., in: ENCYCLOPÉDIE Française, vol. 16: *Arts et littératures dans la société contemporaine I,* Paris, 1935, fasc. 16, 64-1).

e glorioso cenário da civilização."[67] Entre os planos cujo fracasso tem de ser considerado uma grande perda conta-se o do editor Delâtre, que tencionava publicar a série de Meryon com textos de Baudelaire. A culpa de esses textos nunca terem sido escritos é do gravador, que não conseguiu imaginar a tarefa de Baudelaire a não ser como inventário das casas e ruas por ele desenhadas. Se Baudelaire tivesse deitado mão a essa empreitada, então teria muito mais sentido do que aquele que hoje lhe atribuímos o que Proust escreveu sobre "o papel das cidades antigas na obra de Baudelaire e a cor escarlate que elas por vezes transmitem a essa obra".[68] Entre essas cidades, Roma ocupa para ele o primeiro lugar. Numa carta a Leconte de l'Isle confessa o seu "natural amor" por essa cidade. Provavelmente chegou lá através das vistas de Piranesi, nas quais as ruínas ainda não restauradas formam ainda uma unidade com a cidade moderna.

O soneto que figura como o trigésimo nono em *As flores do mal* começa assim:

> Os meus versos te dou para que se algum dia
> O meu nome aportar a épocas distantes
> Até fazer sonhar os cérebros humanos,
> Como nau empurrada pela ventania,
> Essa tua memória, como incerta lenda,
> Fatigue o meu leitor, tal e qual um martelo.[69]

Baudelaire quer ser lido como um autor antigo. E a exigência depressa se concretizou. O futuro distante, as "épocas distantes" de que fala o soneto, chegaram; tantos decênios depois da sua morte quantos séculos Baudelaire teria imaginado. Paris ainda aí está, é certo; e as grandes tendências da evolução social são ainda as mesmas. Mas quanto mais estáveis elas se mantiveram, tanto mais caduco se torna, na sua experiência, tudo aquilo que fora colocado sob o signo do "autenticamente novo". A modernidade manteve-se menos igual a si mesma do que a qualquer outra coisa; e a Antiguidade que nela estaria contida representa de fato a imagem do antiquado. "Herculano pode

---

[67] II, p. 293.

[68] Proust, *op. cit.*, p. 656.

[69] I, p. 53 (FM, p. 123).

ser encontrada sob as cinzas; mas alguns anos bastam para soterrar os costumes de uma sociedade, melhor que todo o pó dos vulcões."[70]

A Antiguidade de Baudelaire é a romana. Só num lugar a grega a substitui claramente. A Grécia oferece-lhe a imagem da heroína que lhe parecia digna e capaz de ser transposta para a modernidade. Num dos maiores e mais célebres poemas de *As flores do mal*, as mulheres têm nomes gregos, Delfina e Hipólita. O seu tema é o amor lésbico. A lésbica é a heroína da modernidade. Nela, um ideal erótico de Baudelaire − a mulher que evoca dureza e virilidade − é penetrado por um ideal histórico − o da grandeza no mundo antigo. Isso torna inconfundível o lugar da mulher lésbica em *As flores do mal*. E explica a razão pela qual durante muito tempo Baudelaire pensou em lhe dar o título "As lésbicas". De resto, Baudelaire está longe de ser o primeiro a descobrir a lésbica para a arte. Balzac já a conhecia em *A menina dos olhos de ouro*, Gautier em *Mademoiselle de Maupin*, De Latouche em *Fragoletta*. Também em Delacroix Baudelaire a encontrou; de forma um tanto enredada, fala, na crítica dos seus quadros, de uma "manifestação heroica da mulher moderna na direção do infernal".[71]

O motivo tem raízes no saint-simonismo, que, na veleidade dos seus cultos, valorizou muitas vezes a ideia do andrógino. Entre essas veleidades está o templo que devia dominar a "Nova cidade" de Duveyrier. Um adepto dessa escola nota a esse respeito: "O templo deverá representar um andrógino, um homem e uma mulher... A mesma divisão deve aplicar-se a toda a cidade, e mesmo a todo o reino e toda a Terra: haverá o hemisfério do homem e o da mulher".[72] Mais concreta do que nessa arquitetura não construída é a utopia saint-simonista no seu conteúdo antropológico, nomeadamente nas reflexões de Claire Démar. Esta autora ficou esquecida, soterrada pelas fantasias enfatuadas de Enfantin. O manifesto deixado por Claire Démar está mais próximo do cerne da teoria saint-simonista − o hipostasiar da indústria como a força que faz mover o mundo − do que

---

[70] Barbey D'Aaurevilly, *Du dandysme et de G. Brummel. Memoranda,* Paris, 1887, p. 30.

[71] II, p. 162.

[72] Henry-René D'Allemagne, *Les Saint-Simoniens 1827-1837*. Prefácio de Sébastien Charléty, Paris, 1930, p. 310.

o mito da Mãe de Enfantin. Também nesse texto se trata da Mãe, mas com uma intenção claramente diferente da daqueles que partiram da França para demandarem-na no Oriente. Na imensa literatura da época que se ocupa do futuro da mulher, aquele manifesto está isolado, pela sua força e pelo seu teor apaixonado. Foi publicado com o título *A minha lei do futuro*. No capítulo final, lê-se: "Basta de maternidade! Basta de leis do sangue! Repito: basta de maternidade! No dia em que a mulher se libertar dos homens que lhe pagam o preço do seu corpo, só terá de agradecer a sua existência à sua própria criatividade. Para isso, terá de se dedicar a uma obra e desempenhar uma função. Assim, tereis de vos decidir a tirar o recém-nascido dos braços da mãe natural, para entregá-lo nos da sua mãe social, nos braços da ama que o Estado assegurará. Assim, a criança será melhor educada. Só então, e não antes, o homem, a mulher e a criança se libertarão da lei do sangue, da lei da exploração da humanidade por si própria".[73] É a expressão, na sua versão original, da imagem da mulher heroica absorvida por Baudelaire. A sua transformação em lésbica não é obra dos escritores, aparece já nos círculos saint-simonistas. Os testemunhos pertinentes não estavam com certeza nas melhores mãos dessa escola. Ainda assim, dispomos da curiosa confissão de uma mulher que se declarava adepta do saint-simonismo: "Comecei a amar o meu próximo, tanto a mulher como o homem. Deixei para o homem a sua força física e a sua forma particular de inteligência, mas coloquei a seu lado, com igual valor, a beleza da mulher e os dons espirituais que lhe são próprios".[74] Há uma reflexão crítica de Baudelaire que parece ecoar essa confissão e que não deixa margem para equívocos. Refere-se à primeira heroína de Flaubert: "Pelo que tem de mais enérgico e pelos seus objetivos mais ambiciosos, mas também pelos seus mais profundos sonhos, Madame Bovary... foi sempre um homem. Como Palas Atena, saída da cabeça de Zeus, esta estranha figura andrógina concentrou em si todo o poder de sedução próprio de um espírito masculino num fascinante corpo de mulher".[75] E mais adiante

---

[73] Claire Démar, *Ma loi d'avenir*. Paris, 1834, p. 58-59. Obra póstuma publicada por Suzanne.

[74] *Apud* Firmin Maillard, *La Légende de la femme émancipée. Histoire de femmes pour servir à l'histoire contemporaine*, Paris, s.d., p. 65.

[75] II, p. 445.

acrescenta, sobre o próprio escritor: "Todas as mulheres intelectuais saberão agradecer-lhe o ter elevado a 'fêmea' a um nível em que ela participa da dupla natureza que é apanágio do ser humano perfeito: a aptidão para o cálculo e para o sonho".[76] De um só golpe, como sempre soube fazer, Baudelaire eleva a esposa pequeno-burguesa de Flaubert ao estatuto de heroína.

Há na poesia de Baudelaire uma série de fatos importantes e evidentes que passaram despercebidos. Entre eles, o sentido antagônico dos dois poemas lésbicos que aparecem em sequência em *Les Épaves* (*Marginalia*). "Lesbos" é um hino ao amor lésbico; "Delfina e Hipólita", pelo contrário, é uma condenação dessa paixão, apesar de vibrar aí uma forma qualquer de piedade:

> Que nos querem as leis do justo e do injusto?
> Virgens de alma sublime, honra do Arquipélago,
> A vossa religião, como outra, é augusta
> E o amor rir-se-á do Céu e do Inferno![77]

As linhas são do primeiro dos poemas; e no segundo lemos:

> Descei, descei ainda, lamentáveis vítimas,
> Descei pelo caminho do perpétuo inferno![78]

A surpreendente discrepância poderia explicar-se do seguinte modo: como Baudelaire não via a mulher lésbica como um problema – nem social nem de tendência natural –, também não assumiu, enquanto homem prosaico, por assim dizer, qualquer posição em relação a ela. Destinou-lhe um lugar na sua imagem da modernidade, mas no plano da realidade não a reconhecia. Por isso pode escrever: "Conhecemos a escritora filantrópica, a poeta republicana, a poeta do futuro, quer seja adepta de Fourier, quer de Saint-Simon[79] – mas nunca os nossos olhos puderam se acostumar a esses modos amaneirados e repugnantes, a essas imitações do espírito masculino".[80] Seria despropositado supor que Baudelaire tivesse alguma vez pensado em

---

[76] II, p. 448.

[77] I, p. 157 (FM, p. 335).

[78] I, p. 161 (FM, p. 345).

[79] Talvez se trate aqui de uma alusão a *La Loi d'avenir*, de Claire Démar.

[80] II, p. 534.

intervir publicamente com a sua poesia em favor da mulher lésbica. São prova disso as indicações que deu ao seu advogado para a defesa no processo contra *As flores do mal*. O desprezo pela burguesia não se separa nele da natureza heroica dessa paixão. O "descei, descei ainda, lamentáveis vítimas" é a última palavra dirigida por Baudelaire à mulher lésbica, entregando-a com elas ao seu próprio fim. Ela não pode ser salva, porque, na concepção de Baudelaire, é insolúvel a ambígua confusão que a marca.

O século XIX começou a inserir sem reservas a mulher no processo de produção, fora do âmbito doméstico. E o fez quase sempre do modo mais primitivo: pondo-a para trabalhar nas fábricas. No decorrer do tempo, era inevitável que surgissem nela traços masculinos, já que o trabalho fabril os implicava, sobretudo os mais visivelmente desfiguradores da sua feminilidade. Formas superiores de produção, a própria luta política, poderiam favorecer o aparecimento de traços masculinos numa versão mais nobre. Talvez o movimento das Vesuvianas possa ser entendido nesse sentido. Esse movimento ofereceu à Revolução de Fevereiro um corpo de intervenção feminino em cujos estatutos se lia: "Denominamo-nos Vesuvianas, e com isso queremos dizer que em cada mulher do movimento há um vulcão revolucionário em atividade".[81] Em tais transformações dos hábitos femininos manifestavam-se tendências que podiam fornecer alimento à imaginação de Baudelaire. Não seria de estranhar se a sua profunda idiossincrasia contra a gravidez estivesse ligada a elas.[82] A masculinização da mulher ia de par com aquelas tendências, e Baudelaire aprovava o fenômeno. Mas ao mesmo tempo considerava importante desligá-lo da dependência econômica e acabou por atribuir a essas orientações uma marca puramente sexual. O que provavelmente nunca perdoou a George Sand foi o fato de ela ter profanado os traços da mulher lésbica ao se entregar a uma aventura com Musset.

---

[81] *Paris sous la République de 1848*. Exposição da Biblioteca e dos trabalhos históricos da cidade de Paris, Paris, 1909, p. 28.

[82] Um fragmento de 1844 (I, p. 213) pode iluminar essa questão. O conhecido desenho à pena que Baudelaire fez da sua amante mostra uma maneira de andar que evidencia semelhanças óbvias com a das grávidas. Mas isso nada prova contra aquela sua idiossincrasia.

A atrofia do elemento "prosaico", manifesta na atitude de Baudelaire para com a mulher lésbica, é também característica em outros aspectos e causou estranheza a alguns observadores atentos. Em 1895 escreve Jules Lemaître: "Estamos perante uma obra cheia de artifícios e contradições deliberadas... Nos momentos em que se compraz na mais crua descrição dos mais desoladores pormenores da realidade, entrega-se a um espiritualismo que se afasta muito da impressão mais imediata que as coisas produzem em nós... Para Baudelaire, a mulher ou é escrava ou animal, mas lhe presta as mesmas homenagens que normalmente estão reservadas à Virgem Maria. Amaldiçoa o "progresso", odeia a indústria do século, e no entanto não rejeita o que de melhor essa indústria trouxe à nossa vida cotidiana. Penso que a marca especificamente baudelairiana consiste em fazer convergir duas maneiras opostas de reagir, poder-se-ia dizer: uma passada e uma presente. Uma obra-prima da vontade..., a última moda no domínio da vida das emoções".[83] Apresentar essa atitude como uma proeza da vontade vai certamente ao encontro do espírito da obra de Baudelaire. Mas ela tem o seu reverso, que é uma falta de convicção, de perspicácia, de perseverança. Baudelaire estava sujeito, em todas as suas emoções, a uma permanente alternância súbita, a choques contraditórios. Por isso ele sonhava com outra forma de viver, entre extremos, que ganha forma nos ritmos encantatórios de muitos dos seus versos mais perfeitos, onde por vezes explicitamente se nomeia:

> Vê nesses canais
> Dormir junto aos cais
> Barcos de humor vagabundo;
> Para satisfazer
> Teu menor prazer
> Vêm dos confins do mundo.[84]

Há um ritmo de embalar nessa célebre estrofe, cujo movimento se apodera dos barcos atracados no canal. O sonho de Baudelaire era o de ser embalado entre os extremos, como é privilégio dos barcos.

---

[83] Lemaître, *op. cit.*, p. 28-31.

[84] I, p. 67 (FM, p. 153). [Servi-me neste caso de uma tradução minha, para corresponder ao "ritmo encantatório" que interessa a Benjamin destacar. (N.T.)]

A imagem destes aparece nos momentos em que está em jogo o ideal profundo, secreto e paradoxal de Baudelaire: ser embalado pela grandeza, ser acolhido no seu seio. "Esses belos e grandes navios, balouçando imperceptivelmente nas águas calmas, esses navios robustos com um ar tão nostálgico e ocioso – não nos perguntam eles, numa língua muda: Quando partimos para a felicidade?"[85] Nesses barcos juntam-se a indolência e a determinação de usar a força em extremo, e isso dá-lhes um significado secreto. Há certa constelação na qual se encontram, também no homem, a grandeza e o desprendimento. É ela que rege a existência de Baudelaire, que a decifrou e lhe deu o nome de "modernidade". Quando se perde a observar o espetáculo dos barcos no porto, é para usá-los como metáfora. O herói é tão forte, tão engenhoso, tão harmonioso, tão bem-construído como aqueles veleiros. Mas é em vão que o alto-mar o chama, porque a sua vida foi posta sob o signo de uma má estrela. A modernidade é o seu destino fatal. Nela, o herói não está previsto, ela não sabe o que fazer com esse tipo de homem. Prende-o para sempre a um porto seguro; entrega-o a uma eterna ociosidade. Nessa sua derradeira encarnação, o herói surge como *dandy*. Se damos com uma dessas aparições que, graças à sua energia e serenidade, é perfeita em todos os seus gestos, dizemos: "Aquele que ali vai talvez seja rico; mas esse transeunte é com certeza um Hércules para o qual não há nenhum trabalho".[86] Dá a impressão de ser levado pela sua grandeza. Por isso, é compreensível que Baudelaire achasse que a sua *flânerie* a certas horas tinha a mesma dignidade que a tensão da sua força poética.

Para Baudelaire, o *dandy* era descendente de grandes antepassados. Para ele, o dandismo é "o último vislumbre de heroísmo em tempos de decadência".[87] Agrada-lhe encontrar em Chateaubriand alusões a *dandies* indianos, testemunho de uma época de ouro daquelas raças. Na verdade, é impossível não reconhecer nos traços concentrados no *dandy* uma assinatura histórica bem definida. O *dandy* é uma criação dos ingleses, senhores do comércio mundial. A rede comercial que cobre todo o globo estava nas mãos dos

---

[85] II, p. 630.

[86] II, p. 352.

[87] II, p. 351.

especuladores da Bolsa de Londres; as suas malhas eram sensíveis às mais diversas, repetidas e insuspeitadas vibrações. O comerciante tinha de reagir a elas, mas sem dar a entender as suas reações. O conflito que assim neles se gerava foi assimilado e adaptado pelos *dandies* para uso próprio. Foram eles que aperfeiçoaram o engenhoso treino necessário para controlá-lo. Aliavam a reação fulminante a gestos e expressões descontraídos, mesmo indolentes. O tique, que durante algum tempo foi considerado fino, é de certo modo apenas a versão desajeitada e subalterna do problema. A seguinte observação é típica disso: "O rosto de um homem elegante tem de ter sempre qualquer coisa de convulsivo e distorcido. Podemos, se quisermos, atribuir esses trejeitos a um satanismo natural".[88] Era essa a imagem do *dandy* londrino na cabeça da fauna dos *boulevards* parisienses, e assim ela se refletia fisionomicamente em Baudelaire. O seu amor ao dandismo não foi feliz. Não tinha o dom de agradar, um aspecto tão importante na arte própria do dandy, que é, no fundo, a de não agradar. Elevando à categoria de afetação o que nele, por natureza, tinha de parecer estranho, caiu no mais profundo abandono, uma vez que, com o seu crescente isolamento, tornaram-se também maiores as suas limitações.

Baudelaire não gostou, como Gautier, da sua própria época, nem, como Leconte de l'Isle, conseguiu iludir-se a seu respeito. Não dispunha do idealismo humanitarista de um Lamartine ou de um Hugo, e não lhe foi dado, como a Verlaine, encontrar saída na devoção. Como não tinha convicções próprias, assumiu constantemente novas máscaras. *Flâneur, apache, dandy* e trapeiro eram para ele outros tantos papéis. Pois o herói moderno não é herói – representa papéis de herói. A modernidade heroica revela-se como drama trágico em que o papel do herói está disponível. Baudelaire sugeriu-o, à margem do poema "Os sete anciãos", veladamente, como numa nota:

> Uma manhã, enquanto numa rua triste
> As casas, cuja altura a bruma prolongava,
> Simulavam os cais de um gigantesco rio,
> E enquanto o nevoeiro aquele espaço inundava

---

[88] *Les Petits-Paris*. Par les auteurs de *Mémoires de Bilboquet* [Taxile Delors *et al.*], Paris, 1854, vol. 10, *Paris-viveur*, p. 26.

– Cenário semelhante à alma de um actor –,
Vinha eu, enrijando os nervos, qual herói,
A discutir com a minha alma já sem forças
Nesse bairro a tremer com o peso das carroças.[89]

Nessas estrofes encontram-se de forma inequívoca o cenário, o ator e o herói. Os contemporâneos não precisavam desse aceno. Ao pintá-lo, Courbet queixa-se de que Baudelaire cada dia tem um aspecto diferente. E Champfleury concede-lhe o dom de dissimular o semblante como um fugitivo das galés.[90] No seu pérfido necrológio, que mostra uma grande perspicácia, Vallès chamou a Baudelaire um cabotino.[91]

Por detrás das máscaras que usava, o poeta em Baudelaire mantém-se incógnito. Se nas relações com os outros era provocador, na sua obra procedia com prudência. O incógnito é a lei da sua poesia. A estrutura dos seus versos é comparável à planta de uma grande cidade onde podemos nos mover discretamente, escondidos por quarteirões, portões e pátios. Nessa planta, cada palavra tem o seu lugar predefinido, como os conjurados antes de estalar uma revolução. Baudelaire conspira com a própria língua. Calcula os seus efeitos a par e passo. Os mais capazes sentiram-se sempre atraídos pelo fato de ele ter sempre evitado mostrar-se ao leitor. Gide nota uma discrepância, muito calculada, entre imagem e objeto.[92] Rivière acentuou o modo como Baudelaire parte da palavra distante e como a ensina a entrar levemente, aproximando-a cautelosamente do objeto.[93] Lemaître fala de formas concebidas de tal modo que refreiam o irromper das paixões,[94] e Laforgue destaca a comparação baudelairiana, que parece desmentir o eu lírico e entrar no texto para perturbar a sua ordem:

---

[89] I, p. 101 (FM, p. 225, 227).

[90] Cf. Champfleury [Jules Husson], *Souvenirs et portraits de jeunesse,* Paris, 1872, p. 135.

[91] Transcrito de *La situation,* in: André Billy, *Les écrivains de combat,* Paris, 1931, p. 189. [Billy dá como fonte para a primeira publicação: *La rue,* 7 de setembro de 1867. (N.T.)]

[92] Cf. Gide, *op. cit.,* p. 512.

[93] Cf. Jacques Rivière, *Études,* 18ᵉ éd. Paris, 1948, p. 15.

[94] Cf. Lemaître, *op. cit.,* p. 29.

"A noite adensava-se como uma clausura" – "e outros exemplos se poderiam aduzir",[95] acrescenta Laforgue.[96]

A divisão das palavras entre aquelas que pareciam adequadas a um uso elevado e aquelas a serem excluídas fazia-se sentir em toda a produção poética e aplicava-se tanto à tragédia como à poesia lírica. Nas primeiras décadas do século XIX essa convenção mantinha-se em vigor, inquestionada. Numa representação do *Cid* de Lebrun a palavra *chambre* (quarto) suscitou um murmúrio de desaprovação. O *Otelo*, numa tradução de Alfred de Vigny, desagradou por conter a palavra *mouchoir* (lenço), considerada impossível numa tragédia. Victor Hugo tinha começado a atenuar na poesia as diferenças entre as palavras da linguagem corrente e da elevada, e Sainte-Beuve havia procedido de modo semelhante. Na *Vida de Joseph Delorme*, esclarece: "Procurei ser original à minha maneira, modestamente, à maneira burguesa. Chamei às coisas da vida íntima pelo seu nome; mas nisso aproximei-me mais da cabana do que do *boudoir*".[97] Baudelaire ultrapassou tanto o jacobinismo linguístico de Victor Hugo como as liberdades bucólicas de Sainte-Beuve. As suas imagens são originais devido ao caráter baixo dos objetos de comparação. Observa os processos banais para aproximar deles o poético. Fala dos "vagos terrores dessas noites em branco/Esmagando o coração, papel que se amachuca".[98] Esse gesto linguístico, característico do esteta Baudelaire, só se torna verdadeiramente significativo no Baudelaire alegorista. É ele que dá à sua alegoria o lado desconcertante que a distingue das mais correntes. Com estas tinha Lemercier povoado

---

[95] Jules Laforgue, *Mélanges posthumes*, Paris, 1903, p. 113.

[96] Exemplos como:
Colhemos, ao passar, clandestino prazer
Que como uma laranja moída esprememos. (I, p. 17. FM, p. 45)
O teu triunfal colo é como um belo armário. (I, p. 65. FM, p. 149)
Num lamento quebrado por sangue espumoso,
Longe, o galo a cantar rasgava o ar brumoso. (I, p. 118. FM, p. 265)
A cabeça, com o monte de sombrio cabelo
E as suas jóias preciosas,
Na mesa de cabeceira, tal como um ranúnculo
Repousa. (I, p. 126. FM, p. 281)

[97] Sainte-Beuve, *Vie, poésies et pensées de Joseph Delorme, op. cit.*, p. 170.

[98] I, p. 57 (FM, p. 131).

pouco antes o parnaso do estilo império e assim alcançado o ponto mais baixo da poesia neoclássica. Baudelaire não se preocupou com isso. Recorre abundantemente às alegorias e transforma radicalmente o seu caráter por meio do envolvimento linguístico em que as insere. *As flores do mal* é o primeiro livro a usar na poesia palavras de proveniência não apenas prosaica, mas também urbana. E não se coíbe de usar expressões que, livres da pátina poética, saltam à vista pelo brilho da sua marca. Usa termos como *quinquet* (candeeiro de bomba de pressão), *wagon* ou *omnibus* e não recua perante palavras como *bilan* (balanço), *réverbère* (candeeiro de iluminação pública), *voirie* (lixeira). É essa a natureza do vocabulário lírico no qual subitamente, e sem aviso prévio, pode surgir uma alegoria. Se há aspecto verdadeiramente característico do espírito linguístico de Baudelaire, ele está nessa brusca coincidência. Claudel deu-lhe a formulação definitiva, ao afirmar um dia que Baudelaire cruzou o estilo de Racine com o de um jornalista do Segundo Império.[99] Nenhuma palavra do seu vocabulário está, em princípio, destinada à alegoria. Recebe essa incumbência caso a caso, dependendo do assunto tratado, da escolha do tema, para depois ser espiada, cercada e ocupada. Para levar a cabo os ataques de surpresa a que chama poesia, Baudelaire faz das alegorias suas confidentes. Elas são as únicas a partilharem esse segredo. Nos momentos em que se dão a ver a Morte ou a Recordação, o Arrependimento ou o Mal, estamos no centro da linguagem poética. O aparecimento súbito dessas cargas que, reconhecíveis pelas suas maiúsculas, encontram-se no meio de um texto que não rejeita as palavras mais banais mostra que anda por aí a mão de Baudelaire. A sua técnica é a do *putsch*.

Poucos anos após a morte de Baudelaire, Blanqui coroou a sua carreira de conspirador com uma memorável peça de mestre. Foi depois do assassinato de Victor Noir.[100] Blanqui queria ter uma

---

[99] A referência a Claudel surge em Rivière, *Études*, p. 15. Claudel é também citado por Hofmannsthal (em *O livro dos amigos*. Tradução de José A. Palma Caetano. Lisboa: Assírio & Alvim, 2002, p. 118); Benjamin refere-se ainda a essa observação numa importante carta a Hofmannsthal sobre problemas de estilo e linguagem (de 13 de janeiro de 1924), na qual comenta aspectos relacionados com a tradução de *As flores do mal*.

[100] Jornalista morto num duelo com o príncipe Pierre Bonaparte e cujo funeral deu ocasião a uma grande manifestação republicana. (N.T.)

visão de conjunto dos seus efetivos militares. De vista, conhecia apenas os seus imediatos. E não se sabe até que ponto, nas suas hostes, todos o conheciam. Combinou as coisas com Granger, seu ajudante de campo, que tomou as providências para uma revista às tropas dos blanquistas. Geffroy descreve-a do seguinte modo: "Blanqui saiu de casa armado, despediu-se das irmãs e ocupou o seu posto nos Champs-Elysées, onde, de acordo com o combinado com Granger, deviam desfilar as tropas cujo misterioso general era ele, Blanqui. Conhecia os chefes e ia agora ver passar atrás deles os seus homens, em formações regulares e passo de marcha. Tudo aconteceu como previsto. Blanqui passou em revista as tropas sem que ninguém suspeitasse de nada de estranho no espetáculo. No meio da multidão, assistindo como ele, o velho, encostado a uma árvore, viu com atenção a passagem dos seus companheiros alinhados em colunas, aproximando-se em silêncio no meio de murmúrios continuamente interrompido por aclamações".[101] A força que tornou possível uma coisa dessas está conservada, na palavra, pela poesia de Baudelaire.

Ocasionalmente, Baudelaire quis também reconhecer a imagem do herói moderno no conspirador. "Basta de tragédias!", escreveu durante os dias da Revolução de Fevereiro no *Salut Public*. "Acabemos com a história da Roma antiga! Não seremos nós hoje maiores que Bruto?"[102] Ser maior que Bruto significava, é certo, ser menos grande. Pois quando Napoleão III chegou ao poder Baudelaire não reconheceu nele o César. Nisso, Blanqui foi superior a ele. Mas mais profundas que a diferença entre os dois eram as suas afinidades – a teimosia e a impaciência, a força da indignação e do ódio, e também a impotência que ambos partilharam. Num verso célebre, Baudelaire despede-se, aliviado, de um mundo "em que a ação não é do sonho irmã".[103] O seu sonho não estava tão só como lhe parecia. A ação de Blanqui foi a irmã do sonho de Baudelaire. Os dois são inseparáveis, como as mãos inseparáveis sobre uma pedra debaixo da qual Napoleão III enterrara as esperanças dos combatentes de junho.

---

[101] Geffroy, *L'Enfermé*, p. 276-277.

[102] *Apud* Crépet, *op. cit.*, p. 81.

[103] I, p. 136 (FM, p. 303).

2

Sobre alguns motivos na obra de Baudelaire

I

Baudelaire contou com leitores que se veem em dificuldades perante a leitura de um poema lírico. O poema introdutório de *As flores do mal* dirige-se a eles. Com a sua força de vontade, e portanto também com a sua capacidade de concentração, não se vai longe. Esses leitores preferem os prazeres dos sentidos, estão familiarizados com o *spleen* (melancolia), que dá o golpe de misericórdia no interesse e na capacidade de percepção. É surpreendente encontrar um poeta que confia nesse público, o mais ingrato dos públicos. É claro que há uma explicação fácil para isso: Baudelaire queria ser compreendido e dedica o livro àqueles que com ele têm afinidades. O poema ao leitor fecha com a apóstrofe:

Hipócrita leitor, – meu igual, – meu irmão![1]

A questão torna-se mais fecunda se a reformularmos e dissermos: Baudelaire escreveu um livro que desde logo tinha poucas possibilidades de ser um êxito de público imediato. Ele contava com um tipo de leitor como aquele que o poema introdutório descreve. E aconteceu

---

[1] I, p. 18 (FM, p. 47).

que esse cálculo correspondeu a uma visão de longo alcance. O leitor para o qual ele escrevia foi-lhe dado pela posteridade. A prova de que assim foi, isto é, de que as condições para a recepção da poesia tinham se tornado mais desfavoráveis, pode ser dada por três fatos, entre outros. Primeiro, porque o poeta lírico deixou de ser visto como o Poeta por excelência. Já não é "o bardo", como Lamartine ainda o fora; inseriu-se no âmbito de um gênero (Verlaine torna visível essa especialização; Rimbaud já era esotérico e mantém o público *ex officio* afastado da sua obra). Um segundo fato: depois de Baudelaire nunca mais um livro de poesia foi um êxito de massas (a poesia de Hugo encontrou ainda, ao ser publicada, uma grandiosa ressonância. Na Alemanha, é o *Buch der Lieder*[2] [Livro das canções] que traça essa linha divisória). Uma terceira circunstância, a ser acrescentada às outras duas, é a seguinte: o público tornou-se mais renitente também em relação à poesia que lhe vinha do passado. O período de que falo pode ser datado de meados do século XIX até hoje. Nesse mesmo período a fama de *As flores do mal* cresceu sem parar. O livro, que tinha contado com os leitores menos benevolentes e a princípio não encontrou muita aceitação, tornou-se um clássico com o decorrer dos decênios, e também um dos mais editados.

Se as condições para a recepção da poesia lírica se deterioraram, é natural que imaginemos que essa poesia só excepcionalmente se encontra com a experiência dos leitores. E isso é possível porque essa experiência se modificou na sua estrutura. Talvez se aceite essa proposta, mas o embaraço será certamente maior se tentarmos caracterizar essa mudança. Nessas circunstâncias, voltamo-nos para a filosofia e damos aí com uma situação singular. Desde o fim do século passado ela fez uma série de tentativas de apropriação da "verdadeira" experiência, em contraste com uma experiência que se manifesta na vida normalizada, desnaturada, das massas civilizadas. É costume apor a essas propostas a etiqueta de "filosofia da vida" (*Lebensphilosophie*). Compreende-se que elas não tenham partido da existência dos indivíduos em sociedade. Reclamavam da literatura,

---

[2] Coletânea de poesia de Heinrich Heine, um dos maiores sucessos da poesia do século XIX, publicada em 1827, reeditada 11 vezes em vida do autor e traduzida para várias línguas. Muitos dos seus poemas foram musicados por Schubert, Schumann, Mendelssohn, Brahms e Hugo Wolf. (N.T.)

mais ainda da natureza e por fim sobretudo da idade mítica. A obra de Dilthey *Das Erlebnis und die Dichtung* [A vivência e a literatura] é uma das primeiras de uma série que termina com Klages e Jung, que se comprometeu com o fascismo.[3] *Matière et mémoire*, uma das primeiras obras de Bergson, destaca-se dessa literatura como um monumento que claramente a ultrapassa, mantendo, mais do que as outras, a relação com a investigação exata, nomeadamente ao se orientar pela biologia. O título mostra que a estrutura da memória é por ele considerada como decisiva para a estrutura filosófica da experiência. De fato, a experiência é matéria da tradição, na vida coletiva como na privada. Constitui-se menos a partir de dados isolados rigorosamente fixados na memória, e mais a partir de dados acumulados, muitas vezes não conscientes, que afluem à memória. Aliás, de modo nenhum é intenção de Bergson atribuir um lugar histórico específico à memória. Pelo contrário, rejeita toda e qualquer determinação histórica da experiência. Com isso evita sobretudo aproximar-se daquela forma de experiência de onde nasceu a sua própria filosofia, ou melhor, contra a qual ela se perfilou. É a experiência inóspita e cegante da época da grande indústria. O olhar que se fecha a essa experiência vê-se confrontado com uma experiência de tipo complementar que é uma espécie de sua imagem segunda. A filosofia de Bergson é uma tentativa de pormenorizar essa imagem e de fixá-la. Fornece, assim, de forma mediatizada, uma alusão à experiência que se apresenta de forma natural a Baudelaire na figura do seu leitor.

II

Matière et mémoire determina a essência da experiência na *durée* de tal modo que o leitor tem de dizer a si próprio: só o poeta pode

---

[3] Ludwig Klages (1872-1956): filósofo "vitalista", arauto de uma nebulosa renovação anímica em que o espírito (*Geist*, o intelecto) surge como perigoso antagonista, destruidor de uma "alma" de recorte fáustico-germânico; é uma filosofia de fundo irracionalista cósmico, atavista, ditirâmbica e extático-vitalista. A sua obra maior, *Der Geist als Widersacher der Seele* [O espírito como antagonista da alma], foi publicada em três volumes entre 1929 e 1932. Quanto a Carl Gustav Jung (1875-1961), o grande representante da psicologia arquetípica das profundezas e do inconsciente coletivo, não estão provadas as suas ligações ao nazismo. (N.T.)

ser o sujeito adequado de uma tal experiência. E foi, de fato, um poeta que pôs à prova a teoria da experiência em Bergson. A obra de Proust *À la recherche du temps perdu* pode ser lida como a tentativa de reconstituir por via sintética a experiência, tal como Bergson a entende, nas condições sociais de hoje – já que a sua reconstituição por via natural é qualquer coisa com a qual cada vez menos poderemos contar. Proust não se furta, aliás, na sua obra, à discussão desse problema. Acrescenta-lhe até nova dimensão, que implica crítica imanente a Bergson. Este não deixa de acentuar o antagonismo que domina a relação entre a *vita activa* e uma *vita contemplativa* particular que deriva da memória. Mas ficamos com a impressão de que em Bergson a virada para a presentificação visionária da corrente vital é questão de uma decisão livre. Proust anuncia desde logo na terminologia a sua discordância. A memória pura (*mémoire pure*) da teoria bergsoniana transforma-se nele em *mémoire involontaire*, uma forma de memória que não depende da vontade. Proust confronta imediatamente essa memória involuntária com a voluntária, que se encontra sob a tutela da inteligência. A intenção das primeiras páginas da grande obra é a de esclarecer essa relação. Na passagem que introduz esse termo, Proust fala do modo precário como, durante muitos anos, apresentou-se à sua lembrança a cidade de Combray, onde, afinal, tinha passado grande parte da infância. Até aquela tarde, diz Proust, em que o gosto da *madeleine*, o pequeno bolo a que depois regressará várias vezes, transportou-o de novo para os velhos tempos, ele estivera limitado àquilo que a memória, sujeita aos apelos da atenção, punha à sua disposição. Essa era a *mémoire volontaire*, a memória dependente da vontade, que transmite informações sobre o que se passou sem reter nenhum traço disso. "O mesmo acontece com o nosso passado. É trabalho baldado procurarmos evocá-lo, todos os esforços da nossa inteligência são inúteis."[4] Por isso Proust não hesita em afirmar, em

---

[4] Marcel Proust, *À la recherche du temps perdu,* vol. I: *Du côté de chez Swann,* Paris, p. 69. [Não foi possível apurar qual a edição utilizada por Benjamin. Os organizadores da edição alemã também não indicam qual a edição usada (terá sido a primeira, saída entre 1913 e 1927, com numeração de volumes diferente da actual). Por isso mantemos as indicações de volume dadas por Benjamin, referindo sempre as páginas citadas na edição actual da Pléiade – ed. Clarac-Ferré, Paris, 1954 e 1962. A passagem citada aqui encontra-se na p. 44 do primeiro volume. (N.T.)].

síntese, que o passado "está escondido, fora do domínio e do alcance da nossa inteligência, em algum objeto material [...] de que não suspeitamos. Depende do acaso encontrarmos esse objeto antes de morrermos, ou não o encontrarmos".[5]

Segundo Proust, depende do acaso cada indivíduo adquirir ou não uma imagem de si próprio, ser ou não capaz de se apropriar da sua experiência. Não é de modo algum evidente essa dependência do acaso. As coisas da nossa vida interior não têm, por natureza, esse caráter privado sem alternativa. Só o adquirem depois de se terem reduzido as possibilidades de os fatos exteriores serem assimilados à nossa experiência. O jornal é um dos muitos indícios dessa redução. Se a imprensa tivesse se proposto como objetivo que o leitor incorporasse as suas informações como parte da sua própria experiência, não alcançaria os seus fins. Mas a sua intenção é exatamente a oposta, e por isso ela alcança os seus fins. Essa intenção é a de isolar os acontecimentos em relação àquele domínio em que poderiam interferir na experiência do leitor. Os princípios da informação jornalística (novidade, concisão, clareza e sobretudo a não relação das notícias umas com as outras) contribuem tanto para esse resultado quanto a paginação e o registro de linguagem (Karl Kraus não se cansou de demonstrar como o estilo dos jornais tolhe a capacidade de imaginação dos seus leitores). O isolamento da informação em relação à experiência explica-se, em segundo lugar, pelo fato de a primeira não se integrar na "tradição". Os jornais têm tiragens altas. Nenhum leitor dispõe tão facilmente de qualquer coisa que o outro "queira saber" a seu respeito. Historicamente existe uma concorrência entre as diversas formas de comunicação. Na substituição do antigo relato pela informação e desta pela sensação reflete-se a crescente redução da experiência. Todas essas formas, por seu lado, destacam-se da narrativa, que é uma das mais antigas formas de comunicação. Para ela, não era importante transmitir a pura objetividade do acontecimento, como faz a informação; integra-o na vida do contador de histórias para passá-lo aos ouvintes como experiência. Por isso, o contador de histórias deixa na experiência as suas marcas, tal como o oleiro deixa as das suas mãos no vaso de barro.

---

[5] *Id., ibid.*

Os oito volumes da obra de Proust dão uma ideia do que seria necessário para restituir ao presente a figura do contador de histórias. Proust dedicou-se a isso com uma extraordinária coerência. Nessa empresa, chegou desde logo a uma tarefa elementar: dar notícia da sua própria infância. E mediu toda a sua dificuldade ao apresentar como coisa do acaso a possibilidade da sua recuperação. É no contexto dessas reflexões que cunha o conceito de *mémoire involontaire* que traz as marcas da situação que lhe deu origem. Pertence ao inventário do indivíduo a vários títulos isolado. Nas situações em que domina a experiência no sentido estrito do termo, conjugam-se na memória determinados conteúdos do passado individual com os do coletivo. Os cultos, com os seus cerimoniais, as suas festas (provavelmente sem possibilidade de ter lugar na obra de Proust), produziam reiteradamente a fusão entre essas duas matérias da memória. Provocavam a rememoração em determinados momentos e continuavam a ser oportunidades de rememorar ao longo de toda uma vida. Desse modo, a rememoração voluntária e a involuntária perdem a sua exclusividade recíproca.

III

Na busca de uma definição mais substancial daquilo que, enquanto resto da teoria de Bergson, surge na *mémoire de l'intelligence* de Proust, é recomendável recuar até Freud. Em 1921 aparece o ensaio *Para além do princípio do prazer*, que estabelece uma correlação entre a memória (no sentido da *mémoire involontaire*) e a consciência. Essa correlação assume a forma de uma hipótese, e as considerações que a seguir se fazem a partir dela não pretendem demonstrá-la. Terão de se contentar com a verificação da sua utilidade para problemas que estão muito longe dos que Freud tinha presentes quando formulou a questão. É mais natural que os discípulos de Freud tenham deparado com tais problemas. As reflexões em que Reik desenvolve a sua teoria da memória correspondem em parte à distinção proustiana entre a memória involuntária e voluntária. "A função da memória (*Gedächtnis*)", lemos em Reik, "é a salvaguarda das impressões; a lembrança (*Erinnerung*) tende para a sua desagregação. A memória é essencialmente conservadora, a lembrança é destrutiva".[6] A proposição fundamental de Freud que está na base dessas observações pressupõe que "o consciente nasce no lugar de um vestígio da lembrança".[7] Por isso, ele "caracteriza-se por uma particularidade, a de que nele o processo estimulador, diferentemente do que acontece em todos os outros sistemas psíquicos, não deixa uma transformação duradoura dos seus elementos, mas como que se esfuma no fenômeno da tomada de consciência".[8] A fórmula básica dessa hipótese é: "a tomada de consciência e a permanência de vestígios na memória são inconciliáveis no mesmo sistema".[9] Pelo contrário, "os resíduos da lembrança são muitas vezes mais intensos e duradouros quando o processo que os deixou nunca chegou ao nível do consciente".[10] Traduzido para o discurso proustiano: só pode tornar-se parte integrante da *mémoire involontaire* aquilo que não foi "vivido" expressamente e em consciência, aquilo que não foi uma "vivência" para o sujeito. Acumular "vestígios duradouros como base da memória" em processos estimuladores está, segundo Freud, reservado a "outros sistemas", que terão de ser entendidos como diferentes do sistema da consciência.[11] Ainda segundo Freud, a consciência enquanto tal não registraria absolutamente nenhum vestígio da memória. Teria antes outra função significativa, a de agir como proteção contra os estímulos: "Para o organismo vivo, a proteção contra estímulos é uma função quase mais importante

---

[6] Theodor Reik, *Der überraschte Psychologe. Über Erraten und Verstehen unbewußter Vorgänge* [O psicólogo surpreendido. Sobre a interpretação hipotética e a compreensão dos processos inconscientes], Leiden, 1935, p. 132.

[7] Sigmund Freud, *Jenseits des Lustprinzips* [Para além do princípio do prazer]. 3ª ed., Viena, 1923, p. 31. Os conceitos de lembrança (*Erinnerung*) e memória (*Gedächtnis*) não apresentam no ensaio de Freud distinções semânticas pertinentes para o presente contexto.

[8] Freud, *op. cit.*, p. 31-32.

[9] Freud, *op. cit.*, p. 31.

[10] Freud, *op. cit.*, p. 30.

[11] Desses "outros sistemas" trata Proust das mais diversas maneiras, de preferência representando-os através dos membros do corpo, não se cansando de falar das imagens da memória neles depositadas; imagens que, não obedecendo a nenhum aceno da consciência, nela penetram sem se anunciar, desde que uma coxa, um braço ou uma omoplata fiquem involuntariamente, na cama, numa posição que já conhecem de um passado mais ou menos distante. A *mémoire involontaire* dos membros é um dos temas favoritos de Proust (cf. Proust, *op. cit.*, p. 15).

do que a absorção deles. O organismo está dotado de reservas de energia próprias e tem sobretudo de se preocupar com a proteção das formas particulares de transformação dessa energia que nele atuam, defendendo-as da influência.uniformizadora, e portanto destrutiva, das energias muito mais poderosas que atuam no exterior".[12] A ameaça que vem dessas energias é a dos choques. Quanto mais habitual se tornar o seu registro na consciência, tanto menos se terá de contar com um efeito traumático desses choques. A teoria psicanalítica procura "compreender a natureza do choque traumático a partir do rompimento da barreira de proteção contra os estímulos". Segundo ela, o susto tem o seu significado "na falta de predisposição para a angústia".[13]

As investigações de Freud partiram de um tipo de sonho frequente em neuróticos traumáticos, que reproduz a catástrofe que os atingiu. Esses sonhos, diz Freud, "procuram recuperar o controle dos estímulos desenvolvendo a angústia cuja omissão se tornou a causa da neurose traumática".[14] Valéry parece pensar em qualquer coisa de semelhante. E vale a pena anotar a coincidência, porque Valéry se conta entre aqueles que se interessaram pelos modos particulares de funcionamento dos mecanismos psíquicos sob as atuais condições de existência (para além disso, ele articulou esse interesse com a sua produção poética, que permaneceu no domínio da poesia, o que faz dele o único autor que remete diretamente a Baudelaire). "As impressões e as percepções sensoriais do ser humano", escreve Valéry, "pertencem em rigor à categoria da surpresa; são testemunho de uma insuficiência do ser humano. A lembrança é um fenômeno elementar, e o seu objetivo é nos proporcionar o tempo necessário para a organização da recepção dos estímulos, que inicialmente nos faltou".[15] A recepção do choque é facilitada por um treino do controle dos estímulos, para o qual, em caso de necessidade, pode-se recorrer tanto ao sonho como à lembrança. Regra geral, porém – é a suposição de Freud –, esse treino está sob a alçada da consciência desperta, situada numa camada do córtex cerebral

---

[12] Freud, *op. cit.,* p. 34-35.

[13] Freud, *op. cit.,* p. 41.

[14] Freud, *op. cit.,* p. 42.

[15] Paul Valéry, *Analecta,* Paris, 1935, p. 264-265.

"a tal ponto desgastada pelo efeito dos estímulos que proporcionaria as melhores condições para a sua recepção".[16] O fato de o choque ser assim absorvido, aparado pela consciência, daria ao acontecimento que o provoca o caráter da vivência no sentido mais autêntico. E, ao incorporar esse acontecimento diretamente no registro da lembrança consciente, iria torná-lo estéril para a experiência poética.

Coloca-se aqui a questão de saber até que ponto a poesia lírica pode ser fundada numa experiência para a qual a vivência do choque se tornou norma. Uma tal poesia teria de supor um alto grau de conscientização; despertaria a ideia de um plano atuante no processo da sua composição. Isso se aplica, sem dúvida, à poesia de Baudelaire e liga-o, entre os seus antecessores, a Poe, e entre os seus sucessores, a Valéry. As considerações feitas por Proust e Valéry a propósito de Baudelaire complementam-se de forma providencial. Proust escreveu um ensaio sobre Baudelaire cujo alcance é superado ainda por certas reflexões na obra romanesca. Valéry forneceu, em "Situation de Baudelaire", a introdução clássica a *As flores do mal*. Aí escreve: "O problema de Baudelaire deve ter sido o seguinte: tornar-se um grande poeta, mas não um Lamartine, um Hugo, um Musset. Não digo que esse propósito fosse consciente; mas tinha necessariamente de estar presente nele – na verdade, esse propósito era o próprio Baudelaire. Era a sua razão de Estado".[17] Pode parecer estranho falar de razão de Estado a propósito de um poeta, mas há qualquer coisa de especial nisso: a emancipação das vivências. A produção poética de Baudelaire faz-se na dependência de uma missão. Ele imaginou espaços vazios nos quais inseriu os seus poemas. A sua obra não só se pode caracterizar a partir do seu lugar na história, como qualquer outra, mas também pretendia ser e entendia-se desse modo.

IV

Quanto maior for a participação do momento de choque em cada uma das impressões recebidas, quanto mais constante for a presença

---

[16] Freud, *op. cit.*, p. 32.

[17] Baudelaire, *Les fleurs du mal*. Avec une introduction de Paul Valéry. Ed. Crès, Paris, 1928, p. X.

da consciência no interesse da proteção contra os estímulos, quanto maior for o êxito dessa sua operação, tanto menos essas impressões serão incorporadas na experiência e tanto mais facilmente corresponderão ao conceito de vivência. Talvez se possa ver o trabalho específico da resistência ao choque nos seguintes termos: atribuir ao acontecimento, à custa da integridade do seu conteúdo, um lugar temporal exato no plano do consciente. Seria um trabalho de ponta da reflexão, que faria do acontecimento uma vivência. Se a reflexão não existir, instala-se invariavelmente o agradável ou (na maior parte dos casos) desagradável sobressalto que, segundo Freud, sanciona a ausência de resistência ao choque. Baudelaire fixou essa descoberta numa imagem crua, a do duelo em que o artista, antes de ser vencido, dá um grito, assustado.[18] Esse duelo é o próprio processo da criação. Baudelaire insere assim a experiência do choque no âmago do seu trabalho artístico. Esse testemunho sobre si próprio, confirmado por vários contemporâneos, é da maior importância. Vendo-se assim entregue ao susto, é natural que Baudelaire o provoque também. Vallès deixou testemunho do seu jogo de feições excêntrico;[19] Pontmartin, baseando-se num retrato de Nargeot, chega à conclusão de que o rosto de Baudelaire foi confiscado; Claudel acentua o tom cortante que o caracterizava nas conversas; Gautier fala dos "espaçamentos" a que Baudelaire gostava de recorrer quando recitava poesia;[20] Nadar descreve o seu passo abrupto.[21]

A psiquiatria conhece os tipos traumatófilos. Baudelaire decidiu-se a aparar os choques, de onde quer que viessem, com o seu ser espiritual e físico. A imagem dessa defesa em relação ao choque é a da esgrima. Quando descreve o amigo Constantin Guys, visita-o a horas em que Paris dorme, e escreve: "ali estava ele, curvado sobre a mesa, fixando a folha de papel com a mesma agudeza com que de dia olhava para as coisas à sua volta; *esgrimindo* com o lápis, a pena, o pincel, fazendo a água do copo salpicar o teto, limpando[22] a pena na

---

[18] *Apud* Ernst Raynaud, *Charles Baudelaire*. Paris, 1922, p. 318.

[19] Cf. Jules Vallès, "Charles Baudelaire", in: André Billy, *Les écrivains de combat (Le XIXe siècle)*. Paris, 1931, p. 192.

[20] Cf. Eugène Marsan, *Les cannes de M. Paul Bourget et le bon choix de Philinte. Petit manuel de l'homme élégant*. Paris, 1923, p. 239.

[21] Cf. Firmin Maillard, *La cité des intellectuels*. Paris, 1905, p. 362.

[22] O original francês diz *essuyant*, e não *essayant*, como Benjamin leu. (N.T.)

camisa; perseguindo o trabalho, lesto e persistente, como se temesse que as imagens lhe escapassem. Assim, ainda que só, entra numa luta, aparando os seus próprios golpes".[23] Baudelaire retratou-se assim, envolvido nessa "absurda esgrima", na primeira estrofe do poema "O Sol", certamente a única passagem de *As flores do mal* que o mostra em pleno trabalho poético:

> Pelo velho arrabalde, onde em cada tugúrio
> As persianas abrigam secretas luxúrias,
> Quando o sol mais cruel bate com raios vivos
> Em cidades e campos, telhados e trigos,
> Exercito sozinho esta absurda esgrima,
> Farejando em cada canto os acasos da rima,
> Tropeçando em palavras como na calçada,
> Dando às vezes com versos há muito sonhados.[24]

A experiência do choque conta-se entre aquelas que foram determinantes para a construção do poema em Baudelaire. Gide explora as intermitências entre imagem e ideia, palavra e coisa, nas quais a emoção poética de Baudelaire encontra o seu verdadeiro lugar.[25] Rivière chamou a atenção para os golpes subterrâneos que abalam o verso baudelairiano. É como se uma palavra se desmoronasse sobre si própria. Rivière assinalou tais palavras em queda[26]:

> E quem sabe se as flores que eu sonho, renovadas,
> Poderão encontrar nessa areia lavada
> O místico alimento que *fará* seu vigor?[27]

Ou também:

> Cibele, que os ama, *seu verde faz crescer.*[28]

E haveria ainda que referir o célebre início de poema:

---

[23] II, p. 334.

[24] I, p. 96 (FM, p. 215).

[25] Cf. André Gide, "Baudelaire et M. Faguet", in: *Morceaux choisis,* Paris, 1921, p. 128.

[26] Cf. Jacques Rivière, *Études,* 18ª ed. Paris, 1948, p. 14.

[27] I, p. 29 (FM, p. 69). [Nesta e na seguinte citação vi-me obrigado a alterar a tradução de Pinto do Amaral, para poder tornar visíveis as "palavras em queda" de que fala Benjamin. (N.T.)]

[28] I, p. 31 (FM, p. 73).

A criada bondosa de quem tinhas *ciúmes*.[29]

Uma das intenções que Baudelaire havia perseguido em *O spleen de Paris* – os seus poemas em prosa – era a de fazer justiça a estes princípios ocultos também na prosa. Na dedicatória ao chefe de redação do jornal *La Presse*, Arsène Houssaye, lemos: "Quem, dentre nós, não sonhou nestes dias de ambição com o milagre de uma prosa poética, musical, sem ritmo e sem rima, suficientemente maleável e angulosa para se adaptar aos movimentos líricos da alma, às ondulações do sonho, aos sobressaltos da consciência? Esse ideal obcecante nasce sobretudo da frequentação das grandes cidades e do cruzamento das suas inumeráveis relações".[30]

Essa passagem sugere uma dupla constatação. Por um lado, evidencia a estreita relação que existe em Baudelaire entre a figura do choque e o contato com as massas da grande cidade. Por outro lado, esclarece-nos sobre o que devemos entender propriamente por tais massas. Não se pode falar aqui de uma classe nem de um coletivo estruturado. Trata-se, nada mais, nada menos, da multidão amorfa dos transeuntes, do público das ruas.[31] Essa multidão, cuja existência Baudelaire nunca esquece, não lhe serviu de modelo para nenhuma das suas obras, mas impregna a sua criação como uma figura oculta, e é também a figura escondida do fragmento citado acima. A partir dela é possível decifrar a imagem do esgrimista: os golpes que desfere destinam-se a lhe abrir caminho entre a multidão. É verdade que os *faubourgs* por onde deambula o poeta de "O Sol" estão desertos. Mas é possível apreender a constelação secreta (em que a beleza da estrofe se torna transparente até o fundo): é a multidão fantasmática das palavras, dos fragmentos, dos começos de verso, com os quais o poeta trava o combate que lhe permite apresar a poesia naquelas ruas sem vivalma.

---

[29] I, p. 113 (FM, p. 255).

[30] I, p. 405-406.

[31] Emprestar uma alma a essa multidão é o mais íntimo desejo do *flâneur*. Os encontros com ela são a vivência de que ele nunca se cansa de falar. Não é possível abstrair da obra de Baudelaire certos reflexos dessa ilusão, que, aliás, ainda se não esgotou. O unanimismo de Jules Romain é um dos seus frutos mais admirados.

V

A multidão: nenhum tema se impôs com mais propriedade aos autores do século XIX. Nessa época, ela preparava-se para se estruturar como público em largas camadas sociais para as quais a leitura se havia tornado um hábito. Tornou-se cliente da literatura, queria ver-se retratada no romance contemporâneo, como os mecenas nas pinturas da Idade Média. O autor de maior sucesso do século correspondeu a essa exigência por uma imposição interior. Para ele, a multidão, num sentido quase antigo, era a multidão dos clientes, do público. Hugo é o primeiro a apelar à multidão, em títulos como *Os miseráveis* ou *Os trabalhadores do mar*. Hugo era o único que podia concorrer na França com o romance em folhetim. O mestre do gênero, que começou a se tornar uma fonte de revelação para o homem comum, foi, como se sabe, Eugène Sue. Em 1850 foi eleito, por grande maioria, representante da cidade de Paris no Parlamento. Não foi por acaso, pois, que o jovem Marx encontrou razões para fazer uma crítica severa a *Os mistérios de Paris*. A tarefa que se propôs levar a cabo desde muito cedo era a de demarcar a massa férrea do proletariado da massa amorfa que um socialismo intelectual procurava, àquela altura, ganhar para a sua causa. Por isso, a descrição que Engels faz dessa massa nas suas primeiras obras anuncia, ainda que timidamente, um dos temas de Marx. Em *A situação da classe trabalhadora na Inglaterra* pode-se ler: "Uma cidade como Londres, onde se pode caminhar horas a fio sem vislumbrar o começo do fim, sem encontrar o mínimo sinal que deixe adivinhar a proximidade do campo, é de fato uma coisa muito singular. Essa centralização colossal, essa aglomeração de dois milhões e meio de pessoas num só lugar, centuplicou a força desses dois milhões e meio... Mas as vítimas que isso custou só mais tarde as descobrimos. Só depois de termos andado alguns dias pelo asfalto das ruas principais notamos como esses londrinos tiveram de sacrificar a melhor parte da sua humanidade para levar a cabo todos os prodígios da civilização de que a cidade está cheia, e como centenas de forças neles adormecidas permaneceram inativas e foram reprimidas... A própria agitação das ruas tem qualquer coisa de repugnante, qualquer coisa contrária à natureza humana. Aquelas centenas de milhares, de todas as classes e posições, que aí se acotovelam não serão todas elas pessoas humanas com as mesmas qualidades e capacidades e com o mesmo desejo de ser feliz?... Apesar disso, passam correndo uns pelos outros, como se não tivessem nada em comum, nada a ver uns com os outros; e, no entanto, o único acordo tácito entre eles é o de seguirem pelo passeio do lado direito, para que as duas correntes da multidão não constituam entrave uma para a outra; e, no entanto, ninguém se digna lançar ao outro um olhar que seja. Essa indiferença brutal, o isolamento insensível do indivíduo nos seus interesses privados é tanto mais chocante e gritante quanto mais esses indivíduos se comprimem num espaço exíguo".[32]

Essa descrição é notoriamente diferente das que encontramos nos pequenos mestres franceses, como Gozlan, Delvau ou Lurine. Falta-lhe a desenvoltura e naturalidade com que o *flâneur* se movimenta entre a multidão e que o folhetinista aplicado aprende com ele. Para Engels, a multidão tem qualquer coisa de inquietante e provoca nele uma reação moral, acompanhada por outra, de ordem estética: afeta-o de forma desagradável a maneira como os transeuntes passam uns pelos outros, precipitadamente. O encanto da sua descrição vem-lhe do modo como nela se articulam o hábito crítico incorruptível e o tom antiquado. O autor vem de uma Alemanha ainda provinciana; talvez nunca tenha sentido a tentação de se perder numa torrente humana. Quando Hegel, pouco antes de morrer, foi a primeira vez a Paris, escreveu à mulher: "Quando ando pelas ruas, as pessoas são muito parecidas com as de Berlim — todas vestidas de modo semelhante, mais ou menos os mesmos rostos. A cena é a mesma, mas a massa de povo é imensa".[33] Mover-se no meio dessa massa era qualquer coisa de natural para um parisiense. Fosse qual fosse a distância que pretendesse ter em relação a ela, o fato é que ela o marcava, e ele não podia vê-la de fora, como Engels. No que a Baudelaire diz respeito, as massas de modo algum são sentidas como qualquer coisa de exterior, a ponto de ser possível seguir na sua obra o modo como ele, envolvido e atraído por elas, resiste-lhes.

---

[32] Friedrich Engels, *Die Lage der arbeitenden Klasse in England. Nach eigner Anschauung und authentischen Quellen* [A situação da classe trabalhadora na Inglaterra. Observações pessoais e fontes autênticas]. 2ª ed. Leipzig, 1848, p. 36-37.

[33] Georg Wilhelm Friedrich Hegel, *Werke* [Obras]. Edição completa, a cargo de um grupo de amigos do falecido. Vol. 19: Correspondência, ed. Karl Hegel. Leipzig, 1887, 2ª parte, p. 257.

As massas são qualquer coisa de tão intrínseco em Baudelaire que em vão procuraremos nele a sua descrição. E os temas mais importantes com elas relacionados raramente se encontram sob a forma de descrições. O que lhe interessa, como diz Desjardins numa observação arguta, "é deixar a imagem mergulhar na memória, e não adorná-la ou pintá-la de forma acabada".[34] Em vão se procurará em *As flores do mal* ou *O spleen de Paris* um equivalente dos quadros da cidade em que Victor Hugo foi mestre. Baudelaire não descreve nem os habitantes nem a cidade. Essa recusa colocou-o na posição de ter de evocar sempre a cidade na forma das pessoas que a habitam. A sua multidão é sempre a da grande cidade, a sua Paris é sempre superpovoada. É isso que o torna muito superior a um Barbier, porque o processo deste é descritivo, e ele separa as massas e a cidade.[35] Nos "Quadros parisienses" é possível detectar, disseminada, a presença secreta das massas. Quando Baudelaire faz seu o tema do despertar do dia, há nas

---

[34] Paul Desjardins, "Poètes contemporains. Charles Baudelaire", in: *Revue bleue. Revue politique et littéraire* (Paris), 3ª série, t. 14, 24º ano; 2ª série, n. 1, 2 de julho de 1887, p. 23.

[35] Característico do processo de Barbier é o seu poema "Londres", que descreve a cidade em vinte e quatro linhas, para concluir desajeitadamente com os seguintes versos:

> Enfim, num mar de coisas sombrias, imenso,
> Um povo negro vive e morre em silêncio.
> Milhares de seres seguem o instinto fatal,
> Correm atrás do ouro para o bem e para o mal. (Auguste Barbier, *Jambes et poèmes*, Paris, 1841, p. 193-194)

Baudelaire foi mais influenciado do que geralmente se admite pelos "poemas de tendência" de Barbier, em especial pelo ciclo londrino "Lázaro". O final de "O crepúsculo da tarde", de Baudelaire, é o seguinte:

> ... acabam
> O seu destino e vão para o abismo comum;
> Enche-se o hospital com os seus ais. – E alguns
> Já não virão buscar essa sopa odorífera
> P'lo serão, à lareira, junto a uma alma querida. (I, p. 109. FM, p. 245)

Compare-se agora com o final da oitava estrofe de "Mineiros de Newcastle", de Barbier:

> E muitos, que sonhavam, lá no fundo da alma,
> Com os olhos azuis de uma mulher e a calma
> Do lar, dormem no fundo abismo o sono eterno. (Barbier, *op. cit.*, p. 240-241)

Com alguns retoques de mestre, Baudelaire faz do "destino do mineiro" o fim banal do homem da grande cidade.

ruas desertas algo do "silêncio de um burburinho" que Hugo sentia na Paris noturna. Mal Baudelaire põe os olhos nas pranchas dos atlas anatômicos expostos para venda nos cais poeirentos do Sena, logo a massa dos que morreram toma imperceptivelmente nessas folhas o lugar dos esqueletos por elas dispersos. Uma massa compacta avança nas figuras da "Dança macabra". O heroísmo das mulheres engelha-das que o ciclo "As velhinhas" acompanha nos seus caminhos é o de figuras que se destacam da grande massa com o passo que já não pode acompanhar o seu ritmo, com pensamentos que já não sabem nada do que se passa no presente. As massas eram o véu em movimento através do qual Baudelaire via Paris.[36] A sua presença dá o tom a uma das peças mais célebres de *As flores do mal*.

Não há no soneto "A uma transeunte" uma única expressão, uma só palavra que nomeie a multidão. E no entanto todo o seu desenvolvimento assenta sobre ela, tal como o andamento do veleiro depende do vento:

A rua ia gritando e eu ensurdecia.
Alta, magra, de luto, dor tão majestosa,
Passou uma mulher que, com mãos sumptuosas,
Erguia e agitava a orla do vestido;

Nobre e ágil, com pernas iguais a uma estátua.
Crispado como um excêntrico, eu bebia, então,
Nos seus olhos, céu plúmbeo onde nasce o tufão,
A doçura que encanta e o prazer que mata.

Um raio... e depois noite! – Efêmera beldade
Cujo olhar me fez renascer tão de súbito,
Só te verei de novo na eternidade?

Noutro lugar, bem longe! é tarde! talvez *nunca!*
Porque não sabes onde vou, nem eu onde ias,
Tu que eu teria amado, tu que bem o sabias![37]

---

[36] A fantasmagoria em que aquele que espera passa o seu tempo, a Veneza construída de passagens, que o Império oferece em sonho aos parisienses, iludindo-os, só transporta alguns, poucos, no seu painel de mosaicos. É por isso que as passagens não aparecem na obra de Baudelaire.

[37] I, p. 106 (FM, p. 239).

No véu da viúva, envolta no seu silêncio e arrastada pela multidão, uma desconhecida cruza o olhar do poeta. O que o soneto dá a entender, numa frase, é: a aparição que fascina o citadino – que está longe de sentir na multidão apenas uma rival, apenas um elemento hostil – só a multidão verdadeiramente lhe traz. O seu encantamento é o de um amor, não tanto à primeira como à última vista. É uma despedida para sempre, aquela que no poema coincide com o momento do êxtase. É desse modo que o soneto apresenta a figura do choque, e mesmo de uma catástrofe. Mas, ao se apoderar do sujeito, ela atinge também o cerne da sua emoção. O que faz estremecer o corpo como num espasmo – "crispado como um excêntrico", diz o texto – não é a beatitude de tudo aquilo que cede ao apelo erótico em todos os meandros do seu ser; tem mais a ver com o choque sexual que pode acometer um solitário. Dizer que versos desses "só podiam ter nascido numa grande cidade",[38] como achava Thibaudet, não quer dizer muito. Deixam transparecer os estigmas que a existência numa grande cidade inflige ao amor. Proust não leu de outro modo esse soneto e por isso deu mais tarde à imagem da mulher de luto, que um dia lhe apareceu na figura de Albertine, o título significativo de "A parisiense": "Quando Albertine voltou a entrar no meu quarto trazia um vestido preto de cetim que a fazia pálida, dando-lhe semelhanças com o tipo da parisiense sensual e, apesar disso, pálida, da mulher que, desabituada do ar livre, enfraquecida pelo seu estilo de vida no meio das multidões e talvez também por influência do vício, se reconhece por um olhar muito particular que, num rosto sem pintura, causa certa inquietação".[39] Assim é, ainda em Proust, o olhar de um amor que só o habitante da grande cidade conhece, que foi captado por Baudelaire para o seu poema e do qual não raramente se poderá dizer não tanto que a sua realização lhe foi negada, mas que ele foi poupado a ela.[40]

---

[38] Albert Thibaudet, *Intérieurs,* Paris, 1924, p. 22.

[39] Proust, *op. cit.,* vol. 6, *La prisonnière,* Paris, 1923, p. 138 (Pléiade III, 102).

[40] O motivo do amor por uma transeunte foi assimilado por um poema da primeira fase de [Stefan] George. O momento decisivo escapou-lhe – a corrente que faz passar diante dos olhos do poeta a mulher, trazida pela multidão. Por isso, o resultado em George é uma tímida elegia. Os olhares do poeta, como ele confessa à sua dama, "afastaram-se, úmidos de nostalgia,/antes de ousarem mergulhar nos teus" (Stefan George, *Hymnen, Pilgerfahrten, Algabal* [Hinos, Peregrinações,

VI

Entre as mais antigas versões do motivo da multidão podemos considerar um conto de Poe traduzido por Baudelaire como a clássica. Apresenta algumas singularidades, e basta segui-las para topar com instâncias sociais tão poderosas e ocultas que poderiam contar-se entre as únicas capazes de exercer, por muitos meios, um efeito tão profundo quanto sutil sobre a produção artística. O conto chama-se "O homem da multidão", o seu cenário é Londres, e o narrador é um homem que, depois de uma doença prolongada, aventura-se de novo no labirinto da cidade. Ao fim da tarde de um dia de outono, instala-se atrás do vidro de um grande café em Londres. Observa os fregueses à sua volta, olha para os anúncios num jornal; mas o seu olhar divaga sobretudo pela multidão que passa em frente à sua janela. "A rua era uma das mais animadas da cidade e todo o dia estivera apinhada de gente. Mas agora, ao cair da noite, a multidão aumentava a cada minuto; e quando as luzes do gás se acenderam, duas correntes de transeuntes compactas, maciças, iam passando em frente do café. Nunca tinha me sentido como naquelas horas do entardecer, e ia saboreando essa nova emoção que tinha me acometido diante daquele oceano de cabeças ondulantes. Pouco a pouco deixei de olhar para o que se passava à minha volta na sala onde me encontrava e perdi-me na contemplação da cena da rua."[41] A intriga de que esse prelúdio faz parte terá de ser deixada de parte, porque o que importa considerar é a moldura que envolve sua ação.

Sombria e dispersa como a própria luz sob a qual se move é a multidão londrina. E isso não se aplica apenas à escumalha que, com a noite, começa a rastejar "para fora dos seus antros".[42] Também a classe dos altos funcionários é descrita por Poe nos seguintes termos: "O cabelo era quase sempre bastante ralo, a orelha direita estava, em geral, mais afastada da cabeça, devido à sua utilização como suporte da caneta. Todos, por força do hábito, levavam ambas as mãos aos

---

Algabal], 7ª ed., Berlim, 1922, p. 23). Em Baudelaire não restam dúvidas de que foi *ele* quem olhou nos olhos a transeunte.

[41] Edgar Poe, *Nouvelles histoires extraordinaires*. Traduction de Charles Baudelaire (Charles Baudelaire, *Œuvres complètes*, vol. 6: *Traductions II*. Ed. Calmann-Lévy), Paris, 1887, p. 88.

[42] Poe, *op. cit.*, p. 94.

chapéus e todos usavam correntes de relógio curtas, de ouro e de estilo antiquado".[43] Mais surpreendente é ainda a descrição da multidão se se atenta no modo como ela se movimenta: "A maior parte dos que passavam pareciam pessoas satisfeitas consigo próprias e com os dois pés bem assentes na terra. Pareciam estar apenas preocupadas em abrir caminho por entre a multidão. Franziam as sobrancelhas e olhavam para todos os lados. Se levavam um empurrão de outro transeunte, não pareciam muito irritadas; ajeitavam a roupa e seguiam caminho rapidamente. Outras, e também este grupo era grande, tinham movimentos desordenados, o rosto afogueado, falavam sozinhas e gesticulavam, como que sentindo-se sós precisamente devido à enorme multidão que as rodeava. Quando tinham de parar, essas pessoas deixavam de murmurar; mas os gestos acentuavam-se mais e elas esperavam, com um sorriso distante e forçado, até que os transeuntes que lhes barravam o caminho passassem. Se alguém lhes dava um encontrão, cumprimentavam as pessoas que as tinham empurrado e pareciam muito atarantadas".[44] Pensar-se-ia que se está falando de pessoas meio ébrias, de uns pobres diabos. Na verdade, trata-se de "gente de boa posição social, comerciantes, advogados e especuladores da Bolsa".[45]

---

[43] Poe, *op. cit.,* p. 90-91.

[44] Poe, *op. cit.,* p. 89.
Encontramos um paralelo com esta passagem em "Um dia de chuva". Embora com outra assinatura, o poema deve ser atribuído a Baudelaire (cf. Charles Baudelaire, *Vers retrouvés.* Ed. Jules Mouquet, Paris, 1929). O último verso, que dá ao poema o seu tom extremamente sombrio, tem uma exata correspondência em "O homem da multidão". Em Poe lemos: "Os reflexos dos candeeiros a gás eram ainda fracos enquanto lutavam com o crepúsculo. Agora tinham vencido e lançavam à sua volta uma luz trémula e intensa. Tudo parecia negro, mas refulgia como o ébano com o qual alguém comparou o estilo de Tertuliano" (Poe, *op. cit.,* p. 94). O encontro de Baudelaire com Poe é ainda mais surpreendente pelo fato de o poema datar o mais tardar, de 1843, de uma altura, portanto, em que Baudelaire não conhecia Poe:
> Levamos empurrões no passeio escorregadio,
> Gente bruta, egoísta, salpica-nos de lama,
> Ou, para ir mais depressa, empurra-nos, reclama.
> A rua é uma pocilga, dilúvio, um céu pesado:
> Quadro negro pelo negro Ezequiel sonhado! (I, p. 211)

[45] Poe, *op. cit.,* p. 90.
Os homens de negócios têm, em Poe, algo de demoníaco. Pensa-se em Marx, que ressalta o "dinamismo febril e jovem da produção material" nos Estados

Não se pode dizer que a cena que Poe imaginou seja realista. Mostra uma imaginação planificada em ação, deliberadamente desfiguradora, que coloca o seu texto a uma grande distância daqueles que se costumam recomendar como modelos de um realismo socialista. Barbier, por exemplo, um dos melhores autores que tal realismo poderia reclamar para si, descreve as coisas de forma menos transfigurada. E escolheu também um objeto mais transparente, a massa dos oprimidos, de que não se pode falar em Poe – este fala das "pessoas", sem mais. Também ele, como Engels, pressentia algo de ameaçador no espetáculo que elas lhe ofereciam. E é precisamente essa imagem da multidão urbana que será decisiva em Baudelaire. Se é certo que se sentia dominado pela sua força de atração, que fazia dele, enquanto *flâneur*, um dos seus, também não o abandona o sentimento da sua natureza inumana. Ele faz-se seu cúmplice, para, no momento seguinte, distanciar-se dela. Deixa-se absorver longamente por ela, para inopinadamente, com *um* olhar de desprezo, arremessá-la para o Nada. Essa ambivalência tem qualquer coisa de fascinante quando ele a confessa com reservas. Talvez a ela se deva o encanto, dificilmente explicável, do seu "Crepúsculo da tarde".

VII

Baudelaire gostava de equiparar o tipo do *flâneur* ao homem da multidão em cuja pegada o narrador de Poe percorre a Londres noturna de ponta a ponta.[46] Nisso, porém, não podemos dar-lhe razão. O homem da multidão não é um *flâneur*. Nele, o comportamento tranquilo deu lugar ao do maníaco obsessivo. Seria possível, isso sim, derivar dele o que aconteceria ao *flâneur* se lhe fosse tirado o ambiente de que é parte integrante. Se alguma vez Londres lhe ofereceu tal ambiente, não foi certamente o da cidade descrita por Poe. Comparada

---

Unidos e o responsabiliza pelo fato de "não ter havido tempo nem oportunidade para acabar com o velho mundo e seus fantasmas" (Marx, *Der achtzehnte Brumaire des Louis Bonaparte,* ed. Rjazanov. Viena/Berlim, 1927, p. 30). E Baudelaire descreve como, ao anoitecer, "na atmosfera, insalubres demônios/Despertam devagar, como homens de negócios" (I, p. 108; FM, p. 243). Essa passagem de "O crepúsculo da tarde" poderia ter sido inspirada no texto de Poe.

[46] Cf. II, p. 328-335.

a ela, a Paris de Baudelaire conserva ainda alguns traços dos bons velhos tempos. Havia ainda barcas cruzando o Sena nos lugares onde depois se construíram pontes. Ainda no ano da morte de Baudelaire, um empresário teve a ideia de pôr em circulação quinhentas liteiras para facilitar a vida a habitantes mais abastados. Ainda se apreciavam as passagens, onde o *flâneur* não tinha de se preocupar com os veículos, que não admitem os peões como concorrentes.[47] Havia o transeunte que fura pelo meio da multidão, mas havia também o *flâneur*, que precisa de espaço e não quer perder a sua privacidade. Os outros, muitos, podem ir atrás dos seus negócios; o indivíduo, este só pode perder-se na *flânerie* se, por isso, tornar-se excêntrico. Quando a vida privada impõe um estilo, há tão pouco lugar para o *flâneur* como no trânsito febril da City. Londres tem o seu homem da multidão. Nante, o ocioso encostado às esquinas, figura popular de Berlim no período antes da Revolução de 1848, é de certo modo o seu contraponto; o *flâneur* parisiense seria o meio-termo.[48]

O modo como o ocioso olha para a multidão é dado a nós de forma esclarecedora por um pequeno texto de prosa, o último escrito por E. T. A. Hoffmann. Tem por título *Des Vetters Eckfenster* [A janela de esquina do meu primo], foi escrito quinze anos antes do conto de Poe e constitui certamente uma das primeiras tentativas de captar a imagem da rua de uma grande cidade. Vale a pena assinalar as diferenças entre os dois textos. O observador de Poe olha através do vidro de um café; o primo, pelo contrário, está instalado em casa. O observador de Poe está sujeito a uma atração que acaba por arrastá-lo no turbilhão da multidão. O primo de Hoffmann, sentado na sua varanda de esquina, é paralítico; nunca poderia seguir a torrente da multidão, mesmo que sentisse no corpo a sua atração. Mas está acima dessa multidão, como sugere o seu posto de observação na janela da

---

[47] O peão sabia, se fosse preciso, ostentar em determinadas ocasiões o seu saber-viver. Por volta de 1840, era ainda de bom-tom passear tartarugas nas passagens. O *flâneur* deixava de bom grado que elas lhe ditassem o ritmo da passada. Se dependesse dele, o progresso teria de aprender esse passo. No entanto, a última palavra não foi sua, mas de Taylor, cujo lema era "Abaixo a *flânerie*!".

[48] Nesse personagem de Adolf Glassbrenner, o indivíduo ocioso mostra-se como um parente pobre do *citoyen*. Nante não tem qualquer motivo para ser ativo. Instala-se na rua, que, naturalmente, não o leva a lugar nenhum, tão confortavelmente como o pequeno-burguês entre as suas quatro paredes.

casa. Daí, examina a multidão; é dia de mercado semanal, e ele sente-se no seu elemento. Os seus binóculos de teatro permitem-lhe abstrair da multidão cenas de gênero. O uso desse instrumento corresponde perfeitamente à atitude interior do utilizador. Pretende, como confessa, iniciar aquele que o visita nas "primícias da arte de observar".[49] Essa arte consiste na capacidade de nos regozijarmos com quadros vivos, como aqueles que também a arte do *Biedermeier* procurava. A sua interpretação faz-se por meio de aforismos edificantes.[50] Pode-se ler esse texto como uma tentativa de algo que em breve iria ser concretizado. Mas é evidente que essa tentativa se fazia, em Berlim, em condições que a impediam de ser um êxito completo. Se Hoffmann tivesse conhecido Paris ou Londres, se o seu objetivo fosse representar as massas enquanto tal, não teria se fixado num mercado; não teria colocado as mulheres no primeiro plano da sua cena; talvez tivesse aproveitado os motivos que Poe encontra na multidão que passa na luz dos candeeiros a gás. Mas nem sequer teria precisado disso para salientar os elementos inquietantes que outros fisionomistas da grande cidade nela encontraram. É o caso de uma reflexão de Heine como a

---

[49] Ernst Theodor Amadeus Hoffmann, *Ausgewählte Schriften 14: Leben und Nachlaß* [Obras escolhidas: Vida e espólio]. Por Julius Eduard Hitzig, v. 2, 3ª ed., Stuttgart, 1839, p. 205.

O interessante é o modo como se chega a essa confissão. O primo, pensa a sua visita, só olha para o movimento lá em baixo porque lhe dá prazer ver o jogo mutante das cores. Mas ao fim de algum tempo isso acabaria por se tornar cansativo. De forma semelhante, e certamente não muito mais tarde, escreve Gogol a propósito de uma feira na Ucrânia: "Havia tanta gente a caminho da feira que tudo tremeluzia diante dos nossos olhos". Talvez a visão diária de uma multidão ativa representasse um dia um espetáculo ao qual os olhos têm primeiro de se adaptar. Com base nessa suposição, não seria descabido admitir que, uma vez dominada essa tarefa, seriam bem-vindas as ocasiões de confirmar o domínio dessa nova faculdade. A técnica da pintura impressionista, que consiste em captar a imagem no meio do tumulto das pinceladas de cor, seria então um reflexo de experiências que se tornaram familiares aos olhos de um citadino. Um quadro como a *Catedral de Chartres*, de Monet, que é como um formigueiro de pedras, poderia ilustrar esta hipótese. [A citação de Gogol, não identificada por Benjamin, é do conto "O documento perdido". (N.T.)]

[50] Nesse texto, Hoffmann dedica algumas considerações edificantes, entre outros, ao cego que volta a cabeça para o céu. Baudelaire, que conhecia esse conto, introduz no último verso do poema "Os cegos" uma variante de Hoffmann que desmente a sua natureza edificante: "... o que procuram no Céu tantos cegos?" (I, p. 106. FM, p. 237).

seguinte: "Na primavera", escrevia um correspondente a Varnhagen, "sofria muito dos olhos. Da última vez, acompanhei-o um pouco ao longo dos *boulevards*. O brilho, a vida dessas ruas, únicas no seu gênero, provocava em mim estados constantes de admiração; Heine, pelo contrário, acentuou significativamente o horror que se associava a esse centro cosmopolita".[51]

VIII

A grande cidade despertava naqueles que a viam pela primeira vez medo, repugnância e horror. Em Poe, ela tem qualquer coisa de bárbaro, que a disciplina só a custo consegue domar. Mais tarde, James Ensor não se cansará de confrontar nela a disciplina com o seu lado selvagem. Gostava sobretudo de integrar corporações militares nos seus bandos carnavalescos, e ambos vão perfeitamente um com o outro, nomeadamente nos Estados totalitários, em que a polícia está de conluio com os saqueadores. Valéry, com o seu olhar crítico sobre o complexo de sintomas chamado "civilização", caracteriza um dos seus aspectos mais significativos: "O habitante dos grandes centros urbanos", escreve, "volta a cair no estado selvagem, o mesmo que dizer, no isolamento. A sensação de depender dos outros, antes sempre estimulada pela necessidade, vai decaindo progressivamente no funcionamento sem atritos dos mecanismos sociais. Cada aperfeiçoamento desse mecanismo pressupõe a eliminação de determinados tipos de comportamento e de certas emoções...".[52] O conforto isola. Por outro lado, aproxima mais do mecanismo aqueles que dele dispõem. Com a invenção dos fósforos em meados do século assiste-se à entrada em cena de uma série de inovações que têm um aspecto em comum: desencadeiam com um só gesto um processo complexo composto por uma série de momentos. Essa evolução dá-se em vários domínios e é evidente no novo telefone, no qual o movimento contínuo da manivela nos antigos aparelhos é substituído pelo levantar do auscultador. Entre os inúmeros gestos que serviam para ligar, inserir,

---

[51] Heinrich Heine, *Gespräche. Briefe, Tagebücher, Berichte seiner Zeitgenossen* [Conversações, cartas, diários, relatos dos seus contemporâneos]. Reunidos e editados por Hugo Bieber, Berlim, 1926, p. 163.

[52] Valéry, *Cahier B* (1910), Paris, p. 88-89.

acionar, etc., um dos de maiores consequências foi o *click* do fotógrafo. Bastava a pressão de um dedo para fixar um acontecimento por tempo ilimitado. O aparelho, por assim dizer, aplicava ao instante um choque póstumo. A essas experiências táteis vieram juntar-se outras, ópticas, como as seções de anúncios num jornal, mas também o trânsito nas cidades. Mover-se através dele significa para o indivíduo sofrer uma série de choques e colisões. Nos pontos de cruzamento mais perigosos, atravessam-no vários choques nervosos em rápida sequência, como descargas de uma bateria. Baudelaire refere-se ao homem que mergulha na multidão como num reservatório de energia elétrica. E logo a seguir, descrevendo a experiência do choque, vê-o como "um *caleidoscópio* provido de consciência".[53] Se os transeuntes de Poe ainda lançam olhares para todos os lados, aparentemente sem motivo, os de hoje têm de fazer isso para se orientar nos sinais de trânsito. Assim, a técnica foi submetendo o sistema sensorial humano a um treino complexo. E chegou um dia em que o cinema veio corresponder a uma nova e urgente necessidade de estímulos. No cinema afirma-se a percepção sob a forma de choque como princípio formal. Aquilo que determina o ritmo de produção na linha de montagem corresponde no cinema ao ritmo subjacente à percepção.

Não é por acaso que Marx insiste na ideia de que, no trabalho manual, a ligação entre as várias etapas da produção é contínua. Já o operário fabril na linha de montagem experiencia essa ligação como autônoma e coisificada. A peça que lhe cabe surge no raio de ação do operário independentemente da sua vontade. E desaparece do seu controle da mesma forma arbitrária. "Toda produção capitalista", escreve Marx, "tem em comum o fato de não ser o operário a usar as condições de trabalho, mas as condições de trabalho a usarem-no; mas só com a maquinaria essa inversão adquire uma realidade tecnicamente concreta."[54] No trabalho com a máquina, os operários aprendem a coordenar "o seu próprio movimento com o movimento constante e uniforme de um autômato."[55] Essas palavras permitem entender

---

[53] II, p. 333.

[54] Karl Marx, *Das Kapital. Kritik der politischen Ökonomie* [O Capital. Crítica da Economia Política]. Edição integral, segundo a 2ª ed. de 1872 (Ed. de Karl Korsch), v. I, Berlim, 1932, p. 404.

[55] Marx, *op. cit.,* p. 402.

melhor os traços uniformes absurdos que Poe pretende ver na multidão, os quais descobre na indumentária e no comportamento, e até no jogo fisionômico. O sorriso dá o que pensar. É provavelmente aquele que hoje conhecemos como o *keep smiling* e que em Poe atua como um amortecedor mímico do choque. "Todo trabalho com a máquina exige um adestramento precoce do operário",[56] diz-se no contexto acima referido. Esse adestramento tem de se distinguir da aprendizagem prática. Essa aprendizagem, que era o único fator determinante do trabalho artesanal, tinha ainda o seu lugar na manufatura. Com base nela, "cada ramo específico da produção encontra na *experiência* a forma técnica que lhe corresponde e aperfeiçoa-a *lentamente*". É certo que a cristaliza rapidamente, "logo que é atingido certo grau de maturidade".[57] Mas a mesma manufatura produz, por outro lado, "em cada profissão de que toma conta, a classe dos chamados operários não qualificados, que a atividade artesanal excluía totalmente. Ao transformar em virtuosismo a especialidade totalmente unilateral, à custa da capacidade total de trabalho, começa já também a fazer da falta de qualquer formação uma especialidade. Paralelamente à ordem hierárquica, surge a simples divisão dos operários em especializados e não especializados".[58] O trabalhador não especializado é o mais degradado por essa forma de domesticação pela máquina. O seu trabalho é refratário a qualquer forma de experiência, com ele a aprendizagem prática perdeu todos os seus direitos.[59] O que o parque de diversões inventa com os seus pratos giratórios e outras distrações não é mais do que uma amostra da domesticação a que é submetido o operário não especializado na fábrica (uma amostra que de vez em quando assume o lugar de toda a programação, porque a arte da excentricidade cômica, que o homem comum podia aprender nos parques de diversões, florescia nos períodos de desemprego). O texto de Poe torna visível a verdadeira ligação entre o momento selvagem e

---

[56] *Id., ibid.*

[57] Marx, *op. cit.*, p. 323.

[58] Marx, *op. cit.*, p. 336.

[59] Quanto mais curto é o período de formação do operário industrial, tanto mais longo é o dos militares. Provavelmente, faz parte da preparação da sociedade para uma guerra total essa transferência da prática da produção para a prática da destruição.

a disciplina. Os seus transeuntes comportam-se como se, adaptados à automatização, já só conseguissem se exprimir de forma automática. O seu comportamento é uma reação aos choques. "Se alguém lhes dava um encontrão, cumprimentavam com uma vênia aqueles que os tinham empurrado."

IX

A vivência do choque que o transeunte tem no meio da multidão corresponde à "vivência" do operário junto da máquina. Mas isso não nos autoriza a supor que Poe fazia já ideia do que fosse o processo de trabalho industrial. Baudelaire estava, com certeza, muito distante de tal ideia. Mas se sentiu fascinado por um processo em que o mecanismo reflexo que a máquina desencadeia no operário pode ser estudado no ocioso como num espelho – o dos jogos de azar. Talvez essa afirmação pareça paradoxal. Onde é que poderia haver um antagonismo mais crível do que entre o trabalho e o jogo de azar? Alain escreve de forma inequívoca: "O conceito do jogo contém em si a ideia de que nenhuma partida depende da anterior. O jogo ignora totalmente toda e qualquer posição assegurada, não conta com os méritos conquistados anteriormente, e nisso se distingue do trabalho. O jogo acaba de vez com o peso do passado, sobre o qual se apoia o trabalho".[60] O trabalho que Alain aqui tem em mente é o trabalho altamente especializado (que, tal como o trabalho intelectual, foi capaz de preservar alguns traços do artesanal), mas não o da maior parte dos operários fabris, e muito menos o dos operários não especializados. É certo que ao último lhe falta a disposição para a aventura, a *fata morgana* que atrai o jogador. Mas o que de modo algum falta a esse trabalho é a vanidade, o vazio, o nunca estar acabado, inerentes à atividade fabril do operário assalariado. O seu gesto, provocado pelo processo de trabalho automatizado, aparece também no jogo, que não dispensa o golpe rápido da mão que faz a aposta ou recebe a carta. O movimento de sacão no fluir do processo mecânico corresponde, no jogo de azar, ao chamado lance. Cada uma das operações do operário na máquina não tem qualquer relação com a anterior, porque é a sua

---

[60] Alain [Émile-Auguste Chartier], *Les idées et les âges,* Paris, 1927, I, p. 183 ("Le jeu").

exata repetição. Na medida em que cada movimento executado na máquina se demarca do anterior como cada lance do jogo de azar em relação ao que o precedeu, a escravidão do operário assalariado é, a seu modo, o correspondente da escravidão do jogador. Ambas as formas de trabalho estão igualmente vazias de conteúdo.

Há uma litografia de Senefelder que representa um clube de jogo. Nenhum dos retratados acompanha o jogo da maneira habitual. Cada um está possuído por um afeto próprio: um por uma alegria incontida, outro por desconfiança em relação ao parceiro, um terceiro por um desespero surdo, um quarto pela obsessão da briga, um outro ainda se prepara para deixar este mundo. Todos esses gestos têm algo de secretamente comum: as figuras representadas mostram como o mecanismo a que os jogadores se entregam nos jogos de azar lhes toma conta do corpo e da alma de tal modo que eles já só podem agir condicionados por reflexos, também na esfera privada, por mais que se entreguem às suas emoções intensas. Comportam-se como os transeuntes no texto de Poe. Vivem a sua existência como autômatos e assemelham-se às figuras fictícias de Bergson, que liquidaram totalmente a sua memória.

Ao que parece, Baudelaire não era adepto do jogo, apesar de ter encontrado palavras de simpatia e mesmo de admiração por aqueles que caíram nas suas malhas.[61] O motivo, que ele tratou no poema noturno "O jogo", estava previsto na sua visão da modernidade, e escrevê-lo fazia parte da sua tarefa. A imagem do jogador tornou-se em Baudelaire o verdadeiro complemento da imagem arcaica do esgrimista. Um e outro são para ele figuras heroicas. Börne viu através dos olhos de Baudelaire ao escrever: "Se fosse possível poupar toda a energia e a paixão que se desperdiçam anualmente nas mesas de jogo da Europa, será que chegaria para construir com isso um povo e uma história romanos? Mas é essa exatamente a questão! Como cada um já nasce romano, a sociedade burguesa procura desromanizá-lo, e isso explica a introdução de jogos de azar e de sociedade, romances, óperas italianas e jornais para o mundo elegante...".[62] O jogo de azar só

---

[61] Cf. I, p. 456 (FM, p. 245); e II, p. 630.

[62] Ludwig Börne, *Gesammelte Schriften* [Obras Completas]. Nova edição, v. 3, Hamburgo/Frankfurt-Main, 1862, p. 38-39.

entrou na vida burguesa no século XIX; no século XVIII só a nobreza jogava. O jogo popularizou-se através dos exércitos napoleônicos e passou a fazer parte dos "espetáculos da vida mundana e dos milhares de existências desregradas que se alojam nos subterrâneos de uma grande cidade" – aquele espetáculo no qual Baudelaire pretendia ver o heroico, "do modo como a nossa época o vive".[63]

Se quisermos considerar o jogo mais do ponto de vista psicológico do que do técnico, então a concepção de Baudelaire ainda se torna mais significativa. O jogador tem em vista o ganho, isso é evidente. Mas a sua ambição de ganhar, de fazer dinheiro, não é um desejo no verdadeiro sentido do termo. Talvez o que, no íntimo, o realize seja a avidez, talvez uma obscura determinação. Seja como for, o jogador encontra-se num estado de espírito no qual não pode dar à experiência a devida importância.[64] Já o desejo pertence à categoria da experiência. "Aquilo que desejamos na juventude recebemo-lo em abundância na idade madura", disse Goethe. Na vida, quanto mais cedo formularmos um desejo, tantas mais possibilidades ele terá de se realizar. Quanto mais longe um desejo se projeta no tempo, tanto mais se pode esperar da sua realização. Mas o que nos projeta para trás, no tempo, é a experiência que o preenche e estrutura. Por isso, o desejo realizado é a coroa destinada à experiência. No simbolismo dos povos, a distância no espaço pode assumir o papel de distância no tempo; daí que a estrela cadente, que se projeta na distância infinita do espaço, tenha se tornado símbolo do desejo realizado. A bolinha de marfim que rola para a *próxima* casa, a *próxima* carta, que fica por cima das outras, são a verdadeira antítese da estrela cadente. O tempo contido no instante em que a luz da estrela cadente cintila

---

[63] II, p. 135.

[64] O jogo anula as categorias da experiência. Talvez haja uma indefinida intuição disso no fato de ser corrente, precisamente entre jogadores, a referência ao "argumento plebeu da experiência". O jogador diz "o meu número" como o homem mundano diz "o meu tipo". No final do Segundo Império era essa atitude que ditava as normas. "Nos *boulevards* era normal atribuir tudo à sorte" (Gustave Rageot, Qu'est-ce qu'un événement?, in: *Le temps*, 16 de abril de 1939). Esta mentalidade é estimulada pela aposta, que é um meio de atribuir ao acontecimento um caráter de choque, subtraindo-o ao contexto da experiência. Para a burguesia, também os acontecimentos políticos assumiam facilmente a forma de eventos à mesa de jogo.

para uma pessoa é da mesma matéria daquele tempo que Joubert, com a segurança que lhe é própria, definiu do seguinte modo: "O tempo – escreve – também se encontra na eternidade; mas não é o tempo terreno, deste mundo... Esse tempo não destrói, só aperfeiçoa e consuma".[65] É o oposto do tempo infernal em que decorre a existência daqueles que nunca consumam aquilo a que deitaram mãos. A má fama do jogo de azar vem-lhe, de fato, de ser o próprio jogador a dar as cartas (um cliente incorrigível da loteria não está sujeito à mesma condenação do jogador em sentido estrito).

A ideia regulativa do jogo (tal como do trabalho assalariado) é o recomeçar sempre. Por isso ela adquire o seu exato sentido quando, em Baudelaire, o ponteiro dos segundos – *la Seconde* – surge como parceiro do jogador:

> Lembra-te bem que o Tempo é um jogador faminto
> Que ganha sem batota! é sempre assim a lei.[66]

Num outro texto, o lugar do segundo de que aqui se fala é ocupado pelo próprio Satanás.[67] Sem dúvida pertence também ao seu território aquele antro taciturno para onde o poema "O jogo" envia aqueles que cederam aos jogos de azar:

> Eis o negro cenário que um sonho nocturno
> Soube desenrolar sob o meu olhar lúcido.
> A mim próprio, a um canto do antro taciturno,
> Pude ver-me encostado, invejoso, frio, mudo,
> Invejando a paixão tenaz daquela gente.[68]

O poeta não participa do jogo; fica no seu canto, não mais feliz do que eles, os jogadores. Também ele é um homem espoliado da sua experiência – um homem moderno. Mas ele recusa a droga com que os jogadores procuram entorpecer a consciência e que os entregou ao andamento do ponteiro dos segundos.[69]

---

[65] Joseph Joubert, *Pensées II,* 8ª ed. Paris, 1883, p. 162.

[66] I, p. 94 (FM, p. 211).

[67] Cf. I, p. 455-459.

[68] I, p. 110 (FM, p. 247).

[69] O efeito de entorpecimento de que aqui se trata tem um tempo específico, tal como o sofrimento que deve aliviar. O tempo é o tecido no qual estão entretecidas

E a minha alma tremeu por invejar os muitos
Que correm com fervor ao abismo que se abre
E que, ébrios do seu sangue, preferem, no fundo,
O sofrimento à morte e o inferno ao nada![70]

Nestes últimos versos, Baudelaire transforma a impaciência em substrato da fúria do jogo. Algo que encontrou em si mesmo, na sua mais pura forma. A sua fúria tinha a força expressiva da *Iracundia* de Giotto em Pádua.

X

A acreditar em Bergson, é a presentificação da *durée* que liberta a alma humana da obsessão do tempo. Proust partilha dessa crença e criou a partir dela os exercícios com os quais, durante toda uma vida, foi trazendo à luz tempos passados impregnados de todas as reminiscências que tinham penetrado nos seus poros durante a sua permanência no inconsciente. Proust era um leitor incomparável de *As flores do mal*, porque sentia afinidades com as forças em ação nesse livro. Não há aspecto familiar em Baudelaire que a experiência de Proust não abarque. "O tempo", diz Proust, "foi seccionado em Baudelaire de forma surpreendente, apenas alguns dias, poucos, abrem-se a nós, e são significativos. É isso que nos faz perceber por que razão ele usa com frequência expressões como 'quando uma

---

as fantasmagorias do jogo. Gourdon escreve no seu livro *Les Faucheurs de nuit*: "Afirmo que a paixão do jogo é a mais nobre de todas as paixões, porque engloba todas as outras. Uma sequência de lances felizes dá-me mais prazer do que um homem que não jogue pode ter num ano inteiro... Acham que vejo no ouro que me cabe em sorte apenas o ganho? Enganam-se. Vejo nele os prazeres que ele me pode dar, e que eu gozo. Chegam-me depressa demais para me poder enfastiar, em tão grande variedade que não tenho tempo para tédios. Vivi cem vidas numa só. Se viajo, é como a viagem da centelha elétrica. Se sou avarento e guardo o meu dinheiro para jogar, isso acontece porque eu conheço bem demais o valor do tempo para usá-lo, como fazem as outras pessoas. Determinado prazer que me concedesse iria me custar mil outros prazeres... Tenho os prazeres no espírito, e não quero outros" (Edouard Gourdon, *Les Faucheurs de nuit: jouers et joueuses* [Os ceifeiros da noite. Jogadores e jogadoras], Paris, 1860, p. 14-15). Também Anatole France põe as coisas no mesmo pé, nas belas notas sobre o jogo em *Le Jardin d'Épicure*.

[70] I, p. 110 (FM, p. 247).

noite'".[71] Esses dias significativos são dias de um tempo perfeito e consumado, para usar a expressão de Joubert. São dias da rememoração, não marcados por qualquer vivência. Não se associam aos outros; pelo contrário, destacam-se do tempo. Baudelaire fixou no conceito de *correspondances* aquilo que constitui o seu conteúdo, colocando-o a par do da "beleza moderna".

Pondo de lado a literatura erudita sobre as *correspondances* (estas são comuns aos místicos, mas Baudelaire chegou a elas por intermédio de Fourier), Proust não dá grande importância às variações esteticistas sobre o tema, fornecidas pelas sinestesias. O essencial é que as *correspondances* dão forma a um conceito de experiência que contém elementos de culto. Só se apropriando desses elementos Baudelaire pôde avaliar plenamente o que de fato significou a derrocada que ele, na sua condição de homem moderno, pôde testemunhar. Só assim pôde reconhecê-la como desafio que lhe era exclusivamente destinado, desafio a que correspondeu com *As flores do mal*. Se existe de fato uma arquitetura secreta desse livro, tema que gerou muitas especulações, então o ciclo de poemas que o abre terá sido dedicado a algo de irremediavelmente perdido. Nesse ciclo se incluem dois sonetos idênticos pelos seus motivos. O primeiro, com o título "Correspondências", começa assim:

> A Natureza é um templo onde vivos pilares
> Pronunciam por vezes palavras ambíguas;
> O homem passa por ela entre bosques de símbolos
> Que o vão observando em íntimos olhares.
>
> Em prolongados ecos, confusos, ao longe,
> Numa só tenebrosa e profunda unidade,
> Tão vasta como a noite e como a claridade,
> Correspondem-se as cores, os aromas e os sons.[72]

O que Baudelaire tem em mente com as correspondências pode ser visto como uma experiência que procura um lugar ao abrigo de qualquer crise. Só é possível no âmbito do culto. Se sair para fora

---

[71] Proust, "À propos de Baudelaire", in: *Nouvelle revue française*, t. 16, 1 de junho de 1921, p. 652.

[72] I, p. 23 (FM, p. 57).

dele, apresenta-se sob a forma de "o belo". No belo, o valor de culto aparece como valor da arte.[73]

---

[73] O belo é definível de modo ambivalente, na sua relação com a história ou com a natureza. Em ambas as relações se manifestará a aparência, o lado aporético do belo. (Abordaremos apenas de passagem a primeira relação. O belo é, segundo a sua existência *histórica*, um apelo à união com aqueles que antes o admiraram. Ser tocado pelo belo é um *ad plures ire* [ir para junto dos que são muitos], como os romanos diziam da morte. Para essa definição, a aparência no belo consiste no fato de o objeto de identidade buscado pela admiração não se encontrar na obra. Aquela colhe aquilo que as gerações anteriores admiraram na obra. Há uma frase de Goethe que poderia fornecer-nos a última sabedoria quanto a esse ponto: "Tudo aquilo que produziu um grande efeito já não pode ser objeto de um juízo". [Esse pensamento, que Benjamin não identifica na obra de Goethe, vem de uma conversa com o chanceler Von Müller em 11 de junho de 1822. (N.T.)]) O belo na sua relação com a *natureza* pode ser determinado como aquilo que "apenas permanece essencialmente idêntico a si mesmo quando velado" (cf. *Neue deutsche Beiträge,* ed. Hugo von Hofmannsthal, Munique, 1925, II/2, p. 161 [A citação vem do ensaio de Benjamin sobre *As afinidades eletivas*, de Goethe. (N.T.)]) As correspondências dizem-nos o que devemos entender por um tal velamento. Este pode ser entendido, de forma certamente ousada e abreviada, como o elemento de "representação" na obra de arte. As correspondências representam a instância perante a qual se descobre o objeto da arte como um objeto que representa fielmente, o que, aliás, torna-o completamente aporético. Se quiséssemos tentar reproduzir essa aporia no próprio material da linguagem, chegaríamos à definição do belo como o objeto da experiência no estado da similitude. Essa definição iria se encontrar com a seguinte formulação de Valéry: "O belo exige talvez a imitação servil daquilo que nas coisas é indefinível" (Valéry, *Autres Rhumbs,* Paris, 1934, p. 167). Quando Proust retoma deliberadamente esse objeto (que nele aparece como o tempo reencontrado), não se pode dizer que se limita a repetir matéria sabida. Pelo contrário, um dos aspectos mais desconcertantes do seu modo de proceder é o fato de o conceito de obra de arte como representação, o conceito do belo, em suma, o lado por excelência hermético da arte, ser aquilo que ele, de forma exuberante e contínua, coloca no centro das suas reflexões. Discorre sobre a gênese e as intenções da sua obra com a fluência e a urbanidade que iriam bem com um requintado amador. Isso encontra ainda o seu contraponto em Bergson. As palavras seguintes, em que o filósofo sugere o muito que se pode esperar de uma presentificação visual da corrente ininterrupta do devir, têm um tom que lembra o de Proust: "Podemos deixar a nossa existência ser perpassada dia a dia por uma tal visão, e assim desfrutar, graças à filosofia, de uma satisfação semelhante à que nos proporciona a arte; ela apenas seria mais frequente, mais constante e mais acessível ao comum dos mortais" (Henri Bergson, *La Pensée et le mouvant: essais et conférences,* Paris, 1934, p. 198). Bergson vê como estando ao nosso alcance aquilo que, na melhor compreensão de Goethe por Valéry, apresenta-se como o "aqui" em que o indescritível se torna realidade [alusão aos versos finais do *Fausto* de Goethe: "O indescritível/

As correspondências são os dados da rememoração. Não são dados históricos, mas da pré-história. Aquilo que torna grandes e significativos os dias de festa é o encontro com uma vida anterior. Foi isso o que Baudelaire deixou dito no soneto intitulado "A vida anterior". As imagens das grutas e das plantas, das nuvens e das ondas que o começo desse segundo soneto evoca elevam-se das névoas quentes das lágrimas, que são lágrimas de saudade. "O viandante olha para essas vastidões envoltas em luto, e afloram-lhe aos olhos lágrimas de histeria, *hysterical tears*",[74] escreve Baudelaire na apresentação dos poemas de Marceline Desbordes-Valmore. Correspondências simultâneas, como as que mais tarde foram cultivadas pelos simbolistas, não as há aqui. O passado acompanha as correspondências com um murmúrio; e a experiência canônica delas tem o seu lugar próprio numa vida anterior:

> Envolvendo as imagens dos céus, o marulho
> Misturava de um modo bem solene e místico
> Os potentes acordes dessa melodia
> E as cores do poente a brilhar nos meus olhos.
> Foi lá que eu já vivi.[75]

O fato de a vontade restaurativa de Proust ficar presa aos limites da existência humana e a de Baudelaire ultrapassá-los pode ser lido como sintomático do modo muito mais radical e poderoso como as forças adversas se anunciaram a Baudelaire. Dificilmente haverá momentos de maior perfeição do que aqueles em que, dominado por essas forças, parece resignar-se. O poema "Recolhimento" traça contra o céu alto as alegorias dos anos passados:

> ... Vem ver os Anos defuntos curvados
> Nas varandas do céu, em trajes antiquados.[76]

Nesses versos Baudelaire resigna-se a homenagear, sob a forma do antiquado, o tempo imemorial que lhe escapou. Proust imagina

---

Realiza-se aqui;/O Eterno-Feminino/Atrai-nos para si" (v. 1208-1211. Tradução de João Barrento, Lisboa, Relógio d'Água, 1999, p. 566). (N.T.)].

[74] II, p. 536.

[75] I, p. 30 (FM, p. 73).

[76] I, p. 192.

os anos que aparecem na varanda fraternalmente aparentados com os de Combray, quando, no último volume da sua obra, regressa à experiência que associa ao sabor da *madeleine*: "Em Baudelaire, essas reminiscências são ainda mais numerosas. E vê-se também que aquilo que nele as evoca não é o acaso, e é por isso que, em minha opinião, elas são decisivas. Não há ninguém que, como ele, de forma cuidadosa, seletiva e ao mesmo tempo natural, persiga no cheiro de uma mulher, no odor dos seus cabelos e dos seus seios, as correspondências entrecruzadas que depois lhe evocam 'o azul do imenso céu abobadado' ou 'um porto cheio de chamas e de mastros'".[77] Essas palavras são uma epígrafe que poderia servir à obra de Proust. Esta tem afinidades com a de Baudelaire, que transformou os dias da rememoração num calendário anual do espírito.

Mas *As flores do mal* não seria o que é se no livro soprassem apenas os ventos desse lado assim conseguido. O que o torna inconfundível é o fato ter sido capaz de arrancar à ineficácia da mesma consolação, ao fracasso do mesmo fervor, ao insucesso da mesma obra, poemas que nada ficam a dever àqueles em que as correspondências celebram as suas apoteoses. O livro *Spleen e ideal* é o primeiro dos ciclos de *As flores do mal*. O ideal fornece a energia da rememoração; o *spleen* contrapõe-lhe a infinitude dos segundos. Este é o seu soberano, como o demônio é o senhor das moscas. Na série dos poemas do "Spleen" encontramos "O gosto do Nada", onde se lê:

Perdeu já o perfume a bela Primavera![78]

Nessa linha Baudelaire afirma algo de extremo com extrema discrição, e isso a torna inconfundivelmente sua. Na palavra "perdeu" está o reconhecimento do afundamento da experiência que um dia foi sua. O odor é o refúgio inacessível da *mémoire involontaire*. Dificilmente se associa à imagem de um rosto; entre as impressões sensoriais, ele apenas se associará ao mesmo odor. Se o privilégio de confortar é próprio do reconhecimento de um perfume, mais do que de qualquer outra lembrança, isso acontece talvez porque ele

---

[77] Proust, *À la recherche du temps perdu*, vol. 8: *Le temps retrouvé*, Paris, II, p. 82–83 (Pléiade, III, 920).

[78] I, p. 89 (FM, p. 201).

anestesia profundamente a consciência do decorrer do tempo. Um odor é capaz de absorver anos no odor que recorda. E isso dá a esse verso de Baudelaire o seu tom insondavelmente desolador. Não há consolação possível para quem já não pode ter acesso a nenhuma experiência. Mas aquilo que constitui a essência da ira é precisamente essa incapacidade. O indivíduo irado "não quer ouvir nada"; o seu arquétipo, Timão de Atenas, enfurece-se indistintamente contra todos os homens, já não é capaz de distinguir o amigo com provas dadas do inimigo mortal. D'Aurevilly reconheceu com grande perspicácia esse estado de espírito em Baudelaire e chama-lhe "um Timão com o gênio de um Arquíloco".[79] A ira mede com os seus assomos o ritmo dos segundos a que o melancólico se entregou:

> E engole-me o Tempo, minuto a minuto,
> Tal como a neve imensa a um corpo enregelado.[80]

Esses versos ligam-se diretamente aos últimos citados. No *spleen*, o tempo reifica-se; os minutos cobrem o homem como flocos de neve. Esse tempo é a-histórico, tal como o da *mémoire involontaire*. Mas no *spleen* a percepção do tempo aguça-se de forma sobrenatural; cada segundo encontra a consciência pronta para amortecer o seu choque.[81]

O cálculo do tempo que sobrepõe a sua uniformidade à *durée* não pode, contudo, renunciar à aceitação em si de fragmentos desiguais e

---

[79] J[ules-Amédée] Barbey D'Aurevilly, *Les Œuvres et les hommes (XIXe siècle)*. Terceira parte: "Os poetas", Paris, 1862, p. 381.

[80] I, p. 89 (FM, p. 201).

[81] No místico *Diálogo entre Monos e Una*, Poe como que reproduziu na *durée* o decurso vazio do tempo a que o sujeito se entrega no *spleen*; e parece sentir como bem-aventurança o fato de isso ter anulado os seus medos. Conseguir extrair ainda do decurso vazio do tempo uma harmonia é o "sexto sentido" concedido ao que partiu, sob a forma de um dom. Mas também é certo que essa harmonia facilmente é perturbada pelo ritmo do ponteiro dos segundos. "Tinha a impressão de que alguma coisa havia entrado na minha cabeça, da qual não consigo dar uma ideia, ainda que imprecisa, a nenhuma inteligência humana. Prefiro falar de uma vibração do pêndulo mental. Trata-se do equivalente espiritual da representação humana, abstrata, do tempo. O ciclo dos astros foi regulado em perfeita consonância com esse movimento, ou com um análogo. Dessa forma, eu media as irregularidades do relógio de sala por cima da lareira e dos relógios de algibeira dos presentes. Tinha o seu tique-taque nos ouvidos. Os mais ínfimos desvios do ritmo certo me afetavam tanto como me ofendia a não observância da verdade abstrata entre os homens" (Poe, *op. cit.*, p. 336-337).

especiais. Fazer coincidir o reconhecimento de uma qualidade com a medição de uma quantidade foi obra dos calendários, que, com os feriados, como que deixavam livres os espaços da rememoração. O indivíduo que se vê privado de experiência sente-se como se tivesse sido expulso do calendário. O citadino toma conhecimento dessa sensação aos domingos, Baudelaire experimenta-a *avant la lettre* num dos poemas do ciclo do *spleen*:

> De repente alguns sinos, em fúria, repicam
> E lançam para o céu um assustador lamento,
> Enquanto alguns espíritos sem pátria, à deriva,
> Começam a gemer obstinadamente.[82]

Os sinos, que outrora acompanhavam os dias festivos, foram, como os homens, expulsos do calendário. Parecem-se com as pobres almas que andam de um lado para o outro, mas não têm história. Se Baudelaire, no *spleen* e na *vie antérieure*, ainda agarra os estilhaços da experiência histórica autêntica, já Bergson se afasta muito mais da história na sua concepção da *durée*. "O metafísico Bergson elimina a morte."[83] O fato de na *durée* bergsoniana não haver lugar para a morte isola-a de uma ordem histórica (e pré-histórica). E desaparece igualmente o conceito bergsoniano da *action*. Esse pensamento foi apadrinhado pelo "bom senso", através do qual o "homem prático" se distingue.[84] A *durée*, da qual foi apagada a morte, tem a infinitude de má qualidade de um ornamento. Exclui a possibilidade de integrar nela a tradição.[85] É a quinta-essência de uma vivência que se pavoneia com o vestido emprestado pela experiência. O *spleen*, pelo contrário, mostra a vivência na sua nudez. Apavorado, o melancólico vê a Terra

---

[82] I, p. 88 (FM, p. 199).

[83] Max Horkheimer, "Zu Bergsons Metaphysik der Zeit" [Sobre a metafísica do tempo em Bergson], In: *Zeitschrift für Sozialforschung* [Revista de Investigação Social], 3 (1934), p. 332.

[84] Cf. Henri Bergson, *Matière et mémoire. Essai sur la relation du corps à l'esprit,* Paris, 1933, p. 166-167.

[85] O declínio da experiência manifesta-se em Proust na realização plena da sua intenção final. É insuperavelmente hábil o modo discreto, extremamente leal a forma constante como ele procura fazer com que o seu leitor não esqueça uma coisa essencial: a redenção é o meu palco particular.

regressar ao seu mero estado natural. Nem um sopro de pré-história a envolve. Nenhuma aura. É assim que se apresenta nos versos de "O gosto do Nada" que se seguem aos anteriormente citados:

> Contemplo cá de cima o globo arredondado,
> Sem já nele procurar uma choça, um reduto.[86]

XI

Se chamarmos aura às imagens que, sediadas na *mémoire involontaire*, buscam agrupar-se em volta de um objeto da intuição, então essa aura em torno de um objeto da intuição corresponde à experiência que deixou marcas de uma prática num objeto de uso. Os dispositivos das máquinas fotográficas e de aparelhagens semelhantes que vieram depois alargam o alcance da *mémoire involontaire*; a aparelhagem permite a qualquer momento fixar um acontecimento em imagem e som. Esses dispositivos tornam-se, assim, conquistas essenciais de uma sociedade em que a atividade prática está em declínio. A daguerreotipia tinha para Baudelaire qualquer coisa de perturbador e terrível; o seu fascínio é para ele "surpreendente e cruel".[87] Por isso não se apercebeu da relação anteriormente mencionada, embora a tenha intuído. Sempre foi seu propósito reservar um lugar ao moderno, especialmente na arte, e isso aconteceu também no caso da fotografia. Por mais que a considere ameaçadora, atribui a responsabilidade à "forma errada como os seus progressos foram compreendidos",[88] reconhecendo, no entanto, que ela era "fomentada pela estupidez das grandes massas". "As massas aspiravam a um ideal que fosse digno delas e correspondesse à sua natureza... Um Deus vingador ouviu as suas preces, e Daguerre foi o seu profeta."[89] Apesar de tudo, Baudelaire procura chegar a um ponto de vista mais conciliador. A fotografia poderá apropriar-se livremente das coisas passadas, que têm direito "a um lugar nos arquivos da nossa memória", desde que se detenha perante "o domínio do inapreensível, do imaginativo" – perante a arte, em que só há lugar para "aquilo a

---

[86] I, p. 89 (FM, p. 201).

[87] II, p. 197.

[88] II, p. 224.

[89] II, p. 222-223.

que o homem entrega a sua alma".[90] Dificilmente se poderá dizer que a sentença é salomônica. A permanente disponibilidade da lembrança voluntária, discursiva, favorecida pela técnica da reprodução, reduz o âmbito da imaginação. Esta pode talvez ser definida como a faculdade de formular desejos de certo tipo: aqueles a que se possa acrescentar "algo de belo" para a sua realização. Os fatores de que essa realização estaria dependente foram mais uma vez particularizados por Valéry: "Reconhecemos a obra de arte pelo fato de que nenhuma ideia que ela em nós desperta, nenhum comportamento que nos possa sugerir, a pode esgotar ou fechar. Podemos cheirar uma flor agradável ao olfato o tempo que quisermos; não podemos acabar com esse perfume que desperta em nós o desejo, e não há lembrança, pensamento ou comportamento que anule o seu efeito ou nos liberte do poder que exerce sobre nós. É o mesmo o objetivo de quem se propõe realizar uma obra de arte".[91] De acordo com esse ponto de vista, um quadro que contemplemos reflete algo de que o olhar nunca poderá se saciar. Aquilo que lhe permite realizar o desejo suscetível de ser projetado até a sua origem seria então qualquer coisa que alimenta incessantemente esse desejo. Tornam-se então claros o que separa a fotografia da pintura e a razão pela qual não pode haver um princípio "formal" único que sirva a ambas: para o olhar que não se sacia perante um quadro, a fotografia representa antes aquilo que a comida é para a fome ou a bebida é para a sede.

A crise da reprodução artística que aqui se desenha pode ser vista como parte integrante de uma crise mais geral da percepção. Aquilo que torna insaciável o prazer do belo é a imagem do mundo anterior (*Vorwelt*), a que Baudelaire se refere como sendo velado pelas lágrimas da nostalgia. "Ah, tu foste numa vida anterior/Minha mulher, ou então minha irmã"[92] – essa confissão é o tributo que o belo enquanto tal pode exigir. Enquanto a arte se orientar para o belo e o "reproduzir",

---

[90] II, p. 224.

[91] Valéry, "Avant-propos". *Encyclopédie française*, v. 16: Arts et littératures dans la société contemporaine I. Paris, 1935, fasc. 16-04, p. 5-6.

[92] Os versos são do poema de Goethe "Warum gabst du uns die tiefen Blicke..." [Por que nos deste a nós o fundo olhar...]. Tradução portuguesa de João Barrento em: Goethe, *Obras Escolhidas,* v. 8: *Poesia,* Lisboa, Círculo de Leitores, 1993, p. 43. (N.T.)

ainda que de forma singela, ela vai buscá-lo às profundezas do tempo, como Fausto faz com Helena.[93] Isso não tem lugar no âmbito da reprodução técnica (aí não há lugar para o belo). Na passagem em que constata a pobreza e a falta de profundidade das imagens que a *mémoire involontaire* lhe traz de Veneza, Proust escreve que à simples menção da palavra "Veneza" esse mundo de imagens lhe parece tão insípido como uma exposição de fotografias.[94] Se virmos como traço distintivo das imagens que emergem da *mémoire involontaire* elas terem uma aura, então a fotografia teve um papel decisivo no fenômeno do "declínio da aura". Aquilo que se sentia como o lado inumano, e mesmo mortal, da daguerreotipia era o olhar para dentro do aparelho (e durante muito tempo), uma vez que o aparelho absorve a imagem do homem sem lhe devolver o olhar. Mas no olhar vive a expectativa de ser correspondido por aquele a quem ele se oferece. Quando essa expectativa é correspondida (e, no pensamento, ela tanto pode aplicar-se a um olhar intencional da atenção como ao olhar puro e simples), o olhar vive plenamente a experiência da aura. "A capacidade de percepção é uma forma de atenção", escreve Novalis.[95] Essa capacidade de percepção não é outra senão a da aura. A experiência da aura assenta, assim, na transposição de uma forma de reação corrente na sociedade humana para a relação do mundo inerte ou da natureza com o homem. Aquele que é olhado, ou se julga olhado, levanta os olhos. Ter a experiência da aura de um fenômeno significa dotá-lo da capacidade de retribuir o olhar.[96] Os achados da *mémoire involontaire*

---

[93] O momento em que isso é conseguido é, por seu lado, também caracterizado por ser único. É nisto que se baseia a construção da obra de Proust: cada uma das situações em que o cronista é bafejado com o sopro do tempo perdido torna-se, assim, incomparável e liberta-se da sequência dos dias.
[As cenas em que Fausto, na obra de Goethe, desce ao "reino das Mães" para trazer daí Helena são "Galeria sombria" e "Sala dos cavaleiros" (em especial os v. 6479 e segs.). Cf. *Fausto*. Trad. de João Barrento. Lisboa, Relógio d'Água, 1999, p. 313 e segs. e 322 segs. (N.T.)]

[94] Cf. Proust, *À la recherche du temps perdu*. Vol. 8: *Le temps retrouvé, op. cit.*, I, p. 236 (Pléiade, III, 865).

[95] Novalis [Friedrich von Hardenberg], *Schriften. Kritische Neuausgabe auf Grund des handschriftlichen Nachlasses* [Obras. Nova edição crítica baseada nos manuscritos do espólio]. Ed. Ernst Heilborn, Berlim, 1901. 2ª parte, 1ª seção, p. 293.

[96] Essa "dotação" é um manancial da poesia. Quando o homem, o animal ou um ser inerte, assim investido pelo poeta, levanta os olhos, este é lançado na distância;

correspondem a isso (e são, eles também, únicos: escapam à lembrança que procura incorporá-los, sustentando assim um conceito de aura como "o aparecimento único de algo distante".[97] Essa definição tem a vantagem de tornar transparente o caráter de culto do fenômeno. O essencialmente distante é o inacessível. De fato, a inacessibilidade é uma qualidade fundamental da imagem de culto). Não será preciso ressaltar que Proust conhecia muito bem o problema da aura. É notável o modo como ele por vezes o aflora com conceitos que contêm em si a teoria da aura: "Alguns amantes de mistérios sentem-se lisonjeados pelo fato de permanecerem nas coisas vestígios dos olhares que um dia sobre elas pousaram". (Portanto, certamente aquela capacidade de retribuí-los.) "Acham que os monumentos e as imagens só se mostram sob o tênue véu que o amor e a devoção de tantos admiradores teceram à sua volta no decurso dos séculos. Essa quimera", conclui Proust, evasivo, "iria tornar-se verdade se eles a relacionassem com a única realidade que existe para o indivíduo, nomeadamente o mundo das suas emoções".[98] Aparentada com essa, mas de maior alcance, porque objetivamente orientada, é a definição que Valéry dá da percepção no sonho, vendo-a como aurática: "Quando digo: estou vendo aquilo ali, isso não significa que tenha sido estabelecida uma equação entre mim e a coisa... Mas no sonho está presente uma equação. As coisas que eu vejo veem-me, tal como eu as vejo".[99] É precisamente essa natureza da percepção onírica que é própria daquele templo sobre o qual Baudelaire escreve:

> O homem passa por ela entre bosques de símbolos
> Que o vão observando em íntimos olhares.

---

o olhar da natureza assim despertada sonha e arrasta o poeta em busca do seu sonho. Também as palavras podem ter a sua aura. Karl Kraus descreveu-a assim: "Quanto mais de perto olhamos para uma palavra, tanto mais de longe ela nos devolve o olhar" (Karl Kraus, *Pro domo et mundo,* Munique, 1912 [Obras Escolhidas, 4], p. 164).

[97] Cf. Walter Benjamin, "L'œuvre d'art à l'époque de sa reproduction mécanisée", in: *Zeitschrift für Sozialforschung* [Revista de Investigação Social], 5 (1936), p. 43. [Esse ensaio de Benjamin será publicado, em sua terceira versão, no próximo volume da série FiLô/Benjamin, da Autêntica Editora. (N.T.)]

[98] Proust, *op. cit.,* II, p. 33 (Pléiade, III, 884).

[99] Valéry, *Analecta,* ed. cit., p. 193-194.

Quanto mais consciente disto Baudelaire estava, tanto mais indesmentivelmente o declínio da aura se inscreveu na sua obra. Isso se deu de forma cifrada e encontra-se em quase todas as passagens de *As flores do mal* onde surge o olhar humano (é evidente que Baudelaire não faz isso planificadamente). O que acontece é que a expectativa criada em relação ao olhar humano não é correspondida. Baudelaire descreve olhos dos quais se poderia dizer que perderam a faculdade de olhar. Mas, tendo essa característica, eles são dotados de um fascínio que fornece grande parte, senão a maioria, das suas pulsões. Sob a influência desses olhos, o sexo libertou-se de Eros na obra de Baudelaire. Se a descrição clássica *do* amor, saturada da experiência da aura, pode ser encontrada nos seguintes versos do poema de Goethe "Saudade de bem-aventurança":

> A distância não te afecta,
> Chegas voando, encantada,[100]

então dificilmente se encontrarão na poesia lírica outros que tão decididamente lhes façam frente como os de Baudelaire:

> Adoro-te tal como à abóbada nocturna,
> Ó vaso de tristeza, ó grande taciturna,
> E tanto mais te amo quanto mais me foges
> E quanto me pareces, flor das minhas noites,
> Cavar com ironia as léguas que separam
> Da imensidão azul estes meus simples braços.[101]

Quanto mais profunda for a ausência daquele que olha, a qual tem de ser superada, tanto mais forte é o encantamento que vem do olhar. Essa ausência mantém-se intata nos olhos que refletem o olhar como um espelho, e por isso mesmo esses olhos nada sabem da distância. Baudelaire incorporou o seu brilho numa rima sutil:

> Plonge tes yeux dans les yeux fixes
> Des Satyresses et des Nixes.[102]

---

[100] O poema insere-se no "Livro do bardo", da coletânea *Divã ocidental-oriental*, e está traduzido em: J. W. Goethe, *Obras Escolhidas*, v. 8: Poesia. Trad. de João Barrento. Lisboa, Círculo de Leitores, 1993, p. 152-153. (N.T.)

[101] I, p. 40 (FM, p. 93).

[102] I, p. 190.

[Mergulha os olhos na íris fria
Da Mulher-Sátiro ou da Sereia.]

Mulheres-sátiro e sereias já não pertencem à família dos seres humanos. São uma família à parte. Baudelaire introduziu no seu poema, de forma significativa, o olhar carregado de distância como *regard familier*, um olhar familiar.[103] Ele, que não constituiu família, deu à palavra "familiar" uma textura saturada de promessas e de renúncias. Cedeu ao encanto de olhos sem olhar e entrega-se sem ilusões ao seu domínio:

> Os teus olhos, brilhando tal como reclames,
> Ou as luzinhas que há nos públicos certames,
> Usam com insolência usurpadores poderes.[104]

"A cinzentez", escreve Baudelaire numa das suas primeiras publicações, "é muitas vezes um ornamento da beleza. É devido a ela que os olhos são tristes e translúcidos como os pântanos sombrios ou têm a calma untuosa dos mares tropicais".[105] Se esses olhos ganham vida, ela é a da fera espreitando a presa e ao mesmo tempo protegendo-se. (Assim é também a prostituta, olhando os transeuntes e ao mesmo tempo atenta a algum policial. Baudelaire encontrou o tipo fisionômico produzido por esse modo de vida nos inúmeros desenhos que Guys dedicou às prostitutas. "Ela deixa que o seu olhar se perca no horizonte, como o do animal selvagem; esse olhar tem a inquietude da fera, mas por vezes também a sua atenção súbita e tensa."[106]) Entende-se por que razão o olhar do citadino está sobrecarregado de funções que têm a ver com a sua segurança. Simmel lembra uma outra exigência, menos evidente, desse olhar: "Quem vê sem ouvir fica muito mais inquieto do que aquele que ouve sem ver. Esse fato contém algo de muito característico das grandes cidades. As relações recíprocas dos seres humanos nas grandes cidades... caracterizam-se por um evidente predomínio da atividade do olhar sobre a do ouvido. As causas principais desse estado de coisas são os meios de transporte

---

[103] Cf. I, p. 23 (FM, p. 57).

[104] I, p. 40 (FM, p. 95).

[105] II, p. 622

[106] II, p. 359.

coletivos. Antes do aparecimento do ônibus, do trem, do bonde no século XIX, as pessoas não conheciam a situação de se encontrar durante muitos minutos, ou mesmo horas, a olhar umas para as outras sem dizer uma palavra".[107]

O olhar que procura segurança dispensa a divagação onírica na distância e pode chegar a sentir algo como prazer na sua desvalorização. É nesse sentido que podem ser lidas as curiosas linhas que se seguem. No *Salon de 1859*, Baudelaire passa em revista a pintura paisagística, para fechar com uma confissão: "Gostaria de ter de volta os dioramas cuja enorme e brutal magia é capaz de me impor uma ilusão útil. Prefiro contemplar alguns cenários de teatro onde encontro, artisticamente tratados numa trágica concisão, os sonhos que me são mais caros. Essas coisas, por serem falsas, estão infinitamente mais próximas do verdadeiro, enquanto a maior parte dos nossos paisagistas são mentirosos, precisamente porque descuraram a mentira".[108] Apetece-nos dar menos importância à "ilusão útil" do que à *trágica concisão*". Baudelaire acentua o fascínio da distância e vai ao ponto de avaliar as pinturas de paisagem pela bitola dos quadros das barracas de feira. Quererá ele ver desfeito o fascínio da distância, como acontecerá ao observador que se aproxima demais de um cenário? Esse motivo encontrou o seu lugar num dos grandes versos de *As flores do mal*:

> O etéreo Prazer fugirá no horizonte,
> Como nos bastidores se dissipam as sílfides.[109]

XII

As flores do mal é a última obra lírica que teve repercussão europeia; nenhuma das que vieram depois ultrapassou um âmbito linguístico mais ou menos limitado. A isso haveria que acrescentar o fato de Baudelaire ter concentrado a sua força criativa quase exclusivamente nesse livro. E finalmente não é despiciendo lembrar que entre os seus motivos há alguns, de que este estudo se ocupou, que

---

[107] G[eorg] Simmel, *Mélanges de philosophie rélativiste. Contribution à la culture philosophique*. Trad. de A. Guillain, Paris, 1912, p. 26-27.

[108] II, p. 273.

[109] I, p. 94 (FM, p. 211).

tornam problemática a própria possibilidade da poesia lírica. Essa tripla constatação determina o lugar histórico de Baudelaire. Mostra que ele se entregou com firmeza a uma causa, e firme era a consciência da missão que se propôs. E de tal modo que define claramente como seu objetivo "criar um modelo".[110] E via nisso a condição de todos os poetas futuros, considerando pouco aqueles que mostravam não estar à altura dela. "Vocês tomam caldo de ambrósia? Comem costeletas de Paros? Quanto é que dão por uma lira numa casa de penhores?"[111] Para Baudelaire, o poeta com auréola tornou-se antiquado. Reservou-lhe o lugar de figurante num dos poemas em prosa, com o título "Perda da auréola". O texto só tarde se tornou conhecido. Na altura da primeira ordenação do seu acervo literário foi excluído por ser "impróprio para publicação". Até hoje, a crítica baudelairiana não lhe deu grande importância.

"O quê? Tu aqui, meu caro? Tu, num lugar reles? Tu, o bebedor de quintas-essências! Tu, o saboreador da ambrósia! Na verdade, há nisto qualquer coisa que me surpreende.

– Meu caro, conheces o meu pavor dos cavalos e das viaturas. Há pouco, ao atravessar o *boulevard* a toda a pressa, e ao saltar na lama através desse caos movimentado onde a morte avança a galope de todos os lados ao mesmo tempo, a minha auréola, num movimento brusco, caiu-me da cabeça no lodo do macadame. Não tive coragem para a apanhar. Julguei menos desagradável perder as minhas insígnias do que partir os ossos. E depois, disse comigo mesmo, há males que vêm por bem. Agora posso passear incógnito, fazer más acções e entregar-me à crápula, como os simples mortais. E eis-me aqui, semelhante a ti, como vês!

– Devias ao menos mandar anunciar a perda dessa auréola, ou fazê-la reclamar pelo comissário.

– Por coisa alguma! Acho-me bem aqui. Só tu me reconheceste. Para mais, a dignidade aborrece-me. E também penso com satisfação que algum poetastro a vai apanhar e cobrir-se com ela impudentemente. Fazer alguém feliz, que alegria! E sobretudo um

---

[110] Cf. Jules Lemaître, *Les contemporains. Études et portraits littéraires,* 4ª série, 14ª ed., Paris, 1897, p. 31-32.

[111] II, p. 422.

feliz que me fará rir! Ora pensa em X ou em Z! Ah, como será divertido!"[112] Encontramos o mesmo motivo nos diários, com um desfecho diferente. O poeta apanha rapidamente a auréola, mas fica com um sentimento de inquietação, porque acha que o incidente é um mau presságio.[113]

O autor desses textos não é um *flâneur*. Eles registram, ironicamente, as mesmas experiências que Baudelaire, sem quaisquer arranjos e de passagem, confia à frase: "Perdido neste mundo-cão, acotovelado pelas multidões, sou como um homem fatigado cujo olhar, voltando-se para trás, para a profundidade dos anos, só vê desengano e amargura, e à sua frente uma tempestade que não traz nada de novo, nem ensinamentos nem dor".[114] Ser presenteado com os encontrões da multidão é uma experiência que Baudelaire assinala, entre todas as outras que fizeram da sua vida aquilo que ela se tornou, como determinante e inconfundível. Nele apagou-se a ilusão de uma multidão com os seus impulsos próprios, a sua alma própria, uma ilusão que deslumbrava o *flâneur*. Para tomar consciência mais aguda da sua infâmia, encara o dia em que até as mulheres perdidas, as excluídas, chegarão ao ponto de ditar a sua lei a uma vida regrada, de condenar a libertinagem e não deixar que mais nada prevaleça além do dinheiro. Traído por esses últimos aliados, Baudelaire invectiva a multidão, e o faz com a raiva impotente de alguém que se rebela contra a chuva ou o vento. É essa a natureza da vivência a que Baudelaire atribuiu a importância de uma experiência. Fixou o preço pelo qual se pode adquirir a sensação da modernidade: a destruição da aura na vivência do choque. A conivência com essa destruição saiu-lhe cara. Mas é a lei da sua poesia, que paira no céu do Segundo Império como "um astro sem atmosfera".[115]

---

[112] I, p. 483-484. [Tradução portuguesa de António Pinheiro Guimarães, in: *O Spleen de Paris. Pequenos poemas em prosa*, Lisboa, Relógio d'Água, 1991, p. 131-132. (N.T.)]

[113] Cf. II, p. 634. Não é impossível que o motivo que levou a essa anotação tenha sido um choque patogênico. Tanto mais reveladora é a forma que o aproxima da obra de Baudelaire.

[114] II, p. 641.

[115] Friedrich Nietzsche, *Unzeitgemäße Betrachtungen* [Considerações Intempestivas]. 2ª ed. Leipzig, 1893, v. 1, p. 164.

3
Parque Central

[1]

A hipótese de Laforgue[1] sobre o comportamento de Baudelaire no bordel traz à luz certa todas as considerações de ordem psicanalítica que lhe dedica. Essas observações coincidem, ponto por ponto, com as convencionais da "história literária".

A beleza particular de tantos começos de poemas de Baudelaire é: o emergir do abismo.

George traduziu *spleen et idéal* por *Trübsinn und Vergeistigung* [melancolia e espiritualização]; encontrou, assim, o significado essencial do Ideal em Baudelaire.

Se se pode dizer que a vida moderna é, em Baudelaire, o reservatório das imagens dialéticas, nisso se inclui o fato de ele se relacionar com a vida moderna do mesmo modo que o século XVII com a Antiguidade.

Se tivermos presente que Baudelaire teve de respeitar, e muito, como poeta, posições próprias, pontos de vista e tabus próprios,

---

[1] Não se trata aqui do poeta simbolista Jules Laforgue, mas do Dr. René Laforgue, autor do livro *L'Échec de Baudelaire: étude psychoanalytique sur la névrose de Charles Baudelaire* (Paris, Denoël er Steele, 1931). Laforgue interpreta um sonho de Baudelaire para concluir que ele "era sexualmente inibido mesmo em relação às prostitutas" e provavelmente "visitava os bordéis sobretudo como *voyeur*". (N.T.)

e, por outro lado, que as tarefas do seu trabalho poético estavam rigorosamente delimitadas, então veremos surgir na sua figura um traço heroico.

[2]

O *spleen* como dique contra o pessimismo. Baudelaire não é pessimista. E não o é porque há nele um tabu do futuro. É isso que distingue mais claramente o seu heroísmo do de Nietzsche. Não existe nele qualquer reflexão sobre o futuro da sociedade burguesa, o que é espantoso, dado o caráter das suas anotações íntimas. Por essa única circunstância é possível avaliar como ele contava pouco com a sobrevivência da sua obra e como a estrutura de *As flores do mal* é monadológica.

A estrutura de *As flores do mal* não é determinável por meio de uma qualquer ordenação engenhosa dos poemas, e muito menos por meio de uma chave secreta; ela está na exclusão, sem apelo nem agravo, de todo tema lírico que não estivesse marcado pela experiência dolorosa e pessoalíssima de Baudelaire. E precisamente por saber que o seu sofrimento, o *spleen*, o *taedium vitae*, é ancestral, Baudelaire estava em condições de distinguir nele da forma mais rigorosa a assinatura da sua própria experiência. Se é permitido avançar com uma hipótese, ela é a de que poucas coisas devem ter lhe dado uma ideia tão elevada da sua originalidade como a leitura dos satiristas romanos.

[3]

O que o "discurso laudatório" ou a apologia pretendem é apagar os momentos revolucionários do processo histórico. O que os move é o estabelecimento de uma continuidade. Só atribuem valor àqueles elementos da obra que já foram subsumidos nos seus efeitos. Passam-lhes despercebidos as escarpas e os ressaltos que oferecem apoio àquele que quer ir mais longe.

O terror cósmico em Victor Hugo nunca tem o caráter do horror nu e cru que assombrava Baudelaire no *spleen*. Vinha ao primeiro de um universo que condizia com o interior em que ele se sentia em casa. Nesse mundo dos espíritos, ele sentia-se verdadeiramente em casa. É o complemento do conforto da sua vida doméstica, ela própria não isenta de terror.

Dans le cœur immortel qui toujours veut florir [No imortal coração sempre pronto a florescer][2] – para explicar as *fleurs du mal* e a esterilidade. As *vendanges* [vindimas], a colheita em Baudelaire – a sua palavra mais carregada de melancolia (*semper eadem* [sempre o mesmo]; *l'imprévu* [o imprevisto]).

Contradição entre a teoria das correspondências naturais e a rejeição da natureza. Como resolvê-la?

Invectivas abruptas, secretismo, decisões surpreendentes eram parte da razão de Estado do Segundo Império e muito características de Napoleão III. Elas informam o gesto decisivo das considerações teóricas de Baudelaire.

[4]

O novo fermento decisivo que, penetrando o *taedium vitae*, transforma-o em *spleen* é a alienação de si. Da infinita regressão da reflexão que, no Romantismo, foi alargando ludicamente o espaço vital em círculos cada vez mais amplos e ao mesmo tempo o reduzia a limites cada vez mais estreitos, tudo o que restou no luto (*Trauer*) em Baudelaire foi o *tête-à-tête sombre et limpide* [o frente a frente sombrio e límpido] do sujeito consigo próprio. É aqui que se encontra a "gravidade" específica de Baudelaire. Foi ela que impediu a efetiva assimilação da visão católica do mundo pelo poeta, que só por meio da categoria do jogo pode se reconciliar com o poeta da alegoria. O caráter fictício da alegoria deixou de ser, como era no Barroco, abertamente confessado.

Baudelaire não se baseou em nenhum estilo nem teve escola. Isso dificultou muito a sua recepção.

A introdução da alegoria responde de forma incomparavelmente mais significativa à crise idêntica da arte a que, por volta de 1852, a teoria da arte pela arte iria opor-se. Essa crise da arte teve as suas razões, tanto na situação técnica como na política.

---

[2] O verso vem do poema "O Sol", dos "Quadros parisienses". Cf. FM, p. 215. (N.T.)

[5]

Há duas lendas sobre Baudelaire. Uma delas foi ele próprio a espalhá-la, e aí ele aparece como monstro e terror da burguesia. A outra surgiu depois da sua morte, e foi ela que consolidou a sua fama. Nesta, ele surge como mártir. Esse falso nimbo teológico deve ser dissipado por completo. A esse nimbo aplica-se a fórmula da Monnier.[3]

Pode-se dizer: a sorte arrepiava-o. Da infelicidade não se pode dizer nada de semelhante. A infelicidade não pode penetrar em nós em estado natural.

O *spleen* é o sentimento que corresponde à catástrofe em permanência.

O processo da história, tal como se apresenta no conceito da catástrofe, não pode solicitar mais a atenção do pensador que o caleidoscópio nas mãos de uma criança, no qual a cada rotação tudo o que estava em ordem se desmorona para formar outra ordem. A imagem tem a sua razão de ser, e bem fundada. Os conceitos dos dominantes foram sempre os espelhos graças aos quais se formou a imagem de uma "ordem". O caleidoscópio tem de ser quebrado.

O túmulo como câmara secreta em que Eros e Sexus resolvem o seu velho diferendo.

As estrelas representam em Baudelaire a imagem deformada da mercadoria. São o sempre e eternamente igual em grande quantidade.

A desvalorização do mundo das coisas na alegoria é superada no próprio mundo das coisas pela mercadoria.

[6]

A Arte Nova[4] deve ser descrita como a segunda tentativa da arte para se entender com a técnica. A primeira foi o Realismo. Neste, o

---

[3] Adrienne Monnier, proprietária da importante livraria La Maison des Amis des Livres, na Rue de l'Odéon, em Paris, cuja amizade foi muito importante na fase do exílio de Benjamin, nomeadamente para a sua libertação do campo de Nevers, em 1938. A "fórmula" refere-se provavelmente a alguma conversa com Adrienne Monnier. (N.T.)

[4] *Jugendstil*, versão alemã do estilo *Art Nouveau*.

problema estava mais ou menos presente na consciência dos artistas que se preocupavam com os novos processos das técnicas de reprodução (cf. apontamentos para o trabalho sobre a "reprodução"[5]). Na Arte Nova, o problema enquanto tal já tinha sido recalcado, uma vez que ela não se sentia mais ameaçada pela concorrência da técnica. Tanto mais abrangente e agressiva foi a crítica da técnica que nela estava contida. No fundo, o que a Arte Nova pretendia era suster o desenvolvimento tecnológico. O seu recurso a motivos derivados da técnica resulta da tentativa de...

O que em Baudelaire era alegoria degradou-se em gênero em Rollinat.[6]

O motivo da *perte d'auréole* [perda da auréola][7]: explorá-lo como o mais decisivo contraste em relação aos motivos da Arte Nova.

A essência como motivo da Arte Nova.

Escrever a história é dar às datas a sua fisionomia.

Prostituição do espaço na experiência do haxixe, que se põe ao serviço de tudo o que já foi (*spleen*).[8]

Para o *spleen*, o homem enterrado é o "sujeito transcendental" da consciência histórica.

A Arte Nova tinha uma particular predileção pela auréola. Nunca o Sol se deleitara tanto com a sua coroa radiosa; nunca o olho humano fora mais brilhante do que em Fidus.[9]

---

[5] Benjamin refere-se ao ensaio "A obra de arte na época da sua possibilidade de reprodução técnica", que será incluído no próximo volume desta coleção. (N.T.)

[6] Maurice de Rollinat (1846-1903): poeta francês de inspiração mórbida (em *Les Névroses*, 1883) e sensível aos aspectos satânicos da obra de Baudelaire. (N.T.)

[7] Cf. o texto desse poema em prosa de Baudelaire, p. 197 deste volume. (N.T.)

[8] Cf. as considerações de Benjamin sobre a experiência do espaço sob o efeito do haxixe, nos "Protocolos de experiências com drogas", no volume *Imagens de pensamento; Sobre o haxixe e outras drogas* (Belo Horizonte: Autêntica, 2013. p. 133-169). (N.T.)

[9] Desenhista e ilustrador alemão, de nome Hugo Hoppener (1868-1948), muito presente nas publicações da virada do século, em particular algumas ligadas ao Movimento da Juventude (*Jugendbewegung*, designação paralela à da Arte Nova em alemão: *Jugendstil*), do qual também Benjamin se aproximou, por influência de Gustav Wyneken, seu professor no internato de Haubinda. (N.T.)

[7]

O motivo do andrógino, da lésbica, da mulher estéril deve ser tratado em relação com a violência destrutiva da intenção alegórica. Mas antes há que tratar da recusa do "natural" na sua relação com a grande cidade: é esse o assunto do poeta.

Meryon[10]: o mar de casas, a ruína, as nuvens, majestade e fragilidade de Paris.

O contraste entre o antigo e o moderno deve ser transposto do contexto pragmático em que surge na obra de Baudelaire para o alegórico.

O *spleen* introduz séculos entre o instante presente e aquele que acabou de ser vivido. É ele que, incansavelmente, produz "antiguidade".

Em Baudelaire, o "moderno" não assenta única e principalmente na sensibilidade. Nele exprime-se uma espontaneidade suprema; a modernidade é em Baudelaire uma conquista, tem uma armadura. Parece que só Jules Laforgue viu isso, ao falar do "americanismo" de Baudelaire.

[8]

Baudelaire não tinha o idealismo humanitarista de um Victor Hugo ou de um Lamartine. Não dispunha da emoção sentimentalista de um Musset. Não se entusiasmou com a sua época, como Gautier, nem sobre ela teve ilusões, como Leconte de l'Isle. Não lhe foi dado, como a Verlaine, refugiar-se na devoção, nem intensificar a força juvenil do impulso lírico com a traição da idade adulta, como Rimbaud. Por mais rica que seja a veia informativa do poeta na sua arte, ele é sempre desajeitado ao querer encontrar subterfúgios

---

[10] Cf. as referências pormenorizadas a Meryon e às suas gravuras de Paris na seção "A modernidade", do ensaio "A Paris do Segundo Império na obra de Baudelaire" (neste volume). (N.T.)

perante a sua época. Até a "modernidade", que ele se orgulhava tanto de ter descoberto, que choque não foi o dela! Os detentores do poder no Segundo Império não eram feitos à imagem dos modelos da classe burguesa que Balzac tinha esboçado. E a modernidade acabou por ser um papel que talvez só o próprio Baudelaire podia desempenhar. Um papel trágico, em que o diletante, que teve de aceitá-lo por falta de outros talentos, muitas vezes faz uma figura cômica, como os heróis saídos da mão de Daumier, com o aplauso de Baudelaire. Baudelaire sabia sem dúvida tudo isso. As excentricidades que se permitiu eram a sua maneira de manifestá-lo. Não foi, com certeza, nenhum salvador, nenhum mártir, nem sequer um herói. Mas tinha qualquer coisa do histrião que tem de representar o papel do "poeta" perante uma plateia e uma sociedade que já não precisam do poeta autêntico e lhe concedem algum espaço de manobra apenas nesse papel histriônico.

[9]

A neurose fornece os artigos de produção em massa no âmbito da economia psíquica. Aí, eles assumem a forma da obsessão. Esta aparece na estrutura organizativa do neurótico em inúmeros exemplares do sempre-igual. Inversamente, a ideia do eterno retorno tem em Blanqui a forma de uma obsessão.

A ideia do eterno retorno transforma o próprio acontecer histórico em artigo de massas. Mas essa concepção traz também em si, num outro sentido – poder-se-ia dizer: no seu reverso –, vestígios das circunstâncias econômicas aos quais ela deve a sua súbita atualidade. Esta se anunciou no momento em que a segurança das condições de vida se viu extremamente reduzida pela sucessão acelerada de crises. A ideia do eterno retorno ganhou fulgurância devido ao fato de já não se poder contar, em todas as circunstâncias, com um retorno de determinadas condições em prazos mais curtos do que os oferecidos pela eternidade. O retorno de constelações cotidianas tornou-se progressivamente mais raro, e a isso se associava a vaga intuição de que teríamos de nos contentar com as constelações cósmicas. Em suma, o hábito preparava-se para renunciar a alguns dos seus direitos. Nietzsche diz: "Gosto dos hábitos de curta duração",[11] e já Baudelaire foi sempre incapaz de desenvolver hábitos regulares.

[10]

As alegorias são as estações na via dolorosa do melancólico. O lugar do esqueleto na erotologia de Baudelaire? "A elegância sem nome da humana armadura" [FM, p. 249].

A impotência é o fundamento da via dolorosa da sexualidade masculina. O índice do lugar histórico dessa impotência. Dessa impotência partem tanto a sua ligação à imagem seráfica da mulher como o seu fetichismo. Importante assinalar o caráter determinado e a precisão da imagem da mulher em Baudelaire. Não é certamente seu o "pecado do poeta" de que fala Gottfried Keller[12] ("Inventar doces figuras femininas/Como as não tem esta Terra amarga"). As imagens femininas de Keller têm a doçura das quimeras, porque ele imaginou nelas a sua própria impotência. Baudelaire mantém-se, nas suas imagens da mulher, mais preciso e, numa palavra, mais francês, porque nele o elemento seráfico e o fetichista quase nunca coincidem, como acontece com Keller.

Motivos sociais da impotência: a imaginação da classe burguesa deixou de se ocupar do futuro das forças produtivas por ela desencadeadas (comparação entre as suas utopias clássicas e as de meados do século XIX). De fato, para poder continuar a se ocupar desse futuro, a classe burguesa teria de começar por renunciar à ideia da reforma. No trabalho sobre Fuchs[13] mostrei como o "conforto" burguês de meados do século está relacionado com esse bem compreensível enfraquecimento da imaginação social. Comparado às imagens de futuro dessa imaginação social, o desejo de ter filhos é talvez apenas

---

[11] A frase abre o aforismo 295 do Livro IV de *Die fröhliche Wissenschaft* (*A gaia ciência*). (N.T.)

[12] Poeta e novelista suíço (1819-1890), representante de uma forma de "realismo poético" dominante em meados do século XIX na literatura de expressão alemã. (N.T.)

[13] O ensaio "Eduard Fuchs, colecionador e historiador" (incluído no volume *O anjo da história*. Belo Horizonte: Autêntica, 2012. p. 123-164). (N.T.)

um estímulo mais fraco da potência. De qualquer modo, é bastante reveladora, nesse contexto, a teoria baudelairiana das crianças como os seres mais próximos do pecado original.

[11]

Comportamento de Baudelaire no mercado literário: pela sua profunda experiência da natureza da mercadoria, Baudelaire foi capaz de, ou viu-se obrigado a, reconhecer o mercado como instância objetiva (cf. os seus "Conselhos aos jovens literatos"[14]). Graças às suas negociações com as redações dos jornais e das revistas, permanecia em contato permanente com o mercado. Os seus procedimentos – a difamação (Musset), a contrafação (Hugo). Baudelaire foi talvez o primeiro a ter uma ideia da originalidade adequada ao mercado, que, àquela altura, e por essa razão, era mais original do que qualquer outra (*créer un poncif* – criar uma obra trivial). Esse tipo de criação incluía certa intolerância. Baudelaire desejava conseguir algum lugar para os seus poemas, e para isso tinha de afastar outros. Desvalorizava certas liberdades poéticas dos românticos pelo uso clássico que deu ao alexandrino, e a poética classicista por meio das típicas rupturas e lacunas que introduzia no próprio verso clássico. Em suma, os seus poemas integravam determinadas medidas e procedimentos destinados a eliminar os concorrentes.

[12]

A figura de Baudelaire invade de forma decisiva a sua fama. A sua história foi para a massa de leitores pequeno-burgueses uma *image d'Épinal*,[15] a "história ilustrada da vida de um libertino". Essa imagem contribuiu em muito para a fama de Baudelaire, ainda que aqueles que a divulgaram não se possam contar entre os seus amigos. A essa imagem veio sobrepor-se outra, menos difundida, mas por isso talvez

---

[14] Série de pequenos textos em prosa, de 1846, integrados como Capítulo IV no livro *L'Art romantique* (cf. *Œuvres complètes,* ed. de Y.-G. le Dantec, Paris, 1954 [Pléiade], p. 941-948). (N.T.)

[15] Épinal é uma pequena cidade francesa célebre pelas suas gravuras religiosas, sentimentais e consoladoras. (N.T.)

mais atuante no tempo: nela, Baudelaire aparece como representante de uma paixão estética que, pela mesma altura, tinha sido concebida por Kierkegaard (em *Ou... Ou*[16]). Nenhuma análise de Baudelaire pode, a rigor, prescindir da imagem da sua vida. Na verdade, essa imagem é determinada pelo fato de ele ter sido o primeiro a se aperceber, da forma mais consequente, de que a burguesia estava prestes a retirar ao poeta a missão que lhe tinha atribuído. Que missão social poderia ocupar o seu lugar? Essa missão não era mais uma missão de classe; tinha de ser deduzida do mercado e das suas crises. O que ocupou Baudelaire foi a resposta não à procura manifesta e de curto prazo, mas à latente e de longo prazo. *As flores do mal* mostra que o seu cálculo estava certo. Mas o mercado, no qual essa procura se manifestava, determinava uma forma de produção, e também de vida, completamente diferente da dos poetas de épocas anteriores. Baudelaire viu-se forçado a reclamar a dignidade do poeta numa sociedade que já não tinha qualquer dignidade para dar. Daí os aspectos burlescos do seu comportamento.

[13]

Com Baudelaire, o poeta anuncia pela primeira vez o seu direito a um valor de exposição. Baudelaire foi o seu próprio empresário. A "perda da auréola" atinge em primeiro lugar o poeta. Daí a sua mitomania.

Os complicados teoremas que serviram para pensar a arte pela arte, não só por parte dos seus defensores de então, mas sobretudo pela história literária (para não falar dos seus adeptos atuais), vão dar em linha reta na seguinte afirmação: a sensibilidade é a verdadeira matéria da poesia. A sensibilidade é, por natureza, sofredora. Se experimenta a sua mais elevada concreção e a sua mais substancial determinação no erotismo, é na paixão que encontra a sua perfeição absoluta, que coincide com a sua transfiguração. A poética da arte pela arte transitou sem quebra para a paixão poética de *As flores do mal*.

---

[16] Uma das primeiras obras do filósofo dinamarquês Sørén Kierkegaard, publicada em 1843, e que coloca à existência humana a alternativa entre Cristo e o mundo, ou a vida moral e a estética. (N.T.)

Há flores enfeitando as várias estações desse Calvário. São as flores do mal.

Aquilo que é atingido pela intenção alegórica é arrancado aos contextos orgânicos da vida: é destruído e conservado ao mesmo tempo. A alegoria agarra-se às ruínas. É a imagem do desassossego petrificado. O impulso destrutivo de Baudelaire não está nunca interessado na eliminação daquilo que lhe cai nas mãos.

A descrição daquilo que é confuso não é o mesmo que uma descrição confusa.

O *attendre c'est la vie* ("A espera é a vida") de Hugo – a sageza do exílio.

A nova *desolação* de Paris[17] (cf. a passagem sobre os cangalheiros) inscreve-se como elemento essencial na imagem da modernidade (cf. Veuillot D 2, 2[18]).

[14]

A figura da mulher lésbica pertence, no sentido mais estrito, aos modelos heroicos de Baudelaire. Ele próprio dá expressão a isso na linguagem do seu satanismo. Mas a questão também é apreensível numa linguagem não metafísica, crítica, que a sua profissão de fé na modernidade assume no seu significado político. O século XIX começou a inserir sem contemplações a mulher no processo de produção mercantil. Todos os teóricos eram unânimes em afirmar que isso poria em perigo a sua feminilidade, que com o passar do tempo a mulher assumiria necessariamente traços masculinos. Baudelaire afirma esses traços, mas ao mesmo tempo quer retirá-los da tutela da economia. Assim, dá ênfase puramente sexual a essa tendência da

---

[17] Cf., anteriormente, p. 79.

[18] D 2, 2: a sigla remete para a seção respectiva de *O livro das passagens*, em que é citada a obra de Louis Veuillot *Les Odeurs de Paris* (Paris, 1914, p. 9), a propósito do tédio das ruas da nova Paris. (N.T.)

evolução da mulher. O modelo da mulher lésbica representa o protesto da "modernidade" contra o desenvolvimento tecnológico (seria importante investigar de que modo a sua aversão a George Sand se legitima nesse contexto).

A mulher em Baudelaire: a presa mais valiosa no "triunfo da alegoria" – a vida que significa a morte. Essa qualidade é, da forma mais incondicional, própria da prostituta. É a única coisa que não se pode negociar, e para Baudelaire a única coisa que importa.

[15]

Interromper o curso do mundo – era esse o mais profundo desejo de Baudelaire. O desejo de Josué. Não tanto o profético, porque ele não pensava num retorno. Esse desejo é a fonte da sua violência, da sua impaciência, da sua ira; e também as tentativas sempre renovadas de atingir o mundo no coração ou de adormecê-lo com o canto. Desse desejo veio o encorajamento com que acompanha a morte nas obras que esta consuma.

Temos de presumir que os objetos que constituem o centro da poesia de Baudelaire não eram acessíveis a desígnios orientados e sistemáticos. Aqueles objetos decisivamente novos – a grande cidade, as massas – não constituem assim, enquanto tais, o motivo do seu interesse. Não são eles a melodia que o inspira. São antes o satanismo, o *spleen* e o erotismo não convencional. Os verdadeiros objetos de *As flores do mal* encontram-se em lugares insignificantes. Para continuar a usar as mesmas imagens, diríamos que eles são as cordas ainda virgens do inaudito instrumento com que Baudelaire dava largas ao seu devaneio.

[16]

O labirinto é o caminho certo para aquele que, apesar de tudo, chega suficientemente cedo ao seu objetivo. Esse objetivo é o mercado.

Jogos de azar, *flânerie,* colecionismo – atividades a que se recorre contra o *spleen*.

Baudelaire mostra como a burguesia, no seu declínio, já não é capaz de integrar os elementos antissociais. Quando é que foi dissolvida a *garde nationale*?[19]

Com os novos processos de produção que levam a imitações, a aparência (*Schein*) reflete-se nas mercadorias.

Para as pessoas, tal como se apresentam hoje, existe apenas uma novidade radical, que é sempre a mesma: a morte.

Desassossego petrificado é também a fórmula da imagem da vida de Baudelaire, uma imagem que não conhece evolução.

[17]

Um dos arcanos que só com a grande cidade couberam à prostituição é o das massas. A prostituição abre a possibilidade de uma comunhão mítica com as massas. Mas o aparecimento das massas é contemporâneo do da produção em massa. A prostituição parece conter ao mesmo tempo a possibilidade de sobreviver num espaço vital em que os objetos do nosso uso comum se tornaram cada vez mais produtos de massas. Na prostituição das grandes cidades, a própria mulher se transforma em produto de massas. Essa assinatura, absolutamente nova, da vida na grande cidade é aquilo que confere à recepção baudelairiana do dogma do pecado original o seu verdadeiro significado. A concepção mais antiga parecia ter chegado, para Baudelaire, a um ponto em que se tornava incapaz de dar conta de um fenômeno novo e desconcertante.

O labirinto é a pátria de quem hesita. O caminho daqueles que têm medo de chegar à meta facilmente toma a forma de um labirinto. É o que acontece com as pulsões nos episódios que antecedem a sua satisfação. Mas é também o que acontece com a humanidade (a classe), que não quer saber aonde a leva o seu caminho.

---

[19] Milícias de intervenção constituídas por ocasião da Revolução Francesa e extintas apenas em 1871. (N.T.)

Se é a imaginação que oferece à lembrança as correspondências, é o pensamento que lhe dedica as alegorias. A lembrança junta as duas.

[18]

A atração magnética que algumas, poucas, situações essenciais exerceram sobre o poeta insere-se no complexo de sintomas da melancolia. A fantasia de Baudelaire estava familiarizada com imagens estereotipadas. De um modo geral, ele parece ter estado sujeito à compulsão de regressar pelo menos uma vez a cada um dos seus motivos, o que é realmente comparável à necessidade que leva sempre o criminoso ao lugar do crime. As alegorias são lugares nos quais Baudelaire se penitenciava pelo seu impulso destrutivo. Talvez seja essa a explicação para a correspondência, única, de tantos dos seus textos em prosa com os poemas de *As flores do mal*.

Pretender ajuizar da força de pensamento de Baudelaire a partir dos seus excursos filosóficos (Lemaître) seria um grande erro. Baudelaire era um mau filósofo, um bom teórico, mas incomparável era-o apenas enquanto melancólico cismático (*Grübler*). Deste assimilou a estereotipia dos motivos, a firmeza na rejeição de tudo o que pudesse estorvá-lo, a disposição de colocar sempre a imagem a serviço da ideia. Enquanto tipo historicamente definido do pensador, o cismático é aquele que se sente em casa no meio das alegorias.

Em Baudelaire a prostituição é o fermento que faz crescer na sua imaginação as massas das grandes cidades.

[19]

Majestade da intenção alegórica: destruição do orgânico e vivo – extinção da aparência. A passagem mais significativa, em que Baudelaire dá conta do fascínio que sobre ele exerce o cenário pintado do teatro, merece ser relida. A renúncia ao encantamento da distância é um momento decisivo na poesia de Baudelaire e encontrou a sua mais acabada formulação na primeira estrofe de "A viagem" [FM, p. 319 e segs.].

Para o motivo da extinção da aparência: "O amor da mentira" [FM, p. 253 e segs.].

"Uma mártir" [FM, p. 279 e segs.] e "A morte dos amantes" [FM, p. 313] – para o interior estilo Makart[20] e Arte Nova.

Arrancar as coisas aos contextos habituais – normal na mercadoria no seu estágio de exposição – é um processo muito característico de Baudelaire, que se relaciona com a destruição dos contextos orgânicos na intenção alegórica. Veja-se: "Uma mártir", estrofes 3 e 5 nos seus motivos da natureza [FM, p. 281], ou a primeira estrofe de "Madrigal triste".

Explicação dedutiva da aura como projeção de uma experiência social (entre pessoas) na natureza: o olhar é retribuído.

A ausência da aparência (*Scheinlosigkeit*) e o declínio da aura são fenômenos idênticos. Baudelaire põe o recurso artístico da alegoria a seu serviço.

Do sacrifício da sexualidade masculina faz parte a atitude de Baudelaire em relação à gravidez, que teve de considerar como concorrência desleal.

As estrelas que Baudelaire baniu do seu mundo são precisamente aquelas que em Blanqui se tornam cenário do eterno retorno.[21]

[20]

O mundo dos objetos assume de forma cada vez mais brutal a expressão da mercadoria na vida humana. Ao mesmo tempo, o reclame procura transfigurar o caráter mercantil das coisas. À transfiguração enganadora do mundo da mercadoria contrapõe-se a sua desfiguração

---

[20] Hans Makart (1840-1884) foi um conhecido pintor austríaco de grandes cenas históricas e alegóricas, célebre pelo seu gosto da pompa e do *bric-à-brac*. (N.T.)

[21] Referência à filosofia cósmica da história no livro de Blanqui *L'Éternité par les astres: hypothèse astronomique,* Paris, 1872. (N.T.)

na alegoria. A mercadoria tenta olhar-se a si própria nos olhos. Celebra a sua humanização na prostituta.

Necessidade de tratar a reconversão (*Umfunktionierung*) da alegoria na economia mercantil. O projeto de Baudelaire foi trazer à luz, na mercadoria, a aura que lhe é própria. Procurou humanizar a mercadoria de uma maneira heroica. Essa tentativa tem a sua correspondência na que, ao mesmo tempo, foi empreendida pela burguesia: humanizar a mercadoria de uma maneira sentimental, dando-lhe uma casa, como se faz aos homens. Era o que, àquela altura, esperava-se dos estojos, das capas e dos forros com que a burguesia cobria os objetos da casa.

A alegoria de Baudelaire – ao contrário da do Barroco – traz as marcas da cólera, indispensável para arrombar as portas deste mundo e deixar em ruínas as suas construções harmoniosas.

O heroico é, em Baudelaire, a forma sublime de manifestação do demoníaco, o *spleen* a sua forma ignóbil. É claro que essas categorias da sua "estética" têm de ser decifradas. Não podemos parar por aqui. A ligação do heroico com a latinidade antiga.

[21]

O choque como princípio poético em Baudelaire: a *fantasque escrime* ("absurda esgrima") dos "Quadros parisienses" [FM, p. 215] deixou de ser uma pátria. É palco e lugar estrangeiro.

Qual pode ser a imagem da grande cidade, quando o registro dos seus perigos físicos é ainda tão incompleto como em Baudelaire?

A emigração como chave da grande cidade.

Baudelaire nunca escreveu um poema sobre prostitutas a partir da experiência com uma prostituta (cf. *Lesebuch für Städtebewohner* 5[22]).

---

[22] "Manual para os habitantes das cidades": coletânea de poemas de Brecht, escritos em 1926 e publicados em 1930 no segundo caderno dos *Versuche* [Ensaios/Experiências]. (N.T.)

A solidão de Baudelaire e a solidão de Blanqui.

A fisionomia de Baudelaire, uma fisionomia histriônica.

Apresentar a miséria de Baudelaire contra o fundo da sua "paixão estética".

A irascibilidade de Baudelaire é parte da sua natureza destrutiva. Aproximamo-nos mais do problema se virmos nesses seus acessos igualmente um "estranho seccionamento do tempo".[23]

O motivo central da Arte Nova é a transfiguração da esterilidade. O corpo é preferencialmente representado nas formas que antecedem a maturidade sexual. Deve articular-se esta ideia com a da interpretação regressiva da técnica.

O amor lésbico leva espiritualização ao ventre feminino, onde implanta o pendão de lírios do amor "puro" que não conhece nem gravidez nem família.

O título "Os limbos" talvez deva ser tratado na primeira parte, de modo a que a cada parte corresponda o comentário de um título; o da segunda seria "As lésbicas", o da terceira "As flores do mal".

[22]

A fama de Baudelaire, ao contrário da mais recente de Rimbaud, não conheceu até agora nenhuma quebra. A enorme dificuldade de nos aproximarmos do cerne da poesia de Baudelaire é, para usar uma fórmula, a seguinte: nada ainda envelheceu nessa poesia.

A assinatura do heroísmo em Baudelaire: viver no coração da irrealidade (da aparência). A isso se acrescenta o fato de Baudelaire não ter conhecido a nostalgia. Kierkegaard!

---

[23] A citação vem do ensaio de Proust "À propos de Baudelaire", in: *Nouvelle revue française*, t. 16, 1 de junho de 1921. (N.T.)

A poesia de Baudelaire faz aparecer o novo no sempre-igual e o sempre-igual no novo.

Há que demonstrar com toda a ênfase como a ideia do eterno retorno se insinua mais ou menos ao mesmo tempo no universo de Baudelaire, de Blanqui e de Nietzsche. Em Baudelaire, a ênfase recai no novo, que ele vai buscar, com um esforço heroico, ao "sempre-igual"; em Nietzsche, no "sempre-igual" que o homem enfrenta com uma postura heroica. Blanqui está muito mais próximo de Nietzsche do que de Baudelaire, mas nele predomina a resignação. Em Nietzsche, essa experiência projeta-se, com sentido cosmológico, na tese: não acontecerá mais nada de novo.

[23]

Baudelaire não teria escrito poesia se as suas motivações fossem apenas as que habitualmente movem os poetas.

Este estudo tem de dar a ver a projeção histórica das experiências em que assenta *As flores do mal*.

Observações extremamente precisas de Adrienne Monnier: o que há de especificamente francês nele é *la rogne* (a cólera). Vê em Baudelaire o revoltado e compara-o a Fargue[24]: "maníaco, revoltado contra a sua própria impotência, e que o sabe". Refere-se também a Céline. O que há de mais francês em Baudelaire é a *gauloiserie* (graçola descarada).

Outra observação de Adrienne Monnier: os leitores de Baudelaire são os homens. As mulheres não o apreciam. Para os homens, ele significa a representação e o transcender do lado obsceno da sua vida libidinal. Se formos um pouco mais longe, a esta luz a paixão de Baudelaire por muitos dos seus leitores será um resgate de certos aspectos da sua vida libidinal.

---

[24] Léon-Paul Fargue (1876-1947): poeta francês de veia melancólica e imaginativa, a que dá expressão em verso livre e poemas em prosa. (N.T.)

Para o dialético, o que importa é ter nas velas o vento da história universal. Para ele, pensar é: içar as velas. O importante é o modo *como* elas são içadas. Para ele, as palavras são apenas as velas. O modo como são usadas é que as transforma em conceitos.

[24]

O eco ininterrupto que *As flores do mal* teve até hoje está profundamente ligado a um aspecto específico que a grande cidade ganhou quando, nesse livro, entrou pela primeira vez na poesia. E é aquele que menos se esperava. O que se ouve em Baudelaire quando evoca Paris nos seus versos é a caducidade e a fragilidade dessa grande cidade. Talvez nunca tenha sido sugerida de forma mais perfeita do que em "Crepúsculo da manhã" [FM, p. 263 e segs.]. Mas esse aspecto é comum a quase todos os "Quadros parisienses" e ganha expressão quer na transparência da cidade, sugerida de forma mágica em "O Sol" [FM, p. 215], quer também no efeito de contraste de "Sonho parisiense" [FM, p. 259 e segs.].

O fundamento decisivo da produção de Baudelaire é a relação tensa em que, na sua obra, entram uma sensitividade extremamente potenciada e uma contemplação altamente concentrada. Teoricamente, essa relação reflete-se na doutrina das correspondências e na doutrina da alegoria. Baudelaire nunca fez a menor tentativa para estabelecer qualquer ligação entre essas duas especulações que lhe eram tão caras. A sua poesia deriva do efeito concertado dessas suas duas tendências. O que começou por ser assimilado (Pechméja[25]) e continuou a ter influência na *poésie pure* foi o lado sensitivo do seu engenho poético.

[25]

O silêncio como aura. Maeterlinck leva a limites inconcebíveis o desenvolvimento do aurático.

---

[25] Jean-Joseph de Pechméja (1741-1785): homem de letras francês, poeta e professor de retórica. (N.T.)

Brecht observou[26]: nos povos românicos, o refinamento dos sentidos não reduz a energia ativa. No caso dos alemães, o preço do refinamento, o reforço da cultura dos prazeres, é sempre uma diminuição dessa força vital. A capacidade de fruir perde densidade à medida que ganha sensibilidade. As observações vieram a propósito do "cheiro a tonéis" no poema "O vinho dos trapeiros" [FM, p. 269].

Mais importante ainda é a seguinte observação: o refinamento essencialmente sensual de um Baudelaire é totalmente imune ao conforto burguês (*Gemütlichkeit*). Essa incompatibilidade de fundo da fruição dos sentidos com esse tipo de conforto é o traço decisivo de uma autêntica cultura dos sentidos. O esnobismo de Baudelaire é a fórmula excêntrica dessa inquebrantável recusa do conforto burguês, e o seu "satanismo" não é mais do que a vontade permanente de perturbá-lo, onde e quando ele se manifestasse.

[26]

Em *As flores do mal* não há o menor indício de uma descrição de Paris. Isso bastaria para demarcá-la da "poesia da grande cidade" que veio depois. Baudelaire fala para a efervescência de Paris como alguém que se dirigisse às ondas que rebentam. O seu discurso soa nítido enquanto for perceptível. Mas alguma coisa se imiscui e o afeta. E ele permanece misturado a esse outro som que o transporta e lhe confere um significado obscuro.

O *fait divers* é o fermento que faz crescer as massas da grande cidade na imaginação de Baudelaire.

O que atraía tanto Baudelaire na literatura latina, em particular da latinidade tardia, poderá ser, em parte, o uso, não tanto abstrato, mas mais alegórico, que essa literatura faz dos nomes dos deuses. Baudelaire pôde reconhecer aí um processo afim do seu.

---

[26] As observações de Brecht, nomeadamente no que se refere ao caráter alemão, foram registradas por Benjamin num conjunto de "Anotações para o Diário. 1938", incluídas no volume VI da edição crítica alemã (cf. *Gesammelte Schriften* VI, p. 536-537). (N.T.)

Na declarada oposição de Baudelaire à natureza esconde-se antes de tudo um profundo protesto contra o "orgânico". Em comparação ao anorgânico, a qualidade instrumental do orgânico está muito limitada. Tem menos disponibilidade. Veja-se o testemunho de Courbet segundo o qual Baudelaire cada dia tinha um aspecto diferente.

[27]

A postura heroica de Baudelaire será talvez mais facilmente comparável à de Nietzsche. Apesar de Baudelaire se manter fiel ao seu catolicismo, a sua experiência do universo insere-se precisamente no tipo de experiência que Nietzsche sintetizou na frase: "Deus está morto".

As fontes que alimentam essa postura heroica de Baudelaire jorram dos mais fundos alicerces da ordem social que se anunciava por meados do século. Elas consistem nada mais, nada menos do que nas experiências que instruíram Baudelaire nas transformações radicais das condições de produção artística. Essas transformações levaram a que a obra de arte assumisse a forma da mercadoria, o seu público a das massas, e isso de uma forma mais direta e veemente do que nunca antes. Foram essas transformações, juntamente a outras no domínio da arte, as responsáveis pelo declínio da poesia lírica numa fase posterior. A marca distintiva de *As flores do mal* está no fato de Baudelaire ter respondido a essas transformações com um livro de poemas. Esse é também o exemplo mais extraordinário da postura heroica que podemos encontrar na sua existência.

"A sangrenta mecânica da destruição" [FM, p. 279]: é essa a tralha doméstica dispersa que, na mais íntima câmara da poesia de Baudelaire, jaz aos pés da prostituta, que herdou todos os plenos poderes da alegoria barroca.

[28]

O melancólico cismático (*Grübler*), cujo olhar assustado recai sobre o fragmento que tem na mão, torna-se alegorista.

Uma questão que terá de ficar para a conclusão: como é possível que uma forma de comportamento, pelo menos na aparência, totalmente "intempestiva" como a do alegorista tenha um lugar de primeira ordem na obra poética do século?

Há que mostrar a alegoria como antídoto do mito. O mito era o passo tranquilo e cômodo que Baudelaire recusou a si mesmo. Um poema como "A vida anterior" [FM, p. 71 e seg.], cujo título evidencia todos os compromissos, mostra como Baudelaire estava longe do mito.

Para concluir, citação de Blanqui: "Homens do século XIX".[27] Na imagem da "salvação" inclui-se a intervenção decidida e aparentemente brutal.

A imagem dialética é a forma do objeto histórico que satisfaz as exigências goethianas de um objeto sintético.[28]

[29]

Com a sua pose de homem dependente de esmolas, Baudelaire pôs ininterruptamente à prova o modelo dessa sociedade. A sua dependência da mãe, artificialmente alimentada, tem não só causas que a psicanálise assinala, mas também causas sociais.

---

[27] A citação vem do já referido livro de Blanqui *L'Éternité par les astres* e surge no seguinte contexto: "Homens do século XIX, a hora das nossas aparições foi fixada para sempre e reproduz-nos, sempre iguais, quando muito com a perspectiva de variantes felizes. Nada que satisfaça a nossa ânsia do melhor. Que fazer? Eu não busquei o meu prazer, busquei a verdade. Não há nisso nem revelação nem profeta, mas uma simples dedução da análise espectral e da cosmogonia de Laplace. Essas duas descobertas tornam-nos eternos. Uma pechincha? Aproveitemo-la. Uma mistificação? Resignemo-nos" (*L'Éternité par les astres*, Paris, 1872, p. 74-75). (N.T.)

[28] Os textos de Goethe em que essa exigência se manifesta são, entre outros, o ensaio "Análise e síntese" (em: *Werke: Hamburger Ausgabe*, v. 13, p. 49-52) e, de forma mais sintética, a Máxima 470 da seção intitulada "Conhecimento e ciência" das *Máximas e reflexões*, que diz: "Atribui-se ao século XVIII a honra de se ter entregue sobretudo à análise. Ao século XIX compete agora a tarefa de pôr a descoberto as falsas sínteses que por aí vigoram e de voltar a lhes analisar os conteúdos" (*Máximas e Reflexões*. Trad. de José M. Justo, *Obras Escolhidas* de Goethe, Ed. de João Barrento, Lisboa, Relógio d'Água, 2000, v. V, p. 122). (N.T.)

Para a ideia do eterno retorno tem importância o fato de a burguesia já não ser capaz de olhar de frente o desenvolvimento iminente de uma ordem produtiva que ela mesma tinha desencadeado. A divisa do eterno retorno em Zaratustra e a divisa "Apenas um breve quarto de hora"[29] nas fronhas das almofadas burguesas são complementares.

A moda é o eterno retorno do novo. Haverá, ainda assim, motivos de redenção precisamente na moda?

O interior dos poemas de Baudelaire inspira-se, em certo número de textos, na vertente noturna do interior burguês. O seu reverso é o interior transfigurado da Arte Nova. Nas suas observações,[30] Proust limitou-se a aflorar o primeiro.

A aversão de Baudelaire às viagens torna ainda mais notável a profusão de imagens exóticas que domina a sua poesia. Através delas, a melancolia faz valer os seus direitos. Esse fato mostra, aliás, a força com que, na sua sensibilidade, afirma-se o elemento aurático. O poema "A viagem" [FM, p. 319 e segs.] é uma recusa da viagem.

A correspondência entre a Antiguidade e a modernidade é a única concepção construtiva da história em Baudelaire. Excluía, mais do que continha, uma concepção dialética.

[30]

Observação de Leyris[31]: a palavra *familier* está, em Baudelaire, cheia de mistério e inquietação e designa nele algo que nunca antes significou.

---

[29] Alusão a uma divisa bordada nas almofadas dos sofás das casas burguesas berlinenses. Benjamin refere-se a ela, também em paralelo com a ideia do eterno retorno, em *O livro das passagens* (cf. o fragmento D 9, 3) e em *Imagens de pensamento* (cf. *Imagens de pensamento; Sobre o haxixe e outras drogas, op. cit.*, p. 107). (N.T.)

[30] Em "À propos de Baudelaire", o ensaio anteriormente referido na nota 23, p. 169. (N.T.)

[31] Esta e as seguintes "observações" foram provavelmente comentários orais de Michel Leyris, que tencionava traduzir para inglês o ensaio "A obra de arte na época da sua possibilidade de reprodução técnica". (N.T.)

Um dos anagramas escondidos de Paris no ciclo *Spleen I* é a palavra "mortalidade" [FM, p. 193].

A primeira linha de "A criada bondosa..." [FM, p. 255]: sobre as palavras "de que tinhas *ciúmes*" não recai *aquele* tom que se esperaria. É como se a voz se retirasse da palavra "ciúmes". E esse refluir da voz é qualquer coisa muito característica de Baudelaire.

Observação de Leyris: o ruído de Paris não é propriamente nomeado – nas várias passagens onde surge literalmente (*lourds tombereaux,* "o peso das carroças": FM, p. 227) –, mas atua ritmicamente nos versos de Baudelaire.

A passagem "onde até o horror se transforma em encanto" [FM, p. 229] dificilmente poderá ser melhor exemplificada do que através da descrição da multidão por Poe.

Observação de Leyris: *As flores do mal* seria "o livro de poesia mais irredutível" – talvez se possa entender isso no sentido de que da experiência que o fundamenta pouco terá sido resgatado.

[31]

Impotência masculina – figura-chave da solidão. Sob o seu signo consuma-se a paragem das forças produtivas – um abismo separa o indivíduo dos seus semelhantes.

A névoa como consolação para a solidão.

A "vida anterior" [cf. FM, p. 71-72] inaugura o abismo temporal nas coisas; a solidão abre o abismo espacial diante do indivíduo.

Confrontar o ritmo do *flâneur* ao da multidão, tal como é descrita por Poe. O primeiro representa um protesto contra o segundo. Cf. o motivo da tartaruga de 1839 em D 2, a, 1.[32]

---

[32] A sigla remete para a seção D de *O livro das passagens* (a ser lançado nesta coleção). O apontamento em que surge esse motivo é o seguinte: "O tédio é

O tédio no processo de produção nasce com a sua aceleração (pela máquina). O *flâneur* protesta com o seu ostensivo vagar contra o processo de produção.

Em Baudelaire encontramos uma quantidade de estereótipos, como nos poetas barrocos.

Uma série de tipos: desde o guarda nacional Mayeux, passando por Viroloque e pelo trapeiro de Baudelaire, até Gavroche e o lumpemproletário Ratapoil.

Descobrir uma invectiva contra Cupido. Em ligação com as invectivas do alegorista contra a mitologia, que tão bem correspondem às dos clérigos do começo da Idade Média. Na passagem em questão, Cupido pode ter recebido o epíteto de *joufflu* (bochechudo). A aversão de Baudelaire contra ele tem as mesmas raízes que o seu ódio a Béranger.

A candidatura de Baudelaire à Academia foi uma experiência sociológica.

A doutrina do eterno retorno como sonho das iminentes e monstruosas invenções no âmbito das técnicas de reprodução.

---

um pano quente, cinzento, forrado com a mais ardente e colorida das sedas. Quando sonhamos, embrulhamo-nos nesse pano e sentimo-nos em casa nos arabescos do seu forro. Mas, por baixo, aquele que dorme tem um aspecto cinzento e entediado. E quando acorda e quer contar o que sonhou, a maior parte das vezes é só desse tédio que fala. Na verdade, quem é que conseguiria, com um golpe de mão, virar para o lado de fora o forro do tempo? E apesar disso, contar sonhos é precisamente isso. E essa é também a única maneira de falar das passagens, arquiteturas nas quais voltamos a viver, em sonhos, a vida dos nossos pais e avós, tal como o embrião vive no ventre da mãe a vida dos animais. A existência nesses espaços processa-se, assim, sem altos e baixos, como no acontecer onírico. A *flânerie* é o ritmo desse estado de sonolência. Em 1939 Paris foi invadida pela moda das tartarugas. É fácil imaginar como os *élégants* imitavam o andamento dessas criaturas nas passagens, de forma ainda mais fácil do que nos *boulevards*". (Fonte: Arquivo-Benjamin, manuscrito n. 2077). (N.T.)

[32]

Se parece ser um dado adquirido que a nostalgia do homem por uma existência mais pura, inocente e espiritual do que a que lhe é dado viver busca necessariamente uma garantia na natureza, então ele encontrou-a o mais das vezes em algum ser do mundo vegetal ou animal. Em Baudelaire as coisas são diferentes. O seu sonho de tal existência rejeita a comunhão com toda a natureza terrena e volta-se apenas para as nuvens. Isso foi expresso no primeiro poema em prosa de *O spleen de Paris*.[33] Muitos poemas acolhem motivos de nuvens. A dessacralização das nuvens em "A Beatriz" [FM, p. 291-292] é a mais terrível.

Uma semelhança escondida de *As flores do mal* com Dante consiste na ênfase com que o livro esboça os contornos de uma existência criativa. Não há livro de poesia em que o poeta se mostre menos vaidoso nem mais vigoroso. A pátria do gênio criativo é, na experiência de Baudelaire, o outono. O grande poeta é ao mesmo tempo a criatura do outono ("O inimigo" [FM, p. 69], "O Sol" [FM, p. 215]).

"L'Essence du rire"[34] nada mais contém do que a teoria do riso satânico. Nesse ensaio Baudelaire chega a avaliar até o sorriso do ponto de vista do riso satânico. Os contemporâneos se referem muitas vezes ao que havia de assustador no seu modo de rir.

Dialética da produção de mercadorias: a novidade do produto recebe (como estímulo para a procura) um significado até aí desconhecido; o sempre-igual surge pela primeira vez com evidência na produção em massa.

---

[33] "– Então que amas tu, singular estrangeiro? – Amo as nuvens... as nuvens que passam... lá longe... as maravilhosas nuvens!" ("O estrangeiro", *O spleen de Paris: pequenos poemas em prosa*. Trad. de António Pinheiro Guimarães, Lisboa, Relógio d' Água, 1991, p. 11). (N.T.)

[34] "De l'Essence du rire et généralement du comique dans les arts plastiques": ensaio incluído em *Curiosités esthéthiques* (*Œuvres complètes*, Ed. Y.-G. Le Dantec (Pléiade), Paris, 1954, p. 710-728.) (N.T.)

[32A]

O *souvenir* é a relíquia secularizada.

O *souvenir* é o complemento da "vivência". Nele reflete-se a crescente autoalienação do indivíduo que faz o inventário do seu passado como haveres mortos. No século XIX a alegoria abandonou o mundo exterior para se instalar no mundo interior. A relíquia vem do cadáver, o *souvenir* vem da experiência morta que, eufemisticamente, designa-se de vivência.

As flores do mal foi o último livro de poemas que teve repercussão por toda a Europa. Antes dele, talvez *Ossian*, o *livro das canções*.[35]

Os emblemas regressam sob a forma da mercadoria.

A alegoria é a armadura da modernidade.

Há em Baudelaire um receio de despertar o eco – seja na alma, seja no espaço. Por vezes é crasso, mas nunca sonoro. O seu discurso demarca-se tão minimamente da sua experiência como o gesto de um prelado perfeito da sua pessoa.

[33]

A Arte Nova aparece como o equívoco produtivo graças ao qual o "novo" se tornou "moderno". Naturalmente esse equívoco tem as suas raízes em Baudelaire.

O moderno opõe-se ao antigo, o novo ao sempre-igual. (A modernidade: as massas; a Antiguidade: a cidade de Paris.)

---

[35] *Ossian*: a epopeia escocesa apócrifa do século XVIII pré-romântico, coligida e atribuída ao bardo com esse nome pelo poeta escocês MacPherson em 1760. Sobre o *Livro das canções*, de Heinrich Heine, cf. nota 2, p. 106. (N.T.)

As ruas de Paris nas gravuras de Meryon: abismos sobre os quais, lá em cima, correm as nuvens.

A imagem dialética é um lampejo momentâneo. Assim, como uma imagem que lampeja no agora que a torna reconhecível, deve ser fixada a imagem do passado, no caso vertente a de Baudelaire. A salvação que assim, e apenas assim, consuma-se só se pode obter a partir da percepção daquela outra que se perde irremediavelmente. Retomar aqui a passagem metafórica da introdução a Jochmann.[36]

[34]

O conceito de contribuição literária original não era, nem de longe, tão corrente e determinante na época de Baudelaire como é hoje. Baudelaire enviou muitas vezes poemas seus para segunda e terceira publicações, sem que ninguém se escandalizasse com isso. As dificuldades surgiram apenas, já perto do fim da vida, com os *Pequenos poemas em prosa*.

A inspiração de Hugo: as palavras oferecem-se a ele, tal como as imagens, como uma massa ondulante. A inspiração de Baudelaire: as palavras aparecem como que por feitiço, graças a um procedimento muito elaborado, no lugar que lhes está destinado. Nesse procedimento, a imagem desempenha um papel decisivo.

É preciso esclarecer o significado da melancolia heroica para o êxtase e a inspiração imagética.

Ao bocejar, o próprio indivíduo se abre como um abismo; torna-se semelhante ao dilatado tédio que o rodeia.

---

[36] A introdução a que Benjamin se refere é o texto que escreveu em 1937 para acompanhar a publicação do ensaio de Carl Gustav Jochmann, escritor quase desconhecido do início do século XIX, "Os retrocessos da poesia", na *Zeitschrift für Sozialforschung* [Revista de Investigação Social], dirigida nos Estados Unidos por Max Horkheimer. Os textos de Jochmann e Benjamin encontram-se em *Gesammelte Shriften* II/2, p. 572 e segs. (N.T.)

De que serve falar de progresso a um mundo que se afunda numa rigidez de morte? A experiência de um mundo que estava entrando nesse estado de rigidez encontrou-a Baudelaire fixada por Poe com uma força incomparável. Isso tornou Poe uma referência insubstituível para ele; aquele descrevia o mundo no qual a escrita e a vida de Baudelaire encontravam a sua razão de ser. Veja-se também a cabeça de Medusa em Nietzsche.

[35]

O eterno retorno é uma tentativa de articular os dois princípios antinômicos da felicidade, concretamente, o da eternidade e o do "ainda uma vez". A ideia do eterno retorno arranca, como por encanto, da miséria dos tempos a ideia especulativa (ou a fantasmagoria) da felicidade. O heroísmo de Nietzsche é o contraponto do de Baudelaire, que da miséria da vida pequeno-burguesa faz nascer por encanto a fantasmagoria da modernidade.

O conceito do progresso tem de assentar na ideia da catástrofe. Que as coisas "continuem como estão", *é* isso a catástrofe. Ela não é aquilo que a cada momento temos à nossa frente, mas aquilo que já foi. O pensamento de Strindberg: o inferno não é nada que tenhamos à nossa frente – é *esta vida aqui em baixo*.

A salvação agarra-se à pequena fissura na catástrofe contínua.

A tentativa reacionária de transformar formas tecnicamente condicionadas, ou seja, variáveis dependentes, em constantes surge tanto na Arte Nova como no Futurismo.

A evolução que levou Maeterlinck, no decurso de uma vida longa, a uma atitude extremamente reacionária é lógica.

Há que investigar até que ponto os extremos compreendidos na salvação correspondem a um "cedo demais" ou a um "tarde demais".

A atitude hostil de Baudelaire perante o progresso é a condição indispensável para ele poder dominar a cidade de Paris na sua poesia. Comparada à sua, a poesia da grande cidade que veio depois se situa sob o signo da fraqueza, e isso não deixa de ser assim quando ela vê a grande cidade como o trono do progresso. Mas, e Walt Whitman?

[36]

O que, na verdade, faz do calvário percorrido por Baudelaire uma via dolorosa socialmente marcada são as razões sociais plausíveis para a impotência masculina. Só assim se pode compreender que ele tenha recebido para a sua jornada uma velha moeda preciosa oriunda do tesouro acumulado por essa sociedade europeia. Essa moeda tinha no anverso um esqueleto e no reverso a Melancolia mergulhada na sua cisma. Essa moeda era a alegoria.

A paixão de Baudelaire como imagem de Épinal[37] no estilo da literatura habitual sobre Baudelaire.

O "Sonho parisiense" [FM, p. 259 e segs.] – a fantasia das forças produtivas paralisadas.

A maquinaria torna-se em Baudelaire símbolo das forças destrutivas. E também o esqueleto humano é dela exemplo.

A concepção das primeiras fábricas, semelhante à das casas de habitação, tem qualquer coisa de muito peculiar, para além da sua barbaridade e da inadequação aos seus fins: podemos imaginar nelas o proprietário como figura decorativa, mergulhado na contemplação das suas máquinas e sonhando com a grandeza futura, sua e das máquinas. Cinquenta anos depois da morte de Baudelaire, esse sonho estava esgotado.

A alegoria barroca vê o cadáver apenas de fora. Baudelaire o vê também de dentro.

---

[37] "Imagem de Épinal": cf. nota 15, p. 161. (N.T.)

O fato de as estrelas não terem lugar em Baudelaire dá-nos uma ideia mais conclusiva da renúncia às aparências como tendência da sua poesia.

[37]

A atração de Baudelaire pela latinidade tardia poderá relacionar-se com a força da sua intenção alegórica.

Atendendo às formas tabuizadas da sexualidade na vida e na obra de Baudelaire, é estranho que o bordel não desempenhe o mínimo papel, nem em documentos privados nem nas suas obras. Nessa esfera não existe nenhum poema que se possa pôr a par de "O jogo" [FM, p. 245-246] (mas veja-se "As duas boas irmãs" [FM, p. 287]).

O aparecimento da alegoria deve ser entendido a partir da situação da arte determinada pelo desenvolvimento da técnica; e só se pode apresentar a natureza melancólica dessa poesia sob o signo da alegoria.

Poderia se dizer que o *flâneur* ressuscita a figura do ocioso, como aquelas que Sócrates escolhia na ágora de Atenas para seus interlocutores. A diferença é que já não há Sócrates, e assim ninguém lhe dirige a palavra. E também acabou o trabalho de escravo que lhe garantia a ociosidade.

A chave da relação de Baudelaire com Gautier deve ser procurada na consciência, mais ou menos clara, do mais jovem, que lhe diz que o seu impulso destrutivo também não encontra na arte nenhuma barreira incondicional. Na verdade, para a intenção alegórica essa barreira nunca é absoluta. As reações de Baudelaire contra a "escola neopagã"[38] permitem entender claramente essa relação. Baudelaire dificilmente teria também escrito o seu ensaio sobre Dupont[39] se

---

[38] Cf. Baudelaire, "L'école païenne", ed. Pléiade, p. 976-982. (N.T.)

[39] Baudelaire escreveu dois ensaios sobre o poeta "Pierre Dupont", ambos simplesmente com esse título, incluídos em *L'Art romantique* (cf. ed. Pléiade, p. 960-969 e 1116-1122). (N.T.)

a crítica radical deste ao conceito de arte não correspondesse à sua própria, não menos radical. Baudelaire procurou, com êxito, esconder essas tendências aproximando-se de Gautier.[40]

[38]

Não se pode negar que das singularidades da crença de Hugo no progresso e do seu panteísmo faz parte a sua vontade de ir ao encontro da mensagem das mesas de espiritismo. A estranheza desse fato, porém, recua diante daquela outra que se relaciona com a permanente comunicação da sua poesia com o mundo dos espíritas. A sua singularidade é, de fato, muito menos a de a sua poesia assimilar ou parecer assimilar motivos da revelação espírita, e mais a de ele, por assim dizer, expô-la diante do mundo dos espíritos. Esse espetáculo é dificilmente relacionável com a atitude de outros poetas.

Em Hugo é a multidão que serve à natureza para exercer o seu direito elementar sobre a cidade (J 32,1[41]).

Sobre o conceito de *multitude* e a relação entre "multidão" e "massas".

O interesse original pela alegoria não é linguístico, mas óptico. "As imagens, a minha grande, primitiva paixão."[42]

Pergunta: quando começou a mercadoria a se evidenciar na imagem da cidade? O importante seria ter informação estatística sobre o avanço das vitrines para as fachadas.

---

[40] *As flores do mal* é dedicado precisamente a Théophile Gautier, "poeta insigne, perfeito mágico das letras francesas, meu caro e venerado mestre e amigo". (N.T.)

[41] A sigla remete para a seção respectiva de *O livro das passagens*. A anotação de Benjamin é a seguinte: "Sobre a concepção da multidão em Victor Hugo, duas passagens elucidativas em 'La Pente de la rêverie' [Seguem-se os versos citados na p. 64 deste volume: 'Massa anônima!...']. A passagem seguinte mostra a multidão em Hugo como se ele usasse o buril do gravador [seguem-se os versos citados na mesma p. 64: 'Nesse sonho hediondo...', acrescidos de mais seis linhas]". (Fonte: Arquivo Benjamin, manuscrito 2255.) (N.T.)

[42] A citação vem do diário íntimo *Mon cœur mis à nu*, LXIX: "Glorifier le culte des images (ma grande, mon unique, ma primitive passion)" (Ed. Pléiade, p. 1227). (N.T.)

[39]

A mistificação em Baudelaire é uma magia apotropaica, semelhante à mentira entre as prostitutas.

Muitos dos seus poemas têm as suas mais incomparáveis linhas no começo – aí onde, por assim dizer, são novos. O fato foi assinalado muitas vezes.

Os artigos produzidos em massa constituíram um modelo para Baudelaire. É esse o mais sólido fundamento do seu "americanismo". Quis publicar uma obra trivial (*créer un poncif*). E Lemaître assegura-lhe que conseguiu.

Na forma que a prostituição assume nas grandes cidades a mulher surge não apenas como mercadoria, mas, no sentido mais marcado, como artigo de produção em massa. Isso se revela no disfarce da expressão individual por detrás da profissional, levado a cabo pela maquiagem. Foi esse aspecto da prostituta que se tornou sexualmente decisivo para Baudelaire; uma das mais evidentes provas disso é o fato de as suas múltiplas evocações da prostituta nunca terem o bordel como pano de fundo, mas, pelo contrário, a rua.

[40]

É muito importante que o "novo" em Baudelaire em nada contribua para o progresso. Aliás, não há em Baudelaire praticamente nenhuma tentativa de discutir seriamente a ideia de progresso. O que ele persegue com o seu ódio é sobretudo a "crença no progresso", como uma heresia, uma falsa doutrina, e não como um erro comum. Já Blanqui não mostra qualquer ódio pela crença no progresso; mas, em silêncio, cobre-o com o seu sarcasmo. Nada nos autoriza a dizer que com isso ele seja infiel ao seu credo político. A atividade do conspirador profissional, que Blanqui foi, não pressupõe a crença no progresso, mas, antes de tudo, apenas a determinação de acabar com a injustiça do seu tempo. Essa determinação de arrancar no último instante a humanidade à catástrofe que sempre a ameaça foi decisiva precisamente para Blanqui, mais do que para qualquer outro político revolucionário do seu tempo. Sempre se negou a fazer planos para aquilo que "estaria para vir". O comportamento de Baudelaire em 1848 ajusta-se perfeitamente a tudo isso.

[41]

Perante o fraco sucesso que teve a sua obra, Baudelaire acabou por se pôr a si próprio à venda. Entregou-se à sua obra e provou com a sua pessoa, até o fim, o que pensava da absoluta necessidade de o poeta se prostituir.

Uma das questões decisivas para a compreensão da poesia de Baudelaire é o modo como o rosto da prostituição se modificou com o aparecimento das grandes cidades. Porque uma coisa é certa: Baudelaire dá expressão a essa mudança, ela é um dos grandes objetos da sua poesia. Com o nascimento das grandes cidades, a prostituição fica de posse de novos arcanos. Um deles é, desde logo, o caráter labiríntico da própria cidade. O labirinto, cuja imagem o *flâneur* assimilou na carne e no sangue, aparece, com a prostituição, como que enquadrado a cores. O primeiro arcano de que ela dispõe é, assim, o aspecto mítico da grande cidade como labirinto. A este se associa, obviamente, uma imagem do Minotauro que está no seu centro. O decisivo não é o fato de ele provocar a morte ao indivíduo. O decisivo é a imagem das forças mortíferas que ele encarna. E também isso é novo para o habitante das grandes cidades.

[42]

As flores do mal como um arsenal: Baudelaire escreveu alguns dos seus poemas para destruir outros, escritos antes. Por aqui seria possível desenvolver a conhecida reflexão de Valéry.[43]

É extremamente importante – e também isso tem de ser dito como complemento ao apontamento de Valéry – que Baudelaire tenha deparado com uma situação de concorrência na produção poética.

---

[43] Cf. anteriormente, na p. 113, a citação de Valéry na introdução a *As flores do mal*. (N.T)

Naturalmente, as rivalidades pessoais entre poetas são antiquíssimas. Mas aqui trata-se da transferência da rivalidade para a esfera da concorrência no mercado livre. É este que é preciso conquistar, não a proteção de um príncipe. Mas nesse sentido foi de fato uma descoberta de Baudelaire o reconhecimento de que estava diante de *indivíduos*. A desorganização da escola poética, dos "estilos", é o complemento do mercado livre, que se abre diante do poeta sob a forma de público. Com Baudelaire, o público enquanto tal entra pela primeira vez – foi essa a condição para ele deixar de ser vítima da "aparência" das escolas poéticas. E vice-versa: como a "escola" se apresentava, aos seus olhos, como mera configuração de superfície, o público impôs-se a ele como uma realidade mais coesa.

[43]

Diferença entre alegoria e parábola (*Gleichnis*).

Baudelaire e Juvenal. O aspecto decisivo é: quando Baudelaire mostra a depravação e o vício, inclui-se sempre na descrição. Não conhece o gesto do satirista. Mas isso só se aplica a *As flores do mal*, que evidencia uma clara diferença em relação aos textos em prosa quanto a essa atitude.

Reflexões de fundo sobre a relação, nos poetas, entre as suas anotações teóricas em prosa e as suas obras poéticas. Na obra poética tratam um domínio que é o da sua própria interioridade, normalmente inacessível à sua reflexão. Mostrar isso em Baudelaire, com referência a outros, como Kafka e Hamsun.

A duração da influência de uma obra poética está na relação inversa da transparência do seu conteúdo objetivo. (Do seu conteúdo de verdade? Cf. o trabalho sobre *As afinidades eletivas* [44]).

As flores do mal ganhou certamente importância pelo fato de Baudelaire não ter deixado nenhum romance.

---

[44] Ensaio de 1922, a ser incluído em próximo volume desta coleção. (N.T.)

[44]

A fórmula de Melanchton[45] *Melencolia illa heroica* é a que melhor define o gênio poético de Baudelaire. Mas no século XIX a melancolia tem um caráter diferente da do século XVII. A figura-chave da alegoria antiga é o cadáver. A figura-chave da alegoria moderna é o *souvenir* (*Andenken*: recordação). O *souvenir* é o esquema da transformação da mercadoria em objeto do colecionador. As "Correspondências" são as ressonâncias infinitamente diversas de cada lembrança em relação às outras. *J'ai plus de souvenirs que si j'avais mille ans* ("Memórias tenho mais que se tivesse mil anos" [FM, p. 193]).

O teor heroico da inspiração baudelairiana manifesta-se no fato de nele a memória (*Erinnerung*) recuar completamente em favor da lembrança (*Andenken*). Nele há estranhamente poucas "recordações de infância".

A singularidade excêntrica de Baudelaire era uma máscara sob a qual ele, por vergonha, pode se dizer, procurava esconder a necessidade transindividual da sua forma de vida, até certo ponto também do seu destino.

Baudelaire levou uma vida de literato a partir dos dezessete anos. Não se pode dizer que alguma vez tenha se definido como "intelectual" ou que tivesse se empenhado na vida intelectual. Ainda não tinha sido inventada a marca registrada da produção artística.

[45]

Sobre as conclusões truncadas dos estudos materialistas (em contraste com o final do livro sobre o Barroco).

A visão alegórica, que no século XVII era determinante do estilo, deixou de sê-lo no século XIX. Como alegorista, Baudelaire estava

---

[45] Cf. as referências pormenorizadas à teoria da melancolia em *Origem do drama trágico alemão* (Belo Horizonte: Autêntica, 2011, p. 157 e segs.). (N.T.)

isolado; o seu isolamento era, de certo modo, o de um retardatário (por vezes, as suas teorias acentuam esse atraso de forma provocativa). Se a força que cria um estilo foi, para a alegoria, reduzida no século XIX, não o foi menos a sua sedução pela rotina, que tantos vestígios deixou na literatura do século XVII. Essa rotina afetou, até certo ponto, a tendência destrutiva da alegoria, a sua ênfase do fragmentário na obra de arte.

Notas sobre os "Quadros Parisienses", de Baudelaire[1]

---

[1] Original escrito em francês. (N.T.)

O estudo de uma obra lírica tem frequentemente como objetivo proporcionar ao leitor a entrada em certos estados de alma poéticos, fazer a posteridade participar dos arrebatamentos que o poeta terá experienciado. No entanto, é legítimo pensar-se que tal estudo possa ter objetivos um pouco diferentes. Para apresentar o problema pelo viés positivo, podemos recorrer a uma imagem. Imaginemos que uma ciência ligada ao desenvolvimento social tenha o direito de considerar determinada obra poética – um mundo aparentemente autônomo – como uma espécie de chave fabricada sem a menor ideia da fechadura onde, um dia, poderá ser introduzida. Essa obra se veria então investida de uma significação completamente nova a partir da época em que um leitor, ou melhor, uma geração de novos leitores se apercebesse dessa virtude-chave. Para eles, a beleza essencial dessa obra irá identificar-se com um valor supremo. Ela lhes permitirá apreender, a partir do seu texto, certos aspectos de uma realidade que será não tanto a do poeta já morto, mas antes a sua própria realidade. É evidente que esses leitores não irão se privar dessa utilidade suprema de que a obra em questão lhes fornecerá a prova. E também não se coibirão de se lançar no processo de análise que os familiarizará com ela.

O ciclo dos "Quadros parisienses" de Baudelaire é o único que só entrou em *As flores do mal* a partir da segunda edição. Podemos, por isso, procurar aí aquilo que foi amadurecendo mais lentamente em Baudelaire, aquilo que, para eclodir, exigiu maior número de experiências determinantes. Melhor do que qualquer outro texto, esse ciclo de poemas faz-nos sentir o que poderia ser a repercussão dos núcleos da vida moderna, das grandes cidades, sobre uma sensibilidade das mais delicadas e das mais rigorosamente formadas. Era essa a sensibilidade de Baudelaire, que lhe permitiu o acesso a uma experiência que traz as marcas da autêntica originalidade. É o privilégio de alguém que foi o primeiro a pisar um terreno inexplorado e que dele extraiu, para as suas composições poéticas, uma riqueza não apenas singular, mas também de alcance surpreendente. Alcance que, a princípio, nada fazia prever. A prova está em certos traços, a um tempo significativos e belos, que não se imagina que pudessem impressionar o leitor do século XIX. O que prova que toda experiência original contém, como que encerradas no seu âmago, sementes destinadas a germinar posteriormente. Estas breves notas pretendem, assim, não tanto fazer reviver o poeta no seu meio, mas antes tornar visível, recorrendo a certos núcleos de poemas, a extraordinária atualidade dessa cidade de Paris de que Baudelaire foi o primeiro a ter uma experiência poética.

Para nos aproximarmos do fundo da questão poderemos partir de um fato paradoxal, sutilmente constatado por Paul Desjardins, ao escrever: "Baudelaire está mais interessado em mergulhar a imagem na lembrança do que em ornamentá-la e pintá-la". De fato, Baudelaire, cuja obra está tão profundamente impregnada da grande cidade, nunca pinta essa cidade. Em vão se procurará a mínima tendência para as descrições de Paris, que enchem a obra de Victor Hugo; elas não aparecem nem em *As flores do mal* nem em *Poemas em prosa*, apesar de estes, no título original, *Le Spleen de Paris*, e em tantas passagens, evocarem a cidade. Lembre-se o papel que a descrição da grande cidade desempenha em alguns poetas mais recentes, sobretudo de inspiração socialista, e constataremos que o fato de não tê-lo feito é um dos fundamentos da originalidade de Baudelaire. Tais descrições da grande cidade vão frequentemente ao encontro de certa fé nos prodígios da civilização, de um idealismo mais ou menos nebuloso. A poesia de Verhaeren abunda em traços como esse:

E que importam os males e as horas dementes
E as cubas de vício onde a cidade fermenta
Se um dia, do fundo das brumas e dos véus,
Surgir nova figura de Cristo, em luz esculpida,
Que eleve a humanidade até si e decida
Batizá-la no fogo de astros novos nos céus?

Não encontramos nada disso em Baudelaire. Revelando, é certo, o fascínio pela grande cidade, "onde até o horror se transforma em encanto" [FM, p. 229], não deixa de ter sempre algo de desencantado. Paris é para ele "esta grande planície onde o levante gela" [FM, p. 257], "as casas, cuja altura a bruma prolongava" [FM, p. 225], e que "simulavam os cais de um gigantesco rio" [FM, p. 225], é a acumulação de "andaimes, casas, paços novos,/Velhos bairros" [FM, p. 223], é sobretudo a cidade que vai desaparecendo:

Já não existe a velha Paris (as cidades
Ah! mudam mais depressa que a alma dos mortais) [FM, p. 221]

A forma da cidade mudava, de fato, e a uma velocidade prodigiosa, no tempo de Baudelaire. É preciso não esquecer que a obra de Haussmann, o traçado amplo das suas avenidas que não se detinha perante nenhum argumento histórico, foi feita para constituir um terrível *memento mori* por intenção e no coração da cidade de Paris. Essa obra destruidora, por mais pacífica que fosse, ilustrava pela primeira vez, e no corpo da própria cidade, o poder da ação de um só homem para destruir o que gerações haviam construído. Não está de modo algum ausente dos "Quadros parisienses" aquele sentimento premonitório da insigne precariedade dos grandes centros urbanos. O novo frêmito que, depois de Hugo, atravessa a poesia de Baudelaire é um frêmito de apreensão.

A Paris de Baudelaire é, pode-se dizer, uma cidade minada, uma cidade enfraquecida e frágil. Nada mais belo que o poema "O Sol", que a mostra atravessada pelos seus raios como um tecido antigo, precioso e puído. O velho, imagem com a qual termina esse canto da decrepitude que é "O crepúsculo da manhã", o velho que, dia após dia e com resignação, entrega-se aos seus afazeres, é a alegoria da cidade:

E o sombrio Paris, ainda a esfregar os olhos,
Empunhava as alfaias, velho laborioso. [FM, p. 265]

Para Paris, até os seres de eleição são decrépitos. Na imensa multidão dos citadinos, as velhas são as únicas que transfiguram a sua fraqueza e o seu sacrifício.

Só o leitor que se aperceba do que significa o apagamento da cidade na poesia urbana de Baudelaire poderá compreender o significado de certos versos que vão ao encontro de tal processo. Em Baudelaire, a discrição na evocação da cidade não exclui o traço grosso nem o exagero. É o que acontece com a abertura do soneto "A uma transeunte":

A rua ia gritando e eu ensurdecia. [FM, p. 239]

Não se trata apenas de tom absolutamente novo na poesia lírica (com vigor redobrado pelo fato de constituir o *incipit* de um poema); a própria frase, tomada como simples enunciado, parece ter uma dureza provocativa. É claro que para nós, acostumados ao ruído contínuo das buzinas nas nossas ruas, essa constatação nada tem de estranho. Mas qual não seria a sua estranheza para os contemporâneos do poeta, a estranheza de uma imagem da Paris de 1850, de onde ela provém? Nesse poema a singularidade da concepção vai a par da mestria poética. Podemos, sem dúvida, ver aí uma poderosa evocação da multidão. E no entanto não há nesse poema uma única linha que a ela aluda, a não ser que queiramos encontrá-la naquela sua enigmática frase inicial. É a prova de que Baudelaire não faz pintura poética.

Pode se dizer que há nos "Quadros parisienses" uma presença secreta da multidão, evocada em poemas como "Dança macabra", "O crepúsculo da tarde", "As velhinhas". A multidão sem fim dos seus transeuntes constitui o véu através do qual o *flâneur* parisiense vê a cidade. Também não faltam em "Diários íntimos" as anotações sobre a multidão, soberana inspiradora, fonte de inebriamento para o transeunte solitário. Mais do que fazer referência a essas passagens, seria importante reler o trecho magistral em que Poe evoca a multidão. Encontraremos aí o valor divinatório da amplificação nessas primeiras tentativas de captar a fisionomia das grandes cidades: "A maior parte dos que passavam pareciam pessoas satisfeitas consigo próprias e com os dois pés bem assentes na terra. Pareciam estar apenas preocupadas em abrir caminho por entre a multidão. Franziam as sobrancelhas e olhavam para todos os lados. Se levavam um empurrão de outro transeunte, não pareciam muito irritadas; ajeitavam a roupa e seguiam caminho rapidamente. Outras, e também este grupo era grande, tinham movimentos desordenados, o rosto afogueado, falavam sozinhas e gesticulavam, como que sentindo-se sós precisamente devido à enorme multidão que as rodeava. Quando tinham de parar, essas pessoas deixavam de murmurar; mas os gestos acentuavam-se mais e elas esperavam, com um sorriso distante e forçado, até que os transeuntes que lhes barravam o caminho passassem. Se alguém lhes dava um encontrão, cumprimentavam as pessoas que as tinham empurrado e pareciam muito atarantadas".

Dificilmente se poderia considerar essa passagem uma descrição naturalista. A sua carga é demasiado violenta. Mas esse transeunte no meio da multidão, exposto aos empurrões das pessoas apressadas que correm em todas as direções, é uma prefiguração do cidadão dos nossos dias, cotidianamente empurrado pelas notícias dos jornais e do rádio e exposto a uma série de choques que por vezes atingem a própria base da sua existência. Baudelaire apropriou-se dessa percepção divinatória que encontramos na descrição de Poe. E foi mais longe: sentiu a ameaça que as multidões da grande cidade representam para o indivíduo e a sua idiossincrasia. Um texto singular e desconcertante, "Perda da auréola", deriva dessas suas angústias: "Meu caro, conheces o meu pavor dos cavalos e das viaturas. Há pouco, ao atravessar o *boulevard* a toda pressa e ao saltar na lama através desse caos movimentado onde a morte avança a galope de todos os lados ao mesmo tempo, a minha auréola, num movimento brusco, caiu-me da cabeça no lodo do macadame. Não tive coragem para apanhá-la. Julguei menos desagradável perder as minhas insígnias do que partir os ossos".

Podemos inserir aqui algumas observações mais acertadas da crítica. Gide, e depois dele Jacques Rivière, insistiram em chamar a atenção para certos choques íntimos, certos deslocamentos que o verso baudelairiano sofre na sua estrutura. "Estranho encadeamento de palavras", diz Rivière. "Como uma fadiga na voz, surge uma palavra marcada pela fraqueza":

> E quem sabe se as flores que eu sonho, renovadas,
> Poderão encontrar nessa areia lavada
> O místico alimento que *fará* seu vigor? [FM, p. 69]

Ou também:

Cibele, que os ama, *seu verde faz crescer*. [FM, p. 73]

E haveria ainda que se referir ao célebre início de poema:

A criada bondosa de que tinhas *ciúmes*. [FM, p. 255]

Se se considerar arriscado aproximar essas debilidades métricas da experiência do passeante solitário no meio da multidão, o próprio poeta poderá vir em nosso auxílio. Na verdade, lemos na dedicatória dos *Pequenos poemas em prosa:* "Quem, dentre nós, não sonhou nestes dias de ambição com o milagre de uma prosa poética, musical, sem ritmo e sem rima, suficientemente maleável e angulosa para se adaptar aos movimentos líricos da alma, às ondulações do sonho, aos sobressaltos da consciência? Esse ideal obcecante nasce sobretudo da frequentação das grandes cidades e do cruzamento das suas inumeráveis relações".

Falamos de um passeante solitário. Baudelaire foi um solitário na acepção mais cruel da palavra. "Sentimento de solidão desde a infância. Apesar da família, e entre os companheiros, sobretudo – o sentimento de um destino eternamente solitário." Esse sentimento traz consigo, para além do seu significado individual, uma marca social, que podemos clarificar com um breve parêntese.

Na sociedade feudal, desfrutar do lazer – estar isento de trabalho – era um privilégio. Privilégio não apenas de fato, mas também de direito. As coisas mudaram na sociedade burguesa. A sociedade feudal podia, por isso, reconhecer mais facilmente o privilégio do lazer a alguns dos seus membros, a quem conferia os meios de enobrecer essa atitude, ou mesmo de transfigurá-la. A vida da corte e a vida contemplativa eram como dois moldes onde se podiam juntar os lazeres do grande senhor, do prelado e do guerreiro. Tais atitudes, a da representação como a da devoção, convinham ao poeta dessa sociedade, e a sua obra justificava-as. Ao escrever, o poeta mantém contato, pelo menos indireto, com a religião ou com a corte, ou com ambas. (Voltaire, o primeiro dos literatos que aqui nos interessam, rompe deliberadamente com a Igreja e consegue retirar-se para o convívio do rei da Prússia.)

Na sociedade feudal, os lazeres do poeta são um privilégio reconhecido. Pelo contrário, logo que a burguesia conquistou o poder, o poeta ficou desempregado, era o "ocioso" por excelência. Essa situação não podia deixar de provocar uma enorme confusão. Foram muitas as tentativas de escapar a ela. Os talentos que se sentiam mais à vontade na sua vocação de poeta foram os que mais facilmente se libertaram: Lamartine, Victor Hugo achavam-se como que investidos de uma dignidade nova. Eram, de certa maneira, os sacerdotes laicos da burguesia. Outros – Béranger, Pierre Dupont – contentavam-se com lançar mão da melodia fácil para assegurar a sua popularidade. Outros ainda, como Barbier, fizeram sua a causa do quarto estado. Outros, por fim – Théophile Gautier, Leconte de l'Isle –, refugiaram-se na arte pela arte.

Baudelaire não enveredou por nenhum desses caminhos, e isso foi bem dito por Valéry no famoso ensaio "Situação de Baudelaire", onde se lê: "O problema de Baudelaire deve ter sido o seguinte: tornar-se um grande poeta, mas não um Lamartine, um Hugo, um Musset. Não digo que esse propósito fosse consciente; mas tinha necessariamente de estar presente nele – na verdade, esse propósito era o próprio Baudelaire. Era sua razão de Estado". Poder-se-ia dizer que, perante esse problema, Baudelaire tomou a decisão de levá-lo até o espaço público. A sua existência ociosa, desprovida de identidade social, foi qualquer coisa que ele quis dar a ver: transformou o seu isolamento social numa insígnia, tornou-se *flâneur*. Nesse caso, como no que diz respeito a todas as atitudes assumidas por Baudelaire, parece impossível e vão separar o que nelas havia de gratuito e de necessário, de escolha e de imposição, de artificial e de natural. No caso vertente, essa indissociação resulta do fato de Baudelaire ter conferido à ociosidade o estatuto de método de trabalho, do seu próprio método. Sabe-se que em vários períodos da sua vida nem sequer teve o que se poderia chamar uma mesa de trabalho. Fazia, e sobretudo refazia, os seus versos em plena *flânerie*:

> Pelo velho arrabalde, onde em cada tugúrio
> As persianas abrigam secretas luxúrias,
> Quando o sol mais cruel bate com raios vivos
> Em cidades e campos, telhados e trigos,
> Exercito sozinho esta absurda esgrima,
> Farejando em cada canto os acasos da rima,
> Tropeçando em palavras como na calçada,
> Dando às vezes com versos há muito sonhados. [FM, p. 215]

É o Baudelaire *flâneur* que tem a experiência das multidões de que falamos antes. Voltamos a ela para ressaltar outra das sondagens que ele ensaia para descer às profundezas da vida coletiva. Uma das primeiras reações que a formação das multidões nas grandes cidades fez nascer foi a moda do que àquela altura se chamava "fisiologias". Tratava-se de pequenos fascículos de alguns centésimos, em que o autor se divertia em classificar certos tipos sociais segundo a sua fisionomia, captando de relance tanto o caráter como as ocupações e o estatuto social de um qualquer transeunte. A obra de Balzac contém milhares de amostras dessa mania. Dirão que se trata de uma perspicácia muito ilusória. De fato, é ilusória. Mas há um pesadelo que lhe corresponde e que, por seu lado, parece ser bem mais substancial. Esse pesadelo seria o de constatar que os traços distintivos captados de relance, que parecem garantir a unicidade, a individualidade estrita de uma personagem, revelam ao mesmo tempo os elementos constitutivos de um tipo novo que iria, por sua vez, estabelecer uma nova divisão social. Desse modo se manifestava, em plena *flânerie*, uma fantasmagoria angustiante. Baudelaire a expôs com grande força no poema "Os sete anciãos":

> De repente, um velhote, cujos amarelados
> Trapos eram da cor daquele céu carregado,
> E cujo ar faria chover as esmolas
> Se não fosse a maldade a luzir-lhe nos olhos,
>
> Apareceu-me... [...]
> Outro igual logo atrás: barba, olhos, costas, trapos,
> Vindo do mesmo inferno, nada o distinguia
> Do gémeo centenário, e os espectros bizarros
> Caminhavam os dois pra um fim desconhecido.
>
> Em que infame conluio estaria eu preso,
> Ou que cruel acaso assim queria humilhar-me?
> Pois minuto a minuto contei sete vezes
> Esse sinistro velho a multiplicar-se! [FM, p. 227]

O indivíduo assim apresentado na sua multiplicação, sob a forma do sempre-igual, sugere a angústia experimentada pelo citadino por não poder, apesar do aparecimento das mais excêntricas singularidades, romper esse círculo mágico do tipo social. Círculo mágico já sugerido por Poe na sua descrição da multidão. Os seres que, segundo a sua visão, compõem-na surgem submetidos a automatismos. É, aliás, a consciência desse automatismo estritamente regulamentado, desse caráter rigorosamente típico, lentamente adquirido, solidamente estabelecido, que irá lhe permitir, um século mais tarde, ufanar-se de uma desumanidade e de uma crueldade inauditas. Parece que, de forma fugidia, Baudelaire apreendeu alguns traços dessa desumanidade por vir. Em *Fusées*, lemos: "O mundo vai acabar... Peço a todos os homens pensantes que me mostrem que coisa pode substituir a vida... A ruína universal não advirá especialmente através das instituições políticas..., mas pelo aviltamento dos corações. Será necessário dizer que o pouco que restará da política irá debater-se penosamente sob a pressão da animalidade generalizada, e que os governantes serão forçados, para se manter e criar um simulacro de ordem, a recorrer a meios que farão estremecer a nossa humanidade atual, já de si tão endurecida?... Esses tempos estão talvez muito próximos, quem sabe mesmo se não chegaram já, e se a cegueira espessa da nossa natureza não é o único obstáculo que nos impede de fazer um juízo sobre a atmosfera que respiramos?".[2]

Nós estamos já bastante bem colocados para ajuizar da justeza dessas frases. E muita coisa nos diz que se acentuará o seu lado sinistro. Talvez a condição da clarividência que elas testemunham fosse muito menos um qualquer dom de observador do que a irremediável angústia do solitário no meio da multidão. Será muita audácia pretender que se trata das mesmas multidões que, hoje em dia, petrificaram-se às mãos dos ditadores? Quanto à faculdade de entrever nessas multidões escravizadas núcleos de resistência – núcleos formados pelas massas revolucionárias de 1848 e da Comuna –, ela não se limitou a Baudelaire. O desespero foi o resgate pago por essa sensibilidade que, abordando pela primeira vez a grande cidade, foi a primeira a ser assaltada por um estremecimento que nós, diante de múltiplas ameaças mais que evidentes, deixamos de ser capazes de sentir.

---

[2] Na edição da Pléiade, ed. Yves-Gérard Le Dantec, Paris, 1931, p. 639-641 ("Fusées XXII".) (N.T.)

O regresso do *flâneur*[1]

---

[1] Sobre: Franz Hessel, *Spazieren in Berlin* [Passear em Berlim], Leipzig/Viena, Verlag Dr. Hans Epstein, 1929, 300 p.

Se quiséssemos distribuir por dois grupos todas as descrições de cidades, de acordo com o lugar de nascimento dos autores, chegaríamos certamente à conclusão de que são em menor número aquelas cujos autores nelas nasceram. O impulso superficial, o exótico, o pitoresco só se fazem sentir nos estrangeiros. A descrição de uma cidade por um dos seus habitantes tem outras motivações, mais profundas. Motivações de quem viaja para o passado, e não para lugares distantes. O livro de uma cidade escrito por um dos seus naturais terá sempre afinidades com as memórias, porque não foi em vão que o autor passou a infância nesse lugar. Como Franz Hessel e Berlim. E quando ele agora se decide a andar pela cidade, não é movido pelo impressionismo excitado com que tantas vezes os que escrevem descrições se aproximam do seu objeto. Porque Hessel não descreve, narra. Melhor: volta a narrar o que ouviu. *Passear em Berlim* é um eco de tudo aquilo que a cidade, desde cedo, foi contando à criança. Um livro épico de fio a pavio, um exercício de rememoração na deambulação, um livro para o qual a lembrança não foi a fonte, mas a musa. Vai percorrendo as ruas, e todas elas são íngremes. Levam-na, se não até o reino das Mães, pelo menos a um passado que pode ser tanto mais fascinante quanto menos é apenas o do autor. No asfalto que os seus pés pisam, cada passo provoca uma espantosa ressonância.

A luz do gás que ilumina o pavimento lança uma luz ambígua sobre esse chão duplo. A cidade como ajuda mnemotécnica do passeante solitário evoca mais do que a sua infância e juventude, e mais do que a própria história dessa cidade.

Aquilo que ela põe em cena é o espetáculo imprevisível da *flânerie*, que julgávamos definitivamente enterrado. E será agora, e aqui em Berlim, onde nunca floresceu especialmente, que ele se renovará? Para isso, é preciso saber que os berlinenses se transformaram. Pouco a pouco, o seu problemático orgulho de fundadores de uma capital começa a dar lugar à noção de Berlim como pátria, terra própria. E ao mesmo tempo, acentuaram-se em toda a Europa o sentido da realidade e o gosto pela crônica, pela documentação e pelo pormenor. E é nesse contexto que vamos encontrar alguém que é suficientemente jovem para ter passado por essa mudança e suficientemente velho para ter estado pessoalmente próximo dos últimos clássicos da *flânerie*, de um Apollinaire e de um Léautaud. O tipo do *flâneur* é uma criação de Paris, e o mais estranho é que não tenha sido Roma. Mas será que em Roma o próprio sonho não percorre ruas por demais calcorreadas? E não estará essa cidade demasiado cheia de templos, lugares cercados, santuários nacionais, para poder entrar indivisa no sonho do transeunte com cada uma das pedras da calçada, cada tabuleta de loja, cada degrau ou portal? As grandes reminiscências, os frêmitos provocados pela história – são para o verdadeiro *flâneur* uma bagatela que ele deixa de boa vontade ao simples viajante. Troca de boa vontade todo o seu saber de estúdios de artista, casas que viram nascer celebridades ou domicílios principescos pelo faro de uma simples soleira ou o tato de um único ladrilho, que fazem também feliz um qualquer rafeiro. Haverá também aspectos que se prendem com o caráter dos romanos. Porque não foram os estrangeiros, mas eles próprios, os parisienses, que fizeram de Paris a terra prometida do *flâneur*, a "paisagem feita de um sem-número de vidas", como um dia lhe chamou Hofmannsthal. Paisagem – é isso, de fato, a cidade para o *flâneur*. Ou, dito de forma mais exata: para ele, a cidade divide-se nos seus polos dialéticos. Abre-se a ele como paisagem, encerra-o em si como uma sala.

"Deem à cidade um pouco do vosso amor à paisagem", diz Franz Hessel aos berlinenses. Ah, se eles quisessem ver a paisagem na sua cidade! Ah, se eles não tivessem o Tiergarten,[2] esse bosque sagrado da *flânerie*, com as suas perspectivas sobre as fachadas sagradas das *villas*, as tendas em que, durante os concertos de *jazz*, as folhas caem mais melancólicas para o chão, o Lago Novo, de que se evocam aqui as baías e as ilhas arborizadas, e "onde no inverno, com a nossa arte de patinar, desenhávamos no gelo grandes *loops* à holandesa, e no outono descíamos da ponte de madeira junto à casa dos barcos para entrar num deles com a dama de copas que manejava o nosso leme" – se tudo isso não existisse, a cidade ainda estaria cheia de paisagem. Ah, se eles soubessem sentir o céu sobre os arcos das pontes dos comboios, tão azul como sobre os picos do Engadin, o silêncio a se erguer da azáfama como do rebentar das ondas e as pequenas ruas do centro a refletir as horas do dia de forma tão límpida como um vale na montanha. É verdade que há um preço para a existência autêntica do citadino, que enche a cidade até a borda e sem a qual esse saber é impossível. "Nós, os berlinenses", escreve Hessel, "temos de *habitar* mais ainda a nossa cidade". A sua intenção é de que a frase seja literalmente entendida, não tanto no que se refere às casas, mas mais no que às ruas diz respeito. Pois estas são a casa do ser eternamente inquieto e em movimento que vive, aprende, conhece e pensa tanto entre as paredes das casas como qualquer indivíduo no abrigo das suas quatro paredes. Para as massas – e é com elas que vive o *flâneur* –, as tabuletas brilhantes e esmaltadas das lojas são adornos tão bons como os quadros a óleo no salão burguês, e até melhores; as empenas cegas são as suas secretárias, os quiosques de jornais as suas bibliotecas, os marcos de correio os seus bronzes, os bancos o seu *boudoir*, e a esplanada a varanda de onde essas massas observam a azáfama da sua casa. No gradeamento onde os trabalhadores do asfalto penduram os casacos fica o seu vestíbulo, e o portão que leva à rua através do enfiamento dos pátios é a entrada nos aposentos da cidade.

Já na excelente "Propedêutica do jornalismo"[3] a investigação do que significa habitar é reconhecível, como motivo subterrâneo. Do mesmo modo como toda experiência sólida e testada engloba o

---

[2] Grande parque no centro de Berlim. Cf. a edição da Autêntica (2013) de *Rua de mão única; Infância berlinense: 1900*, p. 78-80. (N.T.)

[3] Franz Hessel, *Nachfeier* [Depois da Festa], Berlim, Rowohlt, 1929.

seu contrário, assim também aqui a arte acabada do *flâneur* absorve o saber da habitação. Mas o arquétipo da habitação é a matriz ou o abrigo. Aqueles lugares, portanto, que nos permitem apreender a figura de quem os habita. E se nos lembrarmos de que não são apenas os seres humanos e os animais que têm uma habitação, mas também os espíritos e sobretudo as imagens, torna-se evidente que coisa ocupa o *flâneur* e o que ele busca. E o que ele procura são as imagens, onde quer que elas morem. O *flâneur* é o sacerdote do *genius loci*. Esse transeunte modesto, provido da dignidade do sacerdote e da perspicácia do detetive, apresenta-se com uma aura silenciosa de onisciência só comparável à do Father Brown de Chesterton, esse mestre da criminalística.[4] Precisamos seguir o autor até a parte antiga, ocidental, da cidade, para lhe conhecermos esse lado e o modo como descobre os Lares na soleira das casas, como celebra os últimos monumentos de uma velha cultura do viver. Os últimos: pois a marca própria dessa mudança dos tempos diz-nos que chegou ao fim a era da habitação no sentido antigo, para a qual o conforto caseiro estava em primeiro lugar. Giedion, Mendelssohn, Corbusier[5] transformam os lugares de permanência dos homens num espaço de passagem de todas as forças e vagas de luz e ar que possamos imaginar. O que aí vem foi colocado sob o signo da transparência: não apenas dos espaços, mas também, se acreditarmos nos russos, que agora pretendem abolir os domingos em favor de turnos de feriados móveis, das semanas. Mas não se pense que basta um olhar piedoso, preso a uma visão museológica, para descobrir o que há de Antiguidade na velha parte ocidental de Berlim, por onde Hessel guia os seus leitores. Só um homem em quem o novo, ainda que de forma sutil, anuncia-se de forma tão óbvia pode

---

[4]   Figura de uma série de histórias policiais do escritor inglês G. K. Chesterton (1874-1936), de que se destacam: *The Innocence of Father Brown* (1911), *The Wisdom of...* (1914), *The Incredulity of...* (1926), *The Secret of...* (1927) e *The Scandal of...* (1935). (N.T.)

[5]   Sigfried Giedion (1883-1968): historiador suíço da arquitetura do século XX, autor de *Space, Time and Architecture* (1941); Erich Mendelssohn (1887-1953): arquiteto alemão de inspiração expressionista; Le Corbusier (pseudônimo de Charles-Edouard Jeanneret-Gris, 1887-1965): arquiteto fundamental do movimento moderno, principal autor da Carta de Atenas (1934), documento essencial do urbanismo moderno que revolucionou as concepções tradicionais do espaço habitado. (N.T.)

lançar um olhar tão original e anterior sobre essa realidade que só agora começa a envelhecer.

Entre a *plebs deorum* das cariátides e atlantes, das pomonas e dos *putti*, com cuja descoberta o autor atrai os seus leitores, os seus preferidos são aquelas figuras, em tempos dominantes, hoje transformadas em penates, insignificantes deuses das soleiras, que se alojam, cheias de pó e incógnitas, nos patamares das escadas e nos nichos dos corredores, guardiãs dos ritos de passagem que outrora acompanharam todos os passos que transpunham os limiares, fossem eles de madeira, fossem metafóricos. Não se liberta delas, e a sua força ainda o toca, embora as suas imagens tenham desaparecido ou estejam irreconhecíveis. Berlim tem poucos portões, mas esse conhecedor das soleiras sabe onde estão as mais ínfimas passagens, aquelas que separam a cidade do campo aberto e um bairro de outro: estaleiros de obras, pontes, túneis do metrô de superfície e praças, e todos eles são aqui honrados e respeitados, para não falar já das horas de passagem, dos sagrados doze minutos ou segundos da vida cotidiana que correspondem às *Twelfth-nights* macrocósmicas e podem parecer tão profanos à primeira vista. "Os chás dançantes de Friedrichstadt", o autor sabe-o, "têm também a sua hora mais instrutiva, antes de começar o espetáculo, quando, ao lusco-fusco, junto dos instrumentos ainda vestidos com as suas capas, a dançarina toma uma refeição leve, conversando com a mulher do bengaleiro ou com o criado de mesa".

Baudelaire cunhou a fórmula cruel da cidade que muda mais rapidamente que um coração humano. O livro de Hessel está cheio de fórmulas de despedida consoladoras para os seus habitantes. É um verdadeiro epistolário da despedida, e quem é que não teria prazer em se despedir se pudesse, com as suas palavras, penetrar o coração de Berlim como Hessel faz com o das suas musas da Magdeburger Straße? "Desapareceram já. Elas ali estavam, na sua pedra de cantaria, segurando obedientemente – as que ainda tinham mãos – as suas esferas ou o seu lápis. Seguiam os nossos passos com os seus olhos brancos de pedra, e o olhar dessas raparigas pagãs tornou-se parte de nós." "Só vemos aquilo que nos olha. Só podemos fazer aquilo que não podemos deixar de fazer." Ninguém deu melhor expressão à filosofia do *flâneur* do que Hessel com essas palavras. Uma vez, deambulando por Paris, vê as porteiras sentadas à tarde nas entradas frescas dos prédios, costurando, e sente-se olhado por elas como o era pela ama. E nada é mais significativo da relação entre essas duas cidades – Paris, a pátria tardia do Hessel maduro, e Berlim, a pátria severa da sua infância – do que o fato de esse grande *flâneur* se tornar desde logo notado e suspeito para os berlinenses. Daí o título do primeiro capítulo desse livro, "O suspeito". Nele damo-nos conta das resistências atmosféricas com que a *flânerie* se confronta nessa cidade e de como é amargo o olhar que, vindo de coisas e pessoas, nela ameaça cair sobre o sonhador. É aqui, e não em Paris, que melhor compreendemos como o *flâneur* pôde se afastar do passeante filosófico para assumir os traços do lobisomem inquieto e à deriva na selva social, que Poe fixou para sempre em "O homem da multidão".

E mais não é preciso dizer sobre o "suspeito". Mas o segundo capítulo traz o título "Aprendendo", outra das palavras preferidas do autor. A maior parte dos escritores fala de "estudar", quando se aproximam de uma cidade para sobre ela escrever. Há um mundo entre essas duas palavras. Estudar é coisa que qualquer um pode fazer; aprender, só aqueles que estão dispostos a persistir. O que conta em Hessel é uma tendência inabalável para a persistência, uma relutância aristocrática contra os matizes. A vivência (*Erlebnis*) busca o que é único e a sensação, a experiência (*Erfahrung*) busca o sempre-igual. "Paris", era o que se dizia há alguns anos, "é a janela de sacada estreita diante de milhares de janelas, o charuto vermelho barato diante de milhares de cigarros desperdiçados, o tampo de zinco do pequeno bar, o gato da porteira". O *flâneur* memoriza assim, como uma criança, insistindo na sua verdade, duro como a velhice. Agora temos também para Berlim um tal registro, um livro egípcio dos sonhos de um espírito desperto. E quando o berlinense buscar na sua cidade outras promessas que não sejam as dos reclames luminosos, então abrirá também o seu coração a esse livro.

Comentário

Nota

Este comentário segue, em todos os volumes desta coleção, o da edição original (*Gesammelte Schriften*, sob responsabilidade de Rolf Tiedemann e Hermann Schweppenhäuser). Adaptei os comentários ao destinatário de língua portuguesa e atualizei lacunas. As passagens em itálico provêm todas de textos e cartas de Benjamin.

As citações das Cartas no aparato crítico da edição alemã das Obras de Walter Benjamin se referem ainda à edição em dois volumes, organizada por G. Scholem e Adorno (BENJAMIN, W. *Briefe* [Cartas]. Herausgegeben und mit Anmerkungen versehen von Gershom Scholem und Theodor W. Adorno. Frankfurt am Main: Suhrkamp, 1966). Foi, entretanto, editada a correspondência completa de Benjamin (*Gesammelte Briefe* in sechs Bänden [Correspondência completa, em seis volumes]. Organização de Christoph Gödde e Henri Lonitz [Arquivo Theodor W. Adorno]. Frankfurt am Main: Suhrkamp, 1995-2000). Uma vez que é esta hoje a edição de referência para as Cartas de Benjamin, todas as citações no Comentário desta edição remetem a ela, indicando, no entanto, também a fonte na primeira edição das Cartas. Para isso, serão usadas as siglas Br. (= *Briefe*, para a edição de Scholem e Adorno, em dois volumes) e GB (= *Gesammelte Briefe*, para a edição completa), seguidas do número de página e, no caso desta última edição, também o do volume. Sempre que apareça apenas a referência a GB, isso significa que a carta em questão não figura na edição de Scholem e Adorno. As referências à edição original das Obras (*Gesammelte Schriften*) utilizam a sigla GS, seguida do volume e do número de página.

Charles Baudelaire: Um poeta na época do capitalismo avançado
(p. 7-102)

O livro de Benjamin *Charles Baudelaire: um poeta na época do capitalismo avançado* ficou incompleto. O que desse projeto restou no espólio foram, por um lado, os dois textos "A Paris do Segundo Império na obra de Baudelaire" e "Sobre alguns motivos na obra de Baudelaire" (em ambos os casos ensaios autônomos, sendo que o segundo constitui a revisão de uma parte do primeiro); e, por outro lado, numerosos excertos, esboços e anotações, situáveis nas várias fases do trabalho sobre o complexo "Baudelaire". O conjunto insere--se no âmbito do projeto de livro sobre *As passagens de Paris*, no qual Benjamin trabalhou de 1927 até a morte. Quando, em 1937, desta-cou de *O livro das passagens* o ensaio sobre Baudelaire, isso se deveu a motivos de ordem tanto interna como externa. Um deles terá sido o ceticismo progressivo em relação à possibilidade de concretização do trabalho iniciado com *O livro das passagens*, a reconstrução histó-rico-filosófica do século XIX; o trabalho sobre Baudelaire seria, ao menos, um "modelo miniatural" (cf., adiante, carta a Horkheimer, de 16 de abril de 1938) de *O livro das passagens*. A Max Horkheimer se deve a oportunidade de fazê-lo, através do convite para escrever para a *Zeitschrift für Sozialforschung* (Revista de Investigação Social). O ensaio "A Paris do Segundo Império na obra de Baudelaire" foi escrito no verão e no outono de 1938. A princípio, Benjamin tinha pensado num ensaio que pudesse ser utilizado como parte de *O livro das passagens*; mas, no decurso do trabalho, abandonou essa ideia em favor da de um livro autônomo sobre Baudelaire. As três seções do trabalho de 1938 constituiriam a segunda parte desse livro, que deveria ter três partes. Theodor W. Adorno, tal como Benjamin co-laborador do Instituto de Investigação Social, submeteu esse texto a uma crítica radical numa carta de 10 de novembro de 1938, que se revelou extremamente produtiva para o prosseguimento do projeto do livro sobre Baudelaire. O resultado é visível no ensaio "Sobre alguns motivos na obra de Baudelaire", que Benjamin começou a escrever no fim de fevereiro de 1939. No fim de julho desse ano o trabalho foi enviado para Nova Iorque (sede da redação da revista), e no princípio de janeiro de 1940 aparecia no último número da *Zeitschrift für Sozialforschung* ainda publicado na Europa. Apesar da autonomia desse texto em relação ao anterior, ele deveria entrar no livro sobre Baudelaire no lugar da seção sobre "O *flâneur*" do trabalho de 1938. Benjamin não chegou a reformular as seções "A *bohème*" e "A modernidade", como pensou fazer. Na estrutura global do livro, tal como Benjamin o planejara antes da revisão do texto sobre "O *flâneur*", estava prevista uma primeira parte com o título "Baudelaire como alegorista", à qual juntaria a problematização para cuja solução A Paris do Segundo Império na obra de Baudelaire" forneceria os dados necessários; a solução propriamente dita estava reservada para uma terceira parte final, com o título "A mercadoria como objeto poético". Da primeira e da terceira partes encontram-se no espólio de Benjamin apenas versões preliminares, conjuntos de notas, geralmente pouco desenvolvidas. Trata-se, por um lado, da seção J, dedicada a Baudelaire, a mais volumosa entre os materiais e anotações para *O livro das passagens*; por outro lado, dispomos ainda de dois maços com anotações relacionadas ao trabalho no livro autônomo sobre Baudelaire: um deles com tópicos para a interpretação de poemas de *As flores do mal*, o outro com fragmentos teóricos, reunidos sob o título *Zentralpark*. Finalmente, conservaram-se ainda várias folhas soltas com esquemas, listas, teses e notas. Todo esse material se encontra no presente volume: os fragmentos de *Zentralpark* no corpo do texto, os outros neste Comentário.

Embora o livro sobre Baudelaire tenha permanecido um fragmento, ele é, de fato, mais inacabado do que fragmentário no sentido de *O livro das passagens*. Por isso os textos que o integrariam aparecem reunidos neste volume e são complementados pelas anotações e pela discussão escrita, nas cartas incluídas na seção Comentário (com exceção da seção J, cujo lugar mais lógico é o do conjunto de *O livro das passagens*).

Gênese

Em 1935 escreveu Benjamin aquele esboço para *O livro das passagens* – intitulado "Paris, capital do século XIX" – com o qual o trabalho entra numa nova fase, a primeira que o aproxima – longinquamente – da forma de um livro (Br. 653; GB V, 83); nesse esboço, a quinta parte traz o título "Baudelaire, ou as ruas de Paris". Benjamin foi instigado a escrevê-lo por Friedrich Pollock, assistente da direção do Instituto de Investigação Social. É certo que Benjamin começou por avaliar como *mínimas as perspectivas de interessar realmente o Instituto "por este livro"* (Br., 654; GB V, 83), mas enganou-se. A reação positiva e sem reservas de Horkheimer e Pollock àquela sinopse levou a que o trabalho sobre as passagens fosse aceito entre as obras a serem subsidiadas pelo Instituto; e sobretudo permitiu a Benjamin subordinar toda a sua colaboração futura na *Zeitschrift für Sozialforschung* quase exclusivamente ao trabalho para *O livro das passagens*. O ensaio maior que se seguiu e foi publicado na revista (o texto sobre "A obra de arte na época da sua possibilidade de reprodução técnica") não estava, na verdade, relacionado com *O livro das passagens do ponto de vista do assunto*, mas tinha *uma estreita ligação com ele do ponto de vista metodológico* (Br., 700; GB V, 209). Essa estratégia de trabalho sofreu certa interrupção, apesar de não total, com a escrita do ensaio "Eduard Fuchs, colecionador e historiador" (cf., nesta coleção: *O anjo da história*. Belo Horizonte: Autêntica, 2012. p. 123 e segs.). Depois de concluído esse estudo, em fevereiro de 1937, Benjamin escreveu a Horkheimer: *Seria muito importante para mim deixar definitivamente clarificado, numa conversa, o objeto do meu próximo trabalho maior. Há vários caminhos que me parecem viáveis, e espero que todos me conduzam ao meu livro* [i. e., *O livro das passagens*] (GB V, 463-464). Numa carta posterior, também a Horkheimer, encontra-se, além de várias hipóteses para *investigações metodológicas*, a sugestão de escrever em primeiro lugar o capítulo sobre Baudelaire (GB V, 490). Enquanto as *investigações metodológicas* só mais tarde, com as teses "Sobre o conceito da História" (incluídas no volume *O anjo da história*, p. 7-20), foram redigidas numa forma modificada, Horkheimer aceitou imediatamente a sugestão referente a Baudelaire.

A preparação e a gênese dos trabalhos de Benjamin sobre Baudelaire, a sua discussão no Instituto de Investigação Social e com outros amigos estão, como poucas outras fases, muito bem documentadas numa longa correspondência. A apresentação, em ordem cronológica, dessas cartas bastará para compreender plenamente o significado desse núcleo baudelairiano na obra de Benjamin, as vicissitudes da sua gênese e os pontos críticos de discussão, sobretudo com Adorno. Dão-se a seguir em tradução as passagens pertinentes de todas essas cartas, cujas datas se situam entre abril de 1937 e maio de 1940.[1]

1. Max Horkheimer a Walter Benjamin.
Nova Iorque, 13 de abril de 1937

Entre os temas que propõe para ensaios seus, o capítulo sobre Baudelaire parece-me ser o mais adequado [...] Um artigo de perspectiva materialista sobre Baudelaire é [...] desde há muito um desiderato. Agradecer-lhe-ia muito se pudesse escrever em primeiro lugar esse capítulo do seu livro. Para estimulá-lo, sugiro-lhe a leitura do artigo "Do What You Will", publicado em 1929 por Chatto & Windus, Londres. Encontra-se também na antologia *Stories, Essays and Poems*, de A. Huxley, na Everyman's Library, Londres, 1937. O artigo é interessante sobretudo porque nele a acusação de estupidez feita por Baudelaire a Victor Hugo, do ponto de vista do homem de letras progressista francês, agora se volta contra ele, a partir do ponto de vista do *common sense* da grande burguesia inglesa. Aliás, detesto tanto Huxley como certamente o senhor; mas vale a pena levar em conta esse artigo.

2. Benjamin a Theodor W. Adorno.
Paris, 23 de abril de 1937 (GB V, 512)

A conversa com Pollock [em abril de 1937, em Paris] *ocupou-se principalmente do tema do meu próximo trabalho. As resistências ao tema que nós*

---

[1] O volume da edição crítica alemã que inclui os textos sobre Baudelaire (GS I/3) data de 1974. A essa altura, os responsáveis pela edição não dispunham de todas as cartas desse período, sugerindo (cf. GS I/3, 1067) que algumas poderiam ter se perdido ou se encontrariam inacessíveis no arquivo da então Academia Alemã das Artes, em Berlim. A edição completa da correspondência de Benjamin, entretanto publicada, permite-nos hoje suprir as lacunas de então. Na transcrição de cartas que se segue, os testemunhos epistolares que faltam na edição crítica alemã (que inclui 90 cartas de e para Benjamin), e cuja inclusão é da minha responsabilidade, vão assinalados com asterisco a seguir ao respectivo número. (N.T.)

COMENTÁRIO

[i.e. Benjamin e Adorno] *tínhamos em vista* [sobre Carl Gustav Jung], *ao que parece, são grandes. Tenho a impressão de que neste momento está acontecendo uma discussão difícil, com pontos que tocam naquele nosso tema, entre Max* [Horkheimer] *e* [Erich] *Fromm. Das três propostas da minha última carta, a resposta de Max, que me chegou há dias, escolhe a terceira: escrever primeiro o capítulo sobre Baudelaire. Não tenho dúvidas de que o seu projeto* [sobre Jung] *era o que mais me convinha, e que era certamente o mais urgente para o meu trabalho. Por outro lado, podemos dizer que os motivos essenciais do livro* [das passagens] *estão de tal modo interligados que os vários temas de forma alguma se relacionam como alternativas.*

3. Benjamin a Horkheimer.
Paris, 26 de abril de 1937 (GB V, 517)

Como já deve saber, passei um serão muito agradável e produtivo com o senhor Pollock. Conversamos mais em pormenor sobre o tema da minha próxima encomenda, sobre o qual já tínhamos falado brevemente em março. Poucos dias depois chegou a sua carta, que coincide em tudo com o que o senhor Pollock me explicou. A concepção do meu livro leva a que cada um dos capítulos esteja perpassado pelas ideias essenciais dos outros. Por isso não é difícil para mim seguir a sua sugestão, cujas razões percebi pela nossa conversa aqui e pela sua carta. Se alguma reserva houver, ela é apenas, como já dei a entender ao senhor Pollock, a de que um texto escrito nessas condições terá um caráter provisório na sua relação com o todo do livro e, no interesse deste, terá de ser revisto mais tarde.

Para tratar o tema de Baudelaire, terei de me preparar para a discussão teórica que o senhor está prevendo para o próximo ano. Considero este momento um dos mais produtivos para o meu trabalho e uma constelação animadora para mim próprio o fato de os últimos trabalhos do Instituto se cruzarem tão diretamente com o âmbito que antevejo para os meus. A importância de um ponto de vista psicanalítico para uma visão materialista da história irá colocar-me a cada passo alguns problemas. Por isso não exagero quando digo que considero urgente uma conversa sobre isso. Esperemos que não tenhamos de esperar muito tempo por ela.

A sua indicação sobre o artigo de Huxley é bem-vinda, como convergente com a minha é a sua opinião sobre o homem. Larguei o Contraponto do amor *ao fim de poucos capítulos, e desde então só li dele a* Viagem pela América Central.

4. Benjamin a Adorno.
Paris, 1o de maio de 1937 (GB V, 523)

Pollock já me tinha comunicado, e uma carta de Max confirmou-o entretanto, que este vê com reservas a minha proposta de escrever o próximo ensaio sobre Jung e Klages, e que as razões se encontram nos debates internos do grupo de Nova Iorque. Também eu comuniquei àquela altura a Max as razões que me levaram a aceitar logo a sua sugestão; e entretanto fiz-lhe saber que estou disposto, se ele achar por bem, a começar já a trabalhar no ensaio sobre Baudelaire.

5. Adorno a Benjamin.
Oxford, 12 de maio de 1937

Transcrevo literalmente mais uma passagem [de uma carta de Horkheimer a Adorno]: "Acabo de receber uma carta de Benjamin, dizendo que está de acordo com o tema de Baudelaire. Se achar que faz sentido voltar ao tema das imagens [i.e. o tema antes sugerido por Adorno, sobre C. G. Jung], não tenho nada contra. Agradeceria apenas se me mandassem, o mais depressa possível, um resumo das ideias principais. Deixo aos dois a última decisão sobre o tema a tratar primeiro, mas, até nova ordem, insisto no meu voto por Baudelaire".

Em resposta, voltei a lhe expor as razões que me levaram a propor o tema da imagem arcaica, e disse-lhe que ia discutir consigo a questão. Mas não posso saber se a decisão pode esperar até o meu regresso a Nova Iorque, uma vez que não sei qual é a sua disponibilidade no momento. Não quero pressioná-lo; mas sabe por que razão prefiro a imagem arcaica, e acho que, depois das frases que transcrevi, Max não terá nada a opor. Tanto maior, então, a obrigação de fazer desse trabalho um *achievement* metodológico decisivo. Se continuar achando que esse tema faz sentido e que esse trabalho não fica, objetivamente, atrás do de Baudelaire, peço-lhe que envie a Max, logo que possa, o resumo que ele pede e que me informe mais pormenorizadamente das reservas dele, que ainda não conheço.

6. Benjamin a Adorno.
Paris, 17 de maio de 1937 (GB V, 530)

Conversaremos em definitivo sobre o tema do meu próximo trabalho quando aqui estiver. A questão é demasiado complexa para ser esclarecida por carta. Hoje, quero apenas assegurar-lhe – o que, aliás, é uma evidência – que o confronto entre a imagem dialética e a arcaica continua a circunscrever uma das tarefas filosóficas decisivas das Passagens. Isso, porém, significa também que a formulação de algumas teses sobre esse assunto não pode ser coisa de uma pequena sinopse improvisada. Tais teses não as posso de modo nenhum formular antes de um estudo aprofundado dos teóricos da imagem arcaica. As obras deles – e esse é um fato de que há pouco tomei conhecimento – não existem na Biblioteca Nacional. As diretivas de Max tinham-me levado a pôr de lado essa questão bibliográfica. Mas de modo algum quero que esses obstáculos se tornem definitivos. Apenas implicam que uma decisão irrevogável, em sentido positivo, exigirá algumas semanas.

Por outro lado, vamos ter de discutir em que medida o trabalho sobre Baudelaire pode contribuir para definir os interesses metodológicos determinantes do livro sobre as Passagens. Pessoalmente, e antecipando a nossa conversa, se eu quisesse sintetizar o problema numa fórmula, diria: considerando uma economia de trabalho a longo prazo, o trabalho sobre a imagem arcaica afigura-se a mim mais premente. No interesse de uma entrega do original mais ou menos a curto prazo, é mais recomendável o trabalho sobre Baudelaire, que, evidentemente, não deixará de ter o peso que a matéria exige.

7. Adorno a Benjamin.
A bordo do Normandie, *2 de julho de 1937*

Dado o interesse de todos [na redação da *Zeitschrift für Sozialforschung* em Nova Iorque] pelo Baudelaire, tanto como por Jung e Klages, achei por bem, no seu próprio interesse, não insistir mais. Se o Baudelaire puder estar pronto em breve e tiver impacto, seria um grande ganho em todos os aspectos.

7a *. Benjamin a Scholem.
San Remo, *2 de julho de 1937* (GB V, 544)

Pretendo consolidar os fundamentos metodológicos das "Passagens de Paris" através de uma controvérsia contra a doutrina de Jung, em particular a das imagens arcaicas e do inconsciente coletivo. Isso teria, para além do seu significado interno, metodológico, também um significado político; talvez te tenha chegado aos ouvidos que Jung nos últimos tempos passou para o lado da alma ariana com um método terapêutico destinado exclusivamente a ela. O estudo dos seus volumes de ensaios que datam do começo desta década –

alguns têm já raízes na anterior – mostrou-me que essas ajudas prestadas ao nacional-socialismo já vinham sendo preparadas há mais tempo. Nesse contexto, penso também investigar o niilismo médico na literatura – Benn, Céline, Jung.

8. Benjamin a Fritz Lieb.
San Remo, 9 de julho de 1937 (Br. 733; GB V, 549)

Também do ponto de vista técnico do trabalho a situação se faz sentir até aos mais ínfimos fatos. Assim, o meu grande ensaio sobre Eduard Fuchs não vai ser publicado já, para não influenciar negativamente as intermináveis negociações com as autoridades alemãs no sentido de libertarem as suas coleções; ao mesmo tempo quase vejo esfumar-se um dos meus planos favoritos. Tinha pensado em fazer uma crítica da psicologia de Jung, com a intenção de mostrar a sua fundamentação fascista. Também isso foi adiado, e de momento dedico-me a um trabalho sobre Baudelaire.

9. Benjamin a Adorno.
San Remo, 10 de julho de 1937 (GB V, 552)

O cancelamento da crítica a Jung em favor do Baudelaire é [...] uma sombra. Isso obriga a adiar o plano, que me era tão caro, de desenvolver já os fundamentos epistemológicos do livro sobre as "Passagens". As suas notícias chegaram no momento em que já me ocupava intensivamente de Jung, de um modo em todos os aspectos produtivo. Poderá ver na minha casa em Paris em particular os elucidativos volumes dos Eranos-Jahrbücher *[Anuários Eranos], o órgão do círculo de Jung. Falaremos então do "Baudelaire".*

10. Benjamin a Gershom Scholem.
San Remo, 5 de agosto de 1937 (Br., 736; GB V, 560)

Vou começar a trabalhar num ensaio que se ocupa de Baudelaire. En attendant, *comecei em San Remo a aprofundar o estudo da psicologia de Jung – uma obra verdadeiramente diabólica, de que só podemos nos aproximar com a ajuda da magia branca.*

11. Adorno a Benjamin.
Londres, 13 de setembro de 1937

Agora terá oportunidade de falar com ele [Max Horkheimer] demoradamente. Quanto à questão Baudelaire ou Jung, ele deixou claro que preferia para já o Baudelaire; mas estou convencido de que, se lhe explicar um pouco os aspectos relacionados com o Jung e a sua importância metodológica para o livro sobre as Passagens, será possível escrever primeiro este ensaio.

12. Benjamin a Adorno.
Boulogne (Seine), 17 de novembro de 1937 (GB V, 609)

É certo que vou ter de deixar o lugar onde moro no fim deste mês ou no princípio do próximo [...] Não perdoaria a mim mesmo se a barulheira infernal que tenho de suportar de manhã até meia-noite viesse influenciar negativamente o meu trabalho. Não tive saída a não ser a Biblioteca Nacional, onde pude adiantar mais ou menos a leitura da literatura sobre Baudelaire.

13. Benjamin a Scholem.
Boulogne, 20 de novembro de 1937 (Br., 740; GB V, 611)

Não consegui reaver o meu anterior alojamento, e há dois meses tive de me contentar com outro, miserável, mas que foi posto gratuitamente à minha disposição. É um rés-do-chão numa das principais ruas de saída nos arredores de Paris, com o ruído dos caminhões a ecoar de manhã à noite. A minha capacidade de trabalho sofreu bastante nessas condições. Ainda não saí da fase de leitura da literatura crítica para o "Charles Baudelaire" que tenho em preparação.

14. Benjamin a Horkheimer.
San Remo, 6 de janeiro de 1938 (Br., 740 e segs.; GB VI, 9)

As nossas conversas [i.e., entre Benjamin e Adorno] *têm se ocupado frequentemente dos trabalhos preliminares do "Baudelaire". Dei nas últimas semanas com um estranho achado, cuja influência sobre o meu trabalho será determinante: veio-me parar às mãos a obra que Blanqui escreveu na sua última prisão, o Fort du Taureau, e que seria a derradeira. É uma especulação cosmológica, traz o título* L'Éternité par les astres [Paris, 1872] *e, ao que me parece, ficou até hoje esquecida. (Na sua excelente biografia de Blanqui,* L'Enfermé [Paris, 1897], *Gustave Geffroy menciona-a, mas sem perceber com o que está lidando). Temos de admitir que à primeira impressão esse escrito pode parecer de mau gosto e banal. No entanto, as reflexões algo canhestras de um autodidata, que ocupam a maior parte do livro, são apenas a preparação para uma especulação sobre o universo que se* esperaria de qualquer um menos desse grande revolucionário. Se o inferno é um objeto teológico, então podemos dizer que essa especulação é teológica. A visão do mundo que Blanqui nela desenvolve, retirando às ciências naturais mecanicistas o que nelas são dados, é, de fato, infernal – e também, sob a forma de uma visão natural do mundo, o complemento da ordem social que Blanqui, no fim da vida, teve de reconhecer como vencedora. O mais assustador é que falta a essa especulação toda e qualquer ironia. Representa uma sujeição sem reservas, mas ao mesmo tempo é a mais terrível acusação contra uma sociedade que lança ao céu essa imagem do cosmos como projeção de si. O livro tem, quanto ao tema – o eterno retorno –, uma curiosa relação com Nietzsche, e outra, mais escondida e profunda, com Baudelaire, que ecoa quase literalmente em algumas das passagens mais grandiosas. Esforçar-me-ei por clarificar esta última relação.

Gide tem razão quando escreve que nunca se escreveu de forma tão estúpida sobre um poeta do século XIX como sobre Baudelaire. A marca da literatura sobre Baudelaire é esta: poderia ter sido escrita mesmo se Baudelaire nunca tivesse escrito As flores do mal. Na verdade, toda ela é posta em causa pelos escritos teóricos e memorialísticos do poeta, e sobretudo pela chronique scandaleuse. Isso explica-se pelo fato de ser necessário ultrapassar as barreiras do pensamento burguês e também certas formas de reação burguesas – não para nos deleitarmos com este ou aquele poema, mas para ter verdadeiramente acesso a As flores do mal... Só por si, isso já seria difícil, mas não é a única condição; há outras, óbvias, e nada fáceis de preencher para o leitor cuja língua materna não é o francês. Quando voltar a Paris vou pedir a alguns amigos franceses que me leiam poemas de Baudelaire.

14a * Benjamin a Alfred Cohn.
San Remo, 13 de janeiro de 1938 (GB VI, 15)

Nos últimos meses tive poucos incentivos para continuar com os meus trabalhos. O ensaio sobre Fuchs, que entretanto deves ter recebido, é a última coisa que publiquei. Neste momento, todas as minhas coisas e papéis estão perigosamente dispersos pelas casas dos meus conhecidos em Paris. Nada é mais urgente do que tentar juntar tudo de novo. Só depois – mas para isso ainda preciso de algum tempo – posso me concentrar no próximo trabalho: um grande ensaio sobre Baudelaire. É bem possível que desse ensaio resulte um livro.

15. Horkheimer a Benjamin.
Nova Iorque, 7 de março de 1938

Wiesengrund [i.e. Adorno] chegou... O que ele me conta da sua obra sobre as Passagens deixa-me ficar na grande expectativa de em breve receber um texto seu, especialmente depois da sua notícia sobre a descoberta do livro de Blanqui. A situação do mundo é tão desagradável que é preciso não adiar por muito tempo o que temos para dizer.

16. Benjamin a Scholem.
Paris, 14 de abril de 1938 (Br., 748; GB VI, 56)

A minha leitura [da biografia de Kafka por Max Brod] é intermitente, porque tenho de concentrar a minha atenção e o meu tempo quase exclusivamente no "Baudelaire". Por enquanto ainda não escrevi uma palavra; mas estou há uma semana tentando pôr de pé um esquema. A concepção, naturalmente, será decisiva. Interessa-me mostrar Baudelaire do ponto de vista da sua inserção no século XIX, e de tal modo que ele possa ser visto de forma nova e exercer uma atração tão dificilmente definível como a de uma pedra que há décadas jaz no chão de uma floresta e cuja marca, depois de a termos deslocado com maior ou menor esforço, surge diante de nós, nítida e intata.

17. Benjamin a Horkheimer.
Paris, 16 de abril de 1938 (Br., 750; GB VI, 64)

Escrevo-lhe três dias depois do meu encontro com o senhor Pollock [...] A conversa, apesar de breve, poderá proporcionar-me um conhecimento que, espero, me será muito útil. Tive ocasião de dizer ao senhor Pollock que gostaria de poder trocar algumas impressões com um economista, e por seu intermédio espero vir a conhecer o senhor [Otto] Leichter.

Naturalmente esse desejo tem a ver com o trabalho em curso, sobre o qual falamos durante uma parte da conversa. Neste momento estou preparando o ensaio sobre Baudelaire. Como disse ao senhor Pollock, o texto será longo, e nele convergem motivos centrais do trabalho das "Passagens". Isso se deve tanto ao assunto como ao fato de essa parte, planejada como essencial para o livro, ser escrita em primeiro lugar. Essa orientação do ensaio sobre Baudelaire, que poderá se transformar num modelo miniatural do livro, já estava prevista nas minhas conversas com Teddie [Adorno]. Desde que regressei de San Remo, isso se confirmou para além das minhas expectativas.

O senhor Pollock pede-me para lhe comunicar isso, porque, em princípio, estaria à espera de um manuscrito com a extensão habitual. Já o sabia, mas pensei que seria preferível que um dos meus ensaios assumisse o formato de um trabalho de maiores dimensões. Espero que isso não constitua obstáculo maior; de fato, não vejo como tratar um assunto desses, levando em conta todos os aspectos determinantes, em 30 ou 40 páginas. Calculo – e falo de páginas do manuscrito – que a dimensão poderá chegar ao triplo ou, no mínimo, ao dobro disso. Nesse caso, a extensão do trabalho não seria muito diferente da do ensaio sobre "A obra de arte...".

Estou fazendo um plano do ensaio, a recolha de material está concluída. E era muito. Seguirei o princípio de citar o menos possível da literatura atual sobre Baudelaire. Terei de repetir muito pouco do que foi dito sobre Baudelaire, e também não usarei muito a biografia. Citarei abundantemente, isso sim, de As flores do mal, *e penso mesmo em introduzir comentários de alguns poemas, coisa que, até agora, só foi feito com intenção mais ou menos circunstancial.*

O trabalho terá três partes, com os seguintes títulos provisórios: Ideia e imagem; Antiguidade e modernidade; O novo e sempre-igual. A primeira parte mostrará a importância decisiva da alegoria em As flores do mal. *Apresenta a construção da visão alegórica em Baudelaire, procurando tornar visível o paradoxo fundamental da sua doutrina estética: a contradição entre a teoria das correspondências naturais e a recusa da natureza. A introdução apresenta a relação metodológica do trabalho com o materialismo dialético, sob a forma do confronto entre a "salvação" e a mais corrente "apologia".*

A segunda parte desenvolve, como elemento formal da visão alegórica, a sobreposição através da qual a Antiguidade transparece na modernidade e esta, naquela. Esse processo é determinante nos tableaux parisiens, *tanto em verso como em prosa. Nessa transposição de Paris, as massas desempenham um papel decisivo. As massas são o véu diante dos olhos do* flâneur: *são o novo ópio do solitário. Por outro lado, as massas apagam todos os vestígios do indivíduo: são o novo asilo dos estigmatizados. Finalmente, as massas são, no labirinto da cidade, o mais recente e insondável dos labirintos. Através delas, a imagem da cidade ganha traços ctônicos até então desconhecidos. Foram essas as facetas de Paris que interessou ao poeta mostrar, e a ideia dessa missão reflete-se na estrutura apresentada. Para Baudelaire, nada no seu século se aproxima mais da missão do herói antigo do que a intenção de dar forma à modernidade.*

A terceira parte trata da mercadoria como realização da visão alegórica em Baudelaire. Pode-se dizer que o novo, que rompe com a experiência do sempre-igual, para cuja órbita o spleen atraiu o poeta, não é mais do que a auréola da mercadoria. Aqui haverá que introduzir dois excursos. Um deles procura determinar em que medida a Arte Nova surge antecipada na concepção baudelairiana do novo; o outro se ocupa da prostituta como aquela forma da mercadoria que mais perfeitamente concretiza a visão alegórica. A dispersão da aparência alegórica está patente nessa concretização. O significado único de Baudelaire consiste em ter sido o primeiro a dar corpo, da forma mais firme, à força produtiva do homem alienado de si mesmo, e no duplo sentido da palavra – identificando-a e potenciando-a pela reificação. Assim enquadradas, ganham unidade as análises formais incluídas nas várias seções do trabalho.

Enquanto na primeira parte a figura de Baudelaire surge monograficamente isolada, na segunda dá-se prioridade aos seus encontros reais e virtuais – com Poe, com Meryon, com Victor Hugo. A terceira parte tem como objeto a configuração histórica em que As flores do mal, *pela ideia fixa do novo e sempre-igual, entra em relação com a* Éternité par les astres *de Blanqui e a vontade de poder do eterno retorno de Nietzsche.*

Se me é permitido expor a minha ideia através de uma imagem, direi que ela é a de mostrar Baudelaire inserido no quadro do século XIX. A marca que ele aí deixou tem de se distinguir de forma tão clara e intata como a de uma pedra que esteve durante décadas no seu lugar e que um dia deslocamos para o lado.

Espero poder contar com o seu acordo para escrever o trabalho segundo esse esquema, que dia a dia se apresenta mais claro ao meu espírito.

18. Benjamin a Adorno.
Paris, 16 de abril de 1938 (GB VI, 59)

Estou totalmente entregue ao plano do "Baudelaire", do qual fiz um breve relato a Max. Depois de ter acumulado livros e transcrições, estou agora, numa série de reflexões, criando as bases para uma estrutura totalmente transparente. E gostaria que ela em nada ficasse atrás do rigor dialético do ensaio sobre As afinidades eletivas *[o ensaio de Benjamin escrito em 1922].*

19. Adorno a Benjamin.
Nova Iorque, 4 de maio de 1938

Fico feliz por saber, através de Pollock, que está bem e que o Baudelaire faz progressos. Espero com ansiedade por mais notícias.

20. Horkheimer a Benjamin.
Nova Iorque, 6 de maio de 1938

Os meus agradecimentos pelo seu relato pormenorizado de 16 de abril.

Todos aguardamos com grande expectativa o seu "Baudelaire". O plano é extremamente promissor, e esperamos receber o ensaio em breve. De momento não posso ainda lhe dizer se será publicado no terceiro número deste ano ou no primeiro do ano que vem. Os números 1 e 2 (um número duplo) estão neste momento sendo compostos. Uma vez que cada número não terá agora, como no ano passado, um total de quinze cadernos, mas apenas de dez, como acontecia antes, o espaço destinado a ensaios não comporta dois trabalhos do âmbito da arte, como é o caso do de Wiesengrund sobre Wagner [T. W. Adorno, "Fragmente über Wagner" (Fragmentos sobre Wagner), *Zeitschrift für Sozialforschung* 8, 1939/40, p. 1-49] e o seu sobre Baudelaire. Temos de nos decidir por um deles. Apesar disso, é muito importante para mim que acabe rapidamente o Baudelaire e o envie a nós.

Na elaboração do ensaio terá de ter também em atenção o espaço limitado de que dispomos. Não gostaria de ter de lhe pedir para fazer cortes *a posteriori*. Temos o mesmo problema com o trabalho sobre Wagner, que é, na verdade, uma pequena brochura, que de momento, infelizmente, não podemos publicar nessa forma. Vamos ter de reduzir o manuscrito à dimensão de dois a três cadernos. O seu trabalho sobre a "reprodução" ["A obra de arte na época da sua possibilidade de reprodução técnica"] ocupava, com os resumos, 28 páginas. Se para o Baudelaire, com os resumos, previrmos mais 12 páginas, ou seja 38 páginas de texto, é o máximo que conseguiremos retirar aos outros domínios e respectivos colaboradores. Considerando ainda que no trabalho sobre a "reprodução" se perdeu algum espaço devido à separação das seções, desta vez disporá, ainda assim, de um espaço uma vez e meia superior àquele. Menciono já a questão do espaço porque é importante, ao escrever, ter já uma noção da dimensão

COMENTÁRIO

possível, e porque quero evitar cortes posteriores no seu ensaio ou em qualquer outro.

21. Benjamin a Horkheimer.
Paris, 28 de maio de 1938 (GB VI, 91)

Encontrei-me algumas vezes com Otto Leichter, de Viena. Falamos entre outras coisas do "Baudelaire", como estava previsto. Mas a conversa concentrou-se, naturalmente, nos acontecimentos da Áustria [a anexação por Hitler (N.T.)], que o atingem brutalmente, já que a mulher ainda não conseguiu sair de Viena. Mas o encontro deixou-me uma impressão muito agradável dele. Peço-lhe que agradeça por mim ao senhor Pollock as linhas de despedida que me enviou de Paris, recomendando-me esse contato com o senhor Leichter.

Terminei, entretanto, o esquema para o "Baudelaire". A dimensão máxima prevista por si deve corresponder, ao que posso calcular, à dimensão mínima que eu próprio tinha em vista [...] Se o manuscrito sair maior, na versão final darei atenção às exigências redatoriais, e não haverá dificuldade em adaptá-lo, seguindo os cortes que poderei assinalar de antemão.

Gostaria de lhe propor já uma data exata para a entrega do manuscrito. Se o início do outono estiver bem para si, isso me daria uma noção exata do ritmo de trabalho.

22. Horkheimer a Benjamin.
Nova Iorque, 6 de junho de 1938

Lembro-lhe que precisamos do ensaio sobre Baudelaire o mais tardar em meados de setembro. O número do outono, onde deverá entrar o seu trabalho, incluirá também, provavelmente, a versão reduzida do estudo de Wiesengrund sobre Husserl [não publicado na revista; incluído posteriormente em Th. W. Adorno, *Gesammelte Schriften*, v. 5, ed. por Gretel Adorno e R. Tiedemann, Frankfurt/M., 1971, p. 7-245] e um ensaio sobre economia, de Grossmann. Estou bastante ansioso por ler o seu.

23. Adorno a Benjamin.
Nova Iorque, 8 de junho de 1938

Há bastante tempo não tenho notícias suas, e escrevo-lhe hoje com um pedido urgente, concretamente o de terminar o texto sobre

Baudelaire a tempo de entrar no próximo número da revista, o que significa que teria de estar aqui na primeira quinzena de setembro. A razão é esta: se o número ficar como agora o temos planejado, incluiria um estudo de Grossmann [que não foi publicado] sobre as reais inovações da teoria econômica de Marx, nomeadamente a ideia do valor de troca e valor de uso; e o seu Baudelaire e o meu Husserl, este último numa versão reduzida e muito modificada, que tentará sobretudo contrariar certa proximidade míope em relação aos textos de Husserl, libertando o meu texto dos dele de tal modo que a intenção crítica se torne evidente. Essa nova versão é a última coisa que penso fazer antes das férias. Se o número incluir esses três trabalhos, acho que será qualquer coisa de que não temos de nos envergonhar. Mas há ainda o ponto difícil, o da necessidade de sermos breves. Quanto a mim, propus-me não ultrapassar dois cadernos da revista; e uma dimensão de dois cadernos e meio seria também para o Baudelaire a única maneira de assegurar a sua publicação no próximo número. *Dira necessitas* [i.e., "cruel necessidade", citação das *Odes* de Horácio]. Mas acho que não preciso lhe explicar por que razão lhe ficaria muito grato se pudesse corresponder ao meu pedido. Penso poder dizer que os problemas que a mim próprio coloco com a remodelação do ensaio sobre Husserl não são muito mais humanos do que aqueles que possam implicar as limitações de tempo e espaço impostas ao seu Baudelaire.

24. Benjamin a Adorno.
Paris, 19 de junho de 1938 (GB VI, 119)

As dificuldades com o "Baudelaire" colocam-se talvez ao contrário. Nesse caso, as aparências e ainda mais a matéria em si oferecem tão pouco espaço para polêmicas, há tão pouca coisa desacreditada e ultrapassada que a própria forma da "salvação" desse objeto poderia se transformar em problema. Daqui a algum tempo terei uma perspectiva mais clara sobre isso.

25. Benjamin a Friedrich Pollock.
Skovsbostrand, s.d. [meados de julho de 1938].
[Esboço de carta] (GB VI, 132)

Antes de terminar o Baudelaire, ainda que de forma sumária, não deixarei a Dinamarca. Quero evitar qualquer interrupção do trabalho e aproveitar ao máximo o recolhimento que essa longa viagem me proporciona. Na verdade, consegui organizar o meu dia de modo a poder otimizar as condições de trabalho. Disponho de um quarto tranquilo, muito próximo de Brecht, e divido com as crianças o belo jardim junto à casa dele; e o convívio com elas não é o menos importante para a minha distração, embora a parte mais animada seja uma partida de xadrez.

Dou-lhe também a conhecer esse meu método de trabalho para que possa entender que não depende das condições exteriores o eventual atraso na conclusão do trabalho, para além da data prevista.

Várias circunstâncias têm de ser aduzidas. Em primeiro lugar, nas últimas seis semanas em Paris o trabalho foi condicionado por uma forte enxaqueca crônica que só se atenuou com essa mudança de ares. Em segundo lugar, como já lhe dei a entender na nossa última conversa, no caso do "Baudelaire" não se trata, como na sinopse, de um capítulo (central), mas sim, uma vez que esse ensaio aparece isolado, de um extrato das "Passagens de Paris". E acrescento que estou cada vez mais convencido de que, ao me encomendarem esse trabalho, o senhor e o senhor Horkheimer fizeram a escolha mais adequada possível. Se não me engano, o Baudelaire permitirá, mais do que os outros temas, ter uma visão perspectivada, organizada e profunda do século XIX. Para conseguir chegar a esse resultado não é demais todo o material reunido nos estudos que fiz.

É óbvio que farei tudo o que estiver ao meu alcance para respeitar o prazo dado pelo senhor Horkheimer, e que eu próprio tinha me imposto, e parece-me que posso lhe assegurar que até essa data o essencial do manuscrito estará pronto. No entanto, não ponho de parte a possibilidade de solicitar um curto adiamento do prazo, digamos, por umas seis semanas.

26. Benjamin a Scholem.
Svendborg, 8 de julho de 1938 (Br., 764; GB VI, 130)

A minha previsão da primavera confirma-se, infelizmente, e, para meu e teu pesar, o nosso encontro do outono não vai poder realizar-se. A razão, que não tem apelo, é o meu trabalho. A minha estada aqui se parece mais com uma clausura; e se fosse só isso, já chegaria para justificar a longa viagem. Preciso desse isolamento, não posso arriscar um interregno longo, e muito menos uma mudança de ambiente, antes de o trabalho estar praticamente concluído. Acresce ainda que as condições de trabalho aqui, e não só pelo isolamento, são muito melhores do que em Paris. Tenho um grande jardim que posso usar à vontade e uma secretária à janela, com vista para o Sund. Os barquinhos que por ele passam são, com a pausa diária para o xadrez com Brecht, a minha única distração [...] Se ao menos o sacrifício do nosso encontro me permitisse cumprir o prazo dado por Nova Iorque para terminar o trabalho! Mas receio que, apesar de tudo, tenha de ultrapassá-lo. Neste ponto, tu podias fazer uma boa obra se desses uma palavrinha a Wiesengrund sobre isso logo que possível.

Entre as razões que mais me incomodam por ter de renunciar aos nossos planos contam-se, para além do meu desejo de conhecer a tua mulher, sobretudo o de conversar contigo sobre o "Baudelaire". Tenho a certeza de que seria muito importante, de tal maneira o assunto põe em movimento toda a massa de ideias e estudos a que tenho me dedicado há bastante tempo. Posso dizer que, se esse trabalho me sair bem, consegui com ele chegar a um modelo rigoroso do trabalho sobre as Passagens. Outra questão é a de saber que garantias tenho de me sair bem. Por enquanto, a melhor que conheço é o cuidado extremo, e é por isso que invisto demoradamente na reflexão sobre a estrutura (que terá o seu modelo na do ensaio sobre As afinidades eletivas).

27. Benjamin a Kitty Marx-Steinschneider.
Skovsbostrand, 20 de julho de 1938 (Br., 766; GB VI, 141)

Quando a sua carta chegou tinha eu retomado há alguns dias o plano fundamentado para um ensaio sobre Baudelaire que constitui uma das partes de um trabalho sobre o século passado que me ocupa há mais de dez anos. O ensaio que agora escrevo e que, pela concepção, é já um livro deixará concluída uma parte do que será esse livro.

Em junho fiz a trouxa e estou há quatro semanas na Dinamarca, sentado a uma mesa grande e pesada numa mansarda, à esquerda a margem tranquila do estreito do Sund, e na outra margem a floresta. É um lugar bastante tranquilo; os motores dos barcos de pesca que por aqui passam fazem um ruído que até é bem-vindo, porque nos permite levantar os olhos de vez em quando e parar um pouco a olhar o barquinho.

Aqui ao lado é a casa de Brecht, com duas crianças de quem gosto muito, o rádio, o jantar, a melhor das hospitalidades e depois do jantar uma ou duas longas partidas de xadrez. Os jornais chegam aqui com tanto atraso que os abrimos ainda com maior avidez.

Pouco antes da partida ainda estive com Scholem em Paris [...] Ainda pensamos encontrar-nos de novo em Paris depois do regresso dele da América, *mas eu não posso interromper o trabalho, e em caso algum voltarei a Paris antes do princípio de setembro. Por isso lhe peço que me escreva para aqui.*

Quanto eu não daria para vê-la entrar neste quarto um dia! Vivo aqui como numa cela. Não pelo mobiliário, mas pelas circunstâncias em que a habito, que me obrigam a uma espécie de clausura. Apesar de toda a amizade com Brecht, tenho de ir fazendo o meu trabalho no mais absoluto isolamento. Há nele determinados aspectos que Brecht não assimilaria. Há muito tempo que é meu amigo, sabe bem isso e é suficientemente inteligente para respeitá-lo. E assim as coisas correm bem. Mas nem sempre é fácil esconder nas conversas o que vai nos ocupando dia a dia. Por isso, há momentos em que releio uma carta como a sua, para regressar mais decidido ao trabalho.

28. Benjamin a Gretel Adorno.
Skovsbostrand, 20 de julho de 1938 (Br., 768; GB VI, 135)

Talvez tenhas tido notícias sobre a minha vida aqui através do Egon [Wissing], *a quem escrevi há quinze dias. Moro num quarto bastante tranquilo mesmo ao lado da casa de Brecht. Tenho uma mesa grande e sólida para escrever – como há anos não tinha – e uma vista agradável para o Sund, por onde passam barcos à vela e também pequenos vapores. E assim vivo, na* contemplation opiniâtre de l'œuvre de demain, *como diz Baudelaire, e é dele que se trata na* œuvre *em questão.*

Dedico-lhe, há um mês, oito a nove horas diárias e tenciono deixar uma primeira versão do manuscrito pronta antes de regressar a Paris. Por isso tive de desistir do encontro planejado com Scholem, por muito que isso me custe: a interrupção teria caído numa fase demasiado importante do trabalho. Provavelmente já sabem disso através dele.

A propósito, há uma coisa que só a ti, e com muita relutância, te digo. Por mais esforços que faça, não vou conseguir cumprir o prazo de 15 de setembro.

Numa carta que escrevi daqui a Pollock, dizia-lhe que talvez precisasse de um pequeno alargamento do prazo. Entretanto, decidi reformular o plano do trabalho, que tinha feito em Paris sob a pressão de ataques de enxaqueca crônicos.

Todos sabemos que em trabalhos como o "Baudelaire" muita coisa decisiva depende da concepção; nesse ponto não se pode forçar nada, em aspecto nenhum pode haver imprecisões. Além disso, algumas das categorias fundamentais das Passagens são desenvolvidas aqui pela primeira vez. Entre elas, como já vos disse em San Remo, está em primeiro lugar a do novo e sempre-igual. Depois, o trabalho integra motivos – e talvez isto te dê uma noção do que estou fazendo – que aqui entram pela primeira vez em relação uns com os outros, e que até agora se apresentaram a mim em complexos de ideias mais ou menos isolados: a alegoria, a Arte Nova e a aura. Quanto mais denso se torna o contexto conceitual, tanto mais o da linguagem tem de se revelar elaborado.

A acrescentar a isso vêm as dificuldades que não têm a ver com a matéria, mas com o tempo (quero dizer: com a época). Como eu gostaria de poder te ver, nem que fosse só por uma semana! Como muitas vezes me entenderias só por meia palavra, só com isso permitirias que eu chegasse à outra metade. Já não posso dizer o mesmo da minha situação aqui, embora me faça bem a discrição com que Brecht encara a necessidade do meu isolamento. Se assim não fosse, tudo seria menos agradável. Mas foi isso que me permitiu concentrar-me no meu trabalho, a ponto de ainda não ter lido o seu novo romance [i.e. Os negócios do senhor Júlio César], que está na metade. Naturalmente não é tanto o tempo que me falta, é mais a impossibilidade de me ocupar de coisas que estão longe do meu trabalho.

Esse mesmo caráter imperativo que tem como consequência a incompatibilidade desse trabalho com qualquer outra ocupação faz com que me seja também difícil forçar a sua conclusão em prazos demasiado apertados. Tenho a certeza de que o terminarei antes do fim do ano – dou a mim mesmo como prazo máximo meados de novembro –, mas seria insensato da minha parte não falar já desse aspecto e dizer que sem uma prorrogação de pelo menos cinco semanas não conseguirei levar a tarefa a bom porto.

Não tenho outra saída que não seja informar também Max. Mas como as minhas notícias lhe chegariam muito mais tarde do que esta carta, porque ainda há pouco escrevi a Pollock sobre esse assunto e porque, para resolver essa dificuldade com a redação da revista – e esse é o lado mais importante da questão –, conto com a tua compreensão e a tua ajuda, e também de Teddie, por tudo isso te escrevo hoje tão pormenorizadamente.

E ainda não terminei. Tenho ainda um pedido a te fazer, que talvez te ponha diante dos olhos, como por magia, a minha mesa de trabalho. Encontrei uma referência ao célebre R. L. Stevenson que diz que ele terá escrito sobre a iluminação a gás, um ensaio sobre "gas lamps". Até agora não consegui encontrá-lo, mas não preciso te dizer como esse ensaio será importante para mim. Será que podes tentar encontrá-lo e enviá-lo a mim?

29. Bertolt Brecht, Arbeitsjournal *[diário de trabalho],*
25 de julho de 1938[2]

Benjamin está aqui, escrevendo um ensaio sobre baudelaire. há nele coisas boas, ele mostra como a ideia de uma época sem história depois de 1848 deu novos rumos à literatura. a vitória de versailles, da burguesia sobre a comuna, foi festejada antecipadamente. houve uma aliança com o mal. este ganhou forma de flor. vale a pena ler isso. curiosamente, o que permite a benjamin escrever isso é o *spleen*. parte de qualquer coisa a que chama aura, e que tem ligação com o sonho (com o sonhar acordado). ele diz que quando sentimos um olhar pousar sobre nós, também nas costas, lhe respondemos (!). e que a expectativa de que aquilo para que olhamos nos olhe também é que produz a aura. nos últimos tempos, esta estará em decadência, juntamente com o elemento de culto. b[enjamin] descobriu isso na análise que fez do cinema [i.e., no ensaio sobre "A obra de arte..."], onde a aura desaparece devido à possibilidade de reprodução das obras de arte. tudo misticismo, apesar da atitude antimística. e desse modo se adapta a concepção materialista da história! é bastante assustador.

30. Adorno a Benjamin.
Bar Harbor, 2 de agosto de 1938

Essa nova versão [do trabalho de Adorno sobre Husserl] estará com certeza pronta até 10 de setembro, e espero também que seja publicada no próximo número. E ficaria muito feliz se o Baudelaire pudesse também estar cá até essa altura. Foi também tendo em consideração o seu Baudelaire que avancei com o Husserl e deixei o Wagner para trás. Baudelaire e Wagner no mesmo número não seria uma escolha muito feliz.

31. Benjamin a Horkheimer.
Skovsbostrand, 3 de julho de 1938 (GB VI, 146)

Passo agora ao "Baudelaire" – infelizmente de forma um pouco mais pormenorizada do que o desenvolvimento inicialmente previsto para o trabalho

---

[2] Citado de: Bertolt Brecht, *Arbeitsjournal,* 1º volume (1938 a 1942). Ed. de Werner Hecht, Frankfurt-Main, 1973, p. 16. (N.T.)

o exigiria. Era óbvio que o "Baudelaire" teria de ser visto a partir de todo o contexto dos estudos e das reflexões sobre as "Passagens de Paris". Como provavelmente dirá no final destas considerações, eu deveria ter posto de lado as implicações contidas nesse fato, e há um ano e meio era essa, realmente, a situação. Quando a essa altura surgiu, na conversa com o senhor Pollock, o tema do ensaio sobre Baudelaire que me tinha sugerido, eu pensava que uma série de capítulos do livro planejado receberiam a sua formulação em estreita ligação com a análise de Baudelaire.

Depois veio a interrupção, devido à infeliz história da minha busca de alojamento, e por isso o Baudelaire quase não foi tema de conversa durante a sua última visita a Paris. Só em San Remo, no meu encontro com Teddie Wiesengrund, ele voltou a estar no centro da discussão. Entretanto eu tinha descoberto a obra tardia de Blanqui, que se tornou decisiva e de que lhe falei na carta de 6 de janeiro. Esse escrito mostrou-me que o ponto de convergência das "Passagens" teria de determinar também a construção do "Baudelaire". As categorias fundamentais das "Passagens", que se encontram na definição do caráter de fetiche da mercadoria, têm um papel determinante no "Baudelaire". Mas o seu desenvolvimento ultrapassa os limites de um ensaio, por mais restrições que se lhes imponham. Esse desenvolvimento tem de ser feito no âmbito da antinomia entre o novo e o sempre-igual – uma antinomia que gera a aparência com a qual o caráter de fetiche da mercadoria ofusca as verdadeiras categorias da história.

Quanto mais me concentrava na minha reflexão, mais me convencia de que uma investigação crítica sobre a obra de Baudelaire dificilmente poderia ser realizada sobre um fundamento conceitual débil. Aqui, encontrei condições de trabalho particularmente favoráveis: à exceção de algumas horas ao serão, os meus dias passam-se no trabalho com esse manuscrito. Ao cabo de cinco semanas desse regime chego à conclusão de que não vamos poder evitar algumas alterações quanto à dimensão do estudo e ao prazo acordado. Custa-me falar-lhe nisso, embora espere e acredite que os interesses do Instituto não serão afetados. Também ele só terá a ganhar, ao que me parece, com o alargamento do meu trabalho para além dos limites que, pelo menos a princípio, tínhamos definido. Desde já lhe garanto que, uma vez terminado o trabalho de acordo com as condições que ele próprio me coloca, pode contar comigo para todos os ajustes redacionais necessários. Isso, embora eu preferisse mil vezes que não houvesse mais problemas no caminho desse trabalho antes da sua conclusão.

Tenho certeza de que algumas seções do manuscrito poderão facilmente ser retiradas do contexto global, para efeitos de publicação. Estou pensando sobretudo na segunda parte (o trabalho, como já tinha lhe dito, terá três partes). Essa segunda parte, como já lhe dei a entender na minha carta de 16 de abril, centra-se em dois temas. O primeiro é a concepção baudelairiana da modernidade na sua relação com a Antiguidade. O segundo é o da presença, pela primeira vez na literatura moderna, das massas das grandes cidades, que apresento a partir de modelos opostos, de um lado os de Poe e Baudelaire, do outro o de Victor Hugo. Essa parte, autônoma, procurará iluminar de forma materialista uma série de momentos importantes na história literária do século passado – entre outros, o nascimento do folhetim e do romance policial. A perspectiva de toda a problemática, porém, será dada apenas na terceira parte, que trata dos momentos decisivos da história da recepção de Baudelaire – a Arte Nova e a doutrina do eterno retorno (a primeira parte procura fornecer pelo menos algumas perspectivas da pré-história de Baudelaire, através da comparação das funções da alegoria nos séculos XVII e XIX).

Estando as coisas neste pé, a minha intenção é ajustar-me na medida do possível às suas pretensões, que, aliás, só eu vim perturbar. Poderei pôr imediatamente de lado o trabalho na primeira parte, para poder lhe mandar a segunda, como texto autônomo, quatro a cinco semanas depois do prazo que tinha estipulado. Pessoalmente, preferiria poder escrever tudo na ordem natural dos capítulos. De qualquer modo, com o "Baudelaire" terá à sua disposição um manuscrito do qual poderá extrair artigos para mais do que um número da revista.

O volume de material trabalhado, sem o qual as categorias fundamentais não poderiam ser desenvolvidas, terá a vantagem de as várias partes do trabalho – em particular a segunda e a terceira, nas quais a orientação sociológica será reconhecível de forma mais evidente do que na primeira – terem poucos pontos de contato quanto às matérias propriamente ditas. Quanto mais pensada for a composição do trabalho, tanto mais facilmente ele poderá fugir a uma continuidade meramente superficial no plano da matéria. Por enquanto só posso esperar que o texto acabado confirme esse propósito.

A minha expectativa inicial de ter o manuscrito meio pronto durante a minha estada aqui está neste momento completamente fora de causa. Prevejo o dia 1º de dezembro como prazo máximo para a conclusão do trabalho completo.

32. Gretel Adorno a Benjamin.
Bar Harbor, 3 de agosto de 1938

E agora o que importa, o Baudelaire. Aconteceu, e ainda bem, que Leo Löwenthal veio nos visitar uns dias no momento em que chegava a tua carta. Achamos que o melhor seria mostrar-lhe mesmo essa tua carta (sei que não tomarás isso por quebra de confiança). Leo ficou fora de si, diz que precisa do ensaio sem falta para o próximo número, que não tem outro para substitui-lo nem pode consegui-lo no pouco tempo que lhe resta, que este ano só está previsto esse número duplo e o que deve sair no fim do ano, e este teria de ser muito bom, com os três ensaios, o teu, o de Grossmann e o de Teddie. E diz que só vê uma saída: que tu mandes o ensaio um mês mais tarde, ou seja, em 15 de outubro, para a redação em Nova Iorque. Querido Detlef,[3] eu sei quais são os teus argumentos, e quanto a isso estamos de acordo. No entanto, ponho à tua consideração o seguinte: o Instituto e a sua reputação, a sua posição única aqui, dependem neste momento de ti. Acho que de modo algum devias desperdiçar essa oportunidade. Tu próprio mencionaste numa carta uma prorrogação de prazo de cinco semanas. Ora, esse prazo vai mais ou menos até 15 de outubro. Não seria possível ter as coisas prontas até lá? Meu caro, detesto pressionar-te assim, mas para teu bem tenta fazer do impossível possível. Faz isso também por mim, que, para usar uma expressão habitual americana, apostei em ti [...] Vamos tentar localizar o ensaio de Stevenson através de Shapiro.

33. Adorno a Benjamin.
Nova Iorque, agosto de 1938
[Excerto de uma carta de Meyer Shapiro
a Adorno (em inglês no original)]

Não conheço nenhum ensaio de Stevenson sobre "Gas Light". Se Benjamin se refere a Robert Louis Stevenson, posso remetê-lo para um poemazinho incluído em *A Child's Garden of Verses*, com

---

[3] Detlef (Holz), um dos muitos pseudônimos usados por Benjamin, é também utilizado frequentemente em cartas por Gretel Adorno (a quem Benjamin, por sua vez, trata por Felizitas, na sequência de uma amizade que data de 1928). (N.T.)

COMENTÁRIO

o título "The Lamplighter". É fácil encontrar os *Collected Works* de RLS; talvez lá se encontre esse ensaio sobre a iluminação a gás. Talvez conheça a história que se conta de RLS, que em estudante, excitado pela ideia de aventura e mistério, costumava andar pelas ruas à noite com uma lanterna debaixo da capa... Benjamin provavelmente sabe que nos anos 70 do século XIX alguns atribuíram o aparecimento do Impressionismo à influência da iluminação a gás, e que Baudelaire discute a importância da luz do gás na formação do gosto (nas *Curiosités esthétiques*).

[Comentário de Adorno:]

Caro Walter, mando-lhe esta carta, por um lado pela informação sobre a iluminação a gás, por outro porque ela talvez lhe diga alguma coisa sobre o remetente, Meyer Shapiro, e talvez queira escrever-lhe.

34. Benjamin a Pollock.
Skovsbostrand, 28 de agosto de 1938 [cópia] (GB VI, 158)

Por intermédio de Frau Favez [Juliane Favez, secretária da filial do Instituto de Investigação Social em Genebra] *recebi a notícia de que a minha carta, enviada ao senhor Horkheimer em 3 de agosto, perdeu-se. Era uma carta muito pormenorizada. Se for necessário, posso mais tarde tentar reconstituir alguns aspectos mais importantes.*

De momento gostaria apenas de resumir o que é mais urgente. Nessa carta, eu dizia ao senhor Horkheimer que a sua sugestão de eu prosseguir com o "Baudelaire" — como aconteceria provavelmente com qualquer outra que obrigasse a elaborar todo o material que reuni ao longo de tanto tempo — se tornou um incentivo para escrever um livro. Tentei na carta explicar os aspectos dessa matéria que me levaram necessariamente a esse resultado, a princípio não previsto. E expressei igualmente a minha esperança de que seria também do interesse do Instituto o fato de o trabalho ter excedido, na extensão e no conteúdo, os limites que inicialmente tínhamos lhe atribuído.

Esse livro não se identifica com as "Passagens de Paris", mas contém não apenas uma parte significativa do material reunido sob o signo das Passagens, mas também certo número de conteúdos filosóficos.

É evidente que, ao escrevê-lo, tenho em vista quer as obrigações assumidas para com a revista, quer a minha esperança de que o livro possa ser visto como contributo que corresponda às minhas obrigações para com o Instituto.

Pensando na revista, dei prioridade à segunda parte do manuscrito, que terá três. Essa parte tem o título provisório "O Segundo Império na poesia de Baudelaire". Essa parte é totalmente autônoma, e em nenhum lugar remete de forma explícita à primeira (o título do livro será Charles Baudelaire: um poeta na época do capitalismo avançado).

Essa segunda parte ocupará o máximo do espaço previsto para todo o ensaio sobre Baudelaire – ou talvez mais, em caso algum menos. Terá, por isso, de ser sujeita a alguns cortes da vossa parte.

Quanto ao prazo: o casal Adorno informou-me em 3 de agosto do desejo de Löwenthal de ter o manuscrito o mais tardar até 15 de outubro, data de chegada a Nova Iorque. Vou ter em vista essa data para o meu trabalho, que estou desenvolvendo com grande intensidade. Espero até poder concluí-lo um pouco antes, mas não muito, até porque desta vez me vejo obrigado, excepcionalmente, a lhe enviar uma versão manuscrita. A não ser que consiga arranjar uma datilógrafa em Copenhague. Se for necessário, irei eu mesmo até lá para ditar, mas até agora ainda não me conseguiram arranjar ninguém.

Duas razões me levaram a prolongar a minha estada aqui: por um lado, antes de dar por concluída a segunda parte, não tenho tempo para a viagem de regresso a Paris. Por outro, o perigo de guerra é cada vez maior, e acho mais recomendável esperar aqui, e não em Paris, pelo decorrer dos acontecimentos.

Por hoje, fico-me por esses aspectos essenciais.

35. Benjamin a Theodor e Gretel Adorno.
Skovsbostrand, 28 de agosto de 1938 (GB VI, 154)

Hoje vou ser muito lacônico. E não extraiam disso outras conclusões que não sejam o fato de que tenho de ser muito avaro com cada minuto do meu tempo. A cópia, que junto, dos pontos principais de uma carta a Pollock, que segue pelo mesmo correio, vos dirá por quê. Tive de escrever esta carta porque uma outra, que enviei a Max em 3 de agosto, expondo-lhe a situação do "Baudelaire", extraviou-se.

É grande a tentação de vos falar do "Baudelaire", não tanto da segunda parte, que em breve enviarei, mas da primeira e da terceira. São essas duas partes que constituem a base estrutural do trabalho: a primeira pela exposição do problema da alegoria em Baudelaire, e a terceira pela sua solução de um ponto de vista social. O que me fez atrasar tanto – para além do difícil período de enxaqueca em Paris – foi o fato de precisar ter uma noção clara do todo em todas as suas partes, o que é muito, antes de começar a escrever uma linha que fosse. Consegui esse objetivo com um grande número de notas que fui coligindo nos dois primeiros meses da minha estada aqui.

O reverso da medalha é que agora essa pressão passou a se exercer sobre a escrita da segunda parte; e talvez eu não tenha me apercebido dela com todo o seu peso, porque não consigo imaginar o desenvolvimento de toda essa segunda parte em dimensões razoáveis.

Acresce o fato de ter de mudar de casa; aquela em que vivi até agora se tornou impraticável devido ao barulho das crianças. Vou mudar para outra, onde mora um doente mental. Talvez a Felizitas se lembre da difícil idiossincrasia que eu desde sempre senti em relação a esse tipo de doentes! De fato, não encontro aqui nenhuma solução de alojamento conveniente.

Obrigado pela carta de Shapiro. Escrevo-lhe quando tiver terminado o Baudelaire. A essa altura vou poder voltar a me mover mais livremente entre gente, antes não.

Por isso vos peço para lhe agradecerem por mim. O ensaio de Stevenson encontra-se, de fato, nas Obras completas, *e já o consegui. A observação que ele faz sobre o Impressionismo é interessante, e nova para mim [...]*

PS – Depois de pensar melhor, tenho de acrescentar ainda qualquer coisa ao título da segunda parte, mencionado no excerto da carta que junto a esta. Esta noite tentei fazer um esforço no sentido de definir a extensão exata dessa segunda parte. E cheguei à conclusão de que também ela ultrapassará em muito o número de páginas que me está destinado no próximo número da revista. Provavelmente vou ter de me restringir aos dois momentos fundamentais da segunda parte – a teoria da flânerie e a teoria da modernidade. Assim sendo, o título do ensaio não será exatamente o que mencionei na carta a Pollock.

36. Horkheimer a Benjamin.
Nova Iorque, 3 de setembro de 1938 [telegrama, em inglês no original]

A sugestão de Pollock de mandar qualquer outro artigo que não o Baudelaire era equívoca. Por favor mande o artigo sobre Baudelaire de modo a estar em Nova Iorque o mais tardar em princípio de outubro. De outro modo põe seriamente em risco o nosso próximo número. Cordialmente Horkheimer

37. Benjamin a Horkheimer.
Svendborg, 6 de setembro de 1938 [telegrama]

Manuscrito 8 de outubro Nova Iorque. Saudações Benjamin

38. Horkheimer a Benjamin.
Nova Iorque, 6 de setembro de 1938

Depois de o meu telegrama ter saído, a sua carta de 3 de agosto chegou finalmente. Chegou à maior parte das estações de correio um dia depois da minha partida. Deu quase duas vezes a volta ao continente.

Devido àqueles equívocos que numa troca de correspondência a milhares de milhas de distância não se podem evitar, o senhor Pollock, ao que parece, ligou o ensaio sobre Baudelaire à minha intenção de publicar a sua "Carta de Paris" sobre a literatura e, desconhecendo a situação real, insistiu em que nos mandasse ou o Baudelaire ou outro artigo até a data prevista para o fechamento da redação do próximo número. De fato, pretendo publicar os dois trabalhos neste número, mas a recensão [que ficou em forma de carta] de modo nenhum pode substituir o grande ensaio.

Peço-lhe que faça tudo o que as suas forças lhe permitirem para nos enviar o Baudelaire a tempo. O que me leva a fazer este apelo insistente não é apenas o fato de não termos instado ninguém a escrever outro ensaio maior, já que contávamos firmemente com o seu no prazo previsto. O fato de tanto eu como alguns colaboradores mais próximos termos de nos dedicar muito brevemente a alguns livros levou-nos a considerar a hipótese de no próximo ano publicar apenas um Anuário em vez da revista, o que implicaria menos tempo e trabalho. Poderíamos, assim, dedicar-nos a publicações de fundo sem grandes interrupções. Eu próprio tenho em mente trabalhar no livro, há muito planejado, sobre a dialética. Apesar de esta não ser ainda uma decisão definitiva, a perspectiva de publicação do seu Baudelaire, em caso de atraso, talvez apenas daqui a um ano parece-me ser motivo suficiente para fazer agora um esforço maior para concluí-lo. Esse fato e o equívoco já aludido foram as duas razões maiores do meu telegrama. Mandei-o em inglês porque me pareceu que a entrega não truncada por uma estação dinamarquesa a partir daqui resultaria melhor do que se o texto fosse em alemão [...] E agora só lhe peço que não considere indelicada a minha insistência em relação ao Baudelaire. Parece-me que a situação extraordinária em que o mundo se encontra, e de que as nossas próprias dificuldades são apenas um reflexo, justifica o máximo esforço, que lhe peço também a si, em plena consciência do que isso significa [...] Acabo de receber o seu telegrama, confirmando a entrega do Baudelaire a 8 de outubro. Muito obrigado por essa prova da sua solidariedade.

39. Gretel Adorno a Benjamin.
Nova Iorque, 12 de setembro de 1938

Sempre estive convencida de que tu cumpririas o prazo e não percebia as preocupações do Instituto com o próximo número da revista. Depois das tuas parcas indicações estou ainda mais curiosa do que antes em relação ao Baudelaire. Quase me apetece dizer que me sinto feliz por o Instituto ter te pressionado, porque assim em breve vamos poder ler alguma coisa. O meu grande interesse leva-me a te perguntar quando pensas ter pronto todo o livro sobre Baudelaire. Não tomes isso por mera curiosidade, porque a pergunta tem outra intenção. Achas que consegues, e que faz sentido, prever uma data para a conclusão do livro sobre as Passagens, ou, o que é mais importante para o que me interessa agora, até quando pensas continuar em Paris? Apesar de neste momento parecer que as coisas poderão acalmar-se politicamente, a breve prazo talvez a tua situação na Europa não seja muito confortável, e por isso convinha levar as Passagens a bom porto. E por isso também toda a gente acha que, para poderes fazer o teu trabalho, tens de viver em Paris. Mas Teddie e eu não somos dessa opinião. Temos não só a esperança de que algumas pessoas das que aqui vivem poderão não te ser indiferentes, mas também, porque todo o tempo em que convivemos e nos conhecemos em Berlim nos permite confiar nisso, de que Nova Iorque poderia ser uma solução aceitável para ti.

40. Benjamin a Horkheimer.
Copenhague, 28 de setembro de 1938 (Br., 772; GB VI, 161)

Envio-lhe, por correio separado, a segunda parte do livro sobre Baudelaire, em três seções. Da primeira faltam algumas páginas: tive de sacrificá-las para concluir o resto do texto, aliás sem grande dificuldade, uma vez que essa primeira seção, para efeitos de publicação no próximo número da revista, é certamente menos importante do que as outras duas. Suponho que, dessas duas, cada uma delas bastaria para as necessidades do próximo número. Se, apesar disso, fiz tudo o que me era possível para as deixar prontas, bem como as partes essenciais da primeira, isso deve-se ao fato de ser muito importante para mim poder proporcionar-lhe, com a leitura completa da segunda parte, uma impressão do conjunto do livro sobre Baudelaire.

Aproveito para lhe resumir as circunstâncias em que nasceu essa segunda parte.

Na minha carta de 16 de abril, eu ainda pensava poder tratar todo o Baudelaire em 80 a 120 páginas. E também na carta ao senhor Pollock, de 4 de julho, eu falava ainda de todo o Baudelaire como o meu contributo para o próximo número da revista. Na carta que lhe escrevi a si em 3 de agosto apercebi-me pela primeira vez da necessidade de desligar a segunda parte do resto. E em 28 de agosto já podia (ou tive de) comunicar ao senhor Pollock que a segunda parte, só por si, já excedia a dimensão de um ensaio para a revista.

Como sabe, o Baudelaire seria, a princípio, um capítulo das "Passagens", concretamente o penúltimo [veja-se a sinopse "Paris, capital do século XIX"]. Desse modo, porém, eu achava que ele não poderia ser escrito antes dos que o antecedem nem seria compreensível sem esses outros capítulos. Depois, eu próprio pensei durante algum tempo que o Baudelaire poderia ser escrito já não como um capítulo das "Passagens", mas como um ensaio longo, nos limites do publicável na revista. Só no decurso do verão percebi que um ensaio sobre Baudelaire de dimensões mais reduzidas, mas que não escondesse a sua pertença ao projeto das "Passagens", só poderia ser escrito como parte de um livro sobre Baudelaire. O que vai receber agora serão, para ser exato, três ensaios, ou seja as três seções, relativamente independentes umas das outras, da segunda parte do livro sobre Baudelaire, também ela com uma autonomia própria.

Este livro conterá, penso, elementos filosóficos decisivos do projeto das "Passagens" definitivamente fixados. Se havia tema que, juntamente com o projeto original, oferecia boas perspectivas para as concepções de base das "Passagens", ele era o de Baudelaire. Por essa razão, a orientação de elementos factuais e estruturais decisivos para as "Passagens" no sentido desse tema aconteceu naturalmente.

É preciso, no entanto, chamar a atenção para o fato de os fundamentos filosóficos do livro na sua globalidade não serem perceptíveis a partir dessa segunda parte, nem era isso o que eu pretendia. A síntese na terceira parte — essa parte terá o título "A mercadoria como objeto poético" — está concebida de tal modo que não é perceptível a partir da primeira nem da segunda.

COMENTÁRIO

Não foi apenas isso que condicionou a autonomia da última parte, ela já é previsível na estrutura do todo. Nessa estrutura, a primeira parte apresenta a questão central – Baudelaire como alegorista –, enquanto a terceira parte traz a solução dessa problemática. E a segunda oferece os dados necessários para essa solução.

A função dessa segunda parte é, em termos gerais, a da antítese. Volta decididamente costas à problemática de teoria estética da primeira parte e propõe-se fazer uma interpretação crítico-social do poeta. Trata-se de um pressuposto de uma interpretação marxista, mas que por si só não a realiza. Isso está destinado à terceira parte, em que a forma será legitimada na sua contextualização materialista de modo tão decisivo como na primeira parte enquanto problema. A segunda parte, vista como antítese, é aquela em que a crítica em sentido mais estrito, nomeadamente a crítica a Baudelaire, tem o seu lugar. Nessa parte tinham de ficar claros os limites impostos à sua obra, mas a interpretação definitiva deles só é feita na terceira parte, que terá um núcleo de motivos autônomo. O tema de fundo do trabalho sobre as "Passagens", o novo e sempre-igual, só aí se afirma; aparece no conceito que determina a criação de Baudelaire até o fundo, o da nouveauté.

O desenvolvimento por que irá passar o capítulo das "Passagens" sobre Baudelaire incluirá num futuro próximo ainda dois capítulos, um sobre Grandville e outro sobre Haussmann.

Eu lhe enviarei um resumo logo que me diga qual das partes escolheu para publicação no próximo número. Até lá, e se o meu regresso à França for possível, completarei também algumas lacunas nas indicações bibliográficas.

Para o caso de lhe interessar, do ponto de vista redatorial, uma montagem de seções menores, indiquei à margem o tema de cada uma. Nesse caso, escolheria o título: "Estudos sociológicos sobre Baudelaire". Esse título, que não será dos mais felizes, tem a vantagem de se ajustar a uma possível publicação de outros fragmentos, quer na revista, quer num Anuário.

Traduzi as citações francesas, porque, dada a sua frequência, o original tornaria o texto ilegível. Acho que seria desejável, na parte que publicar, inserir em nota a tradução em prosa dos versos citados. Temos certamente de contar com leitores alemães que não dominam o francês. Poderei enviar-lhe essas versões em prosa ao mesmo tempo que o resumo.

Não preciso lhe dizer em que condições fui fazendo o trabalho nas últimas duas semanas. Foi uma corrida contra a guerra. A isso veio juntar-se a inquietação com o meu filho, que está na Itália; a minha mulher conseguiu a muito custo arranjar-lhe uma autorização de saída para Londres. Mas com isso só mudou a causa que nos leva a temer pelo seu futuro.

Fiz tudo para afastar do trabalho qualquer sinal dessa situação e passei 10 dias em Copenhague para mandar datilografar um original limpo. Amanhã regresso à companhia de Brecht, que antes da partida me pediu para lhe enviar cumprimentos, o que faço com muito prazer.

40a *. Benjamin a Scholem.
Skovsbostrand, 30 de setembro de 1938 (GB VI, 165)

Há muito tempo penso no teu silêncio. Mas não tive nem tempo nem forças para saber das razões, antes de anteontem, ao fim de três meses de trabalho intenso, ter terminado o longo ensaio sobre "Baudelaire e a Paris do Segundo Império". É a segunda parte de um livro maior sobre Baudelaire. A convergência do trabalho intenso com os acontecimentos políticos forçou-me a recorrer às minhas últimas forças.

Agora vejo que decidi bem ao não regressar a Paris. Aí, nunca conseguiria levar a cabo esse tour de force.

41. Benjamin a Adorno.
Skovsbostrand, 4 de outubro de 1938 (Br., 776; GB VI, 167)

Faz hoje oito dias dei por concluída a segunda parte do Baudelaire; dois dias depois a situação europeia teve o seu dénouement *provisório. As últimas semanas foram de extrema tensão, devido à acumulação dos prazos da história com os da redação da revista. Daí o atraso destas linhas. [...] Estive dez dias em Copenhague para mandar passar o manuscrito a limpo. Estava um fim de verão de uma beleza incrível. Mas dessa vez não vi grande coisa dessa cidade – de que gosto muito –, a não ser o que me aparecia no caminho entre a minha secretária e o aparelho de rádio na "sala comum". Agora, chegou o outono, com tempestades fortes. Se não acontecer nada de inesperado, regresso de sábado a oito dias. [...] Ainda não vi quase nada do César* [o romance de Brecht], *porque enquanto eu próprio estava trabalhando não conseguia ler nada.*

Imagino que, quando esta carta chegar, já terá lido a segunda parte do Baudelaire. Foi uma corrida contra a guerra; e, apesar de todo o medo que me secava a garganta, tive uma sensação de triunfo no dia em que, antes do fim do mundo, dei por concluído o frágil manuscrito do "Flâneur", planejado há quase quinze anos.

COMENTÁRIO

Max terá lhe dado conhecimento da carta que acompanhava o ensaio, com as minhas observações sobre a relação do Baudelaire com o plano das Passagens. O aspecto decisivo, como escrevi, é o de o ensaio sobre Baudelaire, que não pode negar a sua pertença a um complexo que é o das Passagens, só poder ser escrito como parte de um livro sobre Baudelaire. Por outro lado, e da perspectiva oposta, o que sabe do livro a partir das nossas conversas em San Remo permite-lhe ter uma imagem mais clara da função dessa segunda parte. Reparou, com certeza, que os motivos principais – o novo e sempre-igual, a moda, o eterno retorno, os astros, a Arte Nova – são referidos, mas nenhum deles é desenvolvido. Deixei para a terceira parte a função de mostrar a convergência evidente entre as ideias fundamentais e o plano das Passagens.

Tive até agora poucas notícias da sua mão, desde que se mudaram para a casa nova. Espero por uma carta mais pormenorizada, logo que tenha lido o Baudelaire. [...] Mando-lhe o Kierkegaard [i.e., o livro de Adorno sobre Kierkegaard], que lhe agradeço, juntamente com o Löwith [i.e., Karl Löwith, Nietzsches Philosophie der ewigen Wiederkunft des Gleichen (Nietzsche e a Sua Filosofia do Eterno Retorno do Mesmo), Berlim, 1935], através de Mme. Favez. O último tinha-o pedido há tempos, porque preciso dele para a terceira parte do Baudelaire. Devolva-mo, por favor, quando não precisar dele.

41a *. Benjamin a Fritz Lieb.
Paris, 20 de outubro de 1938 (GB VI, 171)

Está saindo da minha oficina um Baudelaire solidamente materialista.

42. Benjamin a Gretel Adorno.
Paris, 1º de novembro de 1938 (Br., 780; GB VI, 173)

Se tens curiosidade em saber como foi o meu verão, ele se revelará, como espero, pela leitura do Baudelaire (se é que não a fizeste já). Está aí a quinta-essência dos últimos meses. Espero nos próximos dias a confirmação da sua entrega em Nova Iorque, e que Teddie dê também a sua opinião sobre ele.

43. Adorno a Benjamin.
Nova Iorque, 10 de novembro de 1938 (Br., 782)

O atraso com que esta carta é escrita ameaça fazer cair sobre mim e sobre todos nós uma acusação a que talvez se possa juntar desde já um grãozinho da sua defesa. É mais que evidente que o atraso de um mês na resposta ao envio do seu Baudelaire não se deve a desleixo nosso.

As razões são apenas de natureza objetiva e têm a ver com a opinião de todos nós sobre o manuscrito; e, dado o meu empenho na causa do trabalho sobre as Passagens, bem posso dizer, sem imodéstia, que se trata em especial da minha opinião. Aguardei a chegada do Baudelaire com enorme expectativa e devorei-o literalmente logo que pude. E admiro muito o esforço desenvolvido para entregá-lo dentro do prazo. E é essa admiração que torna mais difícil falar daquilo que se atravessou entre a minha grande expectativa e o texto do ensaio.

Apercebi-me de que era extremamente difícil concretizar a sua ideia de transformar o Baudelaire num modelo das Passagens e aproximei-me do lugar satânico um pouco como Fausto das fantasmagorias nas montanhas do Brocken, quando diz que "muito enigma ali há de se aclarar". Será perdoável eu ter encontrado para mim próprio a réplica de Mefistófeles: "E outros se adensarão, ao que presumo"?[4] Será que consegue compreender que a leitura do ensaio, uma das partes do qual se intitula "O *flâneur*" e outra mesmo "A modernidade", deixou em mim certa desilusão?

Essa desilusão tem como principal motivo o fato de o trabalho, nas partes que conheço, não ser tanto um modelo, mas mais um prelúdio a O livro das passagens. Os motivos concentram-se aqui, mas não são desenvolvidos. Na sua carta a Max esclareceu que era essa a sua intenção, e eu não esqueço a disciplina ascética a que se obrigou para evitar em todos os momentos dar respostas teóricas finais às questões colocadas, e até deixar essas questões apenas aludidas, formuladas só para os iniciados. Mas pergunto-me se tal ascese é sustentável em face de um objeto como esse e num contexto de tão rigorosa ambição interna. Como fiel conhecedor dos seus escritos sei bem que não faltam precedentes desse seu método na sua obra. Lembro, por exemplo, os ensaios sobre Proust ou o Surrealismo no jornal Die Literarische Welt [a ser incluído em próximo volume desta coleção]. Mas será que esse método pode ser aplicado ao complexo das Passagens? Panorama

---

[4] A cena do *Fausto* de Goethe a que se alude é a da "Noite de Walpurgis". Cf. *Fausto*, trad. de João Barrento, Lisboa, Relógio d'Água, 1999, p. 227 (v. 4040-4041). (N.T.)

e "vestígio", *flâneur* e passagens, modernidade e sempre-igual sem interpretação teórica – será esse um "material" que possa esperar pacientemente por uma interpretação sem ser consumido pela sua própria aura? Será que o conteúdo pragmático daqueles objetos, ao ser isolado, não se conjura de modo quase demoníaco contra a possibilidade da sua interpretação? Durante as nossas inesquecíveis conversas em Königstein você disse uma vez que cada ideia das Passagens teria de ser arrancada a um domínio em que impera a loucura. Surpreende-me que possa ser vantajoso para tais ideias o entrincheiramento atrás de camadas impenetráveis de materiais, como o que lhe foi ditado pela sua disciplina ascética. Nesse seu texto as Passagens são introduzidas com a referência à estreiteza dos passeios que impede o *flâneur* de deambular pelas ruas. Essa introdução pragmática parece-me prejudicar quer a objetividade da fantasmagoria, em que eu insistia tanto já no tempo da correspondência de Hornberg [a longa carta de Adorno, datada de 2 de agosto de 1935: Br., 671-683], quer as ideias de que parte o primeiro capítulo, nomeadamente a de reduzir a fantasmagoria aos modos de comportamento da boêmia literária. Não pense que eu quero dizer que no seu trabalho a fantasmagoria sobrevive sem qualquer mediação, ou que o próprio trabalho tenha também um caráter fantasmagórico. Mas a liquidação só se pode conseguir de uma forma verdadeiramente profunda se a fantasmagoria for entendida como categoria objetiva à luz de uma filosofia da história, e não como "ponto de vista" de certo tipo de caracteres sociais. É precisamente nesse ponto que a sua concepção se distingue de todas as outras que antes procuraram abordar o século XIX. Mas as consequências a serem extraídas do seu postulado não podem ser adiadas até as calendas gregas, para serem "preparadas" por uma exposição mais neutra dos fatos. É essa a minha objeção. Quando na terceira parte, para usar a antiga formulação, em vez da história primordial do século XIX surge a história primordial no século XIX – de forma mais clara na citação de Péguy sobre Victor Hugo –, isso é apenas uma outra expressão da mesma problemática.

A objeção, porém, não se aplica apenas à vulnerabilidade das "omissões" em relação a um objeto que, precisamente devido a essa ascese, parece-me ir cair num domínio contra o qual a ascese se insurge: um domínio onde existe uma oscilação entre história e magia. É antes nos momentos em que o texto se furta aos seus próprios postulados apriorísticos que eu o vejo em mais estreita ligação com o materialismo dialético – e ao dizer isso não falo apenas por mim, mas também por Max, com quem discuti essa questão em pormenor. Permita que me exprima neste ponto de forma tão simplista e hegeliana quanto possível. Se não me engano, aquela dialética falha num aspecto: na mediação. Há no texto uma tendência dominante de ligar os conteúdos pragmáticos diretamente a traços afins da história social do seu tempo, em especial os de natureza econômica. Penso, por exemplo, na passagem em que se fala do imposto sobre o vinho, em certos desenvolvimentos sobre as barricadas ou no já referido excerto sobre as Passagens, que me parece particularmente problemático, porque precisamente aí a transição de considerações teóricas de princípio sobre as fisiologias se apresenta mais claramente sem mediação em relação à apresentação "concreta" do *flâneur*.

Essa sensação de artificialismo torna-se para mim mais evidente quando o trabalho, em vez do enunciado assertivo, recorre ao metafórico. Isso aplica-se sobretudo à parte em que se fala da transformação da cidade em interior para o *flâneur*, onde descubro uma das mais poderosas ideias da sua obra sob a forma de um mero "como se". Em ligação íntima com tais excursos materialistas, nos quais nunca conseguimos nos libertar do receio que temos de um nadador que se atira à água fria todo arrepiado, colocaria eu o apelo a comportamentos concretos como aqui o do *flâneur*, ou, mais adiante, a passagem sobre o ver e o ouvir na cidade, que usa, e isso não acontece por acaso, uma citação de Simmel. Tenho as minhas reservas em relação a tudo isso. Não tenha medo, que não vou aproveitar-me dessa ocasião para montar o meu cavalo de batalha. Contento-me em lhe dar, de passagem, um cubo de açúcar e de resto tento avançar com as razões teóricas para a minha rejeição daquele tipo particular do concreto e dos seus traços behavioristas. E essas razões são essencialmente as seguintes: parece-me metodologicamente infeliz dar uma cor "materialista" a traços isolados e evidentes da esfera da superestrutura, ligando-os de forma não mediatizada, ou mesmo causal, a traços correspondentes da base material. A determinação materialista de caracteres culturais só é possível através da mediação do processo global.

Os poemas de Baudelaire sobre o vinho podem ser motivados pelo imposto sobre o vinho e pelas *barrières*, mas a recorrência desses motivos na obra de Baudelaire não pode ser definida de outro modo que não seja através da tendência social e econômica global do seu tempo, ou seja, para ir ao encontro dos problemas do seu trabalho, e *sensu strictissimo*, através da análise da forma da mercadoria na época de Baudelaire. Ninguém melhor do que eu conhece as dificuldades inerentes a essa metodologia: o capítulo sobre a fantasmagoria no meu trabalho sobre Wagner não conseguiu também superá-las. O seu livro sobre as Passagens, na sua forma definitiva, não vai poder furtar-se a essa responsabilidade. A ligação, sem mediação, do imposto sobre o vinho com o poema "A alma do vinho" atribui aos fenômenos aquele tipo de espontaneidade, imediaticidade e densidade a que eles se entregaram no capitalismo. Nessa forma de materialismo não mediatizado, quase diria de novo antropológico, há um fundo elemento romântico, e eu sinto-o tanto mais nitidamente quanto mais crua e diretamente o mundo formal de Baudelaire é confrontado no seu trabalho com a miséria da vida. A "mediatização" de que aqui sinto falta, e que encontro escondida na invocação materialista-historiográfica, é, afinal, nada mais, nada menos do que a teoria a que o seu trabalho se furta. A omissão da teoria traz ao primeiro plano a empiria. Empresta-lhe, por um lado, um caráter épico enganador, e por outro retira aos fenômenos, apresentados como experiência meramente subjetiva, o seu verdadeiro peso histórico-filosófico. Isso também pode ser dito por outras palavras: o motivo teológico de chamar as coisas pelo nome transforma-se tendencialmente na exposição, alimentada pelo espanto, da mera facticidade. Se quisermos usar uma expressão mais drástica, podemos dizer que o trabalho se situa numa encruzilhada, entre a magia e o positivismo. Aquele trecho está enfeitiçado, e só a teoria pode quebrar o feitiço: a sua própria teoria, sem concessões, a boa teoria especulativa. Eu limito-me a reclamar para ele os direitos dessa teoria.

Perdoe-me se, nesse contexto, detenho-me num objeto que, depois das experiências feitas com o meu Wagner, é-me mais caro. Trata-se do trapeiro. A sua definição dele como a figura que desceu mais baixo na escala da pobreza parece-me pura e simplesmente não corresponder ao que a palavra promete quando surge num dos seus textos. Não há nele nada da vida de cão, do saco de lixo entornado, nada daquela voz que, por exemplo, ainda na *Louise* de Charpentier, de certo modo fornece a fonte de luz negra de toda uma ópera; nada da cauda de cometa que são as crianças gritando atrás do velho. Se me permite uma incursão na região das Passagens: a figura do trapeiro deveria servir para decifrar teoricamente a entrada no mundo da cloaca e da catacumba. Mas será a minha hipótese exagerada quando penso que essa lacuna se deve ao fato de a função capitalista do trapeiro, concretamente a de submeter até a própria miséria à lei do valor de troca, não foi articulada? Nesse ponto, a ascese do trabalho ganha traços dignos de um Savonarola. De fato, entra pelos olhos adentro que a retomada do motivo do trapeiro na citação de Baudelaire incluída na terceira parte esteja muito perto dessa perspectiva do problema. Deve ter lhe custado muito não desenvolvê-la aqui!

Com isso, acho que toquei no cerne dos problemas. O efeito que todo o trabalho produz, não apenas sobre mim e a minha ortodoxia das Passagens, é o de que nele o autor violentou as suas próprias convicções. A sua solidariedade para com o Instituto, com a qual ninguém mais do que eu pode se alegrar, levou-o a pagar um tributo ao marxismo que não assenta bem nem a este nem a si. De fato, não é um tributo ao marxismo, uma vez que a mediação através da totalidade do processo social está ausente e se atribui à enumeração material, de forma quase supersticiosa, um poder de iluminação que nunca poderá vir da alusão pragmática, mas apenas da construção teórica. E também não é um tributo à sua mais autêntica substância, na medida em que você impôs a si próprio e às suas ideias mais ousadas e fecundas uma espécie de censura prévia das categorias materialistas (que de modo algum coincidem com as marxistas), ainda que apenas sob a forma das omissões anteriormente aludidas. Não falo apenas em nome da minha incompetente pessoa, mas também de Horkheimer e outros, ao lhe dizer que todos nós estamos convencidos de que será mais vantajoso, não apenas para "a sua" produção, desenvolver as suas ideias sem tais reservas (já em San Remo me deu algumas respostas, que considero de peso, a esta objeção), mas que também para a causa do materialismo dialético e para os interesses teóricos do Instituto será melhor que os seus trabalhos se orientem pelos seus pontos de vista próprios e pelas consequências que deles derivam, sem lhes acrescentar ingredientes que a si lhe causam tantos engulhos e mal-estar que eu não acredito que os seus efeitos possam ser benéficos. Deus sabe que só existe uma verdade, e se o seu pensamento se apoderar dessa verdade através de categorias que lhe possam parecer apócrifas à luz da sua própria ideia do materialismo, ainda assim lhe será mais proveitoso recorrer a essas categorias do que a uma armadura conceitual a cujas garras a sua mão constantemente se furta. Afinal de contas, há mais daquela verdade na *Genealogia da moral* de Nietzsche do que no *ABC* de Bukharin![5] Penso que essa tese, saída da minha boca, está para além de qualquer suspeita de laxismo e ecletismo. O ensaio sobre *As afinidades eletivas* [a ser incluído em volume próximo desta coleção] e o livro sobre o Barroco [*Origem do drama trágico alemão*, publicado nesta coleção em 2011] são melhor marxismo do que o imposto sobre o vinho e a dedução da fantasmagoria dos comportamentos dos folhetinistas. Pode confiar em que nós aqui estamos dispostos a aceitar as experiências mais radicais da sua teoria e a tomá-las por nossas. E confiamos também em que você fará de fato essas experiências. Gretel disse uma vez, brincando, que você mora nas profundezas da caverna do seu livro sobre as Passagens e receia a conclusão do trabalho porque tem medo de ter de deixar a toca depois. Deixe-nos incitá-lo a nos dar acesso ao santo dos santos. Acho que não tem de se preocupar com a estabilidade do abrigo nem de recear a sua profanação.

Quanto ao destino desse trabalho, chegamos a uma situação deveras curiosa, na qual eu tive de me comportar como o cantor na conhecida canção: sujeitando-me ao som abafado do tambor. Desistimos da publicação no número corrente da revista, porque as discussões de semanas sobre o seu trabalho remeteriam o fechamento a prazos inaceitáveis. Previu-se então a publicação completa do segundo capítulo e parcial do terceiro; Leo Löwenthal foi quem mais defendeu essa solução. Eu próprio sou claramente contra, não tanto por razões redatoriais, mas mais por si e pelo seu Baudelaire. O trabalho não o representa como devia. Mas como estou firmemente convencido de que será capaz de produzir um texto sobre Baudelaire com um impacto muito maior, peço-lhe encarecidamente que prescinda da

---

[5] Nikolai Bukharin e E. Preobrachenki, *O ABC do comunismo*, publicado em Hamburgo em 1921. (N.T.)

publicação dessa versão e escreva outra. Se com outra estrutura ou correspondendo no essencial à parte final que falta do seu livro sobre Baudelaire está fora das minhas possibilidades de previsão. Terá de ser você a decidir. Mas quero deixar bem claro que se trata de um pedido meu, não de uma decisão da redação ou de uma recusa.

Quero ainda lhe dizer por que sou eu quem lhe escreve, e não Max, o destinatário do Baudelaire. Ele está neste momento extremamente assoberbado, em parte devido à mudança para Scarsdale, e quer libertar-se de todo o trabalho administrativo para poder dedicar nos próximos anos toda a sua energia ao livro sobre a dialética. Isso significa que tem de "despachar" todos os assuntos pendentes. Há quinze dias não lhe ponho a vista em cima. Pediu-me, por assim dizer na minha qualidade de *sponsor* do Baudelaire, que lhe escrevesse, e o pedido dele correspondia à minha intenção.

Sobre as minhas coisas lhe darei notícia com mais pormenores, mas só na próxima carta. A publicação do Husserl foi adiada mais uma vez. Depois do seu regresso em meados de setembro, Max pediu-me logo que escrevesse o ensaio, há muito tempo planejado, "Sobre o caráter fetichista na música e a regressão do ouvir" [publicado na *Zeitschrift für Sozialforschung*, n. 7/1938, p. 321-356; incluído posteriormente em *Gesammelte Schriften*, v. 14, ed. R. Tiedemann, Frankfurt/M., 1973, p. 14-50]. Terminei o texto três dias antes de o seu chegar. Entretanto foi para a tipografia, e dei instruções a Brill [o editor da *Revista de Investigação Social*] para lhe enviar também uma prova, bem como da minha polêmica contra Sibelius [publicada no mesmo número da revista, e posteriormente em *Impromptus*, Frankfurt/M., 1968, p. 88-92]. Nota-se, com certeza, a pressa com que foi escrito esse trabalho, mas talvez isso não tenha trazido apenas desvantagens. Estou muito curioso para saber o que pensa da minha teoria de que hoje em dia se consome também o valor de troca. A tensão entre essa teoria e a sua, da empatia entre a alma da mercadoria e o comprador, poderá ser muito produtiva. De resto, tenho esperança de que a natureza muito mais inofensiva do meu trabalho lhe permita lê-lo de forma mais implacável do que o seu texto a mim me permitiu [...] E permita que termine com alguns epilegômenos para o Baudelaire. Em primeiro lugar, uma estrofe do segundo poema sobre Mazeppa, de Hugo (o homem que vê tudo aquilo é Mazeppa, atado ao lombo do cavalo):

Les six lunes d'Herschel, l'anneau du vieux Saturne,
Le pôle, arrondissant une aurore nocturne
　　Sur son front boréal.
Il voit tout; et pour lui ton vol, que rien ne lasse,
De ce monde sans borne à chaque instant déplace
　　L'horizon idéal.

[As seis luas de Herschel, o anel do velho Saturno,
O polo, arredondando um arrebol noturno
　　Na fronte boreal.
Tudo isso ele vê; e o teu voo englobante
Deste mundo sem fim desloca a cada instante
　　O horizonte ideal.]

Depois, a tendência, a que você se refere, para as "afirmações incondicionais", que exemplifica com Balzac e com a descrição dos empregados em "O homem da multidão", aplica-se também, por estranho que pareça, a Sade. De um dos primeiros verdugos de Justine, um banqueiro, diz-se: "Monsieur Dubourg, gordo, atarracado e insolente como todos os banqueiros". O motivo da amada desconhecida surge, de forma incipiente, em Hebbel no poema a uma desconhecida, que contém estas estranhas linhas: "E se te não posso dar forma e perfil,/Nenhuma forma te levará também para a tumba". E finalmente algumas frases da *Herbstblumine* [Florzinha de outono] de Jean Paul,[6] que são um autêntico achado:

"Ao dia foi concedido um único Sol, mas mil Sóis à noite, e o mar infinito e azul do éter parece descer até nós numa chuva de poalha de luz. Quantos candeeiros de rua não brilham pela Via Láctea abaixo e acima? E ainda por cima, também eles são acendidos, mesmo que seja verão ou a Lua brilhe. Para além disso, a noite enfeita-se, e não apenas com o seu manto de estrelas, como os antigos a representam, e a que eu, com um gosto mais requintado, chamaria mais os seus ornatos espirituais do que o seu manto ducal; ela leva muito mais longe

---

[6] Coletânea de ficção de Johann Paul Friedrich Richter (1763-1825), que escrevia sob o pseudônimo de Jean Paul, publicada em três partes (Tübingen, 1810-1820). (N.T.)

o seu embelezamento e imita as damas de Espanha. Como estas, que, no escuro, substituem os brilhantes por pirilampos nos seus toucados, a noite guarnece também com esses animaizinhos a parte de baixo do seu manto, onde brilham pequenas estrelas, e as crianças apanham-nos muitas vezes." E há outras frases, de uma peça diferente da mesma coletânea, que me parecem inserir-se nesse mesmo contexto:

"E aqui vão mais algumas notas. Não só reparo como a Itália é para nós, pobres criaturas dos gelos movediços, um paraíso banhado pela luz da Lua, porque encontramos aí, ao vivo, de dia ou de noite, o eterno sonho juvenil de noites em claro passadas a cantar, mas também me pergunto por que razão as pessoas andam de noite pelas vielas a cantar, como guardas-noturnos importunos, em vez de serem grupos inteiros de estrelas da noite e da manhã a se juntar e assim, numa animada galeria (afinal, todas as almas amaram), atravessar, felizes, magníficas florestas e campos de flores luarentos, acrescentando talvez a essa alegre harmonia ainda dois acordes de flauta, que seriam as duas pontas do prolongamento da curta noite em nascer e pôr do Sol e os apêndices da aurora e do crepúsculo."

A ideia de que a nostalgia da atração da Itália é a da terra onde não é preciso dormir apresenta fortes afinidades com a imagem posterior da cidade com a sua cobertura. Mas a luz que recai sobre as duas imagens não é outra senão a dos candeeiros a gás, que Jean Paul não conheceu.

44. Benjamin a Horkheimer.
Paris, 17 de novembro de 1938 (GB VI, 177)

Da circunstância de só ter recebido as provas das recensões, mas não o texto do "Baudelaire", deduzo que não está prevendo a sua publicação agora. Espero que os motivos sejam essencialmente de ordem técnica. De qualquer modo, lamento, que mais não fosse porque desse modo não se realiza a sua intenção de incluir no próximo número um texto meu de maiores dimensões. Espero a sua opinião sobre o manuscrito o mais brevemente possível.

45. Benjamin a Adorno.
Paris, 9 de dezembro de 1938 (Br., 790; GB VI, 181)

Certamente não se admirou por a minha resposta à sua carta de 10 de novembro não ter acontecido imediatamente. Se a longa demora da sua carta *me levou a imaginar que o seu conteúdo era o que se esperaria, nem por isso o choque foi menor. Para além disso, quis esperar pelas provas de que me fala, e elas só chegaram no dia 6 de dezembro. Esse espaço de tempo deu-me oportunidade de refletir, de forma ponderada e possível na circunstância, sobre as suas críticas. Longe de mim considerá-las infecundas, e muito menos incompreensíveis. Procurarei comentá-las nos aspectos essenciais.*

O fio condutor é-me fornecido por uma frase do início da sua carta, na qual escreve: "Panorama e vestígio, flâneur e passagens, modernidade e sempre-igual sem interpretação teórica – será este um material que possa esperar pacientemente por uma interpretação?". A impaciência, compreensível, com que apreciou o manuscrito em busca de certos sinais levou-o, segundo penso, a se afastar da questão fundamental em alguns aspectos importantes. Tinha de chegar à sua opinião sobre a terceira parte, e à desilusão que ela lhe causou, na medida em que não se apercebeu de que aí a modernidade não aparece uma única vez citada como sendo o sempre-igual, mas que, pelo contrário, esse importante conceito-chave não é sequer utilizado nessa parte.

Como a frase acima citada contém, de certo modo, um compêndio das suas posições, gostaria de comentá-la palavra a palavra. Começa pelo panorama, algo que no meu texto é secundário. De fato, no contexto da obra de Baudelaire, o ponto de vista panorâmico não é aceitável. Uma vez que essa passagem não está destinada a ter correspondências, nem na primeira nem na terceira partes, o melhor é talvez eliminá-la. O segundo elo da sua enumeração é o vestígio. Na carta que acompanhava o trabalho escrevi que os fundamentos filosóficos do livro não são perceptíveis a partir da segunda parte. Se um conceito como o de vestígio tivesse de ser sujeito a uma interpretação rigorosa, teria de ser introduzido, sem qualquer embaraço, no nível empírico. Isso poderia ter sido feito de forma ainda mais convincente. De fato, depois do meu regresso, a primeira coisa que fiz foi tentar encontrar uma passagem bem significativa de Poe para a minha construção da história policial a partir do apagamento ou da fixação dos vestígios do indivíduo na grande cidade. É nesse nível, porém, que o tratamento do vestígio na segunda parte terá de ficar, se se quiser que mais tarde ele receba, nos contextos que me interessam, a sua iluminação súbita. E essa iluminação está prevista. O conceito do vestígio encontra a sua determinação filosófica na oposição ao conceito da aura.

Na frase que estou seguindo aparece depois o flâneur. Por muito bem que conheça as motivações profundas, quer objetivas, quer pessoais, que estão na base das suas objeções – perante essa sua referência ao que seria uma grande lacuna o chão ameaça abater-se sob os meus pés. Felizmente há um ramo a que posso me agarrar, e que me parece ser de boa madeira. É aquele que, noutro lugar da sua carta, serve-lhe para sugerir como pode ser fecunda a tensão entre a sua teoria do consumo do valor de troca e a minha, da empatia com a alma da mercadoria. Também eu acho que se trata aqui de uma teoria no sentido mais rigoroso do termo, e o ensaio sobre o flâneur culmina nela. É essa a passagem do texto, e a única, em que a teoria, nessa parte, legitima-se explicitamente. Penetra, como um único raio de luz, numa câmara artificialmente escurecida. Mas esse raio, uma vez refratado no prisma, é suficiente para dar uma ideia da natureza da luz cujo foco está na terceira parte do livro. Por isso essa teoria do flâneur – sobre as possibilidades de melhorá-la em alguns pontos falarei ainda a seguir – resolve no essencial aquilo que há anos me ocupa como possível representação dessa figura.

Vou depois dar ao termo "passagem". Não tenho muito a argumentar sobre ele, tanto mais que não lhe escapou a si a profunda singeleza com que o uso. Por que questioná-la? Na verdade, e se não me engano muito, as passagens estão destinadas a entrar no livro sobre Baudelaire nessa forma ligeira, e não noutra. O lugar delas aqui é como o da imagem da nascente de montanha num copo. Por isso mesmo a preciosa passagem de Jean Paul a que alude não poderá ter lugar no "Baudelaire". Finalmente, quanto à modernidade, trata-se de um termo do próprio Baudelaire, como se deduz da leitura do texto. A parte assim intitulada não deve ir além dos limites impostos à palavra pelo uso que o próprio Baudelaire dela faz. Deve lembrar-se, no entanto, da nossa conversa em San Remo, que não os considero definitivos. O reconhecimento filosófico da modernidade será feito na terceira parte, onde o seu tratamento é introduzido pelo conceito da Arte Nova e concluído com a dialética do novo e sempre-igual.

Como me recordo das nossas conversas em San Remo, gostaria de retomar a passagem da sua carta em que você também o faz. Quando, àquela altura, neguei-me, em nome dos interesses da minha própria produção, a assumir um processo de pensamento esotérico, passando assim, para além dos interesses do materialismo dialético e do Instituto, para aquilo que está na ordem do dia, o que estava em jogo não era simplesmente a solidariedade com o Instituto nem a fidelidade ao materialismo dialético, mas sim a solidariedade com as experiências que todos fizemos nos últimos quinze anos. Trata-se, portanto, de interesses produtivos meus; não vou negar que eles poderão, aqui e ali, violentar os anteriores. Estamos perante um antagonismo *a que nem em sonhos eu pensaria furtar-me. O problema do trabalho consiste na dominação desse antagonismo, e é um problema de construção. Quero dizer que a especulação só se lança no seu voo necessariamente ousado com alguma perspectiva de êxito quando, em vez de pôr as asas de cera do esoterismo, busca a fonte da sua força apenas na construção. E foi a construção que determinou que a segunda parte do livro conste essencialmente de matéria filológica. Não se trata tanto de uma "disciplina ascética", mas sim de um pressuposto metodológico. Aliás, essa parte filológica era a única que poderia ser arrancada do contexto com autonomia – um fato que eu teria de levar em conta.*

Quando fala de uma "exposição, alimentada pelo espanto, da mera facticidade" está caracterizando a autêntica atitude filológica. Esta teria de ser embebida na construção, e não apenas em função dos seus resultados, mas em si mesma. De fato, a não diferenciação entre magia e positivismo, na sua certeira formulação, deve ser eliminada. Por outras palavras: a interpretação filológica do autor tem de ser superada pelos materialistas dialéticos à maneira de Hegel. A filologia é aquela forma de iluminação de um texto que avança servindo-se dos pormenores e que fixa o leitor a esse texto como por magia. Aquilo que, como diz Fausto, "um homem possui e, preto no branco/tranquilo para casa pode levar" e a "devoção pelo pequeno", de Wilhelm Grimm,[7] são coisas muito aparentadas. Têm em comum o elemento mágico, e cabe à filosofia, nesse caso à parte final, exorcizá-los. A estupefação, escreve você no seu Kierkegaard, anuncia "a mais profunda percepção da relação entre dialética, mito e imagem". O mais natural seria eu remeter a essa passagem. Prefiro antes sugerir uma correção (como pretendo fazer também, noutra ocasião, quanto à definição da imagem dialética). Acho que se deveria dizer que a estupefação é um excelente objeto de uma tal percepção. A aparência de uma facticidade cerrada que se associa à investigação filológica e coloca o investigador sob o seu signo desaparece na medida em

---

[7]   A fonte dos versos de Goethe é: *Fausto*, v. 1966-1967 (cena de Mefistófeles e o estudante; trad. portuguesa: cf. nota 4, p. 247); a expressão de Jacob Grimm provém da Introdução ao grande *Dicionário alemão* (*Deutsches Wörterbuch*, de Jakob e Wilhelm Grimm, cujo primeiro volume saiu em Leipzig em 1854). Benjamin alude a ela ao apresentar uma das cartas, de Jakob Grimm a Friedrich Christoph Dahlmann, na coletânea de cartas *Deutsche Menschen* (Figuras alemãs), que publica e comenta, sob o pseudônimo Detlef Holz, na editora Vita Nova, de Lucerna, em 1936. (NT.)

que o objeto seja construído numa perspectiva histórica. As linhas de fuga dessa construção encontram-se na nossa própria experiência histórica. Com isso, o objeto constitui-se em forma de mônada. Na mônada torna-se vivo tudo aquilo que se encontrava numa rigidez mítica enquanto matéria textual. Por isso me parece que desconhece a matéria quando encontra no texto "uma ligação sem mediação do imposto sobre o vinho com o poema 'A alma do vinho'". Não é bem assim; a articulação faz-se, de forma legítima, pelo contexto filológico – de modo nada diferente do que teria de acontecer na interpretação de um escritor antigo. Isso dá ao poema o peso específico que ele adquire na autêntica leitura, coisa que não foi muito feita até agora no caso de Baudelaire. Só quando esse poema ganhar importância enquanto tal a obra pode ser alcançada, ou mesmo abalada, pela interpretação. O lugar desta, no caso do poema em questão, não passa por uma ligação à questão do imposto, mas pela importância da embriaguez em Baudelaire.

Se pensar em outros trabalhos meus, constatará que a crítica da atitude dos filólogos é um velho cavalo de batalha meu, muito afim da crítica do mito. Provoca em todos os casos o próprio trabalho filológico. Insiste, para usar a linguagem do ensaio sobre As afinidades eletivas, na clarificação dos conteúdos materiais nos quais o conteúdo de verdade se manifesta historicamente. Entendo que tenha colocado esse lado da questão em plano de fundo, mas com isso relegou também para segundo plano algumas interpretações importantes. Não penso apenas na interpretação de poemas como "A uma transeunte", ou de obras de prosa como "O homem da multidão", mas acima de tudo na descodificação do conceito de modernidade, que pretendi intencionalmente manter adentro dos limites filológicos.

A citação de Péguy, que você reclama como evocação da história primordial no século XIX – para mencionar isso apenas de passagem –, tinha de ter o seu lugar no momento em que era necessário preparar o leitor para a ideia de que a interpretação de Baudelaire não tem de recorrer a nenhuma espécie de elementos ctônicos (tentei também deixar isso claro na sinopse de O livro das passagens). Por isso, acho que a catacumba não tem lugar aqui, como o não tem a cloaca. Já da ópera de Charpentier poderá esperar-se talvez muita coisa, e vou seguir a sua sugestão na primeira oportunidade. A figura do trapeiro tem origem infernal e reaparecerá na terceira parte, onde se demarcará da figura ctônica do pedinte em Hugo.

A chegada da sua carta, cuja ausência, como pode imaginar, preocupava-me cada vez mais, estava quase para acontecer quando um dia fui dar a um capítulo do Regius.[8] Sob o título "Espera", lê-se aí: "A maior parte das pessoas esperam todas as manhãs por uma carta. Se ela não chega, ou se contém uma resposta negativa, é porque se destina àqueles que, assim como assim, são tristes". Quando dei com essa passagem estava triste quanto bastava para ver aí um sinal e um prenúncio da sua carta. Se depois o seu conteúdo – não falo agora da sua atitude irredutível – me trouxe algum incentivo, ele foi o de as suas objeções, por mais solidárias que as dos outros amigos sejam com elas, não deverem ser vistas como uma recusa.

Permita-me uma palavra sincera para terminar. Penso que seria mais prejudicial para o "Baudelaire" se esse texto – nascido numa situação de tensão que não tem comparação com qualquer outra na minha vida literária até aqui – não aparecesse na revista, com qualquer das suas partes. Por um lado, a forma impressa, que permite ao autor distanciar-se do texto, tem nesse caso um valor incomparável. Para além disso, a forma atual do texto poderia suscitar uma discussão que – apesar de não serem muitos os seus interlocutores deste lado do mar – compensaria de algum modo o isolamento em que eu trabalho aqui. Do meu ponto de vista, o núcleo mais interessante para uma publicação seria a teoria do flâneur, que vejo como parte integrante do livro sobre Baudelaire. Não falo, de modo algum, de um texto sem alterações. O seu centro teria de destacar, mais claramente do que acontece neste, a crítica do conceito de massa tal como ela aparece na grande cidade moderna. Essa crítica, que lanço nos parágrafos sobre Hugo, teria de ser instrumentada com a interpretação de testemunhos literários significativos. Um modelo poderia ser o da passagem sobre "O homem da multidão". A interpretação eufemística das massas – a fisionômica – poderia ser ilustrada pela novela de E. T. A. Hoffmann referida no texto. Para Hugo será preciso encontrar ainda uma maneira mais aprofundada de deixar claro o seu lugar. O decisivo é o desenvolvimento teórico nessas perspectivações das massas; o clímax é sugerido no texto, mas precisa ser mais explicitado. A ponta final vai dar a Hugo e não a Baudelaire, que foi quem mais se aproximou da experiência atual das massas. O demagogo é parte integrante do seu gênio.

---

[8] A citação é do livro de Max Horkheimer *Dämmerung. Notizen in Deutschland* (Crepúsculo. Apontamentos na Alemanha), publicado, sob o pseudônimo Heinrich Regius, em Zurique, em 1934. O capítulo referido ("Warten") encontra-se agora em: Horkheimer, *Gesammelte Schriften*, v. 2, Frankfurt-Main, 1987, p. 450. (N.T.)

Como vê, acho convincentes alguns aspectos da sua crítica. Penso, no entanto, que uma correção imediata nos sentidos aludidos seria muito precária. A falta de transparência teórica, a que alude com razão, não é necessariamente uma consequência do método filológico dominante nessa parte do trabalho. Vejo nisso antes o resultado da circunstância de esse método não ser nomeado como tal. Essa lacuna resulta em parte da tentativa ousada de escrever a segunda parte do livro antes da primeira. Só assim podia também criar-se a impressão de que a fantasmagoria é descrita, em vez de ser inserida e resolvida na própria construção. As correções referidas só farão sentido na segunda parte se esta for fundamentada, em todas as direções, na totalidade do trabalho. Por isso, a primeira coisa que farei é verificar a estrutura global da construção. [...]

Passo ao seu trabalho [i.e., "Sobre o caráter fetichista da música e a regressão do ouvir"], *entrando assim na parte mais solar desta carta. A mim, toca-me objetivamente por duas razões, ambas aludidas por si.* [...] *Finalmente, respondo à sua pergunta sobre o modo como o seu ponto de vista, desenvolvido nesse ensaio, pode se relacionar com os meus, na parte sobre o* flâneur*. A empatia com a mercadoria apresenta-se à auto-observação ou à experiência interior como empatia com a matéria inorgânica: a par de Baudelaire, Flaubert e a sua Tentação[9] é aqui um testemunho maior. Mas, em princípio, a empatia com a mercadoria deveria ser também empatia com o próprio valor de troca. De fato, o "consumo" do valor de troca dificilmente poderá ser outra coisa que não seja a empatia com ele. Você diz: "Na verdade, o consumidor idolatra o dinheiro que ele próprio gastou no bilhete para um concerto de Toscanini". A empatia com o seu valor de troca transforma até os canhões naquele objeto de consumo que é mais agradável do que manteiga. Quando o povo diz de alguém que "ele pesa cinco milhões de marcos", a comunidade desse povo sente-se hoje, ela própria, com um peso de algumas centenas de bilhões. Entra em empatia com essas centenas de bilhões. Formulando o problema desse modo, chego talvez ao cânone que está na base dessas formas de comportamento: o dos jogos de azar. O jogador entra diretamente em empatia com as somas com que enfrenta a banca ou os parceiros de jogo. O jogo de azar, como uma forma de especulação na Bolsa, teve um efeito tão decisivo na empatia com o valor de troca como as*

---

[9]   Gustave Flaubert, *La Tentation de saint Antoine*, narrativa escrita em 1848-1849, com uma segunda versão em 1856, uma terceira em 1872, e só publicada em 1874. (N.T.)

exposições universais (estas foram a alta escola onde as massas, excluídas do consumo, aprenderam a empatia com o valor de troca).

46. Horkheimer a Benjamin.
Nova Iorque, 17 de dezembro de 1938

Os meus agradecimentos pelas suas linhas de 17 de novembro. A minha sobrecarga de trabalho é tão grande neste momento que quase não consigo dar conta de tudo. A luta constante pela existência financeira do Instituto, a ajuda a inúmeros amigos europeus que se encontram numa situação de miséria extrema e o trabalho de rotina do Instituto mal me deixam tempo para o trabalho propriamente científico.

Quanto ao Baudelaire, sabe entretanto o que pensamos. O senhor Wiesengrund aliviou-me da correspondência sobre o Baudelaire, e a sua carta de 28 de setembro teve já resposta dele. Tenho de lhe pedir desculpas por não ter me ocupado pessoalmente dos pormenores quanto a esse trabalho. Mas tenho a certeza de que não me negaria a sua simpatia se pudesse observar o meu ritmo de trabalho diário aqui.

47. Benjamin a Horkheimer.
Paris, 24 de janeiro de 1939 (GB VI, 197)

Tenho lido Turgot e outros teóricos para seguir a história do conceito de progresso. Vou abordar o plano global do Baudelaire, sobre cuja revisão já informei Teddie Wiesengrund na última carta, do ponto de vista epistemológico. Assim, dá-se a importância devida à questão do conceito da história e do papel do progresso nela.

48. Adorno a Benjamin.
Nova Iorque, 1º de fevereiro de 1939

Desta vez o atraso da minha carta não tem nada a ver com questões teóricas, mas com os mais recentes acontecimentos na Alemanha. [...] Sobre o Baudelaire: se bem entendo, a sua sugestão é a de que publiquemos a segunda parte do manuscrito que nos enviou (com o título "O *flâneur*"), introduzindo determinadas alterações, e numa versão modificada de modo a ir ao encontro dos interesses teóricos de que lhe falei. Estamos, em princípio, de acordo com essa sugestão, com uma única condição: a de que o texto não ultrapasse a dimensão que tem neste momento. Se for necessário introduzir acréscimos em algumas passagens, talvez isso pudesse ser compensado por cortes noutros lugares cuja matéria seja difícil de desenvolver nos limites de um ensaio como esse (penso sobretudo na parte final).

Talvez seja aconselhável eu fazer ainda algumas observações sobre o seu texto, que mostram mais ou menos o tipo de alterações em que estou pensando. A primeira frase desse capítulo é aquela que mais me faz temer a subjetivização da fantasmagoria. Aqui seriam necessárias algumas frases bem pensadas sobre a sua inserção numa filosofia da história. A transição das fisiologias para o hábito do *flâneur* não me parece muito convincente: por um lado, porque o caráter metafórico da expressão "uma espécie de botânico do asfalto" não me parece coincidir plenamente com a exigência de realidade que as categorias histórico-filosóficas necessariamente assumem no seu texto, e por outro porque a referência, de certo modo técnica, aos passeios estreitos para justificar as passagens não me parece contribuir para aquilo que precisamente aqui se propõe fazer. Quero dizer que não seria possível deixar de referir aqui aos interesses específicos que levaram os proprietários de casas a se associarem para construir as passagens. Esse desiderato coincide, aliás, com outro, que é o de introduzir as passagens não como "modos de comportamento" do *flâneur* literário, mas de forma objetiva. O final da seção sobre as passagens ressente-se novamente do perigo do metafórico: a comparação lúdica não me parece ajudar aqui a identificação rigorosa, antes a contraria. Não compreendo bem a frase que abre o parágrafo seguinte ("não livre de suspeição"). Não serão as fisiologias antes demasiado insuspeitas? Já antes tinha manifestado as minhas dúvidas quanto à dedução que se segue, no contexto da citação de Simmel. Continuo a tê-las: numa determinada passagem apresentam-se de forma direta modos de reação humanos – aqui, o medo do que é visível sem se ouvir – como sendo responsáveis por fenômenos que só se podem compreender através da sua mediação social. Se achar que a fundamentação das fisiologias a partir da tendência reacionária para a distração é demasiado geral – o que entendo perfeitamente –, então talvez ela pudesse se tornar mais concreta pelo fato de as próprias pessoas naquela época adquirirem o aspecto de objetos de exposição com traços mercantis, que as fisiologias revelam, e talvez isso pudesse ser relacionado com a moda como ideia de uma disponibilidade total para a exposição e a contemplação. Não posso deixar de sugerir isso, porque acho que no tesouro do trabalho sobre as passagens há adagas mais afiadas do que a citação de Simmel. Sobre a citação seguinte, e muito estranha, de Foucaud, diria apenas que o contexto em que a faz dá a impressão de que está apenas fazendo troça do que cita, ao passo que eu penso que o importante seria extrair dessa ideia enganosa o seu grãozinho de verdade, nomeadamente a observação correta da aversão do proletário ao "lazer" e a natureza burguesa como mero complemento da exploração. No parágrafo seguinte gostaria – e estou certo de que conto com o seu assentimento – de expressar a minha aversão idiossincrásica ao conceito do "autêntico empirismo". Basta lembrar-me da aceitação do conceito por [Siegfried] Kracauer para ter a certeza de que você o colocará no Index. Sobre a parte que se segue, a partir da citação de Balzac, queria fazer algumas observações que me foram sugeridas pelo seu trabalho, pela leitura de Sade e mais recentemente também pela de Balzac. Antes, porém, anotaria que o maior problema que se coloca no contexto da questão do tipo social – concretamente: que as pessoas de certo tipo se identificam na fantasmagoria – me parece ser abordado, mas de modo algum resolvido. Mas a minha bússola diz-me que é aqui, na descrição dos pequenos empregados por Poe, que se encontra o ponto em que esse ensaio verdadeiramente comunica com as intenções secretas das passagens. Gostaria de partir da crítica à antítese, proposta por Lukács, entre Balzac e D. Quixote.[10] O próprio Balzac é um tipo quixotesco. As suas generalizações acabam por envolver a alienação do capitalismo num "sentido", de modo semelhante ao que acontece com D. Quixote no episódio da tabuleta da loja do barbeiro. A tendência para as afirmações incondicionais em Balzac tem aqui o seu fundamento. Nasce do medo perante a uniformidade da indumentária burguesa. Quando ele diz, por exemplo, que se reconheceria à primeira vista um gênio na rua, isso é uma tentativa de assegurar

---

[10] Vd. Georg Lukács, *Die Theorie des Romans* [1920], 2ª ed. Neuwied/Berlim, 1963, p. 96 e segs. (tradução portuguesa: *A teoria do romance,* Lisboa, Editorial Presença, s.d., p. 109 e segs. (N.T.)

de novo a espontaneidade pela aventura do jogo da adivinhação, apesar de toda a uniformidade do vestuário. A aventura e a magia do mundo das coisas estão aqui profundamente relacionadas com o gesto de quem compra. Do mesmo modo que este avalia as mercadorias expostas na vitrine, separadas dele pelo vidro, no sentido de verificar se elas correspondem ao preço, se são aquilo que parecem, assim também Balzac se comporta com as pessoas que avalia e a quem atribui um preço, para ao mesmo tempo lhes retirar a máscara que a uniformização burguesa lhes apõe. O traço especulativo é comum a ambos os processos. Os fisiólogos encontram-se numa situação semelhante à criada pela época da especulação financeira, que torna possíveis flutuações nos preços que transformam a aquisição da mercadoria na vitrine ou num ganho inebriante ou num logro. A margem de risco a que se sujeitam as afirmações incondicionais de Balzac é a mesma a que se sujeita o especulador da Bolsa. Por isso não é por acaso que a afirmação incondicional, semelhante às de Balzac, e que extraio de Sade, refere-se precisamente ao especulador financeiro. Um baile de máscaras em Balzac e um dia de Bolsa em alta no seu tempo serão coisas muito parecidas. A tese do elemento quixotesco poderia provavelmente defender-se com recurso a Daumier, cujos tipos, como você próprio notou no trabalho sobre Fuchs,[11] são semelhantes a figuras de Balzac, enquanto no conjunto de motivos dos seus quadros a óleo o Quixote é central. Acho altamente provável que os "tipos" de Daumier possam ser colocados em relação direta com as afirmações incondicionais de Balzac, quase diria que são a mesma coisa. A caricatura de Daumier é uma aventura especulativa muito semelhante aos golpes das identificações que Balzac se permite. São uma tentativa de romper a capa da igualdade pela via fisionômica. O olhar fisionômico, que exagera o pormenor distintivo, contrapondo-o ao uniforme, não tem outro significado que não seja o de salvar o particular no geral. Daumier tem de caricaturar e de representar "tipos" para poder afirmar, especulativamente, que o mundo dos ternos sempre iguais é tão aventureiro como a figura de

---

[11] Nesse ensaio de Benjamin ("Eduard Fuchs, colecionador e historiador", incluído no volume *O anjo da história*, *op. cit.*, p. 123 e segs.) não se encontra qualquer referência a Daumier por comparação a Balzac. (N.T.)

D. Quixote vista pelo mundo da época primitiva da burguesia. Nesse contexto, o conceito de tipo ganha uma importância especial, na medida em que na imagem do particular – narizes superdimensionados ou ombros espetados – se quer fixar ao mesmo tempo a imagem do universal; o mesmo faz Balzac ao descrever o Nucingen, tendendo a apresentar as suas excentricidades como sendo típicas do gênero dos banqueiros em geral. Nisso parece-me ver um outro motivo: o tipo não se limita a destacar o indivíduo do uniforme, torna também as massas abarcáveis para o olhar estranho do especulador, na medida em que as categorias das massas, que se organizam em tipos, são apresentadas como se fossem uma *species* ou variantes da história natural. Diria ainda que também em Poe se encontra um equivalente dessa tendência, naquela tese a que o conto *The Gold Bug* deve a sua existência (e que, a propósito, foi o único grande êxito de mercado que Poe teve em vida): a tese é a de que é possível decifrar qualquer escrita secreta, por mais complexa que seja. A escrita secreta é, nesse caso, claramente uma imagem das massas, e os seus caracteres cifrados corresponderiam perfeitamente aos "tipos" de Balzac e Daumier. Torna-se quase desnecessário dizer como isso e a ideia da multidão como escrita secreta se encontram com a intenção alegórica em Baudelaire. De resto, Poe cumpriu a sua promessa de decifrar todas as escritas secretas que se lhe apresentaram. Coisa que não se imagina nem em Baudelaire nem em Balzac; isso poderia acrescentar alguma coisa à sua teoria sobre o fato de termos histórias policiais de Poe, mas não de Baudelaire. Também em Kierkegaard a visão da pessoa como coisa cifrada está presente, e talvez fizesse sentido considerar o seu conceito do "espião".

Fiquei encantado com a página 8 [do manuscrito] e acho que é um dos momentos felizes do seu trabalho a citação da passagem do prospecto da editora, sobretudo o final, que se lê como se fosse já a sua interpretação. Nessa passagem, a relação entre conteúdo material e conteúdo de verdade surge de forma verdadeiramente transparente. A junção de Poe e Valéry soa, em alemão e sem interpretação, um pouco abrupta. Na página seguinte não acho muito pertinente a distinção entre Baudelaire e a história policial com recurso à "estrutura pulsional". Estou convencido de que a tentativa de dar essa distinção através de categorias objetivas seria muito fecunda. As seções sobre a transeunte e especialmente sobre o vestígio parecem-me extremamente bem-sucedidas. Grandiosa, a conclusão imediatamente antes da discussão de "O homem da multidão".

O que teria a dizer sobre esta está já contido nas observações que fiz sobre o tipo. Gostaria apenas de acrescentar, com referência à sua página 14, que no século XIX havia cafés em Berlim, mas não em Londres, e que ainda hoje não há cafés nesta cidade, tal como não os há na América (o próprio Poe nunca esteve em Londres).

A interpretação da uniformidade dos tipos poderia provavelmente ser introduzida mais adiante, onde se fala do exagero dessa uniformidade, ou seja, precisamente esse exagero e a sua relação com a caricatura é que seriam o objeto da interpretação. A descrição da litografia de Senefelder é muito bela, mas exige também interpretação. Naturalmente me disse muito a passagem sobre os comportamentos reflexos, que não conhecia quando escrevi o trabalho sobre o fetiche. Como se trata de um motivo histórico-filosófico e político de grande importância, talvez se pudesse mostrar que, tal como as histórias policiais contêm no início a figura do fim, também aqui encontramos um olhar que, atravessando as manifestações ornamentais do fascismo, penetra nas câmaras de tortura dos campos de concentração. (Nesse contexto, poucas coisas me parecem mais sintomáticas do que aquilo que aconteceu em Barcelona, e já tinha acontecido há um ano em Viena: os conquistadores fascistas foram recebidos em júbilo pelas mesmas massas que na véspera tinham aclamado os seus opositores).

Quanto ao resto, prescindo de seguir o texto em pormenor. No caso da teoria da mercadoria tenho, de certo modo, uma posição minha e não me sinto propriamente qualificado para fazer sugestões. Apesar disso, continuo pensando que o conceito da empatia com a matéria inorgânica não chega ainda ao que é decisivo. Quanto a esse ponto, é matéria quente, particularmente aqui na revista, que postula, e com razão, a pertinência marxista de toda e qualquer afirmação. Eu próprio reformulei, com a ajuda de Max e com grandes dificuldades, o primeiro esboço da minha passagem sobre a substituição do valor de troca, confrontando-a com a sua versão, muito mais divertida; e se a distância espacial mostrou ser, objetivamente, um fator de perturbação, isso aconteceu precisamente no caso da sua teoria da alma da mercadoria. Hoje peço-lhe apenas que reveja com toda a atenção essa teoria e a confronte com o capítulo de Marx sobre o fetiche no primeiro volume [de *O capital*]. De outro modo surgirão problemas mais adiante, em especial na página 21, no fim do primeiro parágrafo e no começo do segundo [nota 58, p. 51 neste volume]. Sobre a citação de Baudelaire no texto, gostaria apenas de lembrar que o conceito de *imprévu* é central na estética musical de Berlioz (e domina toda a escola de Berlioz, em especial Richard Strauss). A citação de Engels não me parece ser um achado assim tão significativo, e se houver que fazer cortes, essa passagem poderia talvez ser um deles (Löwenthal já sugeriu cortar a primeira metade da citação, e eu preferiria sacrificá-la inteira). Sobre a passagem que trata da força de trabalho como mercadoria continua a valer o que disse atrás: cuidado! Não me sinto muito bem ao ler a caracterização de Baudelaire pela classe da pequena burguesia. Em geral, diria que o parágrafo sobre a multidão não tem a densidade do anterior e que seria bom enriquecê-lo com mais algumas referências. No último parágrafo antes de Hugo tenho dúvidas em relação à atribuição a Shelley da extraordinária estrofe de Brecht. A expressão direta e dura não são, de fato, características daquele autor. Será preciso, de qualquer modo, confrontar com o original.

Fico um pouco perplexo com a parte final. Não me leve a mal, mas toda a parte sobre Hugo, apesar de tê-la lido várias vezes com atenção, não ganhou para mim plasticidade, e foi-me difícil encontrar o seu lugar na construção do todo. Não duvido de que nela surjam motivos extremamente importantes. Quando disse antes que alguns motivos dificilmente poderão ser desenvolvidos no âmbito desse ensaio, pensava sobretudo nessa parte sobre Hugo, que poderia ter lugar num texto cuja categoria central fosse dar à imagem das massas. Mas, se nos decidirmos a publicar o segundo capítulo com algumas alterações, então a história filosófica da imagem das massas não seria tão central que pudesse suportar o excurso sobre Hugo. E também não podemos esquecer a simples constatação de que, num ensaio de proporções limitadas sobre Baudelaire, não deve ser dedicado a outro autor um espaço desproporcionalmente grande. Assim, a minha sugestão é completar as passagens referidas, intensificar o tratamento da parte sobre a multidão de modo a ela constituir um final forte e retirar as partes sobre Hugo, quer no livro sobre Baudelaire, quer no das Passagens.

49. Benjamin a Scholem.
Paris, 4 de fevereiro de 1939 (Br., 800; GB VI, 216)

A chegada do inverno trouxe um período de depressão contínua, em relação à qual posso dizer: je ne l'ai pas volé. Muita coisa aconteceu ao mesmo tempo. Primeiro, constatei que o meu quarto é impraticável para trabalhar no inverno; no verão, abrindo a janela, sempre tenho a possibilidade de abafar os barulhos do elevador com os da rua de Paris; mas nos dias frios de inverno não.

Essa situação convergiu felizmente com uma alienação em relação ao atual tema do meu trabalho. Penso que já te disse que tive de fazer no verão, para corresponder às exigências da Zeitschrift für Sozialforschung, *uma redação antecipada de uma das partes, a segunda, do meu livro sobre Baudelaire. Essa segunda parte é constituída por três ensaios, cada um com uma relativa autonomia. Eu contava com a publicação, no número da revista que está para sair, de um ou outro desses ensaios. Mas no princípio de novembro chegou-me, da mão de Wiesengrund, a recusa pormenorizadamente fundamentada, se não do trabalho, pelo menos da sua publicação.*

Naturalmente não posso te pôr ao corrente dos pormenores dessa questão, que certamente te interessará, antes de poder te mandar o manuscrito. Se te contentares com uma cópia não emendada, e que não representa já a última versão, eu o farei. Espero que os teus comentários, que não serão talvez muito diferentes dos de Wiesengrund, sirvam-me para dar continuidade ao livro, que pretendo retomar sem mais atrasos.

As coisas não estão fáceis para mim. O isolamento em que vivo aqui, e em que trabalho, cria uma dependência anormal do modo como é recebido aquilo que vou fazendo. Dependência não significa nesse caso vulnerabilidade. As reservas que possam ser colocadas a esse trabalho serão em parte razoáveis e não perturbarão muito, porque as posições-chave do Baudelaire não podem nem devem ficar claras nessa segunda parte. Mas aqui esbarro com as limitações da comunicação epistolar, e só posso lamentar que não tenhamos nos encontrado em agosto. [...] Peço-te que me devolvas logo que possas o manuscrito do Baudelaire que te vou mandar, e considera dedicadas a ti as recensões dos livros de Hönigswald e Sternberger,[12] que junto a esta carta.

---

[12] Trata-se das críticas aos seguintes livros (publicadas no original em: *Gesammelte Schriften*, v. III, p. 564-569 e 572-579): Richard Hönigswald, *Philosophie und Sprache* [Filosofia e linguagem], Basileia, 1937; e Dolf Sternberger, *Panorama*

50. Benjamin a Scholem.
Paris, 20 de fevereiro de 1939 (Br., 804; GB VI, 222)

Nos próximos dias começo a reformular a parte sobre o flâneur. *Depois voltaremos à questão da publicação desse capítulo. De todos os procedimentos literários, as reformulações são os mais detestáveis. Mas, para que valha a pena superar essa relutância, já tenho coisas de maior vulto na cabeça.*

51. Benjamin a Adorno.
Paris, 23 de fevereiro de 1939 (Br., 805; GB VI, 224)

On est philologue ou on ne l'est pas. *Quando analisei a sua última carta, o meu primeiro gesto foi o de regressar ao importante maço de papéis, que ainda tenho, com as suas observações sobre as "Passagens". A leitura dessas cartas, em parte já antigas, deu-me bastante força: reconheci uma vez mais que os fundamentos permanecem, sem desgaste e intatos. Mas fui buscar a essas observações antigas sobretudo aspectos que iluminassem a sua última carta, especialmente o que aí diz sobre os tipos.*

"Todos os caçadores são iguais", escreveu-me em 5 de junho de 1935 a propósito de uma referência a Maupassant. Isso me leva a uma célula da matéria na qual poderei me instalar a partir do momento em que saiba que as expectativas da redação se centram num ensaio sobre o flâneur. *Com essa indicação, você deu a mais feliz interpretação à minha carta. Sem renunciar ao lugar que esse capítulo terá no livro sobre Baudelaire, posso agora dedicar-me — depois de assegurados os dados sociológicos mais evidentes — a definir a forma monográfica do "Flâneur" no contexto geral das "Passagens". Dou-lhe a seguir duas sugestões sobre o modo como tenciono fazê-lo.*

A igualdade é uma categoria do conhecimento e, a rigor, não surge no plano da percepção neutra. A percepção neutra em sentido rigoroso, livre de todo preconceito, levaria, em última análise, apenas a algo de semelhante. Tal preconceito, que normalmente existe na percepção sem afetá-la, pode, nos casos de exceção, chocar. Pode identificar o sujeito da percepção como alguém que não é neutro. É esse, por exemplo, o caso de D. Quixote: os romances de cavalaria subiram-lhe à cabeça. A um destes podem acontecer as coisas mais diversas, mas a sua percepção delas conduzirá sempre ao mesmo — a

---

oder Ansichten vom 19. Jahrhundert [Panorama, ou perspectivas do século XIX], Hamburgo, 1938. (N.T.)

aventura que anseia pelo cavaleiro andante. E agora Daumier: ele pinta, como você sugere, e com razão, a sua própria imagem na de D. Quixote. Também Daumier vai sempre dar ao mesmo; vê nas cabeças dos políticos, ministros e advogados sempre a mesma coisa – a baixeza e a mediocridade da burguesia. Mas o importante nisso é sobretudo uma coisa: a alucinação da igualdade (que a caricatura só rompe para ela se reconstituir logo a seguir: pois quanto mais um nariz grotesco se afasta da norma, tanto melhor mostrará, enquanto nariz por excelência, o lado típico do detentor do nariz) é em Daumier, como para Cervantes, uma coisa cômica. O riso do leitor salva no Quixote a honra do mundo burguês, em comparação ao qual o mundo cavaleiresco se apresenta como monótono e simplista. O riso de Daumier dirige-se, pelo contrário, às classes burguesas; desmistifica a igualdade de que elas se ufanam, nomeadamente como sendo a égalité leviana que também encontramos no cognome de Louis-Philippe [rei "dos franceses", e não da França (N.T.)]. Com o riso, tanto Cervantes como Daumier acabam com uma igualdade que denunciam como falsa aparência histórica. Já em Poe a igualdade se apresenta de maneira muito diferente, para não falar já de Baudelaire. É certo que em "O homem da multidão" aparece ainda a possibilidade de um exorcismo cômico. Em Baudelaire não se pode falar disso. O que ele fez foi antes vir artificialmente em auxílio da alucinação histórica da igualdade, que tinha se instalado com a economia mercantil. E as figuras que nele são tocadas pelo haxixe são decifráveis nesse contexto.

A economia mercantil arma a fantasmagoria do igual que, enquanto atributo do êxtase, identifica-se também como figura central da aparência. "Com a poção no corpo, se te acena/Qualquer mulher, nela verás Helena."[13] O preço torna a mercadoria igual para todos aqueles que são compráveis pelo mesmo preço. A mercadoria – e esta é a correção que se impõe ao texto do verão passado – não entra em empatia apenas e também com os compradores, mas sobretudo com o seu preço. É por isso que o flâneur se põe em sintonia com a mercadoria; limita-se a imitá-la; na falta da procura, ou seja, de um preço de mercado para si próprio, ele instala-se comodamente na própria disponibilidade para ser comprado. Nisso, o flâneur suplanta a prostituta: por assim dizer, leva a passear o conceito abstrato dela. E só o realiza plenamente na última encarnação do flâneur, que é a do homem-sanduíche.

---

[13] A citação é dos dois últimos versos (v. 2603-2604) da cena "Cozinha de bruxa" do Fausto de Goethe. Tradução portuguesa (cf. nota 4, p. 247), p. 149. (N.T.)

Vista a partir do trabalho sobre Baudelaire, a reformulação apresenta-se do seguinte modo: dá-se a devida atenção à definição da flânerie *como um estado de êxtase, estabelecendo-se assim a sua comunicação com as experiências com drogas feitas por Baudelaire. Introduz-se já na segunda parte o conceito do sempre-igual como* fenômeno, *reservando-se a terceira para a sua caracterização definitiva como* acontecimento.

Como vê, sei agradecer as suas sugestões a propósito do tipo. Quando as ultrapassei, isso aconteceu no sentido original das próprias Passagens. Assim sendo, o Balzac torna-se para mim dispensável. Surge aqui apenas com um papel anedótico, na medida em que não se destacam nele nem o lado cômico nem o aterrador do tipo (as duas coisas juntas, acho que só Kafka as resolveu no romance; na sua obra, os tipos balzaquianos alojaram-se solidamente na aparência: transformaram-se nos "ajudantes", nos "funcionários", nos "aldeões", nos "advogados", com os quais se confronta K. como o único indivíduo, ou como um ser atípico em toda a mediania que o caracteriza).

Em segundo lugar, sigo brevemente a sua sugestão de introduzir as passagens não apenas como o meio em que se move o flâneur. *Farei justiça à confiança que deposita no meu arquivo e darei voz aos estranhos devaneios que em meados do século construíram uma Paris feita de uma série de galerias de vidro, como se de estufas se tratasse. O nome do cabaré berlinense – tentarei averiguar de quando ele data – dá a entender o que poderia ter sido a vida nessa cidade de sonho. O capítulo sobre o* flâneur *será, assim, semelhante àquele que em tempos apareceu no ciclo fisionômico, enquadrado pelos estudos sobre o colecionador, o falsificador e o jogador.*

As notas que me mandou sobre algumas passagens em particular vou deixá-las para depois. Reconheço a pertinência do apontamento sobre a citação de Foucaud. Mas não concordo, entre outros, com as suas interrogações quanto à inserção social de Baudelaire como pequeno-burguês. Baudelaire vivia de uma pequena renda de uma propriedade rural em Neuilly, que partilhava com um meio-irmão. O pai era um petit maître, que se beneficiou de uma sinecura como administrador do Luxembourg no período da Restauração. O fato importante é que Baudelaire ficou a vida inteira fora da convivência com o mundo das finanças e da grande burguesia.

E o seu olhar de soslaio para Simmel – não acha que já é tempo de respeitar nele um dos pais do bolchevismo cultural? (não digo isso para defender a minha citação – que, aliás, não gostaria de sacrificar –, mas sobre ela recai uma ênfase muito particular no lugar em que surge). Recentemente li, de Simmel, a Filosofia do dinheiro [publicada em 1ª edição em Leipzig, 1900]. *Não é por acaso que o livro é dedicado a Reinhold e Sabine Lepsius;[14] e não é por acaso que vem do tempo em que Simmel teve a possibilidade de se "aproximar" do círculo de Stefan George. Mas, se quisermos abstrair da sua ideia de fundo, podemos ver no livro muita coisa interessante. Achei muito convincente a crítica da teoria do valor em Marx* [...] *Se puder dispensá-lo, gostaria de ver o livro de Hawkins* [Richmond Laurin Hawkins, *Positivism in the United States 1853-1861,* Cambridge, Mass., 1938]. *Seria certamente tentador seguir as linhas de ligação entre Poe e Comte. Tanto quanto sei, não há ligações entre ele e Baudelaire, nem deste a Saint-Simon. Já Comte, quando andava pelos 20 anos, foi durante algum tempo* disciple attiré *de Saint-Simon. Entre outras coisas, foi buscar aos saint-simonistas a especulação sobre a mãe, mas lhe deu uma coloração positivista – e destacou-se com a afirmação de que a natureza chegaria a produzir, na Virgem Maria, o ser feminino que a si mesmo se fecunda. Talvez lhe interesse saber que também Comte caiu que nem um patinho, como os estetas de Paris, na conversa dos golpistas do 2 de setembro.[15] Mas antes tinha previsto, na sua religião do gênero humano, um dia do ano dedicado a amaldiçoar solenemente Napoleão I.*

A propósito de livros: há bastante tempo indicou-me uma história de Maupassant, "La Nuit, un cauchemar" ["La Nuit–Cauchemar", conto publicado pela primeira vez no jornal *Le Gil-Blas,* em 14 de junho de 1887]. *Passei em revista uns 12 volumes das suas novelas e não encontrei o texto. Poderia dar-me indicações mais precisas?*

52. Horkheimer a Benjamin.
Nova Iorque, 23 de fevereiro de 1939

Quando podemos contar com o Baudelaire remodelado? Agora, precisamos mesmo dele para o próximo número.

---

[14] Um casal de pintores contemporâneos de Benjamin. Sabine Lepsius (1864-1942) tinha publicado em 1935, numa editora de Berlim, as suas recordações de Stefan George: *Stefan George. Geschichte einer Freundschaft* (Stefan George. História de Uma Amizade). (N.T.)

[15] De fato, o golpe de Estado restauracionista, que colocou no poder o futuro Napoloeão III e deu origem ao Segundo Império, foi em 2 de dezembro de 1851. (N.T.)

53. Benjamin a Horkheimer.
Paris, 13 de março de 1939 (GB VI, 231)

Mando-lhe aqui a sinopse de que fala o meu telegrama de hoje [uma nova versão, em francês, da sinopse de O livro das passagens], *carregada de todas as minhas esperanças. Para abreviar e facilitar a escrita, segui a estrutura da versão anterior. O "Baudelaire" foi completamente remodelado [...] No parágrafo da sinopse que lhe é dedicado encontrará as ideias que dominarão a nova versão do capítulo sobre o* flâneur. *Vou dar agora toda prioridade à remodelação do manuscrito.*

54. Benjamin a Margarete Steffin.
Paris, 20 de março de 1939 (GB VI, 243)

Agradeça a Brecht a sugestão de eu pensar na Das Wort [a revista de emigrados alemães editada em Moscou] *para a publicação do "Baudelaire". Acontece que, de momento, não disponho do texto, porque os de Nova Iorque pretendem publicar pelo menos parte do trabalho numa nova versão, que estou fazendo.*

55. Benjamin a Gretel Adorno.
Paris, s.d. [princípio de abril de 1939] (GB VI, 246)

Tenho pronto um esquema completamente novo para o ensaio sobre o flâneur, *que, acho, terá especialmente a aprovação de Teddie. O* flâneur *surge aí no quadro de uma investigação sobre os traços específicos que o ócio assume na época burguesa, em face da moral do trabalho dominante. Seria tão importante para mim falar sobre isso contigo, ou com qualquer pessoa sensata! O trabalho progrediria certamente muito. O meu isolamento converge perfeitamente com a corrente que hoje submerge tudo aquilo em que nós acreditamos. E esse isolamento não é só de ordem intelectual.*

56. Benjamin a Scholem.
Paris, 8 de abril de 1939 (Br., 810; GB VI, 251)

Compreenderás que neste momento me custa muito lançar mão de trabalhos destinados ao Instituto. Se acrescentares o fato de que as reformulações são sempre menos estimulantes do que matéria nova, perceberás por que razão a reescrita do capítulo sobre o flâneur *avança muito lentamente. Só espero que seja convincente, se o texto planejado revelar alterações de fundo. Talvez na* sequência disso o hábito da flânerie ganhe na própria pessoa de Baudelaire aquela plasticidade de que sentias a falta no primeiro texto, e com razão. Também a problemática dos "tipos" será desenvolvida num sentido mais marcadamente filosófico. Finalmente, o grande poema "Os sete anciãos", que ninguém até agora interpretou, terá uma leitura surpreendente e, como espero, convincente.

Na verdade, os teus reparos encontram-se com os de Wiesengrund, e sinto-me tentado a confessar que eu próprio quis provocá-los. A concepção global do "Baudelaire" – que, no entanto, só existe em esboço – revela uma amplitude filosófica de grande escala. Tive a grande tentação de confrontar com ela um método de interpretação filológica singelo, mesmo caseiro, e na segunda parte cedi por vezes a essa tentação. Nesse contexto quero dizer-te que é correta a tua suposição de que o hermetismo da passagem sobre a alegoria foi intencional.

Só prescindirei do meu pedido de me devolveres o manuscrito, logo que possível, se me compensares com o envio da versão alemã ou francesa do teu estudo sobre o misticismo judaico.

57. Benjamin a Horkheimer.
Paris, 18 de abril de 1939 (GB VI, 261)

Quanto ao capítulo do "Baudelaire" sobre o flâneur, a sinopse francesa dá-lhe uma ideia do modo como entendi a sugestão de Wiesengrund de articular de forma mais estreita o problema específico da fisionomia e do tipo com a concepção filosófica que fundamenta o projeto. Entretanto, fui revendo outros aspectos do trabalho nesse mesmo sentido. E quase sem dar por isso a "fisiologia do ócio" tornou-se um problema. Espero poder conseguir destrinçar e nomear os critérios que distinguem o ócio da sociedade burguesa do lazer da sociedade feudal. A conceitualidade a ser usada, que, espero, será nova, orientar-se-á no sentido de destacar a problemática fundamental do ócio na sociedade burguesa, sempre em relação explícita com Baudelaire. Essa nova perspectivação faz mais justiça a Baudelaire do que a atual, que se limitava à questão da fisionomia do flâneur. De fato, cheguei à conclusão de que ele concentra em si a trindade representada pelo ócio na sua constelação completa: o flâneur, o jogador e o estudante (o estudante enquanto adepto do ócio – que encontrou a sua expressão mais marcante no judaísmo ortodoxo – ocupa aqui o lugar destinado desde sempre ao colecionador no contexto geral das "Passagens". De fato, os dois tipos parecem-me ser muito aparentados. Baudelaire sempre se interessou pela curiosidade, enquanto colecionador e érudit).

Espero poder enviar-lhe o novo manuscrito dentro de oito semanas, no máximo.

58. Benjamin a Bernard von Brentano.
Paris, 22 de abril de 1939 (Br., 812; GB VI, 269)

Estou trabalhando numa das partes do meu livro sobre Baudelaire, que se ocupa do espectro do ócio na sociedade burguesa. Qualquer coisa que se distingue bem do "lazer" da sociedade feudal, que tem a vantagem de ser apoiado, de um dos lados pela vita contemplativa, e do outro pela representação social. Baudelaire é o mais profundo praticante do ócio na sua época, porque a partir dessa atitude era possível fazerem-se ainda descobertas.

59. Gretel Adorno a Benjamin.
Nova Iorque, 1º de maio de 1939

Esperamos com ansiedade o capítulo do Baudelaire remodelado. Virá em breve? Compreendo perfeitamente que estejas tão ligado a Paris, mas estou convencida de que não te sentirias mal aqui. Não te preocupes desnecessariamente com o teu futuro, porque, como Max diz, *on ne mourra pas de faute.* Teddie e eu faremos tudo o que estiver ao nosso alcance para te ajudar (e custa-nos já muito não podermos fazê-lo facilmente em nível particular, porque infelizmente a nossa situação financeira já não é famosa). Max também sabe da tua situação, e o teu trabalho não pode ser perturbado por isso.

60. Benjamin a Horkheimer.
Pontigny (Yvonne), 16 de maio de 1939 (GB VI, 279)

Andei algum tempo às voltas com a ideia de lhe enviar uma sinopse da parte do Baudelaire em que trabalho agora. Mas decidi continuar escrevendo sem interrupções. Nas últimas semanas em Paris o trabalho ressentiu-se do frio insuportável (desde 1º de abril já não há aquecimento no meu prédio). Aqui em Pontigny, de onde lhe escrevo estas linhas, consigo trabalhar melhor. É óbvio que o manuscrito, contando com o tempo da correspondência necessária entre nós, chegar-lhe-á na forma definitiva e a tempo de ocupar no próximo número da revista o espaço preenchido pelo ensaio sobre Wagner no número atual. Hoje quero apenas deixar claro que a reformulação, sugerida pelo senhor e por Wiesengrund, aplica-se apenas ao capítulo central da parte que lhe enviei, ou seja, o capítulo sobre o flâneur. *Mas essa nova versão ultrapassará, em volume, a anterior. Poderei, no entanto, destacar facilmente, para publicação na revista, as partes que achar mais adequadas. Se por um lado haverá nessa versão pequenas passagens que vão se manter, como, aliás, era seu desejo, toda a estrutura é, no entanto, outra. Espero que a "mediação" dos conteúdos sociais na poesia de Baudelaire, que se desejava mais evidente, ressalte agora com toda a exatidão.*

61. Benjamin a Gretel Adorno.
Pontigny, 19 de maio de 1939 (GB VI, 283. Em francês)

O Baudelaire faz progressos, lentamente, mas desta vez, ao que penso, sólidos.

62. Benjamin a Margarete Steffin.
Paris, s.d. [depois de 7 de junho de 1939] (Br., 818; GB VI, 292)

Sobre o Baudelaire, nada de novo de momento. Os de Nova Iorque pediram-me uma versão remodelada. A nova versão estaria há muito pronta, e substancialmente melhorada, acho, se as minhas condições de trabalho não fossem tão incrivelmente más. Não sou, de fato, particularmente sensível ao barulho, mas tenho de levar constantemente a minha vida em condições nas quais alguém que fosse mais sensível aos ruídos não conseguiria escrever uma linha em anos. Agora, no verão, posso defender-me mais ou menos da chinfrineira do elevador, fugindo para o terraço; mas logo havia de se instalar na varanda em frente (e Deus sabe como a rua é estreita) o vadio de um pintor que passa o dia a assobiar. Muitas vezes sento-me à mesa com os ouvidos cheios de cimento, parafina, cera, etc., mas não serve de nada. É o que há a contar sobre o Baudelaire, que, no entanto, tem de avançar impreterivelmente.

63. Benjamin a Horkheimer.
Paris, 24 de junho de 1939 (GB VI, 303)

Mando-lhe, pelo mesmo correio, uma nova sinopse do "Baudelaire", em francês [cf., neste volume, "Notas sobre os 'Quadros parisienses', de Baudelaire"]. *Talvez me venha a ser útil saber que o tem à mão.*

O resumo foi feito em Pontigny, onde me pediram, uns dias antes da minha partida, para fazer uma conferência sobre os meus trabalhos. Aceitei e pedi que alguém estenografasse a conferência. Falei a partir de notas e redigi o texto posteriormente. Como poderá ver facilmente, é uma perspectiva muito estrita da matéria, mas foi o suficiente para galvanizar por um momento [Paul] Desjardins, já muito alquebrado.

"O flâneur", ou seja a segunda parte do manuscrito sobre Baudelaire que tem consigo, irá se distribuir por sua vez, na nova versão completamente remodelada, por três capítulos. O primeiro contém uma apresentação das Passagens que, diferentemente da versão que já tem, evidencia motivos fundamentais do plano já antigo para o livro. O segundo ocupa-se da multidão e trata de forma mais vigorosa os motivos que na versão de que dispõe surgem já sob essa rubrica. Liga-se mais exatamente ao antigo plano das Passagens, na medida em que reserva um lugar próprio à teoria dos jogos de azar. O terceiro capítulo introduz, ao que penso de forma mais convincente e em ligação com uma análise da balada "Os sete anciãos", a decifração, problemática no primeiro esboço, da flânerie como uma forma de êxtase provocada pela estrutura do mercado.

64. Benjamin a Gretel Adorno.
Paris, 26 de junho de 1939 (Br., 821; GB VI, 308)

Hoje regresso ao meu "tão amado idioma alemão".[16] *Mas se a minha carta de Pontigny deixou em ti uma nostalgia especial pelo francês, então daria a mim muita alegria saber que na primeira ocasião vais abrir* Les Fleurs du mal *e lê-las com os meus olhos. Como os meus pensamentos agora estão presos a esse livro dia e noite, nós nos encontraríamos com certeza.*

Quanto à forma que esses pensamentos adquiriram, não vais reconhecer facilmente nela o Baudelaire do verão passado. O capítulo sobre o flâneur – e agora só me ocupo da remodelação desse capítulo – procurará nessa nova versão integrar motivos importantes do trabalho sobre "A obra de arte na época da sua possibilidade de reprodução técnica" [a ser incluído em próximo volume desta coleção] *e do ensaio sobre "O contador de histórias"* [a ser incluído em próximo volume desta coleção], *juntamente com outros das Passagens. Em nenhum outro trabalho anterior tive consciência tão aguda do ponto de fuga para onde (e agora vejo: desde sempre) convergem*

---

[16] Benjamin alude aqui ao célebre "monólogo da tradução" na primeira parte do *Fausto* de Goethe, quando Fausto decide traduzir o *Evangelho de S. João*, "verter o sagrado original/No meu tão amado idioma alemão" (v. 1222-1223. Tradução portuguesa: cf. nota 4, p. 247). (N.T.)

todas as minhas reflexões, por mais diversos que sejam os pontos de partida. E não tive dúvidas de que também vocês se decidirão a aceitar as minhas mais extremas reflexões, oriundas do antigo reservatório de ideias. Há, naturalmente, uma limitação: para já, trata-se apenas do flâneur, e não do complexo global do Baudelaire. Mesmo assim, esse capítulo vai exceder em muito a dimensão do "Flâneur" do verão passado. Mas, como agora está dividido em três partes – as passagens, a multidão, o tipo –, isso facilitará o tratamento redatorial do texto. Estou ainda longe da versão final. Mas o período da reformulação lenta passou, e agora não passa um dia sem que escreva. [...] Não vou sair de França este ano, e também não deixarei Paris antes de terminar a primeira versão do "Flâneur".

65. Horkheimer a Benjamin.
Nova Iorque, 11 de julho de 1939 [telegrama]

Caso novo Baudelaire anunciado maio pronto em julho enviar a Brill até cinquenta páginas para composição Enviar cópia Nova Iorque correio expresso Confirmação telegráfica Cordiais cumprimentos Horkheimer

66. Benjamin a Horkheimer.
Paris, 12 de julho de 1939 [telegrama]

Envio 30 a 40 páginas últimos dias julho Cordiais cumprimentos Benjamin

67. Horkheimer a Benjamin.
Nova Iorque, 14 de julho de 1939

Os meus agradecimentos pela sua carta de 24 de junho, bem como pelo novo esquema para o Baudelaire. Nas últimas semanas estive tão ocupado com o fechamento do semestre e com o *Drive* [i.e., a casa] que só roubando algumas horas consegui redigir o trabalho sobre o fascismo ["Die Juden und Europa" (Os judeus e a Europa), *Zeitschrift für Sozialforschung* 8 (1939/40), p. 115-137]. Por isso, só muito tarde constatei que o seu Baudelaire, com o qual contava para o próximo número, não tinha chegado. Mas fico contente por saber, através do seu telegrama, que podemos contar ainda este mês com um manuscrito definitivo, que mandaremos logo para composição.

Se a sua visita aqui se pudesse concretizar, seria uma imensa alegria para mim, a melhor coisa que poderia acontecer ao Instituto neste momento – isso sem falar da bênção material que isso significaria.

68. Benjamin a Horkheimer.
Paris, 1º de agosto de 1939 (GB VI, 312)

Estas linhas, ditadas imediatamente antes da saída do correio, destinam-se apenas a fazer algumas breves observações sobre o manuscrito que lhe envio nesta mesma data.

O lugar que ele ocupa no plano global do "Baudelaire" é o mesmo do capítulo sobre o flâneur que lhe enviei no verão passado. Esforcei-me por eliminar tudo o que fosse fragmentário. O trabalho recente levou não apenas à supressão de alguns objetos acessórios (das passages, do noctambulisme), mas também à inclusão de outros, importantes para a parte correspondente do manuscrito do verão passado. Entre eles, o do "vestígio", mas acima de tudo a clarificação da flânerie a partir da natureza constitutiva do mercado. Aqueles objetos acessórios, ligados a motivos importantes como o da definição do ócio por contraste com o lazer, são reservados à primeira seção da primeira parte, enquanto o motivo do vestígio, o problema do tipo e a determinação da flânerie a partir da estrutura do mercado entrarão na terceira seção da segunda parte.

O texto que vai receber, e que constitui a segunda seção da segunda parte, só conserva, dos motivos presentes na correspondente seção anterior, o da multidão, para desenvolvê-lo na sua estrutura teórica. Cheguei à conclusão de que esse texto, originalmente destinado a ser uma remodelação do capítulo sobre o flâneur, teria de excluir dos motivos a tratar precisamente o da flânerie.

Devido ao novo contexto em que surgem, espero ter acrescentado algum suporte a certos pormenores questionados pela carta de Wiesengrund com data de 1º de fevereiro deste ano, nomeadamente as citações de Engels e Simmel.

Para terminar o trabalho, há algum tempo tenho cortado do meu dia a dia toda a correspondência e – desde que recebi o seu telegrama – também toda espécie de démarches e rendez-vous. Por isso, só agora vou começar a me ocupar da preparação da minha visita a Nova Iorque. Como eu gostaria de poder fazer essa viagem! Mas a organização, mesmo nas melhores condições, levará ainda algum tempo. Escreverei logo que tenha mais pormenores de ordem financeira. Mas quero dizer-lhe já hoje que a sua carta chegou em boa hora e que espero muito que o entusiasmo que me comunicou tenha passado de algum modo para a escrita do ensaio.

69. Benjamin a Adorno.
Paris, 6 de agosto de 1939 (Br., 823; GB VI, 315)

Provavelmente vai receber estas linhas com algum atraso, o que dará algum tempo até que chegue o manuscrito do Baudelaire, que mandei a Max há uma semana. Não fique zangado por estas linhas se parecerem mais com um registro de tópicos do que com uma carta. Ao cabo de semanas de recolhimento rigoroso, indispensável para terminar o Baudelaire, e sob a influência deste clima detestável, estou invulgarmente arrasado. [...] Por muito pouco que o novo capítulo do Baudelaire possa ser considerado uma "reformulação" de um daqueles outros que conhece, penso que não deixará de notar nele a influência da nossa correspondência do verão passado sobre o livro. Levei sobretudo em conta o seu desejo de trocar a perspectiva panorâmica sobre os vários planos da matéria por uma concretização mais exata da armadura teórica, e também a sua disponibilidade para deixar passar os exercícios de alpinismo necessários para alcançar as partes mais elevadas dessa armadura. O registro de tópicos a que me refiro anteriormente consiste na anotação dos muitos motivos estratificados que se mantiveram no novo capítulo (por comparação ao capítulo sobre o flâneur que lhe corresponde, do último verão). Esses motivos não podem, naturalmente, ser eliminados do complexo global do Baudelaire; pelo contrário, penso até dedicar-lhes, na altura própria, desenvolvimentos interpretativos pormenorizados.

Os motivos da passagem, do noctambulisme, do folhetim, bem como a introdução teórica do conceito de fantasmagoria, inserem-se na primeira seção da segunda parte. Os motivos do vestígio, do tipo, da empatia com a alma da mercadoria entram na terceira seção. A atual seção intermediária da segunda parte só permitirá reconstituir plenamente a figura do flâneur juntamente às respectivas primeira e terceira seções.

Levei em conta as suas reservas, na carta de 1º de fevereiro, em relação às citações de Engels e Simmel, mas não me decidi pela sua eliminação. Desta vez deixei claras as razões pelas quais a citação de Engels me parece tão importante. A sua objeção quanto à citação de Simmel pareceu-me certa desde o início, e ela assume nesse texto uma função menos exigente, devido à alteração do seu valor relativo.

Fico muito contente pela promessa de publicação do texto no próximo número da revista. Como escrevi a Max, esforcei-me por eliminar do ensaio tudo o que fosse fragmentário, respeitando estritamente os limites estabelecidos. Gostaria muito que não fossem feitas quaisquer alterações de fundo (para falar claro: cortes).

Deixo que o meu Baudelaire cristão seja levado ao céu por uma legião de anjos judeus. Mas preparei as coisas de modo a que, no último terço da ascensão, pouco antes de alcançarem a glória, eles o deixem cair como que fortuitamente.

Finalmente quero agradecer-lhe, caro Teddie, o fato de ter convidado também o meu Jochmann[17] para a festa do número que aí vem.

69a *. Benjamin a Dora Sophie Benjamin.
Paris, 6 de agosto de 1939 (GB VI, 318)

Há tempos queria te agradecer, mas há semanas que tenho me obrigado à mais rigorosa clausura e deixado mesmo de escrever cartas, para terminar no prazo um grande fragmento do meu livro sobre Baudelaire. Acho que constitui um esforço de rigor decisivo para as minhas teorias. Aliás, estou cada vez mais dependente da aceitação delas, já que as bases da minha existência continuam ameaçadas. É provável que vá em breve por algumas semanas ou meses para a América, para ver se a partir de lá consigo resolver a minha situação.

70. Benjamin a Margarete Steffin.
Paris, 6 de agosto de 1939 (GB VI, 327)

O capítulo sobre Baudelaire está terminado, e agora fico à espera das nuvens de trovoada que esse texto fará abaterem-se sobre a minha cabeça.

71. Benjamin a Horkheimer.
Chauconin par Meaux, 4 de setembro de 1939 [em francês] (GB VI, 332)

A minha última ocupação em Paris foi levar os meus escritos e as minhas notas para a casa de uma amiga francesa. Esperei muito pela sua opinião sobre o meu último Baudelaire. Não recebi resposta até agora, mas penso que isso se deverá ao fato de as comunicações postais terem deixado de ser regulares desde o começo da mobilização.

---

[17] Benjamin refere-se à introdução que escreveu para o ensaio de C. G. Jochmann, "Os retrocessos da poesia", mencionado anteriormente, no fragmento 33 de "Parque Central". (N.T.)

72. Gretel Adorno a Benjamin.
Nova Iorque, 1º de setembro de 1939 [em inglês]

Estou muito entusiasmada com a nova versão do teu Baudelaire. Tenho de lê-lo com mais atenção, mas já consigo ver a interessante estrutura.

73. Benjamin a Gretel Adorno.
Nevers (Nièvre), s.d. [depois de 25 de setembro. Em francês] (GB VI, 335)

Fui obrigado a sair de Paris há mais de três semanas. Depois de uma estada intermediária, encontro-me num centro de acolhimento. Somos ao todo umas 300 pessoas na mesma casa. Outros refugiados encontram-se em grupos semelhantes noutros locais de acolhimento.

Não preciso te dizer como preciso de notícias vossas. Provavelmente escreveram-me depois de terem recebido "Sobre alguns motivos na obra de Baudelaire". Seja como for, não tenho notícias vossas desde o fim de julho.

Em primeiro lugar, então, o meu endereço: Centre de Travailleurs Volontaires, groupe VI. Clos Saint-Joseph Nevers (Nièvre). Peço-te que me escrevas em francês, para facilitar o trabalho da censura.

74. Benjamin a Gretel Adorno.
Nevers, 12 de outubro de 1939 [em francês] (Br., 828; GB VI, 341)

À exceção das vossas cartas, não podeis dar-me mais prazer do que mandando-me as provas (ou o manuscrito) do "Baudelaire".

75. Horkheimer a Benjamin.
Nova Iorque, 16 de outubro de 1939 [em francês]

Não sei se o nosso telegrama acusando o recebimento do seu estudo sobre Baudelaire lhe foi entregue antes de partir.

Apresso-me, pois, a repetir o seu conteúdo. Eu próprio, e também a senhora e o senhor Adorno, tínhamos expresso por esse meio a nossa profunda admiração por essa obra penetrante, que prova mais uma vez a sua superioridade nesse campo de investigação. Não são apenas os novos contributos que dá para a história da literatura da época que nos parecem particularmente importantes, mas também a iluminação do seu próprio pensamento filosófico.

Não duvidamos de que esse estudo, que será publicado no órgão do nosso Instituto e se encontra já em impressão, será acolhido com o maior respeito pelo mundo científico americano e mesmo internacional.

76. Benjamin a Gisèle Freund.
Nevers, 2 de novembro de 1939 [em francês] (Br., 831; GB VI, 350)

Quanto aos testemunhos de lealdade que me sugere que peça aos meus amigos, já me ocupei disso na carta a Adrienne [Monnier]. Ela pode dar-lhe a ler essa passagem. Menciono aí um testemunho esplêndido de [Paul] Desjardins, onde ele manifesta "a maior admiração" pelos meus trabalhos (refere-se mesmo ao "Baudelaire"); e menciona também a sua profunda estima pelo meu "invencível apego às ideias liberais e democráticas" pelas quais a França entrou em guerra. [...] Estou preocupado por não ter podido corrigir as provas do "Baudelaire". Tinha decidido introduzir alguns retoques que teriam feito desaparecer certas escórias. Nem sei se o artigo já saiu. Mas vai recebê-lo de qualquer modo, e espero que me diga o que acha dele.

77. Benjamin a Horkheimer.
Paris, 30 de novembro de 1939 [em francês] (Br., 833; GB VI, 359)

Se, na maior parte dos casos, consegui escapar a essa situação de abalo moral, ao senhor o devo em primeiro lugar; e não falo apenas da sua solicitude em relação à minha pessoa, mas também da sua solidariedade para com o meu trabalho. Não tem preço o apoio que senti no modo como acolheu o meu "Baudelaire". Deve ter compreendido isso por uma carta à senhora Adorno, e também pelo meu telegrama recente, que se atrasou devido às formalidades. [...] A Biblioteca Nacional reabriu, e espero retomar os meus trabalhos depois de estar recomposto e de ter posto em ordem os meus papéis. Acabo de receber via Genebra o "Baudelaire" paginado; em face das dificuldades de toda ordem pelas quais acabamos de passar, as gralhas são mínimas. Como não sei qual será a data de saída desse número, permiti-me pedir a Mme. Favez provas do seu ensaio [i.e., "Os judeus e a Europa"], que estou ansioso por ler.

Se não tem mais tarefas que me queira confiar, gostaria de retomar o "Baudelaire" o mais depressa possível, para escrever as duas partes que, juntamente com aquela que conhece, deverão constituir todo o livro (o capítulo agora impresso seria a parte central; darei também ao primeiro e ao terceiro a forma de ensaios autônomos).

Se posso fazer uma proposta, ela seria a de um estudo comparado das Confissões *de Rousseau e do* Diário *de Gide.*

78. Adorno a Benjamin.
Nova Iorque, s.d. [novembro ou dezembro de 1939] [em inglês]

E o meu entusiasmo com o Baudelaire cresce dia a dia. Fiz um resumo em alemão e a tradução inglesa – por favor, reveja a tradução francesa desse resumo, que ainda não me satisfaz.

79. Benjamin a Gretel Adorno.
Paris, 14 de dezembro de 1939 [em francês] (Br., 836; GB VI, 367)

Recebi a tua carta de 7 de novembro há quinze dias. Foi bom lê-la, e teria respondido mais cedo se não me sentisse extremamente fraco. Nos primeiros dias depois do meu regresso tive de dedicar todo o meu tempo (e as poucas forças) a tratar dos assuntos indispensáveis e a dar atenção às provas do Baudelaire. O resumo francês era, de fato, bastante deficiente, pelo menos no que respeita à linguagem; ainda bem que tive oportunidade de emendá-lo. No conjunto, o próximo número da revista parece-me de um nível perfeito. É excelente que, num momento em que a atividade intelectual da emigração alemã parece atingir o seu ponto mais baixo (devido quer às contingências da vida cotidiana, quer à situação política), a revista do Instituto alcance tal qualidade. Confessei numa carta a Max a excelente impressão com que fiquei do ensaio dele, que revela ainda um vigor de estilo magnífico.

80. Horkheimer a Benjamin.
Nova Iorque, 22 de dezembro de 1939 [em francês]

Foi com grande satisfação que recebi de novo um daqueles pequenos envelopes vindos de Paris, com a sua letra tão familiar. Obrigado pelas suas linhas de 30 de novembro. Deve imaginar como todos fazemos votos para que se restabeleça depressa e prossiga com o seu trabalho.

Quanto às últimas propostas, ficamos mais entusiasmados com a ideia de um estudo comparado das *Confissões* e do *Diário*. Acha realmente possível dedicar-se a um artigo como esse antes de retomar o Baudelaire? Se sim, quem está de parabéns é a nossa revista.

Saberá provavelmente que os números 1 e 2 estão no prelo e sairão, como espero, no princípio do próximo ano. Os originais para o número 3 serão enviados à tipografia logo que fique pronto o outro volume. Prevemos a eventualidade de atrasos consideráveis nos próximos números, devido às atuais circunstâncias. Nesse caso, que espero não venha a acontecer, a revista será feita por outra editora.

O artigo sobre Gide e Rousseau, se estiver pronto, entrará no primeiro número de 1940, que será publicado provavelmente no início do verão. Pensamos mesmo, em vista do caráter de exceção dos tempos, se não seria preferível fazer sair um único volume em 1940, com todos os contributos e toda a bibliografia. Mas nada disso é ainda urgente, uma vez que os originais do número 3, de 1939, estão ainda em nosso poder. Apesar disso, é importante saber se poderemos ter a alegria de contar com o estudo comparado que menciona na sua carta do dia 30. [...] Naturalmente tudo isso são apenas sugestões. Se preferir concentrar toda a sua energia no Baudelaire, pode pôr de lado tanto o Rousseau como toda a literatura moderna, para fazer o que corresponde mais às suas atuais preferências. [...] Desejo que possa continuar um trabalho que desde já vejo como uma das páginas da história do nosso Instituto de que ele mais se poderá orgulhar.

81. Benjamin a Bernard von Brentano.
Paris, s.d. [janeiro de 1940] (Br., 826; GB VI, 389)

Nos próximos dias receberá dois trabalhos meus. O "Baudelaire" é uma primeira publicação, a que se seguirão outras, se as circunstâncias o permitirem.

82. Benjamin a Scholem.
Paris, 11 de janeiro de 1940 (Br., 845; GB VI, 378)

Saiu há pouco o número duplo da revista do Instituto, que abre o ano 1939. Encontrarás nele dois grandes ensaios meus ["Sobre alguns motivos na obra de Baudelaire" e a introdução ao ensaio de Jochmann: cf. nota 36, p. 181]. É claro que te enviarei separatas de ambos, logo que as tenha, mas te aconselho, apesar disso, a comprar o número ou a tentar arranjá-lo de outro modo. Pessoalmente, tenho um duplo interesse nisso: primeiro, porque assim farás larga propaganda dos meus produtos; e depois, porque gostaria de ouvir a tua opinião sobre o ensaio "Os judeus e a Europa".

83. Benjamin a Gretel Adorno.
Paris, 17 de janeiro de 1940 [em francês] (Br., 841; GB VI, 382)

Uma das coisas mais reconfortantes para mim nestes últimos tempos foi uma carta de Max com data de 21 [de fato, 22] de dezembro, uma carta na qual me pede para retomar os meus artigos sobre as letras francesas e se informa sobre os meus planos para próximos trabalhos. Gostaria, querida Felizitas, que lhe comunicasses, por agora, como foram preciosas para mim as linhas que me escreveu, e ao mesmo tempo este esboço de resposta. Digo esboço porque não me decidi ainda quanto à questão de fundo, ou seja, se será melhor escrever o estudo comparado de Rousseau e Gide ou retomar imediatamente o Baudelaire. O que determina a minha hesitação é a apreensão de ser obrigado a largar o Baudelaire quando estiver trabalhando na continuação do livro. É um trabalho de grande fôlego, e não seria bom retomá-lo e abandoná-lo várias vezes. Mas é um risco que terei de correr e que tenho constantemente diante dos olhos neste meu pequeno reduto, na imagem da máscara de gás que arranjei há pouco tempo – desconcertante duplo daquelas caveiras com que os monges estudiosos ornamentavam as suas celas. É essa a razão por que ainda não me decidi a abordar a fundo a continuação do Baudelaire, que, decididamente, atrai-me mais do que qualquer outro trabalho, mas que sofreria se eu a abandonasse – ainda que fosse para assegurar a sobrevivência do autor. De resto, é verdade que não é fácil, para não dizer que é impossível, tomar uma decisão sensata sobre esse assunto, mesmo na base de suposições. Não tenho maneira de deixar Paris sem uma autorização prévia, muito difícil de obter, e que talvez não seja aconselhável pedir, já que não teria a certeza de poder regressar. [...] Talvez não seja pura vaidade o fato de o último número da revista do Instituto me parecer um dos melhores destes últimos anos. O artigo de Max tocou-me muito, e dei-o a ler a todos aqueles que pude alcançar.

83a *. Benjamin a Adrienne Monnier.
Paris, 6 de fevereiro de 1940 [em francês] (GB VI, 393)

Fiquei indescritivelmente surpreendido – e sensibilizado! – por ter acolhido, até na sua "Gazeta",[18] os generosos rumores em volta do meu "Baudelaire".

---

[18] Adrienne Monnier, proprietária da livraria La Maison des Amis des Livres, ponto de encontro das vanguardas parisienses entre 1915 e 1951, editava uma *Gazette*, cujo número de janeiro de 1940 contém uma resenha do correspondente na

Acredite que sinto como é pouco delicado cultivar um pequeno arbusto numa terra que nos foi doada e depois rodeá-lo de um muro, de modo a que o doador não possa se aperceber do mais pequeno raminho.

84. Benjamin a Horkheimer.
Paris, 22 de fevereiro de 1940 [em francês] (GB VI, 399)

Estou desolado por as circunstâncias me não permitirem mantê-lo, de momento, informado de todos os meus trabalhos, como eu desejaria e como é seu direito. Acabo de elaborar certo número de teses sobre o conceito da História [cf., nesta coleção, O anjo da história]. *Essas teses ligam-se, por um lado, aos pontos de vista esboçados no primeiro capítulo do ensaio sobre "Eduard Fuchs"* [cf., nesta coleção, O anjo da história], *e servirão, por outro lado, de armadura teórica para o segundo ensaio sobre Baudelaire* [...] *Espero que um dia lhe chegue, através do meu "Baudelaire", um reflexo dos esforços que continuo a dedicar, no meio da minha solidão, à solução* [dos problemas teóricos colocados pelas teses]. *Uma vez que a elaboração dessas teses me desviou de forma compulsiva para a continuação do "Baudelaire", peço-lhe que me permita adiar a execução do meu projeto sobre Rousseau e Gide.*

85. Adorno a Benjamin.
Nova Iorque, 29 de fevereiro de 1940

Já lhe disse com que entusiasmo li o seu Baudelaire, e nenhuma das notas telegráficas ou outras que recebeu é exagerada. E isso se aplica tanto a mim como a Max. Penso que não exagero se disser que esse trabalho é o mais acabado que publicou desde o livro sobre o Barroco [*Origem do drama trágico alemão*] e o ensaio sobre Kraus [a ser incluído em próximo volume desta coleção]. Se por vezes fiquei com má consciência pela minha insistência e critiquice, essa má consciência transformou-se em orgulho presumido, e a culpa é toda sua − é assim a dialética que rege a nossa produção. É difícil destacar algum aspecto em particular, de tal modo nesse trabalho cada momento está igualmente próximo do seu centro, tão bem-sucedida é a construção. Mas com certeza adivinhou que os meus capítulos preferidos são o

---

frente de guerra, Maurice Saillet, em que se refere ao ensaio de Benjamin sobre Baudelaire. (N.T.)

oitavo e o nono. A teoria do jogador, se me permite a metáfora, é o primeiro fruto maduro da árvore totêmica das Passagens. Não preciso lhe dizer que a parte sobre a auréola é um grande achado. Permita-me que comente apenas alguns poucos aspectos. A teoria do esquecimento e do choque tem ligações estreitas com algumas das minhas matérias musicais, em particular no que se refere à percepção dos êxitos da música popular: uma relação que certamente não teve presente, e que por isso me satisfaz e me confirma ainda mais. Estou pensando na passagem sobre o esquecimento, a recordação e o reclame no meu ensaio sobre o fetiche [na *Zeitschrift für Sozialforschung*, n. 7, 1938, p. 342]. O mesmo se passou com a oposição entre o caráter reflexo e a experiência. Bem posso dizer que todas as minhas hipóteses sobre a antropologia materialista, desde que estou na América, centram-se no conceito de "caráter reflexo", e as nossas intenções tocam-se também aqui: o seu Baudelaire podia ser visto como a história primordial do caráter reflexo. Tive a impressão de que, àquela altura, o meu trabalho sobre o fetichismo, o único dos meus textos alemães que se ocupa de alguns desses temas, não lhe agradou muito, ou porque o equívoco do salvador da cultura é proposto de forma excessivamente eviden- te, ou porque o ensaio – e isso tem a ver diretamente com o outro aspecto – não é muito feliz quanto à construção. Mas, se quiser ter a amabilidade de olhar de novo para o ensaio à luz desses aspectos, e se ele se desmembrasse aos seus olhos nos fragmentos em que, de fato, deve desmembrar-se, talvez pudesse se reconciliar com algumas das suas posições. Desculpe a orientação egoísta da minha reação ao Baudelaire, mas ela não é reflexa; pelo contrário, o fato de um texto como esse despertar em cada leitor os seus interesses mais pessoais é antes uma garantia da sua verdade objetiva.

As observações críticas que teria a fazer são de pouca monta. Aponto-as apenas por razões do meu próprio registro interior. O recurso à teoria freudiana da memória como proteção contra os estímulos e a sua aplicação a Proust e Baudelaire parece-me não ser totalmente lúcida. O problema, extremamente difícil, está na natureza inconsciente da impressão primeira, que tem de ter um caráter de necessidade, para que aquela seja recuperada pela *mémoire involontaire* e não pela consciência. Será que podemos realmente falar dessa na- tureza inconsciente? Seria o momento do sabor da *madeleine*, de onde nasce a *mémoire involontaire* em Proust, realmente inconsciente? Sou levado a crer que nessa teoria falta um elo dialético, precisamente o do esquecimento. O esquecimento é, de certo modo, o fundamento de ambas as coisas, da esfera da "experiência" ou *mémoire involontaire* e do caráter reflexo, cuja súbita lembrança pressupõe, ela mesma, o esquecimento. Se uma pessoa pode ou não passar por experiências, depende em última análise do modo como esquece. No seu ensaio alude a esse problema na nota em que constata que Freud não faz uma distinção explícita entre lembrança e memória (eu leio essa nota como uma crítica). Mas não estará em aberto a necessidade de articular toda a oposição entre vivência e experiência com uma teoria dialética do esquecimento? Também se poderia dizer: com uma teoria da reificação. Porque toda reificação é um esquecimento: um objeto é reificado no momento em que é fixado sem ser plenamente presente, quando alguma coisa nele é esquecida. E surge a questão de saber em que medida esse esquecimento é constitutivo da experiência, quero dizer, o esquecimento épico, e em que medida ele é um esquecimento reflexo. Não quero hoje dar resposta a essa pergunta, mas apenas colocá-la da forma mais exata possível – também pela razão de que acredito que a oposição de fundo do seu ensaio só alcançará uma fecundidade social e universal na relação com o problema da reificação. Quase não preciso acrescentar que, para nós, não se trata de repetir o veredito hegeliano contra a reificação, mas antes de uma crítica da reificação, ou seja, do desenvolvimento dos momentos contraditórios presentes no esquecimento. Também poderíamos dizer: da distinção entre a boa e a má reificação. Há algumas passagens no seu livro das cartas,[19] como a introdução à carta do irmão de Kant, que me parecem apontar nesse sentido. Como vê, tento construir uma linha de ligação entre a introdução a Jochmann e o ensaio sobre Baudelaire.

A outra observação refere-se ao capítulo sobre a aura. Estou convencido de que as nossas melhores ideias são sempre aquelas que não podemos pensar até o fim. Nesse sentido, o conceito da aura parece-me

---

[19] Trata-se da coletânea, organizada e comentada por Benjamin (sob o pseudônimo Detlef Holz), *Deutsche Menschen. Eine Folge von Briefen* [Figuras alemãs. Uma série de cartas], publicada entre abril de 1931 e maio de 1932 no jornal *Frankfurter Zeitung*, e depois em livro (Lucerna, 1936). (N.T.)

não estar ainda "pensado até o fim". Pode-se discutir se deverá ou não ser pensado até o fim. De qualquer modo, gostaria de remetê-lo a uma ideia sua que tem ligação com outro trabalho meu, nesse caso sobre Wagner, mais concretamente com o quinto capítulo, que não foi publicado [agora em: Th. W. Adorno, *Gesammelte Schriften,* v. 13, Frankfurt/M., 1971, p. 68-81]. No seu Baudelaire escreve: "Passar pela experiência da aura de um fenômeno significa dotá-lo da capacidade de retribuir o olhar". Essa frase distingue-se das formulações anteriores pelo conceito da "dotação". Não existirá nele uma alusão àquele momento que, no meu "Wagner", fundamenta a construção da fantasmagoria, nomeadamente o momento do trabalho humano? Não será a aura sempre o vestígio do elemento humano, esquecido, da coisa, e não se liga ela por meio desse tipo de esquecimento àquilo a que chama experiência? Quase somos tentados a chegar ao ponto de ver o fundo de experiência que está na base das especulações idealistas no esforço de fixar aquele vestígio precisamente às coisas que se tornaram estranhas. Talvez todo o idealismo, por mais pomposa que seja a sua aparição, mais não seja do que um daqueles "espetáculos" cujo modelo o "Baudelaire" desenvolve de forma exemplar. [...] Fico muito feliz por saber que gostou tanto do ensaio sobre os judeus. E acredite que não é retórica se lhe digo que o meu Wagner não me parece já estar à altura de acompanhar o Baudelaire e o ensaio sobre os judeus.[20] Mas só digo, com Max: "Attendons patiemment la réorganisation des tramways". [...] A pergunta sobre se é melhor deitar mão ao trabalho sobre Gide ou continuar com o Baudelaire é difícil de responder à distância. Do ponto de vista da revista, o Gide era mais prático, desde que não tenha implicações externas. O melhor será entender-se com Max sobre esse ponto.

86. *Benjamin a Horkheimer.*
Paris, 23 de março de 1940 [em francês] (GB VI, 403)

Um desses dias vou dar continuidade ao trabalho sobre Baudelaire.

---

[20] No mesmo número da *Zeitschrift für Sozialforschung,* o n. 1-2 de 1939, saíram: "Sobre alguns motivos na obra de Baudelaire" e a introdução ao ensaio de C. G. Jochmann "Os retrocessos da poesia", de W. Benjamin; "Os judeus e a Europa", de M. Horkheimer; e "Fragmentos sobre Wagner", de T. W. Adorno. (N.T.)

87. Benjamin a Horkheimer.
Paris, 6 de abril de 1940 [em francês] (GB VI, 426)

Gostaria de terminar esta carta árida dizendo-lhe que me voltei mesmo para a continuação do Baudelaire.

88. Benjamin a Gretel Adorno.
Paris, s.d. [fim de abril/maio de 1940] (GB VI, 435)

De resto, estas reflexões [i.e., "Sobre o conceito da História"], por mais que tenham caráter experimental, não se destinam apenas a apoiar metodologicamente a sequência do "Baudelaire". Tenho a impressão de que o problema da lembrança (e do esquecimento), que aparece nelas em um outro nível, ocupar-me-á ainda durante muito tempo.

89. Benjamin a Horkheimer.
Paris, 5 de maio de 1940 [em francês] (GB VI, 439)

Se nada de imprevisto impedi-lo, penso começar nos próximos dias a me ocupar a sério da continuação do "Baudelaire".

90. Benjamin a Adorno.
Paris, 7 de maio de 1940 (Br., 848; GB VI, 444)

Naturalmente fiquei (e estou) muito feliz com a sua opinião sobre o "Baudelaire". Talvez saiba que o telegrama que me enviou, juntamente com Felizitas e Max, só me chegou quando já estava no campo de acolhimento, e deve imaginar como ele teve uma importância decisiva no meu estado de alma durante meses.

Reli as passagens a que se referiu, sobre a regressão da capacidade de ouvir, e constato a coincidência na tendência das nossas investigações. Não há melhor exemplo do tipo de registro destruidor da experiência do que a subordinação de uma canção de sucesso à melodia (isso mostra como o indivíduo aplica todo o seu orgulho a tratar os conteúdos da experiência possível do mesmo modo que a administração trata os elementos de uma possível sociedade). Não tenho razões para lhe esconder que encontrei as raízes da minha "teoria da experiência" numa recordação de infância. Os meus pais faziam conosco, nos lugares onde passávamos o verão, e como era habitual, longos passeios em que nós, os irmãos, éramos dois ou três. Aquele em que penso nesse contexto era o meu irmão. Quando regressávamos de Freudenstadt, de Wengen ou de

Schreiberhau, de um desses lugares de visita obrigatória, o meu irmão costumava dizer: "Pronto, já podem dizê-los que estivemos lá". Essa frase ficou-me, como nenhuma outra. (Mas estranho a sua referência à minha opinião a propósito do seu trabalho sobre o fetiche. Não estará confundindo com aquele outro sobre o jazz[21]? Em relação a este é que eu tinha feito algumas objeções. E segui sem reservas a mais séria delas. Tem estado bem presente nos últimos tempos, em algumas observações que você faz naquele ensaio, a propósito de Mahler, sobre o "progresso musical".)

Não há dúvida de que o problema do esquecimento, que lança na discussão da aura, tem uma grande importância. Continuo a acreditar na possibilidade de uma distinção entre esquecimento épico e reflexo. Se hoje não vou por aí, não veja nisso uma fuga ao problema. Tinha perfeitamente presente a passagem a que alude, do quinto capítulo do seu Wagner. Mas se, no caso da aura, pudesse de fato se tratar do "elemento humano esquecido", isso não se aplicaria necessariamente àquilo que escrevi nesse trabalho. A árvore e o arbusto aos quais se poderia atribuir essa dotação não foram feitos pelo homem. Ou seja, tem de haver nas coisas um momento humano que não se fundamenta no trabalho. E é nisso que eu insisto. Parece-me inevitável o reencontro, ao longo do meu trabalho, com a questão que levanta (se já na continuação do Baudelaire, isso não sei dizer). E a primeira coisa que acontecerá será provavelmente o regresso ao locus classicus da teoria do esquecimento, que para mim, como sabe, é Der blonde Eckbert, de Tieck.[22]

Creio que, para dar o seu a seu dono no que se refere ao conceito do esquecimento, não é preciso pôr em causa o da mémoire involontaire. A experiência de infância associada ao sabor da madeleine, que um dia vem à memória de Proust involontairement, foi, de fato, inconsciente. Não terá sido certamente a primeira dentada na primeira madeleine (saborear é um ato de consciência). Mas é certo que o ato de saborear se torna inconsciente à medida que o gosto se torna mais familiar. Já o "saborear de novo" do adulto será, naturalmente, consciente.

---

[21] Trata-se do artigo, assinado por Hektor Rottweiler (pseudônimo de Adorno), "Sobre o jazz", publicado na Zeitschrift für Sozialforschung, n. 5/1936, p. 235-257. (N.T.)

[22] Der blonde Eckbert [Eckbert, o Louro] é um conto do romântico Ludwig Tieck, entre maravilhoso e fantástico, publicado em 1797 (na coletânea Volksmärchen, v. 1) e inserido no primeiro volume da grande coletânea de contos e peças Phantasus, em 1812. Com essa narrativa Tieck inaugura uma nova forma, híbrida e aberta, do conto erudito. (N.T.)

Uma vez que me pergunta pelo conto "La Nuit", de Maupassant, digo-lhe que o li com atenção. Há um fragmento de Baudelaire (não conservado) que se ocupa dele, e que um dia há de conhecer. Entretanto, devolvo-lhe, por intermédio da filial de Paris, e com os meus agradecimentos, o exemplar de Maupassant que me emprestou.

Quanto à alternativa Gide-Baudelaire, Max teve a amabilidade de me deixar a mim a escolha. Decidi-me pelo "Baudelaire", a matéria que de momento mais se impõe a mim; sinto que o mais urgente neste momento é corresponder às suas exigências. Não lhe escondo que ainda não voltei a me ocupar dele com a intensidade desejada.

Uma das razões mais fortes é o trabalho nas "Teses" [sobre o conceito da História]. *Por estes dias lhe enviarei alguns fragmentos, que correspondem a uma determinada etapa da minha reflexão para dar continuidade ao "Baudelaire". Nos próximos dias espero dar início a um novo período de trabalho continuado, que dedicarei ao prosseguimento do livro.*

**

Os outros dois ensaios de "A Paris do Segundo Império na obra de Baudelaire" só seriam publicados postumamente: "O *flâneur*" na revista *Die Neue Rundschau* (v. 78/1968, p. 549-574) e "A modernidade" na revista *Das Argument* (n. 46, v. 10/1968, p. 44-73). O plano de terminar o livro sobre Baudelaire nunca foi concretizado. Primeiro, porque o trabalho nas teses "Sobre o conceito da História" tomou o lugar do prosseguimento da escrita do livro, depois, porque esta foi impedida pela fuga às tropas nazis, que levaria Benjamin à morte. O plano do livro sobre Baudelaire, tal como se encontrava na altura da conclusão de "Sobre alguns motivos na obra de Baudelaire" – um trabalho a que Adorno acabaria por chamar "um dos mais grandiosos testemunhos histórico-filosóficos da época" –, está explícita e pormenorizadamente documentado nas cartas de 1 e 6 de agosto de 1939, a primeira a Horkheimer, a segunda a Adorno. Esse plano corresponde a uma profunda revisão do anterior, enviado a Horkheimer em 28 de setembro de 1938, juntamente com o manuscrito de "A Paris do Segundo Império na obra de Baudelaire". Não é possível saber hoje com segurança se na carta a Horkheimer de 30 de novembro de 1939 se anunciaria um novo plano. De qualquer modo, em agosto de 1939 há ainda referências a "Sobre alguns motivos na obra de Baudelaire" como sendo a segunda seção da parte central do livro sobre Baudelaire. O livro deveria ter três partes, e a sua segunda parte teria também três seções: à primeira – que corresponde à parte intitulada "A *bohème*" de "A Paris do Segundo Império na obra de Baudelaire" – estavam *destinados os motivos da passagem, do* noctambulismo, *do folhetim, bem como a introdução teórica do conceito de fantasmagoria;* e à terceira – correspondente a "A modernidade" na versão anterior – *os motivos do vestígio, do tipo e da empatia com a alma da mercadoria.* Benjamin não explicita (mas é de se supor que assim seria) se continuava a destinar à primeira e à última partes do livro os velhos temas de 1938 – *Baudelaire como alegorista* e *a mercadoria como objeto poético.* Mas em novembro de 1939 ficamos subitamente sabendo que faltava escrever apenas dois capítulos que, juntamente a "Sobre alguns motivos na obra de Baudelaire", constituiriam a totalidade do livro. Fosse como fosse: ou porque Benjamin, nessa carta escrita logo após o regresso do campo de internamento, não foi muito preciso, ou porque previa de fato uma redução drástica do livro, o certo é que não chegou a redigir mais nenhum capítulo desse livro. Mas os fragmentos de *Zentralpark*, bem como o rolo de papéis integrados sob a letra J em *O livro das passagens*, contêm muitos materiais que estariam certamente destinados às partes não escritas do livro sobre Baudelaire. Deste se poderá dizer também o que Adorno disse sobre *O livro das passagens*: que a morte de Benjamin, "que interrompeu a escrita de uma grande obra, privou a filosofia do que de melhor ela poderia ter esperado" (Adorno, *Über Walter Benjamin,* Frankfurt/M., 1968, p. 15).

Esboços e apontamentos

As anotações e os esboços sobre o "Baudelaire" que ficaram no espólio de Benjamin, a que há a acrescentar os fragmentos de *Zentralpark*, só numa pequena parte, e talvez nem isso, pertencem ao núcleo de trabalhos preparatórios para a continuação do livro (o mesmo não se pode dizer daquele núcleo de fragmentos: cf., adiante, os comentários a "Parque Central"); trata-se quase sempre de materiais para a escrita dos ensaios "A Paris do Segundo Império na obra de Baudelaire" e "Sobre alguns motivos na obra de Baudelaire".

1.

O conjunto de papéis mais antigo é um maço com anotações sobre poemas soltos de *As flores do mal,* com transcrições de excertos. Durante a fase de preparação do trabalho sobre Baudelaire, Benjamin terá provavelmente percorrido a obra principal do poeta, anotando o que lhe ocorria a propósito de certos poemas, por vezes apenas de algumas linhas; esses excertos e anotações poderão datar de 1937 ou princípio de 1938 e foram escritos em pequenas folhas de papel amarelo, semelhantes a marcadores de livro (com 13,5 x 5,2 cm). No topo de cada folha está escrito o título do poema de Baudelaire a que se refere o apontamento ou o excerto. A cada poema corresponde uma folha, quase sempre só escrita de um dos lados. Muitas dessas pequenas folhas apresentam siglas em várias cores, cujo significado não é possível determinar. O critério de ordenação das anotações que se seguem é o do lugar em que surgem na edição de Baudelaire utilizada por Benjamin (a edição da Pléiade de 1931, organizada por Y.-G. le Dantec). As passagens entre chaves correspondem a texto rasurado por Benjamin.

<Anotações sobre poemas de Baudelaire>

Ao leitor [FM, p. 47]

Esse poema reúne os leitores à sua volta como uma camarilha, e com isso relaciona-se com eles a partir de um ponto de vista muito invulgar.

"E quando respiramos desce-nos a Morte/Aos pulmões, como um rio de surdos lamentos."

Quando Baudelaire descreve o deboche e o vício, inclui-se sempre a si próprio. Desconhece o gesto do satirista (mas isso só se aplica a As flores do mal*).*

Bênção [FM, p. 49]

O poema tem de ser lido totalmente à luz da ideia de paixão da sexualidade masculina.

"E vai cantando, ébrio com a via sacra."

"E os amplos clarões do seu espírito lúcido/Escondem nele o aspecto dos povos furiosos": Apollinaire.

"E tão bem torcerei essa árvore miserável/Para que os seus botões, infectados, não vinguem": aparece aqui o motivo vegetal da Arte Nova, e num lugar que não é com certeza o mais óbvio.

O gesto de abençoar com as mãos na vertical, nos desenhos de Fidus[23] (e no Zaratustra?) – o gesto de detentor de uma missão.

Ciganos em viagem [FM, p. 73]

"Cibele, que os ama, seu verde faz crescer" – nada melhor do que esse verso pode sugerir o pó asfixiante da estrada, um verso em que Cibele parece estar diante de uma tarefa de Sísifo.

"O império familiar das trevas futuras": comparar com *"Obsessão"* [FM, p. 199]: *"E porém são as trevas, elas próprias, telas/Onde vivem aos mil, brotando-me do olhar,/Desaparecidos seres de expressões familiares"*.

Cibele – na bela tradução de Brecht: *"Cibele, que a ama, oferece-lhe mais verde"*.

Adoro-te tal como... [FM, p. 93]

"[...] quanto me pareces, flor das minhas noites,/Cavar com ironia as léguas que separam/Da imensidão azul estes meus simples braços." Apagamento da aparência. – A propósito disso: *"E o rosto humano, que Ovídio julgava talhado para refletir os astros, afinal fala apenas por uma expressão de ferocidade louca, ou que se detém numa espécie de morte"* (Fusées IV [de fato, é a seção III]).

Para ti o mundo... [FM, p. 95]

"Os teus olhos, brilhando tal como reclames,/Ou as luzinhas que há nos públicos certames,/Usam com insolência usurpados poderes...". Apagamento da aparência.

"Máquina cega e surda, em maldades fecunda!". Cf. *"O vinho do assassino"* [FM, p. 273]: *"Esta invulnerável canalha,/Tal como as máquinas de ferro,/Nunca, no verão ou no inverno,/Conheceu o amor verdadeiro"*; e *"Dança macabra"* [FM, p. 249]: *"A elegância sem nome da humana armadura"*.

---

[23] Fidus: pseudônimo do pintor e ilustrador Hugo Höppener, colaborador das principais revistas que lançaram a Arte Nova (*Jugendstil*) na Alemanha, em particular daquela que deu nome ao movimento, a revista *Jugend*, editada em Munique a partir de 1896. (N.T.)

A varanda [FM, p. 113]

Proust: *"Muitos versos de 'A varanda' de Baudelaire causam também essa impressão de mistério".*

O retrato [FM, p. 121]

É notável a força e a precisão com que as alegorias tradicionais por vezes são postas em ação na poesia de Baudelaire. Por exemplo, o Tempo, neste soneto.

Reversibilidade [FM, p. 131]

"...conheces.../os vagos terrores dessas noites em branco/Esmagando o coração, papel que se amachuca?"

Confissão [FM, p. 133]

"Gatos.../como sombras queridas,/Indo connosco lentamente."

Harmonia da tarde [FM, p. 137]

Baudelaire descobre em Poe *"repetições do mesmo verso ou de vários versos, regresso obstinado de frases que simulam as obsessões da melancolia ou da ideia fixa"* (*"Nouvelles notes sur Edgar Poe"*. In: Nouvelles histoires extraordinaires [Paris, 1886], *p. 22*).

Canto de outono [FM, p. 159]

O poema I é um daqueles raros poemas que mantém igual distância em relação à mulher, à cidade e à morte; daí certamente o seu equilíbrio tão bem-sucedido.

A uma dama crioula [FM, p. 173]

"...uns ares nobremente afectados."

O morto prazenteiro [FM, p. 189]

"Sem ouvidos nem olhos, vermes!, companheiros..." – simpatia com os parasitas.

Spleen I [FM, p. 192]

"Pluviôse": o poema mostra secretamente como se tornam complementares as massas sem alma da grande cidade e a existência desesperadamente vazia do indivíduo. As primeiras são representadas pelo cemitério e pelos subúrbios,

concentrações em massa dos habitantes das cidades; a segunda, pelo valete de copas e a dama de espadas.

A primeira estrofe contém a configuração em que assenta toda a evocação poética de Paris em Baudelaire: a decrepitude sem esperança da grande cidade.

Spleen II [FM, p. 195]

O vivo que se torna pedra ou lenho, a empatia do vivo com a matéria morta, ocupou na mesma altura de forma intensa a fantasia de Flaubert (cf. artigo na Revue de Paris, ?).

Essa tendência é aparentada com o fetichismo: "Ó matéria tão viva! és apenas agora/Um granito envolvido por vago pavor,/Dormitando no fundo de um Sara brumoso". "Sou um velho toucador cheio de rosas mirradas/Onde jazem os restos de modas passadas"; cf. "Recolhimento" [FM, p. 192]: "Vem ver os Anos defuntos curvados/Nas varandas do céu, em trajes antiquados".

Os "anos profundos" da "vida anterior" são, enquanto "anos de neve", os mesmos que alimentam o spleen.

Spleen IV [FM, p. 197]

(até a quarta estrofe, inclusive) O spleen é o sentimento que corresponde à catástrofe em permanência. De fato, a persistência do estado das coisas é a catástrofe. Aquilo que em cada caso é moderno insere-se de forma perfeita nessa persistência. O que lhe surge como catástrofe é a crise. O processo da história, tal como se apresenta a Baudelaire sob o signo das crises, é um percurso circular semelhante ao do caleidoscópio, no qual, a cada rotação, tudo o que foi ordenado se desmorona para formar uma nova ordem (golpe de Estado de Napoleão III!). Ele não percebeu que os conceitos dos dominadores são sempre os espelhos graças aos quais emerge a imagem de uma "ordem".

O céu que é invadido pelo repicar dos sinos é o mesmo em que se moviam as especulações de Blanqui.

Obsessão [FM, p. 199]

{Raras vezes Baudelaire deixou ouvir mais fundo a sua afinidade com Poe do que no último terceto desse poema.} Compara-se aqui o terror na natureza – como se fosse o mais corrente – ao do habitante da cidade diante de uma configuração na imagem da rua – a da catedral. Sobre os "olhares familiares" (que lembram muito Poe): são sobretudo os souvenirs (lembranças) que surgem como familiares.

COMENTÁRIO

O gosto do Nada [FM, p. 201]

O poeta abriu as portas da sua morada no abismo: "Contemplo cá de cima o globo arredondado/Sem já nele procurar uma choça, um reduto".

Horror simpático [FM, p. 203]

As ideias passam diante do melancólico como uma lenta procissão. A imagem, de resto típica nesse contexto de sintomas, não se tornou muito frequentemente em Baudelaire no cânone da fantasia. Uma das raras passagens: "Vossas maiores nuvens, de luto//São o enterro dos meus sonhos".

O irremediável [FM, p. 207]

Se juntarmos a esse poema "Um dia de chuva", atribuído por Mouquet a Baudelaire, torna-se muito claro o que significa entregar-se ao abismo, imagem que o inspirou, e o lugar em que esse abismo de fato se abre. O Sena é o lugar do dia de chuva em Paris. Lemos no poema: "Numa bruma carregada de exalações subtis/Os homens, escondidos como répteis obscuros,/Orgulhosos da força, e na sua cegueira,/Deslizam passo a passo no chão, penosamente" (I). No poema "O irremediável" essa imagem da rua de Paris transformou-se numa daquelas visões alegóricas do abismo que o final designa de "claros sinais": "Um infeliz enfeitiçado/Tentando escapar a mil répteis/Com as mais fúteis apalpadelas,/Sem ver a chave e a claridade...".

Villiers de l'Isle-Adam diz desse poema – em carta a Baudelaire – que ele "abre com uma profundidade hegeliana".

Crépet cita, a propósito desse poema, dos Serões de S. Petersburgo: "Esse rio que só se atravessa uma vez; esse tonel das Danaides, sempre cheio e sempre vazio; esse fígado de Títia, renascendo sempre sob o bico do açor que sempre o devora... são outros tantos hieróglifos falantes sobre os quais não é possível equivocarmo-nos".

O relógio [FM, p. 211]

Este poema vai particularmente longe no tratamento da alegoria. Agrupa em volta do símbolo do relógio – que ocupa um lugar cimeiro na hierarquia dos emblemas – o Prazer, o Agora, o Tempo, o Acaso, a Virtude e o Arrependimento.

A consciência do passar do tempo vazio e o *taedium vitae* são os dois pesos que mantêm em andamento o mecanismo da melancolia. Nessa medida, os últimos poemas dos ciclos "Spleen e ideal" e "A morte" correspondem-se com exatidão.

"Parecia-me que no meu cérebro tinha nascido qualquer coisa de que nenhuma palavra pode dar ideia, mesmo confusa, a uma inteligência puramente humana. Permite-me que arrisque uma definição: vibração do pêndulo mental. Era a personificação moral da ideia humana abstrata do Tempo... Era assim que eu media as irregularidades do relógio de pêndulo da chaminé e dos relógios de algibeira dos presentes. O seu tique-taque enchia-me os ouvidos com as suas diferentes sonoridades. Os mais leves desvios da justa medida afetavam-me exatamente do mesmo modo que, entre os vivos, as violações da verdade abstrata afetavam o meu sentido moral" (Poe, "Colóquio entre Monos e Uma", Nouvelles histoires extraordinaires [Paris, 1886], *p. 336-337).*

Cf., sobre a Sílfide, o *"teatro banal"* em *"O irreparável"* [FM, p. 153]; *e também, a propósito da "estalagem", a referência à estalagem no mesmo poema.*

O aspecto decisivo nesse poema é o fato de o Tempo ser esvaziado. {Proust *fala da "estranha fragmentação do tempo" em Baudelaire.*}

Paisagem [FM, p. 213]

"Quadros parisienses" começa com uma transfiguração da cidade. O primeiro e o segundo poemas, se quisermos, também o terceiro, atuam em simultâneo para operar essa transfiguração. "A paisagem" é o tête-à-tête da cidade com o céu. No horizonte das luzes entrou aqui apenas a "oficina que canta e que palra", "os canos", "os campanários".

No poema "O Sol" o subúrbio vem juntar-se a esses motivos; nos primeiros três poemas dos "Quadros parisienses" nada se destaca que tenha a ver com massa da cidade propriamente dita. O quarto começa com a evocação do Louvre. Mas passa – a meio da estrofe – logo ao lamento sobre a caducidade da grande metrópole.

"O crepúsculo da manhã" relaciona-se com "Paisagem" como o soluço com o sorriso.

O cisne [FM, p. 221]

A primeira estrofe de "O cisne" tem o movimento de um berço que balouça entre a Antiguidade e a modernidade.

Proust dizia do final da parte I que ele "cai a pique".

Cf., a propósito do movimento ondulante: *"Imaginar uma tela para uma farsa lírica ou feérica, para uma pantomima... Mergulhar tudo numa atmosfera anormal e de sonho – na atmosfera dos grandes dias. Para que seja qualquer coisa de oscilante e ilusório"* (Fusées XXII). *Talvez esses "grandes* dias" sejam dias do retorno (por exemplo da Antiguidade na modernidade). Proust diz sobre os poemas que enquadram o ciclo: "O eu de Baudelaire é um estranho seccionamento dos tempos, em que apenas alguns dias, poucos, se abrem a nós, e são significativos. É isso que explica o uso frequente de expressões como 'Se uma noite', etc.".

Baudelaire indica – onde? – o terceiro Livro da Eneida como fonte para o poema "O cisne" (cf. [Alphonse] Seché [La Vie des "Fleurs du mal", Amiens, 1928], p. 104).

As velhinhas [FM, p. 229]

Não existe em As flores do mal nenhuma outra passagem em que Baudelaire fale das crianças como na quinta estrofe da parte I: "São os olhos divinos da rapariguinha/Que se espanta e se ri de tudo o que reluz". Para chegar a essa perspectiva da criança, o poeta segue o caminho mais longo, aquele que passa pela velhice.

II: "cujo nome um ponto teatral/Enterrado conhece" – tais versos vêm do mundo de Poe. E ainda o "remorso póstumo".

Proust sobre o verso "Dão algum heroísmo às almas citadinas": "Parece impossível ultrapassá-lo".

A passagem "Onde até o horror se transforma em encanto" dificilmente poderá ser melhor exemplificada do que pela descrição da multidão em Poe.

"[...] ainda brilham/Os olhos penetrantes, parecendo verrumas". Extinção do brilho. Os olhos que se apagam são o fenômeno primordial da "perda da auréola".

III: "E que, no oiro das tardes em que revivemos". A segunda metade do verso abate-se sobre si mesma, pelo tom que assume; entra, assim, numa contradição prosódica total com o que diz. Trata-se de um processo muito típico de Baudelaire.

A uma transeunte [FM, p. 239]

Motivo de Champavert, de Petrus Borel [d'Hauterive]. A novela em questão intitula-se Dina la belle juive (J 26a, 3) [esta sigla refere-se à parte respectiva do manuscrito de O livro das passagens].

O esqueleto laborioso [FM, p. 239]

Nesse poema a Paris ctônica abre-se como um livro.

"A Beleza" surge, pelo uso do artigo definido, sóbria e apátrida. Tornou-se alegoria de si mesma.

O crepúsculo da tarde [FM, p. 243]

A própria cidade assume o rosto do abismo, da velha Noite na qual a vida é idêntica à morte.

"a sopa perfumada"

O final do poema: a própria musa, que volta costas ao poeta para murmurar para si mesma as palavras [ou: *obras?*] *da inspiração.*

As ruas cheias de gente ao fim do dia são descritas da mesma maneira que as ruas sem vivalma do "Crepúsculo da manhã": como um mosaico, em unidades mínimas do verso.

As figuras demoníacas desse poema aparecem também em Georg Heym[24] *sob a forma de "demônios das cidades", anunciando já a catástrofe:*

"Mas os demônios crescem, gigantescos.

Os seus cornos rasgam de vermelho o céu.

Pelo ventre das cidades ressoam terremotos

Em volta dos seus cascos, que o fogo já lambeu."

Em nenhum dos poemas do crepúsculo há um eu expresso.

Eunery e Lemoine, Paris la nuit *(A 4a, 1):*

"Os cafés vão-se enchendo

De gourmets, fumadores,

Aos teatros chegando

Alegres espectadores.

P'las passagens pululam

Basbaques, amadores,

E os gatunos agitam-se

Perseguindo os flâneurs."

O jogo [FM, p. 245]

Há poucos poemas em que o "abismo" apareça de forma tão frouxa como neste. Aqui, onde é quase uma figura de estilo, ele perde muito do seu significado.

---

[24] Poeta expressionista alemão (1887-1912). Poemas afins de Heym podem-se encontrar na antologia de poesia expressionista *A alma e o caos: cem poemas expressionistas.* Tradução e introdução de João Barrento. Lisboa: Relógio d'Água, 2001. (N.T.)

O amor da mentira [FM, p. 253]

De uma carta a Alphonse de Calonne: "A palavra real facilitará ao leitor a compreensão dessa metáfora que faz da recordação uma coroa como aquelas que guarnecem a fronte das deusas da maturidade; da fecundidade e da sabedoria".

Apagamento da aparência pela sua glorificação na mentira.

Tão perto da cidade, não mais esqueci... [FM, p. 255]

O Sol como símbolo do pai

A criada bondosa... [FM, p. 255]

A família sem pai, cuja imagem é evocada no nome de um túmulo.

Na primeira linha não se sente o tom esperado nas palavras "de quem tinhas ciúmes". É como se a voz se retirasse ao encontrar a palavra "ciúmes". E esse abaixamento de voz é muito característico de Baudelaire.

Brumas e chuva [FM, p. 257]

É surpreendente encontrar esse poema em "Quadros parisienses". Apresenta quadros campestres. Mas a sua paisagem é apenas a da cidade mergulhada na névoa. O tempo tornou-se o senhor da cidade. É a tela sobre a qual o tédio mais gosta de se bordar.

Pense-se em Daumier, em cujas gravuras o guarda-chuva é o emblema do pequeno-burguês. Dramon, Les Héros et les pitres *[Os heróis e os farsantes], p. 304: "O guarda-chuva sobre o qual se apoia este ser assexuado [?], inerte... que espera pelo ônibus, exprime não sei bem que ideia de petrificação absoluta".*

Esta cidade tornou-se completamente estranha, "alienada". Nada tem já de casa ou pátria. Nela, cada cama é um lit hasardeux, uma cama de acaso (compare-se com o Lesebuch für Städtebewohner *[Manual para os habitantes das cidades, de Brecht]).*

Um paralelo em "La Plaine-octobre", nas Poésies de Joseph Delorme *(citado por Baudelaire, contra Sainte-Beuve, em 15 de janeiro de 1866): "Oh, como é triste a planície em redor da avenida!".*

Sonho parisiense [FM, p. 259]

Compare-se com o "universo" em "De profundis clamavi" [FM, p. 105]: "Um sol já sem calor paira desde há seis meses/E durante outros seis à noite dá lugar;/É uma região mais nua que a terra polar;/– Sem animais nem rios, sem bosques e sem verde!".

Brecht interpreta isso como fantasmagoria da Exposição Universal. Visão imaginária das forças produtivas paralisadas.

O crepúsculo da manhã [FM, p. 263]

O sorriso e o soluço são os dois espelhos em que o ser humano, naquele ponto em que já se aproximou da criatura desprovida de fala, capta o reflexo da linguagem. A reprodução desses fenômenos miméticos é muito frequente nos poemas de Baudelaire e constitui a verdadeira figura da sua "espiritualidade". "O crepúsculo da manhã" é o soluço de quem desperta, reproduzido no tecido, na matéria de uma cidade. A descrição que dele se faz nunca pretende apoderar-se do seu objeto; a sua tarefa é apenas dissimular o abalo daquele que se sente uma vez mais arrancado à proteção do sono. O rosto humano sob a forma de nuvem: o sorriso, o soluço.

Rivière: "Cada verso de 'O crepúsculo da manhã', sem grito, com devoção, evoca um infortúnio".

Segundo Prarond, escrito por volta de 1843, tal como "Tão perto da cidade, não mais esqueci" [FM, p. 255] e "A criada bondosa" [FM, p. 255].

O incipit com o toque de alvorada contribui imensamente para a destruição da aura. De resto, é preciso não esquecer que sob Napoleão III o núcleo interior da cidade estava ainda ocupado por guarnições militares.

A alma do vinho [FM, p. 267]

Os "refrões dos domingos" no vinho.

"Ce frêle athlète de la vie" [Esse frágil atleta da vida]: trata-se do filho do operário. Uma correspondência infinitamente triste entre Antiguidade e modernidade.

O vinho dos trapeiros (a) [FM, p. 267]

O trapeiro, a mais provocativa figura da miséria humana, proletário esfarrapado no sentido literal do termo. Compare-se com "Do vinho e do haxixe": "Eis o homem cuja missão é recolher o refugo de um dia na vida da capital. É ele quem cataloga e coleciona tudo o que a grande cidade rejeitou, tudo o que ela perdeu, tudo o que ela desprezou, tudo o que ela quebrou. Compulsa os arquivos do deboche, a Cafarnaum do rebotalho. Faz uma triagem, uma escolha inteligente; como um avarento faz com o seu tesouro, ele recolhe o lixo ruminado pela divindade da Indústria para o transformar em objeto de utilidade ou de prazer" (ed. Pléiade I, 249-250). Dessa descrição pode-se concluir que Baudelaire se reconhece no trapeiro:

> Vê-se vir um trapeiro, abanando a cabeça,
> Tropeçando e esbarrando em tudo, qual poeta,
> E, sem ligar nenhuma aos polícias, seus súbditos,
> Abre o seu coração em gloriosos projectos.

O poema nega de forma poderosa as confissões reacionárias de Baudelaire. A literatura sobre o poeta não lhe deu atenção.

Muita coisa indica que esse poema foi escrito no momento em que Baudelaire se confessa adepto do "belo útil". Mas não é possível afirmá-lo com mais exatidão, na medida em que ele só foi publicado na edição original. "O vinho do assassino" foi publicado antes, em 1848 (em L'Écho des marchands de vin!).

Veja-se também Sainte-Beuve (o poema "Dans ce cabriolet", em Vie, poésies et pensées de Joseph Delorme, Paris, 1863, II, p. 193):

> "Nesta tipoia de praça vou observando
> O homem que me conduz, pura máquina, hediondo,
> A barba hirsuta e grossa, os cabelos colados:
> O vício, o vinho, o sono nos olhos carregados.
> Como pode um homem cair assim?, pensava,
> Enquanto no assento mais me aconchegava."

Segue-se apenas a pergunta, colocada a si mesmo, sobre se a sua alma não estará tão desleixada como o corpo daquele cocheiro. Baudelaire destaca esse poema na carta de 15 de janeiro de 1866 a Sainte-Beuve.

Por essa altura, Traviès desenhava alguns trapeiros célebres.

> O vinho dos trapeiros (b)
>
> Já temos alguns patacos,
> Pierre, façamos as bodas!
> E eu gosto como poucos
> De festas e patuscadas.
> Sei de um vinho a seis vinténs,
> Melhor que a cidra de feira.
> Eu vou p'ra farra. Tu vens?
> Vamos até à barreira!

(H. Goudon de Genouillac, Les Refrains de la rue, de 1830 à 1870, Paris, 1879, p. 56.)

"Acreditem: o vinho das barreiras poupou muitos sustos às estruturas governamentais" (Édouard Foucaud, **Paris inventeur**: physiologie de l'industrie française, *Paris, 1844, p. 10*).

O vinho do solitário [FM, p. 275]

"Grito longínquo da humana dor" – *não estará aqui uma sugestão acidental que nos diz que a dor é um fator humano distintivo? Cf. "Bênção", estrofe 17, v. 1-2.*

{Lesbos}

{Colher *informação sobre a história de Safo*}

O vinho dos amantes [FM, p. 277]

"Sur l'aile du tourbillon intelligent" – *parece evidente que temos aqui uma reminiscência de Fourier.* "Os turbilhões de mundos planetários, tão regulados na sua marcha que percorrem no minuto certo bilhões de lugares, são a nossos olhos o selo da justiça divina em movimento material." (Fourier, Théorie en concret ou positive, *p. 320*). E. Silberling, Dictionnaire de philosophie phalanstérienne, *Paris, 1911, p. 433.*

A construção secreta desse poema baseia-se no fato de que só muito tarde a luz agora duplamente surpreendente recai sobre a situação em apreço: o êxtase que os amantes devem ao vinho é um êxtase da madrugada, "no cristal azul da manhã" (sétimo verso do poema de quatorze).

A destruição [FM, p. 279]

De todos os poemas de Baudelaire, esse é aquele que certamente contém a mais poderosa evocação do engenho alegórico. "A sangrenta mecânica da destruição" que aqui nos é apresentada é a ferramenta com que a própria alegoria transforma o mundo das coisas nos fragmentos estilhaçados e desfigurados sobre cuja significação depois reina.

A isso se ajusta bem o fato de esse soneto, de forma dificilmente explicável, despertar a sensação de ser ele próprio um fragmento.

"Odemónio": "... queima-me os pulmões e sinto-o / Enchê-los de um eterno desejo culpado". Essa precisão fisiológica é curiosa; um tal desejo terá de ser pensado como irrealizável.

A mulher, ser sem alma: "Por vezes, conhecendo o meu amor pela Arte, / Toma a forma da mais sedutora mulher".

final do poema traz a imagem da inquietação petrificada (compare-se com Gottfried Keller, "Verlorenes Recht, verlorenes Glück" [Perdida a razão, perdida a felicidade]: "Como o escudo de Medusa o vejo/Era a imagem do frio desassossego").

Uma mártir [FM, p. 279]

Carregado de alusões, devido ao lugar que ocupa, logo a seguir a "A destruição". A intenção alegórica realizou a sua obra sobre esse lugar de martírio: estilhaçou-o. Os dois últimos versos evocam – como se um fantasma fosse – um "esposo". Este não passa de vinheta, remarque no sentido do desenho, que acusa tanto mais expressamente a autêntica intenção que aqui fez o seu trabalho.

A recordação faz parte do âmbito dessa intenção, e assim foi fixada nos poderosos versos: "Na perna, ornada de oiro, uma rosada meia/Ficou-lhe como uma lembrança".

A natureza transferiu-se para o interior à la Makart[25]: "Sem cabeça, um cadáver derrama, qual rio.../Um sangue bem vermelho, pela tela bebido/Com a avidez de um prado/[...] A cabeça [...]/Na mesa-de-cabeceira, tal como um ranúnculo,/Repousa; e, sem pensar em nada,/Um olhar branco e vago, tal como o crepúsculo,/Escapa dos seus olhos em alvo".

A Beatriz [FM, p. 291]

"... interessar no canto das suas dores/As águias, os ribeiros, os grilos e as flores" – distração alegórica.

A "nuvem em pleno meio-dia", onde se abrigam demônios, é uma visão que denuncia a proximidade de Meryon.

Uma viagem a Citera [FM, p. 293]

"Ah! Senhor! dai-me ainda a força e a coragem/Para contemplar sem nojo o coração e o corpo!" Sobre estas linhas: "O dandy deve aspirar a ser sublime, ininterruptamente. Deve viver e dormir diante de um espelho" (Mon cœur mis à nu, V). A fisionomia de Baudelaire é histriônica.

As litanias de Satã [FM, p. 307]

"La Goguette des filles du diable" [A farra das filhas do diabo] era um cenáculo, depois de 1839.

---

[25] Sobre Makart, ver nota 20, p. 167. (N.T.)

A morte dos amantes [FM, p. 313]

Esse poema é tecido pelas "correspondências", quase sem intervenção da intenção alegórica. Nos tercetos, soluços e sorrisos encontram-se quase espontaneamente.

Villiers de l'Isle Adam vê nisso (em carta a Baudelaire) a aplicação das "teorias musicais" do poeta.

O fim da jornada [FM, p. 317]

"Sobe a voluptuosa noite,/Tudo acalmando, mesmo a fome..." {Apagamento da aparência.}

Relampejar dos conflitos sociais no céu noturno.

A viagem [FM, p. 319]

Curiosamente, Proust diz, sobre o final do ciclo, que ele "cai a pique".

Imitatio Christi: "Quid poteres alibi videre, quod hic non vides? Ecce coelum, et terra, et omnia elementa: nam ex istis omnia sunt facta".[26]

O sonho da distância faz parte da infância. O viajante viu o que está longe, mas perdeu a fé na distância.

Baudelaire – o melancólico cuja estrela o manda para as lonjuras. Mas ele não seguiu esse aceno. As imagens dessa distância aparecem nos seus poemas apenas como ilhas que emergem do mar de um passado antes do passado ou das névoas de Paris. De resto, é no corpo da negra ultrajada que a figura dessa distância se deita aos pés daquilo que estava mais próximo de Baudelaire: a Paris do Segundo Império.

Lesbos [FM, p. 333]

Não será que a autêntica força que faz voar e pairar esse poema tem o seu fundamento no fato de que aqui o abismo não surge como imagem, mas fornece antes todo o cânone formal do poema? Lesbos está localizada no próprio fundo do abismo, a partir dele eleva-se, até a borda do precipício, o "som da tormenta/Que ascende para os céus da sua costa deserta".

---

[26] "Que podes ver tu noutro lugar que não vejas aqui? Eis o céu, a terra e todos os elementos: na verdade, é disso que são feitas todas as coisas." A citação vem da obra maior de Thomas à Kempis (Thomas Hemerken, nascido por volta de 1380 na cidade renana de Kempen e falecido em 1471), *Imitação de Cristo*, um dos textos centrais da *devotio moderna*. (N.T.)

Baudelaire constrói as suas estrofes em lugares que se afiguram quase impossíveis para tal construção: *"Almas ambiciosas.../Atraídas para longe pelo radiante sorriso/Vagamente entrevisto à beira de outros céus!"*.

Delfina e Hipólita [FM, p. 339]
"Vencidos e depostos, os braços, vãs armas" — Proust diz que essa linha parece tirada diretamente do Britannicus [de Racine].

Versos para um retrato de Daumier
Seria um erro não ver, sob o barroquismo da natureza em Baudelaire, o seu lado medieval. Este é difícil de circunscrever. A maneira mais fácil de apreendê-lo é tomando consciência de como certas passagens e certos poemas ("Versos para um retrato...") se destacam dos mais carregados de intenção alegórica pela sua estranha nudez. O desnudamento torna a fisionomia de tais poemas semelhante à dos rostos nos quadros de Jean Foquet.[27]

Noutro sentido, pode-se também encontrar a marca medieval num poema como "O imprevisto", que apresenta uma sequência alegórica de imagens como que enclausuradas umas ao lado das outras.

A voz
Procurar uma série de esquemas que mostram o que é próprio dos poemas de Baudelaire em estreita ligação com aquilo que é próprio de cada um dos poemas. Para esse efeito há que recorrer aos gêneros da antiga poesia lírica, que convergem na poesia de Baudelaire. Esses gêneros seriam, por exemplo: o poema espiritual, o poema-dedicatória, a elegia, a canção de feira (Moritat).

Entre os esquemas nos quais se poderia pensar contam-se os do labirinto subterrâneo, e também o da teia do teatro.

"Por detrás dos cenários/Da imensa existência, no mais negro do abismo,/Vejo distintamente mundos singulares." São os mundos de Blanqui. Compare-se com "Le Gouffre" [O abismo]: *"Só vejo o infinito em todas as janelas"*.

---

[27] Jean Foquet (*c.* 1420-1481): pintor francês de temas religiosos que ilustrou, entre outros, o *Livro de horas* do arquiduque Carlos da Normandia (em 1465); ou, com referência mais explícita à observação de Benjamin, uma "Criação de Adão e Eva". (N.T.)

O imprevisto

Segundo Crépet, talvez se trate da resposta a uma carta de D'Aurevilly: "Adeus, ó último dos meus vícios. Quando vos tornareis uma virtude?".

O poema, publicado em 25 de janeiro de 1863, é a ele dedicado.

O verso "Nestas tardes solenes de celestes vindimas" é uma ascensão do outono.

O abismo

O poema é o equivalente baudelairiano da visão de Blanqui.

A tampa

Um dos raros versos de Baudelaire que têm uma perspectiva diretamente cósmica: "O céu! a tampa negra da grande panela/Onde bóia a imperceptível e vasta Humanidade".

Projeto de epílogo

"Teus mágicos passeios, altos como fortalezas,/Teus pequenos oradores de enfatuação barroca,/Pregando o amor, e os teus esgotos cheios de sangue,/ Mergulhando no Inferno como rios Orinocos."

(Fonte: Arquivo Benjamin, manuscritos n. 1761-1815)

2.

O plano completo da obra sobre Baudelaire surge na sua forma mais pormenorizada numa sinopse, não titulada, que revela evidentes convergências com o esquema enviado por Benjamin a Horkheimer em abril de 1938, antes de começar a escrever "A Paris do Segundo Império na obra de Baudelaire" (cf., anteriormente, a carta 17). Uma vez que essa sinopse não revela ainda a transparência estrutural já presente naquela carta, pode-se supor que foi escrita antes, mas não muito.

A sinopse começa com algumas considerações sobre a repercussão de As flores do mal, que quase não tem paralelos. Enunciam-se brevemente os motivos manifestos dessa repercussão, enquanto os mais profundos, em particular a questão de saber o que tem As flores do mal a dizer a leitores de hoje, é objeto de todo o ensaio.

Caracteriza-se a literatura sobre Baudelaire, que dá apenas uma pálida ideia da profundidade daquela repercussão, para não falar já dos seus motivos.

A teoria da arte aproveitou sobretudo a própria teoria baudelairiana das "correspondências", mas sem decifrá-la.

A interpretação que o próprio Baudelaire deu das suas obras, como a seguir se comenta, só indiretamente é esclarecedora. A história literária limitou-se a tratar, acriticamente, do que ele considerava ser o espírito católico da sua poesia.

Um excurso metodológico irá ocupar-se da diferença decisiva entre uma "salvação" e uma "apologia". Nessa parte se dará continuidade à reflexão sobre a teoria da história iniciada com o ensaio sobre [Eduard] *Fuchs* [incluído no volume O anjo da história, desta coleção].

O núcleo fundamental da primeira parte é constituído pela exposição do modo de ver alegórico de Baudelaire, investigado na sua estrutura singular, digamos tridimensional. A sensibilidade poética de Baudelaire, que até agora só se evidenciou quando se considera a sua poesia, é apenas uma dessas dimensões. De fato, é sobretudo devido à sua polaridade que ela é importante. A sensibilidade de Baudelaire dissocia-se em dois polos, um espiritual (também poderíamos dizer: seráfico) e outro idiossincrásico; um deles é representado pelo anjo, o outro pelo fetiche.

Mas o engenho poético de Baudelaire nem de longe pode ser apenas avaliado à luz desse lado sensível, por mais rico que seja. Também nesse aspecto há uma clara polarização. Baudelaire não é um pensador; mas representa, de forma extremamente marcante, a figura do melancólico cismático (Grübler). A sua melancolia é daquele tipo que o Renascimento designava de heroica e polariza-se nas referências da ideia e da imagem. E isso significa que nele a imagem nunca é apenas um reflexo da sensibilidade, nem a ideia uma mera reminiscência do pensamento. Ambas se interpenetram, como é próprio do tipo cismático do melancólico. Baudelaire ativou de forma muito particular, pelo recurso a drogas, essa sua tendência natural. Segue-se um excurso sobre o cruzamento, próprio da experiência do haxixe, entre imagens e ideias.[28]

O modo de ver alegórico assenta sempre sobre um mundo dos fenômenos degradado. A degradação específica do mundo dos objetos, que se manifesta na mercadoria, é o fundamento da intenção alegórica em Baudelaire. A prostituta assume um lugar central na poesia de Baudelaire como

---

[28] Vejam-se, a esse propósito, as descrições pormenorizadas das experiências de Benjamin com drogas, em particular com haxixe, no último volume publicado nesta coleção: *Imagens de pensamento; Sobre o haxixe e outras drogas*. Belo Horizonte: Autêntica, 2013. (N.T.)

materialização da mercadoria. Por outro lado, a prostituta é a alegoria humanizada. Os adereços com que a moda a enfeita são os emblemas com que ela se adorna. O fetiche é o selo de autenticidade da mercadoria, tal como o emblema o é para a alegoria. No corpo desanimizado, mas ainda ao serviço do prazer, casam-se a alegoria e a mercadoria. O poema "Uma mártir" ocupa na obra de Baudelaire um lugar central. Nele se apresenta a obra acabada da ação do "aparelho da destruição". Essa degradação do mundo humano pela economia mercantil atua profundamente sobre a sua experiência histórica. O que acontece é "sempre o mesmo". O spleen mais não é do que a quinta-essência dessa experiência histórica.

Nada parece ser mais desprezível do que lançar mão da ideia de progresso contra essa experiência. Para além disso, enquanto representação de um contínuo, ela contradiz profundamente o impulso destrutivo de Baudelaire, que se inspira antes numa concepção mecanicista do tempo. A sujeição ao spleen não pode proclamar outra coisa que não seja o novo, uma tarefa que cabe ao herói moderno levar à prática. A grande originalidade da poesia de Baudelaire consiste então, de fato, no modo como ele nela exemplifica o "heroísmo na vida moderna". Os seus poemas são missões, até o seu desalento e a sua debilidade são heroicos.

A modernidade que encontramos na obra de Baudelaire é historicamente determinável. Baudelaire é o precursor da Arte Nova, as flores do mal são também já os primeiros ornamentos da Arte Nova.

Decisivo é, porém, o fato de o novo, em cujo nome o poeta pretende fazer frente à hipocondria, trazer ele próprio em alto grau o estigma daquela realidade contra a qual o poeta se revolta. O novo, enquanto objetivo consciente da produção artística, não é mais antigo do que o século XIX. Com Baudelaire não estamos perante a tentativa, determinante em todas as artes, de dar vida a novas formas ou de captar um lado novo das coisas. Trata-se aqui de um objeto radicalmente novo, cuja força consiste tão somente em ele ser novo, por mais repugnante ou desolador que seja. Esse traço foi corretamente valorizado por alguns observadores, especialmente por Jules Laforgue e Valéry, à luz do seu significado individual para Baudelaire.

Mas esse projeto de Baudelaire só ganha o seu significado histórico no momento em que a experiência do sempre-igual, pela qual tem de ser avaliado, recebe a sua assinatura histórica. É o que acontece com Nietzsche e Blanqui. A ideia do eterno retorno é aqui o "novo" que, ao confirmá-lo, destrói o círculo do eterno retorno. No seu encontro com Nietzsche, e sobretudo com Blanqui, que desenvolve dez anos mais cedo a doutrina do eterno retorno, a obra de Baudelaire pode ser vista a uma nova luz.

É agora possível abordar o abismo cuja sensação acompanha toda a vida de Baudelaire. Blanqui viu a eternidade do mundo e do homem − o sempre-igual − garantida pela ordem dos astros. No abismo de Baudelaire não há astros. De fato, a poesia de Baudelaire é a primeira em que as estrelas não têm lugar. O verso "cuja luz fala uma língua comum" é a chave dessa poesia. Na sua energia destrutiva, ela rompe não apenas − pela concepção alegórica − com a natureza da inspiração poética, não apenas − pela sua evocação da cidade − com a natureza campestre do idílio, mas também, pela força de decisão heroica com que leva a poesia até o âmago da reificação, com a natureza das coisas. Ocupa o lugar onde a natureza das coisas é dominada e transformada pela natureza dos homens. A história mostrou que ele tinha razão ao não confiar no progresso técnico para realizar esse projeto.

(Fonte: Arquivo Benjamin, manuscritos n. 1820-1825)

3.
No dia 6 de janeiro de 1938 Benjamin dá conta da sua leitura do livro de Blanqui *L'Éternité par les astres* como *um achado [...] cuja influência sobre o meu trabalho será determinante.* Os dois textos que se seguem, sobre Blanqui, devem ter sido escritos por essa altura. O primeiro foi mais tarde (em março de 1939) em grande parte incorporado na nova versão da sinopse sobre *O livro das passagens.*

[1]
Durante a revolta da Comuna, Blanqui foi encarcerado no Fort du Taureau, onde escreveu o livro L'Éternité par les astres *[A eternidade vista através dos astros, Paris, 1872].*

O livro completa, com uma última, a constelação das fantasmagorias, das imagens de ilusão do século. Foi pensada num plano cósmico e encerra uma crítica acérrima às outras imagens de ilusão. As considerações ingênuas de um autodidata que constituem o grosso desse escrito abrem caminho a uma especulação que desmente cruelmente o empenho revolucionário do autor. A concepção do universo exposta no livro, e cujos dados Blanqui vai buscar às ciências mecânicas, revela ser uma visão do inferno. É um complemento precisamente daquela sociedade cuja vitória Blanqui, no fim da vida, não podia negar. Há nesse complicado projeto de Blanqui uma ironia inconsciente: a terrível acusação que ele dirige à sociedade assume aí a forma de uma sujeição sem reservas às suas tendências dominantes. O livro proclama a ideia do eterno retorno dez anos antes do Zaratustra de Nietzsche, de forma nada menos patética e com uma força verdadeiramente alucinatória.

O livro nada tem de triunfal, deixa antes uma sensação de depressão. Blanqui quer traçar uma imagem do progresso, e ela revela ser a própria fantasmagoria da história: algo de ancestralmente antigo sob uma capa extremamente moderna. Transcreve-se a seguir a passagem mais importante:

"Todo o universo é formado por sistemas de astros. Para criá-los, a natureza tem apenas à sua disposição uma centena de elementos. Apesar de toda a arte da invenção e do número infinito de combinações ao serviço da sua fecundidade, o resultado é necessariamente um número finito, igual ao número dos próprios elementos. Para encher o espaço, a natureza tem de repetir ad infinitum as suas combinações e os seus tipos primordiais.

Por isso, cada astro tem de existir vezes sem fim no tempo e no espaço, não apenas tal como se apresenta uma vez, mas segundo cada um dos momentos da sua duração, da sua origem ao seu desaparecimento. Um desses astros é a Terra. Por isso, cada ser humano é eterno em cada momento da sua existência. O que eu escrevo neste momento, numa cela do Fort du Taureau, já o escrevi e escrevê-lo-ei por toda a eternidade: a uma mesa, com uma pena, numa situação que se assemelha à do presente até nos mais ínfimos pormenores. E o mesmo acontece com cada um de nós [...], o número dos nossos sósias é infinito, no tempo e no espaço [...] Esses sósias são de carne e osso, ou seja, têm calças e casacos, crinolinas e rolos no cabelo. Não são fantasmas, mas realidade eternizada. Uma coisa, no entanto, falta: o progresso. Aquilo que designamos por esse nome está emparedado em cada astro e desaparece com ele. Em todos os tempos e lugares sobre esta Terra o mesmo drama, a mesma decoração no mesmo palco estreito, uma humanidade ruidosa embriagada com a sua grandeza. Toma-se pelo universo em todos os tempos e lugares e vive na sua prisão como se fosse incomensurável, para em breve se afundar, com o globo terrestre, na sombra que acabará com o seu orgulho. A mesma monotonia, a mesma imobilidade nos outros astros. O universo repete-se eternamente e marca passo sem sair do mesmo lugar. Imperturbável, a eternidade representa continuamente a mesma peça no espaço infinito." [p. 73-76]

Essa renúncia sem esperança é a última palavra do grande revolucionário. O século não conseguiu fazer corresponder às novas potencialidades técnicas uma nova ordem social.

(Fonte: Arquivo Benjamin, datisloscrito n. 892 e segs.)

[2]

Podemos perguntar se não haverá na ação política de Blanqui traços que a identificam como a ação daquele homem que, em idade já avançada, escreveu L'Éternité par les astres. *H B* [Heinrich Blücher] *vai ainda mais longe: avança com a hipótese de que a visão do mundo que Blanqui desenvolve aos setenta anos foi concebida por ele aos dezoito, explicando assim o caráter desesperado de toda a sua ação política. Não há argumento preciso que possa sustentar essa suposição. Mas não deve ser rejeitada sem mais a ideia de que o pouco interesse que Blanqui desde sempre mostrou quanto aos fundamentos teóricos do socialismo poderá ter a sua explicação numa desconfiança enraizada em relação às constatações que esperam por quem se deixe enredar demais na estrutura do mundo e da vida. Esse enredamento excessivo não terá escapado, afinal, ao Blanqui da fase da velhice.*

(Fonte: Arquivo Benjamin, manuscrito nº 1080)

4.

De "A Paris do Segundo Império na obra de Baudelaire" foi preservada uma versão manuscrita completa, provavelmente precedida por uma primeira redação, da qual se conservam no Arquivo Benjamin três fragmentos. O primeiro refere-se ao começo do ensaio "A *bohème*", o segundo aos parágrafos que se seguem e o terceiro a uma passagem de "O *flâneur*".

[1]

Aquela "espera de vida que, em Paris, dá pelo nome de bohème" *surge, em Marx, num contexto altamente esclarecedor. Ele a atribui aos conspiradores profissionais, dos quais se ocupa pormenorizadamente na recensão das* Memórias do denunciante de la Hodde, *publicada em 1850 no jornal* Neue Rheinische Zeitung. *Uma aproximação à fisionomia de Baudelaire implica uma referência às semelhanças que ele tem com esse tipo político, que Marx apresenta nos seguintes termos: "Com o incremento..."* [a citação é a que se pode ler na p. 13]. *Nesse contexto deve-se dizer que o próprio Napoleão III realizou a sua ascensão num meio que não deixa de ter relações com esse. Sabe-se que um dos instrumentos dessa ascensão foi a Sociedade do 10 de Dezembro – uma espécie de SA hitlerianas* [três palavras indecifráveis]. *Os seus efetivos eram recrutados, segundo Marx, "em toda aquela massa indefinida, dispersa e perdida a que os franceses chamam a* bohème". *Na sua prática governativa Napoleão III desenvolveu hábitos conspirativos. Proclamações surpreendentes e secretismos, rompantes bruscos e ironia impenetrável fazem parte da razão de Estado do Segundo Império. Os mesmos traços se encontram facilmente nos escritos teóricos de Baudelaire.[29] Na sua descrição do conspirador, Marx prossegue nos seguintes termos: "A única condição..."* [citação completa na p. 15]

Os pontos de vista políticos de Baudelaire de modo algum ultrapassam os desses conspiradores. Quer as suas simpatias vão mais para a direita, como acontece quase sempre, quer se orientem mais emocionalmente para a revolta, a sua

---

[Neste ponto do manuscrito foi inserido o seguinte acréscimo: *Baudelaire expõe as suas posições teóricas quase sempre de forma apodítica. A discussão não é o seu forte. Foge mesmo a ela quando a sequência contraditória* [de afirmações extremas] *parece exigir um debate. Nos seus primeiros "Salons" faz de advogado do diabo da burguesia; mais tarde (por exemplo em "Les Drames et romans honnêtes") encontra para "todos os notários da sala" tons do mais agressivo boêmio. Por volta de 1850 proclama a necessidade de um "belo útil", e poucos anos depois a arte pela arte. E em tudo isso preocupa-se tão pouco com a articulação e a mediação como Napoleão III ao passar das taxas protecionistas para o comércio livre. Tais traços servem, ainda assim, para nos fazer compreender por que razão a crítica universitária, mas também De Maistre, deram tão pouca importância aos seus escritos teóricos.]*

---

expressão nunca é mediatizada, e o seu fundamento é sempre vulnerável. Quando muito, poderia ter feito suas as palavras de Flaubert: "De toda

---

[29] Dar exemplos! Mostrar que nisso reside a sua fraqueza. Citar a propósito uma ou outra opinião depreciativa sobre esses escritos.

a política só compreendo uma coisa: a revolta". E isso entender-se-ia então no sentido que transparece neste apontamento: "Digo 'Viva a revolução!' ..." [citação completa na p. 15] *O que aí se apresenta poderia designar-se de "metafísica do provocador". Essas posições não eram assim tão invulgares na época; Baudelaire escreve em 20 de dezembro de 1854 à mãe, referindo-se aos literatos de aluguel da polícia: "Nunca o meu nome aparecerá nos seus infames registros". Na Bélgica, onde redigiu esse apontamento, foi visto durante algum tempo como denunciante da polícia francesa. Não se pode atribuir essa fama apenas à inimizade com Hugo. É em parte responsável por isso certo humor opaco, uma ironia devastadora, o culto da blague que encontramos também em Georges Sorel, que se tornou um momento inalienável de toda a propaganda fascista, e que dá em Baudelaire os seus primeiros rebentos. "Bela conspiração* [a ser organizada para exterminar a raça dos judeus]*", anota ele. Nesse culto da provocação teve um grande mestre, com quem competiu sem nunca chegar à sua altura. Estavam-lhe negados a lógica cortante, mas também o tom insinuantemente suave de um Joseph de Maistre. A justificação da guerra, feita por este em* Les Soirées de Saint-Petersbourg, *agradava muito a Baudelaire. Mas dificilmente poderia ter formulado uma argumentação tão soberana como a seguinte: "A guerra", escreve De Maistre, "é divina – e isso se vê bem pela proteção de que dispõem os grandes generais, mesmo os mais bravos, que raramente caem numa batalha". Até o grande sonho terrorista que Marx encontra nos conspiradores tem em De Maistre e Baudelaire a sua correspondência. "Faria todos os esforços", diz o Chevalier na terceira conversa de* Les Soirées de Saint-Petersbourg, *"para descobrir uma verdade que tivesse sido inventada para atirar à cara de todo o gênero humano, e depois lhe atirava com ela sem qualquer cerimônia."* [J. de Maistre, *Les Soirées de Saint-Petersbourg*, ed. Hattier, Paris, p. 23] *E Baudelaire, em carta à mãe, de 23 de dezembro de 1865: "Se algum dia recuperar o vigor e a energia que algumas vezes possuí, darei largas à minha cólera escrevendo livros que vão horrorizar toda a gente. Quero pôr contra mim toda a raça humana. Seria para mim uma volúpia que me compensaria de tudo o resto". Essa cólera encarniçada, para a qual os franceses têm a palavra, dificilmente traduzível,* rogne, *era a disposição de espírito que meio século de lutas de barricadas tinha dado aos revolucionários parisienses.*

(Fonte: Arquivo Benjamin, manuscritos n. 1082-1086)

[2]

O mais importante líder das barricadas de Paris, Blanqui, estava a essa altura encarcerado na sua última prisão, o Fort du Taureau. Nele e nos seus camaradas via Marx, pelo menos no que à Revolução de Junho diz respeito, "os verdadeiros chefes do partido proletário". É difícil ter-se uma noção muito elevada do prestígio revolucionário de Blanqui; antes de Lênin não houve ninguém que tivesse traços mais claros no meio proletário. E esses traços encontram-se também em Baudelaire. Há uma folha dele que, além de outros desenhos improvisados, traz o desenho de uma cabeça de Blanqui. Os conceitos de que Marx se serve para a sua descrição das atividades conspirativas em Paris permitem perceber a posição híbrida de Blanqui nesse meio. Há boas razões para o fato de Blanqui ter passado à posteridade com fama de putchista. Para ela, ele representa o tipo de político que, como Marx diz, vê como sua missão "antecipar-se ao desenvolvimento do processo revolucionário, levá-lo artificialmente à crise, fazer uma revolução em cima do joelho, sem as condições para uma revolução". Se, por outro lado, tivermos em conta as imagens e as descrições que temos de Blanqui, ele parece ser o típico representante do habit noir, *no qual aqueles conspiradores profissionais tinham os seus mais detestados concorrentes.*

J.-J. Weiss descreve, como testemunha ocular, Blanqui nos seguintes termos, ao se apresentar no seu "Club des Halles": "V 8 a, 1" [sigla do manuscrito de O livro das passagens; a citação encontra-se nas p. 18-19 deste volume].

Nessa descrição, Blanqui corresponde exatamente às figuras a que Marx chama habits noirs, *quer na pose, quer no traje. Uma das suas características particulares era a de nunca tirar as luvas pretas.[30] Mas a solenidade, a contenção, a pose distante e silenciosa próprias desse homem soam a qualquer coisa de diferente das frases de Marx, quando escreve sobre os conspiradores profissionais: "Eles são os alquimistas da revolução ..."* [citação completa na p. 19]. *Essa frase indica exatamente o ponto onde se cruzam as afinidades profundas entre Blanqui e Baudelaire. O enigmatismo da alegoria num, o secretismo da conspiração no outro. {Mas ambos ultrapassaram sobremaneira*

---

[30] Em *O spleen de Paris* (em que parte?), Baudelaire recomenda aos pobres que calcem luvas quando forem pedir [A anotação (e a interrogação "em que parte?") é de Benjamin. Não pude confirmar a referência aos "pobres que calçam luvas". (N.T.)]

os limites em que essas designações os encerravam. Blanqui distancia-se tão legitimamente} da bohème *dos conspiradores como Baudelaire da dos poetas.*

É claro que tudo isso apenas sugere, mas não fundamenta, a sua profunda afinidade. Se Baudelaire, nos célebres versos sobre a negação de S. Pedro, quer se despedir levianamente deste mundo em que a ação não é irmã do sonho, já a ação de Blanqui foi a irmã do sonho de Baudelaire, e a união é selada pela tristeza desoladora do Segundo Império.

(Fonte: Arquivo Benjamin, manuscritos n° 1087-1089)

[3]

A massa dos fregueses faz subir a força de atração da mercadoria, multiplica o seu apelo: essa é uma experiência cuja banalidade a torna ainda mais importante para a teoria, porque ela só se tem no mercado aberto, é específica da economia mercantil. A prostituição é a prova real dessa experiência. Alguns dos seus mais importantes atrativos só com a grande cidade se lhe associam. Só as massas permitem à prostituição alastrar por vastas áreas da cidade. Antes, estava encerrada, se não em casas, pelo menos em ruas. Só as massas permitem ao objeto sexual refletir-se em centenas de efeitos estimulantes que esse objeto ao mesmo tempo pratica. Por outro lado, a oferta, quando a concorrência e a frequência já lhe não permitem disfarçar-se, obriga a mulher a transformar em estímulo a sua própria natureza venal. Começa a acentuar o seu caráter de mercadoria. A revista teatral que veio depois introduziu expressamente o artigo de massas na vida pulsional do citadino, apresentando-lhe grupos de girls *com indumentária rigorosamente uniformizada.*

Essas coisas tornaram-se, por empatia, próximas e familiares para o flâneur. *Ele não encontra o rosto dessas massas nos momentos em que, como Baudelaire diz, se sente como um caleidoscópio dotado de consciência. Se elas têm rosto, ele espreita sobretudo de uma "daquelas praças populares abandonadas e solitárias nas lutas de rua" (Baudelaire, II, 193), mais do que da confusão dos transeuntes, no meio da qual o passeante solitário gosta de se perder.*

(Fonte: Arquivo Benjamin, manuscrito n. 1081)

5.

As duas anotações que se seguem devem ter sido escritas bastante cedo e parecem corresponder a estudos prévios para "A Paris do Segundo Império na obra de Baudelaire". A segunda, o "esquema da empatia", foi cortada no manuscrito.

Tentar seguir o aparecimento do "eu" nos poemas de Baudelaire poderia ser um esquema classificatório útil. Provavelmente não haverá, antes de Baudelaire, nenhum poeta lírico que tenha na sua obra um tão elevado número de poemas dos quais o "eu" desapareceu completamente. Esses poemas como que foram secados, drenados. É bem possível que sejam os mesmos que evidenciam aquela aridez especial, medieval, no seu delineamento. Noutros poemas o "eu" aparece, mas não tem caráter lírico, antes épico: "e desde então eu estou desperto no cimo do Leucate".

Incomparável é a elevação puramente lírica (de inspiração ronsardiana) do "eu" ou "vós": "Tão perto da cidade, não mais esqueci" ("A criada bondosa") [FM, p. 255]. Por fim, há que referir os poemas de máscara que pedem um "eu" emprestado:

"A minha mulher morreu, e eu estou livre!" ("O espectro"). O "Eu" é muitas vezes retido durante muito tempo.

(Fonte: Arquivo Benjamin, manuscrito n. 1826)

{Esquema da empatia
A mercadoria entra em empatia com o cliente
A empatia com o cliente é empatia com o dinheiro
Virtuosos dessa empatia: o Flâneur *a prostituta*

O cliente entra em empatia com a mercadoria
A empatia com a mercadoria é empatia com o valor de troca
Mas isso significa: empatia com o preço
Apoteose dessa empatia: amar a prostituta}

(Fonte: Arquivo Benjamin, manuscrito n. 1054v)

6.

De "A Paris do Segundo Império na obra de Baudelaire" existe uma versão datilografada, precedida pela versão manuscrita que ficou na Academia das Artes de Berlim-Leste. "A diferença mais assinalável entre a versão manuscrita e o datiloscrito tem a ver com a ausência, neste último, das primeiras três páginas de texto, que podem ser vistas como introdução metodológica fragmentária

(R. Heise, Introdução a *W. Benjamin, Das Paris des Second Empire bei Baudelaire,* Berlim/ Weimar, 1971, p. 11). A relevância particular dessa introdução justifica a sua transcrição na íntegra como paralipômenos. De fato, aquelas "primeiras três páginas de texto" não constituem uma introdução, mas contêm duas propostas diferentes de introdução. Apenas a primeira página do manuscrito de Berlim, sem título, pode ser designada de "introdução metodológica"; a segunda e terceira páginas, com o título *Der Geschmack* (O gosto), contêm, sem relação com a primeira, uma tentativa histórico-filosófica de "deduzir a evolução que levou à poesia hermética a partir da economia" (Hella Tiedemann-Bartels, *Versuch über das artistische Gedicht* [Ensaio sobre a arte pela arte na poesia], Munique, 1971. p. 150). Transcreve-se em primeiro lugar o fragmento metodológico a partir do manuscrito de Berlim, em seguida as passagens diferentes de uma versão prévia desse fragmento (do arquivo Benjamin), e finalmente a parte intitulada "O gosto".

6.1 O fragmento introdutório não foi incluído na versão definitiva de "A Paris do Segundo Império na obra de Baudelaire", que substituiu a manuscrita, o que se explica provavelmente pelo fato de Benjamin, ao iniciar a versão manuscrita em fim de junho de 1938, pretender ainda escrever um ensaio com autonomia. Desse plano derivou, durante o processo de trabalho, o de escrever um livro em três partes, de que "A Paris do Segundo Império na obra de Baudelaire" seria a parte central. No meio de um livro não teria, naturalmente, lugar uma introdução metodológica.

A distinção entre o verdadeiro e o falso não constitui para o método materialista um ponto de partida, mas um objetivo. Por outras palavras, isso significa que esse método parte do objeto marcado pelo erro e pela doxa. As distinções de que ele parte – trata-se, desde o início, de um método distintivo – são distinções adentro do próprio objeto, em si extremamente híbrido, e que tem de ser visto pelo método como muito híbrido e acrítico. Se pretendesse aproximar-se do objeto tal como ele é "de verdade", as suas hipóteses seriam muito reduzidas; essas hipóteses aumentam se ele deixar cair cada vez mais tais pretensões, preparando-se assim para o ponto de vista de que "a coisa em si" não é "de verdade".

É claro que é uma tentação seguir "a coisa em si". No caso de um Baudelaire, ela oferece-se em abundância. As fontes correm à nossa vontade, e no ponto em que se juntam à corrente da tradição abrem-se escarpas recortadas por entre as quais essa corrente flui até onde a vista alcança. O materialista histórico não se perde contemplando tal espetáculo. Não busca a imagem das nuvens nessa corrente. Mas muito menos lhe volta as costas para "ir beber à fonte", para, nas costas dos humanos, seguir "a coisa em si". Que moinhos move essa corrente? Quem aproveita o seu desnível? Quem a conteve? Essas são as perguntas do materialismo histórico, que transforma a imagem da paisagem, nomeando as forças que atuaram sobre ela.

Isso parece ser um processo complicado, e de fato o é. Não haverá outro, mais direto, e ao mesmo tempo mais decidido? Que razões há para não confrontar pura e simplesmente o poeta Baudelaire com a sociedade atual, para responder à pergunta: que tem ele a dizer com a sua obra aos seus quadros mais progressistas? Isso, naturalmente, sem omitir a questão de saber se ele tem mesmo alguma coisa a lhes dizer. Contra isso fala o fato de nós, na leitura de Baudelaire, termos sido condicionados por determinada formação que nos foi dada precisamente pela sociedade burguesa. Essa formação nunca poderá ser ignorada. Pelo contrário: são uma e a mesma coisa a leitura crítica de Baudelaire e a revisão crítica dessa formação. De fato, é uma ilusão do marxismo vulgar pretender determinar a função social de um produto, quer material, quer intelectual, escamoteando as circunstâncias e os agentes da sua transmissão. "O conceito de cultura ... apresenta traços fetichistas se for visto como equivalente de constelações tomadas por independentes em relação, se não ao processo de produção que as gerou, pelo menos ao processo de produção em que sobrevivem" [Benjamin, "Eduard Fuchs, colecionador e historiador"].[31] *A recepção da poesia de Baudelaire tem ainda uma história muito curta. Mas apresenta já reentrâncias históricas pelas quais o ponto de vista crítico tem de se interessar.*

(Fonte: manuscrito preservado na Academia Alemã
das Artes, Berlim[-Leste])

---

[31] As consequências imprevisíveis de um procedimento mais resoluto são, de qualquer modo, assustadoras. Não tem grande valor querer inserir a posição de um Baudelaire na rede das mais avançadas na luta de libertação da humanidade. Parece ser muito mais promissor seguir as suas intrigas no campo onde ele sem dúvida está mais em casa: no dos seus adversários. Raramente eles se saem bem. Baudelaire era um agente secreto — um agente da secreta insatisfação da sua classe com o seu próprio poder.

COMENTÁRIO

6.2 A versão de Berlim do fragmento introdutório é precedida por outra (certamente a primeira versão do texto), mais pormenorizada, diferente, muito emendada, contendo algumas contradições e inseguranças de linguagem. O texto está, para além disso, incompleto, sendo difícil determinar se o final se perdeu ou não foi escrito. O interesse dessa versão, para além de algumas passagens que não figuram na seguinte, é sobretudo o de documentar o método de trabalho de Benjamin nessa fase. Transcrevem-se a seguir apenas as três passagens que introduzem, como novidade em relação à versão seguinte, a imagem da câmera fotográfica (as variantes vão entre colchetes).

[...]

(1) Temos aqui uma imagem de Baudelaire, comparável à imagem dentro de uma câmera fotográfica. A recepção [recepção social] é esta câmera. Faz parte dos instrumentos da teoria crítica e é indispensável. O materialista dialético opera com ela. Mas pode enquadrar um setor [mais perto ou mais l...] maior ou menor, escolher uma iluminação política mais crua ou uma histórica mais difusa – mas dependerá sempre desse instrumento. Por outro lado, é o único a poder dar-lhe uso. Não se perde, como o teórico burguês, nas imagenzinhas de tons suaves invertidas que se sucedem umas às outras no visor. A sua função é fixar. O materialista dialético "pressiona o botão" e [leva/tem] leva consigo a chapa, a imagem da coisa tal como ela foi absorvida pela [na] sua recepção pela sociedade.

Naturalmente essa imagem é [um negativo] a seu modo um negativo. Provém de uma tradição [aparelhagem] que só pode [fazer da/trocar a luz pela sombra/colocar a sombra no lugar da luz] colocar a luz no lugar da sombra.

(2) A recepção pela sociedade burguesa é como uma câmera fotográfica. O sábio burguês olha lá para dentro como o leigo que se diverte olhando para as imagens coloridas no visor. O materialista dialético ativa-as. A sua função é apenas: fixar.

(3) Temos aqui uma imagem de Baudelaire, a imagem que dele nos legou a tradição. A tradição [uma ou duas palavras indecifráveis] da sociedade burguesa pode comparar-se a uma câmera fotográfica. O sábio burguês olha lá para dentro como o leigo que se diverte olhando para as imagens coloridas no visor. O materialista dialético opera com elas. A sua função é a de fixar. Pode

procurar um setor maior ou menor, escolher uma iluminação política mais crua ou uma histórica mais difusa – mas acaba por ativar o obturador e disparar. Retirada a chapa, que leva consigo – a imagem da coisa, tal como ela foi absorvida pela sociedade –, o conceito reclama os seus direitos e ele revela-a. Porque a chapa só pode oferecer um negativo. Vem de uma aparelhagem que coloca a sombra no lugar da luz e a luz no lugar da sombra. A uma imagem assim obtida nada ficaria pior do que reclamar para si o estatuto de objetividade.

A sua objetividade é estritamente idêntica à sua função crítica.

A sua vivacidade é apenas aparente, e o seu valor não assenta certamente nela.

De fraca aparência, mas autêntico, é no entanto o conflito em que, em determinado caso, os interesses sociais da tradição entram no confronto com o objeto dessa tradição.

O valor da imagem obtida assenta antes na transformação do retratado, que passa a ser testemunha contra a tradição que trouxe a sua imagem para a chapa; tal como o valor das melhores fotografias reside na tensão das primeiras, que, diferentemente dos daguerreótipos, pelo processo de captação da imagem testemunham contra a época cujos traços são evidenciados pelo retratado.

6.3 Finalmente, os quatro parágrafos da seção intitulada "O gosto":

O gosto

O gosto forma-se com a predominância clara da produção de mercadorias sobre qualquer outro tipo de produção. A manufatura dos produtos para o mercado leva a que as condições da sua fabricação – não apenas as sociais, sob a forma da exploração, mas também as técnicas – desapareçam cada vez mais da esfera de percepção das pessoas. O consumidor, que, na sua qualidade de patrão do operário, é mais ou menos um conhecedor – o próprio mestre o esclarece em certos casos –, é, enquanto comprador, quase sempre alguém sem conhecimentos especializados. A isto acresce que a produção em massa, cujo objetivo é fabricar mercadoria barata, tem de se preocupar em esconder a má qualidade; na maior parte dos casos está mesmo interessada em que o comprador tenha o mínimo de conhecimentos possível. Quanto mais a indústria avança, tanto mais imperfeitas são as imitações que lança no mercado. A mercadoria ganha um brilho profano e fosforescente, que nada tem a ver com aquele que gera as suas "manhas teológicas". Mas desempenha um papel social. No seu

COMENTÁRIO   325

*discurso sobre a proteção legal das marcas, em 17 de julho de 1824, Chaptal[32]
diz: "Não me venham com a objeção de que o cliente, ao comprar a mercadoria,
conhece as diversas qualidades de um tecido. Não, meus senhores, o consumidor
não está em condições de avaliá-las, decide simplesmente pelo aspecto exterior.
Mas bastará olhar e apalpar para nos certificarmos da durabilidade da cor ou
para reconhecer se um tecido é suficientemente fino ou qual a qualidade da
impermeabilização?".*

*A importância do gosto cresce na relação inversa dos conhecimentos
técnicos do comprador. Cresce para ele e cresce para o fabricante. Para ele,
ela tem o valor de uma camuflagem mais ou menos exigente da sua falta de
conhecimentos técnicos. Para o fabricante, tem o valor de um novo estímulo
ao consumo, que em certos casos é satisfeito à custa de outras necessidades do
consumo que sairão mais caras ao fabricante.*

*É precisamente essa evolução que a poesia reflete, na sua tendência da
arte pela arte. Essa doutrina e a prática que lhe corresponde dão pela primeira
vez um lugar de supremacia ao gosto na poesia. É certo que parece que não
se pensa no gosto, uma vez que ele nunca é mencionado. Mas isso não prova
mais do que o fato de que no século XVIII se falava muito do gosto nos debates
estéticos, porque, na verdade, o objetivo desses debates eram os conteúdos. Na
arte pela arte o poeta relaciona-se pela primeira vez com a linguagem do mesmo
modo que o cliente com a mercadoria no mercado livre. Sofreu em alto grau as
consequências da familiaridade com o processo da sua produção: os poetas da
arte pela arte são os últimos de quem se pode dizer que "vêm do povo". Nada
é para eles tão premente que possa determinar o caráter das suas palavras. Pelo
contrário, o que têm de fazer é escolher as palavras. A "palavra escolhida" em
breve seria transformada em estandarte na poesia esteticista da Arte Nova.[33]
O que o poeta da arte pela arte quer é sobretudo dar expressão a si próprio
na linguagem – a si próprio com as idiossincrasias, as particularidades e os
aspectos imponderáveis da sua natureza. E estes se refletem no gosto. É o
gosto que o guia na escolha das palavras. Mas essa escolha só acontece entre
palavras que não estejam já marcadas pelas coisas e pelas causas e absorvidas
no seu processo de produção.*

---

[32] Chaptal (1756-1832): químico francês, inventor de vários processos químicos
aplicados na indústria. Foi ministro de Napoleão I. (N.T.)

[33] "Pierre Louys escreve: o trono; encontram-se por toda a parte *abysmos, ymagens,
tédyo* das flores, etc.... Triunfo do *y*".

De fato, a teoria da arte pela arte torna-se determinante por volta de 1852, numa altura, portanto, em que a burguesia procura retirar a sua "causa" das mãos dos escritores e poetas. No Dezoito brumário Marx lembra esse momento em que "a massa extraparlamentar da burguesia... exige de Bonaparte, através de violência brutal exercida sobre a sua própria imprensa, que acabe com as alas dos oradores e dos escritores, os políticos e os literatos, para ela poder se dedicar com confiança, sob a proteção de um governo forte e sem barreiras, aos seus negócios privados". Na ponta final dessa evolução encontra-se Mallarmé e a teoria da poésie pure. Nela, a causa da sua própria classe afastou-se de tal modo do poeta que o problema da poesia sem objeto é o tema central de discussão. Essa discussão dá-se até nos poemas de Mallarmé, pelos quais andam disseminados os motivos do branco, da ausência, do silêncio e do vazio. É claro que em Mallarmé isso é o anverso de uma medalha cujo reverso de modo nenhum se deve ver como menos importante. Dele se pode concluir que o poeta não se identifica com nenhum dos objetivos da classe a que pertence. Assentar toda uma produção sobre essa recusa de princípio de todas as experiências representativas dessa classe traz consigo enormes dificuldades para o sujeito, que dão a essa poesia um caráter esotérico. A poesia de Baudelaire não é esotérica. As experiências sociais que se refletem na sua obra nunca derivam do processo de produção – e muito menos da sua forma mais avançada, a industrial –, mas têm todas origens menos diretas que, no entanto, manifestam-se de forma clara na sua poesia. As mais importantes são as experiências do neurastênico, do habitante da grande cidade e do comprador de mercadorias.

(Fonte: manuscrito da Academia Alemã das Artes, Berlim[-Leste])

7.

Uma vez concluído o manuscrito, Benjamin ditou em Copenhague o datiloscrito que constitui a versão final de "A Paris do Segundo Império na obra de Baudelaire" (cf. carta a Adorno, de 4 de outubro de 1938). Existem algumas folhas com versões prévias desse texto, com propostas de alteração ao texto datilografado. Trata-se de testemunhos de uma fase intermediária do trabalho, que no entanto não trazem alterações significativas à forma final do ensaio.

8.

O datiloscrito da versão final de "A Paris do Segundo Império na obra de Baudelaire" vem acompanhado de um maço de folhas manuscritas (Arquivo Benjamin, manuscritos n. 3-14) que contêm uma série de apontamentos destinados à reformulação do ensaio sugerida por Adorno na carta de 10 de novembro de 1938 e que levaria à elaboração do texto publicado na *Revista de Investigação Social*, com o título "Sobre alguns motivos na obra de Baudelaire". Transcrevem-se a seguir as mais importantes dessas anotações, com referência às três partes do ensaio original ("A *bohème*", "O *flâneur*" e "A modernidade").

Sobre I: A bohème

... *o proletariado inferior e superior e a sua presença na obra de Baudelaire.*

... *os* boulevards *como centros de formação do repórter e do folhetinista.*

... *a análise política da poesia de Lamartine: reservar para inserir no lugar adequado.*

[Sobre as *Méditations*, de Lamartine]: *"Essa flor de juventude, vinda da tradição, essa primeira poesia da tradição que, dissecando-a, vulgarizará o sol de julho, foi deposta, idealizada em estado puro pela poesia das Meditações... Um grande amor... faz sair do sulco hereditário a colheita miraculosa"* (*Albert Thibaudet,* Histoire de la littérature française de 1789 à nos jours, *Paris, p. 123).*

Sobre II: O flâneur

... *a questão do vestígio e da técnica da sua detecção adquirem um significado totalmente novo na grande cidade.*

... *o parágrafo sobre as técnicas de detecção de vestígios deve ser visto como um todo e eventualmente inserido logo a seguir à segunda seção (a multidão), antes do tratamento do "estudo".*

... *O choque afirma-se como* tertium *no qual convergem a vivência e o automatismo. A prova final é feita pelo instantâneo que "liga" o "momento histórico" ou o tête-à-tête do* [palavra indecifrável], *que foi um acontecimento. Esse instantâneo torna congruentes os choques da vivência e do automatismo (na descrição de Poe, que tem valor profético, o automatismo torna-se completamente visível no comportamento das pessoas).*

O automatismo na gravura de Senefelder. Transição para o jogo.

Baudelaire conhecia [o conto de Hoffmann] *"A janela de esquina do meu primo". Crépet vê nele uma fonte de "Os cegos". J 24 a, 2* [sigla do manuscrito de *O livro das passagens*].

Sobre III: A modernidade
... Paris como a cidade da modernidade por excelência. A citação de "Os sete anciãos" poderia eventualmente vir logo a seguir à parte que trata de Meryon; evidencia a fragilidade da cidade, referindo-se a essa cidade como mero décor teatral. O poeta Baudelaire move-se nela como um ator.

9.

No começo da reformulação da seção sobre o *flâneur*, do ensaio "Sobre alguns motivos na obra de Baudelaire", está um texto intitulado "Neue Thesen" [Novas teses]: essas "Teses" parecem ter preparado a escrita do ensaio de um modo semelhante ao da exposição referida anteriormente (cf. seção n. 2) para "A Paris do Segundo Império na obra de Baudelaire". Na transcrição desse texto, bem como na dos fragmentos que se seguem, as passagens rasuradas por Benjamin aparecem entre colchetes.

Novas teses
Os primeiros autores a representarem a multidão da cidade moderna são unânimes em afirmar o seu caráter bárbaro. Baudelaire encontra na multidão o lugar daquilo que é humano; no entanto, o seu sujeito já não é o homem, mas a mercadoria. As qualidades humanas do flâneur *são as da mercadoria, e há que enumerá-las. E não pode aí faltar o momento do isolamento, do "poder-ser-levado-para-casa".*
A empatia com a mercadoria começa provavelmente com a empatia em relação à matéria inorgânica (As tentações de Santo Antão;[34] ensaio de Flaubert). [Mas, fundamentalmente, a empatia com a mercadoria é empatia com o próprio valor de troca.]
[As exposições universais eram a escola em que as massas, afastadas do consumo, aprendiam a empatia com o valor de troca. "Olhar tudo, não tocar em nada."]

---

[34] Cf. nota 9, p. 261. (N.T.)

Qual é o papel do cômico na interpretação? "O muçulmano faz a sua oração pronto a rir-se do cristão." (Aron)

[Só na sua qualidade de mercadoria as coisas exercem o seu efeito, que aliena os homens uns dos outros. E exerce-o através do preço. O que se intromete entre as pessoas não é tanto a coisa, é antes o seu preço.]

A forma como Baudelaire chegou até nós pode ser vista como uma catástrofe (seria útil colocar uma exposição sobre isso no começo da primeira parte do ensaio).

As formas específicas da loucura e do mito que este trabalho tem em vista são as da consciência histórica do século XIX. Só contra esse pano de fundo se projetam claramente as formas pitorescas da sua fantasmagoria.

Cada instante é o Juízo Final daquilo que aconteceu em qualquer outro antes dele. Se cada época se relaciona de forma direta com Deus, ela o faz como tempo messiânico de um outro que lhe é anterior.

[A teoria de Blanqui como répétition du mythe – exemplo fundamental da história primordial do século XIX. A humanidade tem de ficar parada em cada século. Cf. N 3 a, 2 e ainda N 4, 1 [siglas do manuscrito de O livro das passagens])

[O "eterno retorno" como forma essencial da consciência histórica primordial, mítica.]

Antinomia de aparência e significação: fundamental para desenvolver quer o problema da alegoria, quer o da fantasmagoria. Sobre isso, N 5, 2, expurgado da relação enganadora com a imagem dialética.

Na imagem dialética há que encontrar o lugar para "o sonho de uma coisa"[35] – independentemente da liquidação do mito na imagem dialética (analogia entre sonho e conto maravilhoso).

O motivo da despedida reconciliada do passado e o cômico. A passagem de Marx em N 5 a, 2.

As pessoas que passam horas sentadas no café: são tanto massa como pessoas.

[Clímax: flâneur – homem-sanduíche – jornalista uniformizado (faz propaganda do Estado, e já não da mercadoria).]

[O flâneur só se liberta da multidão ao se transpor para a mercadoria.]

---

[35] Alusão à frase de Marx ("o sonho de uma coisa neste mundo") numa carta a Arnold Ruge, para se referir à função utópica da arte. (N.T.)

[O burguês começa a se envergonhar do trabalho; é esse sentimento de vergonha que marca a figura do flâneur.*]*

O flâneur *confere à multidão o estatuto de lugar do humano, mas o seu sujeito já não é o homem, é a mercadoria; através do* flâneur *fala a consciência da mercadoria.*

Engels e Poe coincidem na consideração do caráter bárbaro da multidão. Mas Baudelaire é o primeiro que descobre nela um lado reconciliador.

A estrutura amorfa e pouco segura daquela massa cujo aplauso Victor Hugo procurava está representada no mundo dos espíritos.

O flâneur *como iluminado ("Surrealismo")* [cf. o ensaio sobre "O surrealismo", em próximo volume desta coleção], *inspiração histórica do* flâneur.

O espaço da História, o descontínuo, como "espaço imagético" (cf. "O Surrealismo"). Quanto mais o espírito (Geist) se projeta para trás, no passado, tanto mais cresce a massa daquela matéria que ainda está longe de ter se transformado em história. Isso vai contra a concepção de uma "história universal".

[O verdadeiro conceito de história universal é messiânico. A história universal, tal como é entendida hoje, é reacionária.]

(Fonte: Arquivo Benjamin, manuscritos n. 1816-1819)

10.

Não se conservou nenhum manuscrito de "Sobre alguns motivos na obra de Baudelaire", mas os textos seguintes parecem ser fragmentos de uma versão anterior – talvez mesmo a primeira –, ainda pouco estruturada. Trata-se de folhas soltas extraídas de um caderno de argolas, no formato 9,5 x 17 cm. No acervo de Benjamin, encontram-se reunidas de forma algo arbitrária num rolo (Manuscritos n. 1050-1079) que também contém anotações para outros trabalhos – nomeadamente as teses "Sobre o conceito da História" – e citações de Rousseau. Transcrevem-se a seguir as anotações referentes ao trabalho sobre Baudelaire. As nove folhas desse rolo estão numeradas à mão, por Benjamin, no canto superior direito, indo a numeração de 6 a 55, o que indicia que se trataria de um manuscrito mais desenvolvido (os números entre parênteses curvos, centrados, referem-se à numeração de Benjamin).

(6)

[A rigorosa moral calvinista do trabalho estaria certamente em estreita relação com a desvalorização da vita contemplativa. *Procurava opor uma barreira ao ócio e ao fluir do tempo, que na contemplação está mais controlado (cf. Max Weber,* Sociologia da religião).*]*

[A definição dos modos específicos de comportamento do ocioso: podem, em princípio, ter uma duração ilimitada, sem nunca degenerar em trabalho. Mas não se pode esquecer que esses comportamentos são acompanhados por certo grau de atividade. Por isso é próprio deles aquela duração ilimitada que escapa ao mero prazer dos sentidos, qualquer que ele seja. Esse grau mínimo de atividade liga a ociosidade ao trabalho. É fascinante verificar como a espontaneidade comum ao ocioso, ao jogador, ao colecionador, é a do caçador – ou seja, a da mais antiga forma de trabalho, de todas a mais ligada à prática da ociosidade (o ocioso como caçador é o detetive).]

[Aquilo que distingue a vivência da experiência é o momento do choque. O cinema é, entre todas as formas da arte, aquela que provoca no espectador relativamente menos experiências e relativamente mais vivências. O cinema consegue comunicar esse momento de choque mesmo ao mais rodado e mais experiente dos destinatários.]

(10)

O sétimo dia, o ano de jubileu, são interrupções. O trabalho suportou durante muito tempo essas interrupções. Para a técnica moderna elas tornaram-se precárias. O ócio da ocupação dos tempos livres é o complemento de fábricas nas quais, por razões técnicas e econômicas, o trabalho já não admite interrupções. Ora, a interrupção é o verdadeiro paliativo da monotonia. É o mesmo padrão técnico no qual o processo de trabalho ostenta uma monotonia nunca antes conhecida e não quer admitir qualquer interrupção. Visto dessa dupla perspectiva, o ócio ajusta-se ao trabalho: é a quinta-essência dos seus lados negativos e faz desaparecer a sua função positiva. "Turno da noite do ocioso."

O que há de comum entre o flâneur, *o estudioso e o jogador é o fato de não quererem que os interrompam. Mas isso tem também um lado positivo, como se pode ver pelo "nunca-se-cansam" das crianças. Cf. Proust,* Temps retrouvé, II, p. 185.[36]

---

[36] Sobre a edição de Proust utilizada por Benjamin, ver a nota 4, p. 108. (N.T.)

O momento infantil do noctambulisme. *[Que a infinitude imperfeita surge em Hegel como marca da sociedade burguesa. Mostrar a infinitude na movimentação do capital.]*

O ócio como o autêntico vício de Baudelaire. O ditado diz: a ociosidade é a mãe de todos os vícios.

(14)

[É preciso tomar consciência de que toda espécie de uniforme, ao destacar determinados grupos da multidão anônima, visa, deliberadamente ou não, pôr a nu o nome. O anonimato essencial do homem, do ponto de vista do seu aspecto exterior, deixa de ser suportável dentro da sociedade moderna, pelo menos na forma que ela assume nos regimes totalitários. Na ponta final dessa evolução, os homens, tal como os automóveis, serão identificados pelos seus números de matrícula.]

As várias formas assumidas pelo jogo de relações entre trabalho e ócio poderiam ser definidas por um sistema em que uma das coordenadas representa os objetivos e a outra, o dispêndio de energia. (posição especial do jogo de paciência)

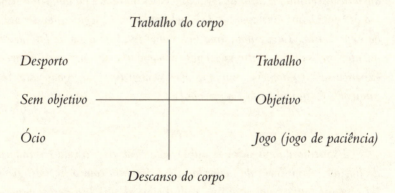

Sobre o colecionador feudal, cf. o que escreveu Julius von Schlosser[37] *sobre gabinetes de raridades e coleções de arte.*

---

[37] Julius von Schlosser (1866-1938), historiador da arte vienense, diretor do Kunsthistorisches Museum. A obra referida é *Die Kunst-und Wunderkammer der Spätrenaissance* [As coleções de arte e de raridades do Renascimento tardio], de 1908. (N.T.)

O estudo é aquele domínio em que o otium *e o lazer tendem para a fusão. Os poemas latinos de Baudelaire são um testemunho marcante e de certo modo aristocrático do seu "estudo". Sobre 21, 1 [cf., a seguir, seção referente à p. (21)]*

(16)

[O desejo autêntico pertence à ordem da experiência, representa mesmo o seu sancionamento máximo. "Aquilo que desejamos na juventude, temo-lo em abundância na velhice", diz Goethe. Quanto mais cedo na vida formulamos um desejo, tanto mais possibilidades ele tem de ser atendido. De acordo com isso, a vida tem a duração exata para permitir satisfazer os desejos da primeira juventude. Quanto mais um desejo recua no tempo, tanto mais esperança há para a sua realização. Mas aquilo que nos acompanha até essa distância no tempo é a experiência que o atravessa e organiza. Por isso, o desejo realizado é a coroa destinada à experiência.]

[No simbolismo dos povos a distância do espaço pode representar a dos tempos. Por isso a estrela cadente, que se precipita na distância infinita dos tempos, tornou-se símbolo do desejo realizado. A esfera de marfim que rola até a casa seguinte, a carta de jogar que é neutralizada no momento seguinte, são os verdadeiros contrapontos da estrela cadente. O jogo anula as instâncias da experiência. Talvez haja uma indefinida intuição disso no fato de ser frequente, precisamente entre jogadores, a referência ao "argumento plebeu da experiência". O homem mundano diz "o meu tipo", o jogador diz "o meu número". O fundamento é o mesmo.]

(18)

Esquema da empatia. É duplo, abarca a vivência da mercadoria e a do freguês. A vivência da mercadoria é a empatia com o freguês. A empatia com o freguês é empatia com o dinheiro. A virtuosa dessa empatia é a prostituta. A vivência do freguês é empatia com a mercadoria. A empatia com a mercadoria é empatia com o preço (o valor de troca). Baudelaire foi um virtuoso dessa forma de empatia. O seu amor à prostituta é a sua mais perfeita manifestação.

[A semelhança do ocioso com Deus revela que o dito "O trabalho honra o burguês" começou a perder a sua validade. O burguês começa a se envergonhar

do trabalho. O seu orgulho aplica-se cada vez mais apenas à posse. No entanto, o vulgar ladrão disputa-lhe esse elevado sentimento, pois se entrega ao ócio sem querer saber se os seus meios lhe permitem isso ou não.]

Clímax: flâneur – homem-sanduíche – jornalista uniformizado. O último faz propaganda do Estado, e já não da mercadoria.

[As exposições universais eram a escola em que as massas, afastadas do consumo, aprendiam a empatia com o valor de troca. "Olhar tudo, não tocar em nada."]

[Na situação de desespero extremo, quando no horizonte deserto não se levanta já nenhuma vela e nenhuma crista da onda da vivência, há ainda uma coisa a que o sujeito solitário, dominado pelo taedium vitae, pode se agarrar: a empatia.]

(19)

O lado problemático da empatia em Baudelaire pode encontrar-se no fato de a essa prática se contrapor o testemunho apaixonado segundo o qual o artista seria aquele indivíduo a quem está vedado sair de si próprio. A tarefa de tentar conciliar essas duas posições leva ao mais fundo da estrutura da empatia. A essência desse comportamento é o momento em que o eu próprio se insinua num estranho. De fato, o virtuoso da empatia não sai de si. A sua jogada de mestre consiste em ter tornado o eu próprio tão vazio, tão livre de todo lastro da pessoa, que ele se sente bem em qualquer máscara.

A experiência do homem sob o efeito do haxixe, que vê Dante e Petrarca em dois transeuntes andrajosos, não tem outro suporte que não seja a empatia. O tertium é o próprio indivíduo sob o efeito da droga. A sua identificação com o grande gênio, por exemplo, Dante e Petrarca, é tão perfeita que todo sujeito em que ele se transforma se torna idêntico a Dante e Petrarca. O que resta da pessoa é apenas uma capacidade ilimitada, muitas vezes também uma vocação ilimitada, para assumir o lugar ocupado no cosmos por qualquer outro, incluindo qualquer outro animal ou coisa morta.

[A experiência é o que fica do trabalho. A vivência é a fantasmagoria do ocioso. (Conclusão da sinopse)]

(21)
O estudo como lazer e como ociosidade

Se o estudo se situa no âmbito de um otium cum dignitate ou predominantemente no do lazer, isso depende acima de tudo das condições econômicas em que ele se desenvolve. O homem que não é perturbado no seu estudo pelas necessidades da vida entrega-se a um hobby; somos levados a louvar o uso que ele faz do seu ócio. O pobre diabo que, de estômago vazio, passa os dias enfronhado nos livros terá de provar, com uma obra que desperte a atenção, que é mais do que um homem ocioso. Mas o limiar visível que separa a ociosidade do lazer é a coleção. O homem rico que se empenha em aumentar e cuidar das suas coleções não é, com certeza, um ocioso. É um membro útil da sociedade humana. E na sociedade burguesa cabe ao grande colecionador assegurar a continuidade em relação ao grande senhor que cultivava o lazer.

A imaginação de Baudelaire envolve a figura do ócio, faz dele uma metamorfose do herói antigo. E assim o insere, como elemento do cenário, no seu afresco da modernidade.

Ao choque do encontro, em cuja base está a troca de olhares ("À une passante"), corresponde o ser atraído para um rastro ("Les Petites vieilles").

Passagens de Kafka sobre o noctambulisme: meu manuscrito, p. 31.

Passagem sobre Hércules em Schlegel e Baudelaire

(39)
[Partindo desses contextos, podemos esperar que se abram perspectivas sobre a quinta-essência histórica da figura de Baudelaire. A palavra "figura" deve ser entendida aqui no seu sentido mais concreto. A psiquiatria conhece tipos que buscam o trauma. Baudelaire chocava os contemporâneos pelo que havia de abrupto e espontâneo nos seus comportamentos, nos seus pontos de vista e, finalmente, também na sua obra. Parece que gostava de aparar os golpes, os choques com a sua pessoa mental e física, fosse qual fosse a sua proveniência.]

[O momento do déclic, da "comutação" na empatia. Projeção da definição da empatia sobre as definições da seção sobre o choque.]

(55)
Sobre "O homem da multidão"

[*Muito importante que a prática não desempenhe nesse processo de produção o papel que tinha no trabalho artesanal e na manufatura. A máquina, que concede todos os direitos à rotina, afasta-a do processo de produção. No processo da administração, a organização mais apertada produz efeitos semelhantes: o conhecimento humano, que o funcionário em tempos adquiria certamente pela prática, deixou de ser importante na vida administrativa. Quanto mais curto é o tempo de formação do operário industrial, tanto mais longo é o dos militares; quanto mais monótonas as suas obrigações, tanto mais multiestratificadas são as do soldado mobilizado. Entre as particularidades que caracterizam uma sociedade hesitante, à beira da guerra total, conta-se a de que a prática foi se deslocando cada vez mais da prática da produção para a da destruição (mas também do combate ilegal aos detentores do poder).]*

[*A ideia de ação em Bergson modificar-se-ia se ele tomasse consciência da possibilidade de organizar coletivamente os sujeitos da ação. A sua definição do presente como* état de notre corps *perderia imediatamente a sua* impermeabilité *em relação ao sonho se visasse a um corpo menos moldado e determinado do que o do indivíduo. Assumindo que tal corpo seria o da humanidade, iria talvez se tornar evidente que esse corpo tem de se deixar penetrar pelo sonho antes de ter quaisquer pretensões de passar à ação.]*

11.
Há uma série de folhas soltas com algumas anotações que faz também parte dos trabalhos preparatórios para "Sobre alguns motivos na obra de Baudelaire". Os dois últimos textos são variantes a duas passagens do ensaio (respectivamente as seções II e XII).

Tal como em Rattier, também em Baudelaire o artefato é contraposto à natureza (J 86 a, 3) [sigla de *O livro das passagens*].

Relacionar as imagens arcaicas (filho da selva, esgrimista) com as "máscaras historizantes" de Giedion.

COMENTÁRIO

[O ideal da vivência que assume a forma de choque é a catástrofe. É o que acontece no jogo, em que aquele que perde caminha para a ruína ao apostar cada vez mais alto, com a intenção de salvar o que perdeu.]

O comportamento reflexo traz consigo uma tipificação (empobrecida). O flâneur *estuda o tipo. (Mas assimila-o como produto mais da empatia do que da experiência; por fim, a empatia provoca a derrocada da teoria dos tipos.)*

A massa deixou um dia de ser "véu". Agora envolve o cidadão sob a forma de "massa compacta".
Haverá uma possibilidade de estabelecer uma relação entre a passagem de Gerstäcker[38] com o fenômeno de colportage do espaço? Ou este com o valor de troca e a fantasmagoria da igualdade?

[O dandy *movimenta-se entre a multidão sem dar atenção aos empurrões a que está sujeito.]*

Sobre o trapeiro: Lautréamont, p. 116.

(Fonte: Arquivo Benjamin, manuscrito n. 1056r)

[Como um nadador que tem de lutar contra o redemoinho, assim também a "beldade moderna" de Baudelaire tem de lutar contra o maelström *da presentificação anamnésica (Eingedenken). Contra uma dor insondável, a intuição de uma vida anterior que* [a frase interrompe-se]*]*

---

[38] A passagem referida é um dos fragmentos do segundo tomo de *O livro das passagens*, que se traduz a seguir, para melhor compreensão dessa anotação: "Lá fora crescia a torrente verde, transparente, e enchia a rua até o cimo das casas, e nela nadavam os mais estranhos peixes, muitos deles com parecenças humanas... A própria rua parecia ter saído de um livro de imagens antiquíssimo; casas cinzentas, de empenas e telhados altos, janelas estreitas, umas direitas, outras inclinadas, as paredes exteriores em parte totalmente cobertas de conchas e algas, em parte lisas e limpas e ornamentadas com delicadas pinturas e imagens de conchas... Diante de cada porta havia uma árvore de coral, alta e umbrosa, e nas paredes não era raro verem-se, como as nossas rosas e parreiras trepando por latadas, polipos de muitos braços que se ramificavam até por cima das janelas e mesmo até quase às empenas dos telhados" (Friedrich Gerstäcker, *Die versunkene Stadt* [A cidade submersa], 1921). (N.T.)

[O fato de a vontade restaurativa de Proust se enredar nos terrores da existência terrena e a de Baudelaire ultrapassá-los mais não é do que a projeção poética do conceito de experiência que está no centro da sua obra. Proust, que nisso está muito próximo de Bergson, já se alienou bastante do seu ideal histórico. Baudelaire conserva-o no esquema místico. O seu conceito das "correspondências" não se pode separar dele.]

(Fonte: Arquivo Benjamin, manuscrito nº 1057r)

Será o "volume absoluto de trabalho", materializado no volume de mercadorias (X 9, 1 [sigla de O livro das passagens]) o cânone do volume de pessoas materializado na multidão?

(Fonte: Arquivo Benjamin, manuscrito n. 1057v)

O coup no jogo como modelo da vivência

Marca da nova experiência Acumulação das vivências, caráter de choque

Poeticamente as vivências são, por natureza, inúteis
Fazer das vivências experiências [sem o conforto burguês] [Diferenciação terminológica entre a experiência antiga e a moderna]

A vivência é a sensação domesticada, que faz parte do recheio da existência privada.

A fantasmagoria, que é o esquema que subsume a totalidade dos achados da flânerie, é o correlato intencional da vivência. A "vivência inesquecível" é o modelo de uma fantasmagoria.

A mémoire involontaire está subordinada à experiência, não à vivência (Freud!) A experiência é o produto do trabalho, a vivência (o choque) é o produto do ócio.

Referências de Bergson à sequência das imagens nos moribundos

Valéry, que será o único a tentar compreender o sentido da modernidade como Baudelaire a via, sem, no entanto, a ele se referir, diz: o homem moderno não se entrega a nenhum trabalho que não possa ser encurtado. E diz ainda: ["Os grandes projetos (empreendimentos) a longo prazo, de um Maquiavel ou de um Richelieu, teriam hoje a duração de uma aposta na Bolsa".]
O romance em folhetim é um dos primeiros produtos cujo aparecimento se deve às necessidades plebeias de sensação.
Só aquilo que não foi vivenciado conscientemente pode se tornar parte integrante da mémoire involontaire.

COMENTÁRIO

Referências de Bergson à sequência das imagens nos moribundos

O que distingue a experiência da vivência é o fato de aquela não poder se separar da ideia de continuidade, de sequência. A ênfase que recai sobre a vivência será tanto mais importante quanto mais o seu objeto estiver distante do trabalho. O que distingue o trabalho é precisamente o fato de ele fazer das vivências experiências.

O jornalismo esforça-se por transpor a grande massa das vivências da esfera do trabalho, na qual elas só podem dizer respeito a um número limitado de leitores, para a do ócio, na qual, sob a forma do acontecimento sensacional, elas podem ser consumidas por todos os leitores do jornal.

O que interessa ao jornalista é uma vivência que assente como uma luva à consciência. Ele é aquele que constata que uma determinada coisa é uma vivência, um "acontecimento" – no suplemento, uma vivência "inesquecível", na seção de política, um acontecimento "histórico".

(Fonte: Arquivo Benjamin, manuscrito n. 1093r)

O olhar do filósofo, que, compreende-se, se fecha a essa experiência, descobre outra, de tipo complementar, de forma quase espontânea, como uma imagem póstuma

Proust e Baudelaire Proust como comentador

[Permitir-me-ão que glose aqui a referência de Hegel à coruja de Minerva, que só levanta voo ao cair da noite, e que fale de uma imagem póstuma dessa experiência, que fica a pairar diante dos olhos do filósofo depois de já ter desaparecido do campo de visão da sociedade. Toda a filosofia de Bergson pode ser vista como uma tentativa de desenvolver e fixar essa imagem póstuma complementar.

[Frase indecifrável.] Em particular Matière et mémoire determina a essência da experiência de tal modo que o leitor chega à conclusão de que só o poeta poderá ser o sujeito ideal dessa experiência. E foi, de fato, um poeta que comprovou a teoria da experiência de Bergson. Há muito tempo que se constatou que as buscas dos tempos perdidos empreendidas por Proust mais não são do que a tentativa de dominar a durée. Ele não evita, na sua obra, essa relação com Bergson e deu, da forma mais feliz, expressão rigorosa e continuidade ao conceito bergsoniano de mémoire-image na sua mémoire involontaire. O grande reservatório da mémoire involontaire é a quinta-essência da experiência poética, mas não necessariamente num sentido muito adequado, e menos ainda exaustivo. De qualquer modo, ele o faz de maneira a destacar com ênfase, no inventário da experiência, aquilo que poderia ser visto como riqueza invejável do escritor, em especial do poeta lírico, numa época para a qual a possibilidade de cantar a experiência parecia desvanecer-se. Essa época é a modernidade, no sentido que a palavra assume em Baudelaire.]

(Fonte: Arquivo Benjamin, manuscrito n. 1093v)

A aparência de uma multidão em si mesma animada e animizada desfez-se em nada diante dele [i.e., de Baudelaire]. *De fato, um tal coletivo não é mais que mera aparência. A "multidão" pela qual o* flâneur *passeia o olhar é a forma vazia em que, 70 anos mais tarde, foi vazada a "comunidade do povo" que, como se disse, anularia as oposições de classe. Baudelaire intuiu o processo de decomposição que se preparava, o que não era nada impossível na Paris do Segundo Império. É como se ele quisesse definir de uma vez por todas toda a baixeza dessa multidão, ao dizer que até mesmo as mulheres perdidas e os excluídos ainda haviam de chegar a aceitar de bom grado o modelo da vida regrada, a condenar a libertinagem e a não acreditar noutra coisa que não fosse o dinheiro. Baudelaire vê-se já na posição de espiritualmente abandonado por esses seus últimos aliados que pactuam com a multidão. Solitário, insurge-se contra a multidão com a ira impotente de alguém que se rebela contra a chuva e o vento. Ser obsequiado pelos golpes dessa multidão – era nisso que consistia a vivência a que Baudelaire deu pela primeira vez o peso de uma experiência. E essa experiência anulou todas as anteriores.*

A capacidade cuja perda Baudelaire lamenta nesse texto é a de ser capaz de retribuir um olhar, em vez de desafiá-lo. Olhares mortos na vivência do choque. Fusées XXII.

(Fonte: Arquivo Benjamin, manuscrito n. 1090)

12.

Na *Revista de Investigação Social* os ensaios em alemão foram acompanhados por resumos em inglês e francês. No arquivo do Instituto de Investigação Social encontra-se um resumo, em alemão, de "Sobre alguns motivos na obra de Baudelaire". Parece ser um esboço que Benjamin terá enviado para Nova Iorque para ser traduzido; não deve tratar-se do resumo escrito por Adorno (cf., atrás, carta 78), mas de um texto escrito pelo próprio Benjamin. Dos dois resumos publicados na revista – e que não coincidem com o esboço em alemão –, o em inglês não contou certamente com a colaboração de Benjamin; já o em francês foi feito com a sua colaboração, ou mesmo redigido por ele. Dão-se a seguir os textos do esboço em alemão e do resumo em francês, respectivamente.

Sobre alguns motivos na obra de Baudelaire

A teoria da memória, tal como é desenvolvida por Bergson em Matière et mémoire *e tomada por Proust como fundamento da sua crônica* Em busca do tempo perdido, *subordina-se a um tipo de experiência que sofreu profundas mudanças ao longo do século XIX. Os serviços noticiosos da grande imprensa poderão dar delas uma ideia provisória. (I, II). A sua explicitação teórica não poderá prescindir das considerações de Freud em* Para além do princípio do prazer. *Aí se estabelece uma correlação entre a memória e a consciência. Segundo Freud, só pode tornar-se parte integrante da memória no sentido bergsoniano (a* mémoire involontaire *proustiana) aquilo que não foi "vivenciado" em consciência. Por outro lado, porém, Freud atribui uma importância enorme à "vivência em consciência", pois a consciência tem uma função de defesa contra o choque. Quanto maior for a ameaça do choque, tanto mais vigilante estará a consciência (III). A reação aos choques é um dos momentos decisivos na experiência poética de Baudelaire. Deixa marcas tanto na estrutura dos seus versos como na sua ideia de prosa. O próprio Baudelaire se retratou, na figura do esgrimista, como sujeito da experiência do choque (IV). A existência no meio das massas é para Baudelaire a origem dessa experiência, que, assim, torna-se específica da grande cidade. Os motivos que o trabalho explora agrupam-se em torno do da multidão da grande cidade. Em Baudelaire esta não é objeto de descrições realistas, apesar de estar inscrita, como figura escondida, numa série de poemas seus (V). Muitos dos mais profícuos motivos que se oferecem à arte com o aparecimento das massas das grandes urbes foram utilizados por Poe de forma elucidativa no conto "O homem da multidão". O cenário desse conto é Londres (VI). O conto de Poe tem uma correspondência na descrição fisionômica da multidão de Berlim na narrativa de Hoffmann* A janela de esquina do meu primo. *A Paris de Baudelaire situa-se, do ponto de vista do seu desenvolvimento urbano, entre Berlim e Londres (VII). Os primeiros autores que descreveram as massas da grande cidade destacaram o seu caráter inquietante. Domina nessas massas um comportamento reflexo. Os mecanismos que nele atuam assimilaram a reação aos choques. O conforto, que isola o indivíduo dos seus semelhantes e o sujeita a um automatismo, contribuiu para o desenvolvimento dessa reação. No mesmo sentido atua o moderno trabalho fabril, que, na formulação de Marx, aplica o trabalhador à maquinaria (VIII). Em Baudelaire, o modelo da vivência do choque é o jogo de azar. O jogador é o contraponto especificamente moderno da imagem arcaica do lutador. No jogador, a vivência do choque apresenta-se do lado da sua armadura abstrata,* que é puramente temporal. O adversário do jogador é o ponteiro dos segundos (IX). O indivíduo dominado pelo spleen, que não se liberta do fascínio do decorrer vazio do tempo, é irmão gêmeo do jogador. A consciência do tempo no spleen representa a oposição de princípio à superação do tempo na memória (no sentido da mémoire involontaire). Baudelaire põe frente a frente esses dois princípios nos conceitos de spleen e ideal (X). A impressão que causaram em Baudelaire os daguerreótipos leva-nos a seguir as relações existentes entre a fotografia e a vivência do choque, por um lado, e entre a arte e a memória, por outro. A fotografia e as técnicas posteriores que permitem fixar imagens autênticas do acontecido e reproduzi-las a qualquer momento satisfazem uma necessidade de informação a que corresponde a lembrança provocada (mémoire volontaire). O desejo, cuja realização pode ser vista na obra de arte, e preservado nesta, alimenta-se da memória (da mémoire involontaire). Os seus dados podem ser subsumidos no conceito de aura. Um dos motivos centrais da poesia de Baudelaire é o da decadência da aura, que traz em si a chave dos seus poemas eróticos (XI). O fragmento de prosa "Perda da auréola" resume a experiência que Baudelaire derivou do seu contato com as massas da grande cidade. Essa experiência consiste na destruição da aura pela vivência do choque. Para Baudelaire, nenhum poeta futuro poderá deixar de passar por essa experiência (XII).

(Fonte: datiloscrito no Arquivo do Instituto
de Investigação Social, Montagnola)

Sobre alguns motivos na obra de Baudelaire
A análise começa por constatar uma cisão entre a grande poesia lírica e o público, uma cisão que terá se operado a partir de meados do século XIX. Essa separação é interpretada como a consequência de uma transformação na própria estrutura da experiência humana.
Isso foi primeiro explicado pela obra de Bergson. A teoria da memória, tal como foi desenvolvida em Matière et mémoire, liga-se a um tipo de experiência que sofreu golpes profundos ao longo desse século XIX. Graças à categoria da memória, Bergson tende a restaurar o conceito de experiência autêntica. Essa experiência autêntica existe em função da tradição e opõe-se assim aos modos habituais de experiência próprios da época da grande indústria. Proust definiu a memória bergsoniana como memória involuntária, e em seu

nome tentou reconstruir a forma da narrativa. O rival desta última chama-se, na época da grande indústria, informação e desenvolve, por meio do choque, uma memória que Proust opõe à memória bergsoniana, e a que chamou memória voluntária. Pode-se considerar, seguindo Freud, a memória voluntária como estando intimamente ligada a uma consciência constantemente à espreita. Quanto mais a consciência for obrigada a aparar os choques, tanto mais se desenvolverá a memória voluntária, e tanto mais a memória involuntária enfraquecerá. A experiência iminentemente moderna do choque será a norma da poesia de Baudelaire. Recorrendo à imagem do esgrimista, Baudelaire, que estava habituado a ser acotovelado pela multidão nas ruas na sua flânerie, identifica-se com o homem que tem de se defender dos choques.

O choque, enquanto forma dominante da sensação, é acentuado pelo processo objetivado, capitalista, do trabalho. A descontinuidade dos momentos de choque tem a sua causa na descontinuidade de um trabalho que se automatizou e deixou de admitir a experiência que antes presidia ao trabalho artesanal. Ao choque experimentado pelo flâneur no meio da multidão corresponde uma experiência inédita: a do operário diante da máquina.

O reflexo mecanizado do homem entregue ao mundo moderno é traduzido em Baudelaire pela atitude do jogador. Para o homem que se entregou ao jogo, a experiência do choque apresenta-se no que tem de mais essencial, ou seja, como uma maneira de experimentar o tempo. O indivíduo dominado pelo spleen, que não é capaz de se libertar do fascínio exercido pelo desenrolar do tempo vazio, é irmão gêmeo do jogador. Perante o spleen, a obra de Baudelaire evoca o ideal. O ideal é a memória involuntária, iniciadora no jogo das "correspondências". Depositário das imagens de uma vida anterior, o ideal seria o supremo consolador, se não fosse contrariado pela "beleza moderna", que é essencialmente regida pelo spleen. As lembranças mais ou menos nítidas que impregnam cada imagem vinda do fundo da memória involuntária podem ser vistas como a sua "aura". Apreender a aura de uma coisa quer dizer: investi-la do poder de nos fazer levantar os olhos. A decadência da aura tem causas históricas de que a invenção da fotografia é uma espécie de resumo. Essa decadência é o tema mais pessoal da poesia de Baudelaire, e a chave dos seus poemas eróticos. O poeta invoca olhos que perderam a capacidade de olhar. E assim se fixa o preço da beleza e da experiência moderna: a destruição da aura pela sensação do choque.

(Fonte: Revista de Investigação Social, n. 8, 1939–1940, p. 90 e segs.)

SOBRE ALGUNS MOTIVOS NA OBRA DE BAUDELAIRE
(p. 103-149)

De todos os textos do complexo sobre Baudelaire, esse é o que oferece menos problemas de gênese e composição. O datiloscrito, em poder do Instituto de Investigação Social e conservado por Leo Löwenthal até 1971, é o do exemplar que Benjamin enviou para Nova Iorque em 1º de agosto de 1939 (cf., atrás, carta 68). A versão impressa na revista foi cuidadosamente revisada por Benjamin. As poucas variantes em relação ao original são correções do tipo daquelas que um autor tão meticuloso em questões de estilo, como era Benjamin, introduz ainda nas provas de granel, e mesmo nas já paginadas.

PARQUE CENTRAL
(p. 151-189)

A primeira publicação de uma seleção de fragmentos de "Parque Central" é precedida de uma nota de Adorno em que se lê: "As anotações fragmentárias que aqui se apresentam contam-se entre os últimos textos saídos da pena de Benjamin. Situam-se nos anos de 1939-1940. [...] Os fragmentos destinavam-se a integrar a última seção do livro sobre Baudelaire, que apareceu em grande parte no número 8 (1939-40) da *Revista de Investigação Social* sob o título 'Sobre alguns motivos na obra de Baudelaire'. O título 'Parque Central', que figura nos dois manuscritos deixados por Benjamin, indica que ele dava uma importância central a essas anotações, que deveriam contribuir para fundamentar de forma teórica o que os capítulos anteriores tinham preparado. Daí a dificuldade particular desses fragmentos muito assertivos e especulativos, que só na construção do livro se tornariam transparentes. O título deriva também dos planos de emigração para Nova Iorque por parte de Benjamin. Os amigos procuravam já casa para ele nas proximidades do Central Park quando ele se suicidou na fronteira franco-espanhola" (Walter Benjamin, "Zentralpark", in: *Sociologica*. Nos sessenta anos de Max Horkheimer. Frankfurt/M., 1955, p. 431). A datação de Adorno não é muito exata. Alguns dos fragmentos encontram-se já, ligeiramente modificados, em "A Paris do Segundo Império na obra de Baudelaire", e o conjunto é referido na fase preparatória desse trabalho, nomeadamente nas cartas de 16 de abril e 28 de agosto de 1938. Mas não é provável que todos os fragmentos existissem já a essa altura, porque o manuscrito é constituído por várias folhas soltas que não foram escritas de forma contínua, o que é indicado pelos diferentes tipos de tinta e caligrafia e pela anotação, em datas diferentes, de fragmentos na mesma folha (o que explica a ordenação aparentemente desconexa, e que a edição mantém). O mais provável é que os fragmentos tenham surgido entre abril de 1938 e fevereiro de 1939, o período em que Benjamin começou a escrever "Sobre alguns motivos na obra de Baudelaire".

Os responsáveis pela edição crítica alemã decidiram, no caso desse conjunto de fragmentos, abrir uma exceção e editá-los como texto autônomo, em vez de incluí-los nos paralipômenos ao livro sobre Baudelaire, e fizeram-no por duas razões aceitáveis. Por um lado, o conjunto de fragmentos contém reflexões que poderão dar uma ideia clara das partes não escritas do livro sobre Baudelaire: tanto o tema da primeira parte – "Baudelaire como alegorista" – como o da terceira – "A mercadoria como objeto poético" – ganham contornos precisos em "Parque Central". Por outro lado, a forma desses fragmentos vai quase sempre para além do apontamento fugaz, tornando o fragmento uma forma literária com perfil próprio, na linha do fragmento filosófico do primeiro Romantismo alemão.

Notas sobre os "Quadros Parisienses" de Baudelaire
(p. 191–201)

Esse texto, em parte tradução para francês de algumas passagens de "A Paris do Segundo Império na obra de Baudelaire", constitui a base de uma conferência proferida por Benjamin em Pontigny, em maio de 1939 (cf. a carta de Benjamin a Horkheimer de 24 de junho de 1939).

O regresso do Flâneur
(p. 203–210)

Publicado em: *Die literarische Welt,* de 4 de outubro de 1929.

Franz Hessel (1880-1941), o autor do livro aqui comentado, e de outros de poesia, romance e prosa curta, foi também tradutor de Stendhal, Balzac, Casanova e, juntamente com Walter Benjamin, da *Recherche* de Proust (essa tradução perdeu-se). Benjamin escreveu ainda resenhas críticas de dois outros livros de Hessel sobre Berlim: *Teigwaren, leicht gefärbt* [Massas alimentícias, levemente coloridas], de 1926, e o romance *Heimliches Berlim* [Berlim secreta], de 1927 (cf. *Gesammelte Schriften* III, p. 45 e 82). Filho de um banqueiro judeu de Berlim, Hessel estudou Literatura em Munique, viveu em Paris entre 1906 e 1914 e alternou depois o lugar de residência entre Paris e Berlim. Casou-se em 1913 com Helen Grund, uma ligação em parte a três, que forneceu a matéria para o romance do escritor francês Henri-Pierre Roché *Jules et Jim*, que se tornou conhecido através do filme de François Truffaut (de 1961). A produção literária de Hessel foi quase toda editada no período entre as duas guerras. Em 1938 exila-se em Paris, é internado em 1940 no campo de Les Milles, perto de Aix-en-Provence, e morre em Sanary-sur-Mer no ano seguinte.

Benjamin via em Franz Hessel, em particular no seu livro sobre Berlim, um autor que antecipou a sua própria *Crônica berlinense*, alguém que lhe revelou os arcanos da cidade onde ambos nasceram, e refere-se a ele num dos textos de *Infância berlinense: 1900* ("Tiergarten") como "um conhecedor da terra, camponês de Berlim [que], 30 anos mais tarde, me ajudou a regressar com ele, depois de ambos termos estado muito tempo fora da cidade" (este texto de Benjamin encontra-se em: *Rua de mão única; Infância berlinense: 1900*. Belo Horizonte: Autêntica, 2013. p. 78-80). Sobre Hessel, a sua vida e obra e as suas relações, cf. o catálogo da exposição na Literaturhaus de Berlim: *Franz Hessel. Nur was uns anschaut, sehen wir* [F. H. Só vemos aquilo que nos olha]. Edição de Ernest Wichner e Herbert Wiesner. Berlim: Literaturhaus, 1998.

Este livro foi composto com tipografia Bembo e impresso
em papel Off-White 70 g/m² na Paulinelli.